李顿调查团档案文献集

主编 张 生

《申报》报道与评论（下）

编者 宋书强 万秋阳 孙绪芹

南京大学出版社

本书由

国家社会科学基金"抗日战争研究"专项工程
"国外有关中国抗日战争史料整理与研究之一：李顿调查团档案翻译与研究"（16KZD017）

教育部人文社会科学重点研究基地"南京大学中华民国史研究中心"
重大项目"战时中国社会"（19JJD770006）

南京大学人文基金

江苏省优势学科基金第三期

资助

编译委员会

主　编　张　生

副主编　郭昭昭　陈海懿　宋书强　屈胜飞　陈志刚

编译者　张　生　南京大学中华民国史研究中心教授
　　　　　王希亮　黑龙江省社会科学院历史研究所研究员
　　　　　郭昭昭　江苏科技大学马克思主义学院副教授
　　　　　陈志刚　西南大学历史文化学院副教授
　　　　　宋书强　中国药科大学马克思主义学院讲师
　　　　　屈胜飞　浙江工业大学马克思主义学院讲师
　　　　　陈海懿　南京大学历史学院助理研究员
　　　　　万秋阳　南京晓庄学院外国语学院日语系讲师
　　　　　殷昭鲁　鲁东大学马克思主义学院副教授
　　　　　孙洪军　江苏科技大学马克思主义学院副教授
　　　　　李英姿　江苏科技大学马克思主义学院副教授
　　　　　颜桂珍　浙江工业大学马克思主义学院副教授
　　　　　黄文凯　广西大学文学院副教授
　　　　　翟意安　南京大学历史学院讲师
　　　　　杨　骏　南京大学历史学院讲师
　　　　　向　明　江苏科技大学马克思主义学院讲师
　　　　　王小强　江苏科技大学马克思主义学院讲师
　　　　　郭　欣　中国药科大学马克思主义学院讲师
　　　　　赵飞飞　鲁东大学马克思主义学院讲师
　　　　　孙绪芹　南京体育学院休闲体育系讲师
　　　　　刘　齐　南京大学历史学院博士后
　　　　　徐一鸣　南京大学历史学院博士研究生

常国栋　南京大学历史学院博士研究生
苏　凯　南京大学历史学院博士研究生
马　瑞　南京大学历史学院博士研究生
菅先锋　南京大学历史学院博士研究生
吴佳佳　南京大学历史学院博士研究生
张圣东　日本明治大学文学研究科博士研究生
张一闻　日本明治大学文学研究科博士研究生
叶　磊　中山大学历史学系博士研究生
史鑫鑫　南京大学历史学院硕士研究生
李剑星　南京大学历史学院硕士研究生
马海天　南京大学历史学院硕士研究生
张雅婷　南京大学历史学院硕士研究生
杨师琪　南京大学历史学院硕士研究生
潘　健　南京大学历史学院硕士研究生
唐　杨　南京师范大学马克思主义学院硕士研究生
郝宝平　江苏科技大学马克思主义学院硕士研究生
陈梦玲　江苏科技大学马克思主义学院硕士研究生
张　任　江南大学马克思主义学院硕士研究生
黎纹丹　西南大学外国语学院硕士研究生
朱心怡　西南大学外国语学院硕士研究生
杨　溢　西南大学外国语学院硕士研究生
孙学良　西南大学外国语学院硕士研究生
孙　莹　西南大学外国语学院硕士研究生
费　凡　浙江师范大学人文学院硕士研究生
竺丽妮　浙江师范大学外国语学院硕士研究生
戴瑶瑶　浙江师范大学外国语学院硕士研究生
杨　越　西安电子科技大学
曹文博　浙江工业大学外国语学院
余松琦　西南大学含宏学院

序　言

中国历史的奥秘,深藏于大兴安岭两侧的广袤原野。

明治维新以来,日本企图步老牌帝国主义后尘,争夺所谓"生存空间";俄国自彼得大帝新政,不断东进,寻找阳光地带和不冻港。日俄竞争于中国东北,流血漂杵;日本逐步占得上风,九一八事变发生,中国面临亡国灭种的新危机。

日本侵华之际,世界已进入全球化的新时代,民族国家成为国际社会的主体,以国际条约体系规范各国的行为,以政治和外交手段解决彼此的分歧,是国际社会付出重大代价以后得出的共识。而法西斯、军国主义国家如德、意、日,昧于世界大势,穷兵黩武,以求一逞。以故意制造的借口,发动侵华战争,霸占中国东北百余万平方公里土地、数千万人民,是日本昭显于世的侵略事实。

国际联盟(League of Nations)应中国方面之吁请,派出国联调查团处理此事。1932年1月21日,国联调查团正式成立。调查团团长由英国人李顿爵士(The Rt. Hon. The Earl of Lytton)担任,故亦称李顿调查团(Lytton Commission)。除李顿外,美国代表为麦考益将军(Gen. McCoy),法国代表为亨利·克劳德将军(Gen. Claudel),德国代表为希尼博士(Dr. Schnee),意大利代表为马柯迪伯爵(H. E. Count Aldrovandi)。为显示在中日间不做左右袒,国联理事会还决定顾维钧作为顾问代表中国参加工作,吉田伊三郎代表日方。代表团秘书长为国联秘书处哈斯(Mr. Robert Haas)。代表团另有翻译、辅助人员。1932年9月4日,代表团完成报告书,签署于中国北平。报告书确认:第一,九一八事变之责任,完全在于日本,而不在中国;第二,伪满洲国政权非由真正及自然之独立运动所产生;第三,申明东三省为中国领土。日本为此恼羞成怒,退出国联,自绝于国际社会。

《李顿调查团档案文献集》就是反映李顿调查团组建、调查过程、调查结论、各方反应和影响的中、日等国相关资料的汇编，对于研究九一八事变和李顿调查团，具有重要的参考价值。

如何看待李顿调查团来东亚调查的来龙去脉？笔者认为应有三个维度的观照：

其一，在中国发现历史。

美国历史学家柯文提出的这一范式，相比"冲击—反应"模式，即从外部冲击观察中国历史的旧范式，自有其意义。近代以来，由条约体系加持的列强，对中国社会产生了巨大的影响。中国沿海通商口岸是中国最早接触西方世界的部分，在资本主义全球化的过程中得风气之先，所谓"西风东渐"，对中国旧有典章制度的影响无远弗届。近代中国在西方裹挟下步履跟跄，蹒跚竭蹶，自为事实。但如果把中国近代历史仅仅看成西方列强冲击之结果，在理论、方法和事实上，均为重大缺陷。

主要从中国内部，探寻历史演进的机制和规律，是柯文提出的范式的意义所在。

事实上，九一八事变发生、国联调查团来华前后，中国社会内部对此作出了剧烈的反应。在瑞士日内瓦所藏国联巨量档案文献中，中国各界通过电报、快邮代电、信函等形式具名或匿名送达代表团的呈文引人注目，集中表达了国难当头之时中华民族谴责日本侵略、要求国际社会主持公道、收回东北主权、确保永久和平的诉求，对代表团、国联和整个国际社会形成了巨大影响，显示了近代中国社会演进的内在动力。

东北各界身受亡国之痛，电函尤多。基层民众虽文化程度不高，所怀民族国家大义却毫不含糊。东北某兵工厂机器匠张光明致信代表团称："我是中华民国的公民，我不是'满洲国'人，我不拥护这国的伪组织。"高超尘说："不少日子以前，'满洲国家'即已成立了，但那完全是日本人的主使，强迫我辽地居民承认。街上的行人，日人随便问'您是哪国人'，你如说是'满洲人'便罢，如说是中国人，便行暴打以至死。"辽宁城西北大橡村国民小学校致函称："逐出日本军，打到[倒]'满洲国'，宁做战死鬼，不做亡国民。"陈子耕揭露说："自事变以后,日本恶势力已伸张入全东北,如每县的政事皆由日人权势下所掌握,复又收买警察、军人、政客等,以假托民意来欺骗世界人的耳目,硬说建设'满洲国'是中华人民的意思,强迫人民全出去游行,打着欢迎建设'新国家'的旗号……我誓死不忘我的中华祖国,敢说华人莫非至心不跳时、血停时,不然一定于[与]他们周旋。"小学生何子明来信说:"我小学生告诉您们'满洲国'成立我不赞成……有一天我在学校,日本人去了,教我们大家一齐说'大日本万岁',我们要不说他就杀我们,把我迫不得已的就说了。其中有一位七岁的小孩,他说'大中华万岁! 打倒小日本!'日本人听了就立刻把那个小同学杀了,真叫我想起来就愁啊。"

经济地位和文化水平较高者,则向代表团分析日本侵占中国东北的深远危害。哈尔滨商民代表函称:"虽然,满洲吞并,恐不惟中国之不利。即各国之经济,亦将受其影响。世界二次大战,迫于眉睫矣。"中国国民党青年团哈尔滨市支部分析说:"查日本军阀向有一贯之对外积极侵略政策,吾人细玩以前田中义一之满蒙大陆政策,及最近本庄繁等上日本天皇之奏折,可以看出其对外一贯之积极侵略政策,即第一步占领满蒙,第二步并吞中国,第三步征服世界是也。……以今日之日本蕞尔岛国,世界各国尚且畏之如虎,而况并有三省之后版图增大数倍,恐不数年后,即将向世界各国进攻,有孰敢撄其锋镝乎?……勿徒视为亚洲人之事,无关痛痒,失国联之威信,而贻噬脐之后悔也。"

不惟东北民众,民族危亡激起了全中国人的爱国心。清华大学自治会1932年4月12日用英文致函代表团指出:中国面临巨大的困难,好似1806年的德国和1871年的法国,但就像"青年意大利"党人一样,青年人对国家的重建充满信心。日本的侵略,不仅危害了中国,也对世界和平形成严重威胁,青年人愿意为国家流尽"最后一滴血"。而国联也面临着建立以来最大的危机,对九一八事变的处理,将考验它处理全球问题的能力。公平和正义能否实现,将影响到人类的命运。他们向代表团严正提出"五点要求":1. 日本从中国撤军;2. 上海问题与东北问题一起解决;3. 不承认日本侵略和用武力改变的现状;4. 任何解决不得损害中国的领土和主权完整;5. 日本必须对此事件的后果负责。南京海外华侨协会1932年3月16日致电代表团:日本进兵东三省和淞沪地区,"违反了国联盟约和《凯洛格—白里安公约》,扰乱了远东地区和世界的和平。

同时，日本一直在做虚假的宣传，竭力蒙蔽整个世界。我们诚挚地请求你们到现场来，亲眼看看日军对中国人民的生命财产进行怎样的恣意破坏。希望你们按照国际法及司法原则，对其进行制裁。如果你们不能完成这一使命，那么世界上将无任何公平正义可言。在这种情况下，为了民族的生存，我们将采取一切手段自卫，决不会向武力屈服。"

除了档案，中国当时的杂志、报纸，大量地报道了九一八事变和国联调查团相关情况，其关切的细致程度，说明了各界的高度投入。那些浸透着时人忧虑、带着鲜明时代特色的文字表明：九一八事变的发生，对当时的中国社会是一场精神洗礼，每个人都从东北沦陷中感受到切肤之痛。这种舆论和思想的汇合，极大地改变了此后中国社会各界的主要诉求，抗日图存成为压倒性的任务，每一种政治力量都必须对此作出回应。

其二，在世界发现中国历史。

以中国为本位，探讨中国历史的内生力量，是题中应有之义。但全球化以来，中国历史已经成为世界历史的一部分。仅仅依靠中国方面的资料，不利于我们以更加广阔的视野看待中国历史和"九一八"的历史。

事实上，奔赴世界各地"动手动脚找东西"，已经成为中国学者深化中国近现代史，特别是抗战史研究的不二法门。比如，在中日历史问题中占据核心地位的南京大屠杀问题。除中国各地档案馆、图书馆外，中国学者深入美、德、英、日、俄、法、西、意、丹等国相关机构，系统全面地整理了加害者日方、受害者中方和第三方档案文献，发现了大量珍贵文献、图像资料，出版《南京大屠杀史料集》72卷。不仅证明了日军进行大屠杀的残酷性、蓄意性和计划性，也证明南京大屠杀早在发生之时，就引起了各国政府和社会舆论的关注；南京和东京两场审判，进行了繁复的质证，确保了程序和判决的正义；日方细致的粉饰，在中国人民和全世界正义人士的揭露下真相毕露。全球性的资料，不仅深化了历史研究，也为文学、社会学、心理学、新闻传播学、艺术学等跨学科方法进入相关研究提供基础；不仅摧毁了右翼的各种谬论，也迫使日本政府不敢公然否认南京大屠杀的发生和战争犯罪性质。

国际抗战资料，展现了中国抗战史的丰富侧面。如美国驻中国各地使领馆的报告，具体生动地记录了战时中国各区域的社会、政治、军事等各方面情形,对战时国共关系亦有颇有见地的分析;俄、美、日等国档案馆的细菌战资料,揭示了战时日本违反国际法研制细菌武器的规模和使用情况,记录了中国各地民众遭遇的重大伤亡和中国军民在当时条件下的应对,以及暗示了战后美国掩饰"死亡工厂"实情的目的;英美等国档案所反映的重庆大轰炸和日军对中国大中小城市的普遍的无差别轰炸,不仅记录了日本战争犯罪的普遍性,也彰显了战时中国全国军民同仇敌忾、不畏强暴的英勇气概。哈佛大学所藏费吴生档案、得克萨斯州州立大学奥斯汀分校所藏辛德贝格档案、曼彻斯特档案馆所藏田伯烈档案等则从个人角度凸显了中国抗战在"第三方"眼中的图景。

对于李顿调查团的研究,自莫能外。比如,除了前述中国各界给国联的呈文,最近在日内瓦"国联和联合国档案馆"中发现:调查团在日本与日本政要的谈话记录,在中国各地特别是在北平和九一八事变直接相关人士如张学良、王以哲、荣臻等人的谈话记录,调查团在东北实地调查、询问日军高层的记录,中共在"九一八"前后的活动,中国各界的陈情书,日本官方和东北伪组织人员、汉奸的表态,世界各国、各界的反应等。特别是张学良等人反复向代表团说明的九一八事变前夕东北军高层力避冲突的态度,王以哲、荣臻在"九一八"当晚与张学良的联系,北大营遭受日军进攻以后东北军的反应等情况,对于厘清九一八事变真相,有着不可取代的意义。

我们通过初步努力发现,李顿调查团成立前后,中方向国联提交了论证东北主权属于中国的篇幅巨大的系统性说帖,顾维钧、孟治、徐道邻等还用英文、德文进行著述。日方相应地提交了由日本旅美"学者"起草的说帖,其主攻点是中国的抗日运动、东北在张氏父子治下的惨淡、东北的"匪患",避而不谈柳条沟事件的蓄意性。日方资料表明,即使在九一八事变发生数月后,其关于"九一八"当晚情形的说辞仍然漏洞百出、逻辑混乱,在李顿询问时不能自圆其说。而欧美学者则向国联提供了第三方意见,如 *The Verdict of the League: China and Japan in Manchuria*(《国联的裁决:中日在满洲》),哈佛大学法学院教授曼利·哈德森(Manley O. Hudson)著; *Manchuria: Cradle of Conflict*(《满洲:冲突的策源地》),欧文·拉铁摩尔(Owen Lattimore)著; *The Manchuria Arena: An Australian View of the Far Eastern Conflict*(《满洲竞技场:远东冲突的澳洲视角》),卡特拉克(F.M. Cutlack)著;*The Tinder Box of Asia*(《亚洲的火药桶》),乔治·索科尔斯基(George E. Sokolsky,中文名索克斯)著;*The World's Danger Zone*(《世界的危险地带》),舍伍德·艾迪(Sherwood Eddy)著;等等,为国联理解中国东北问题提供了有益的视角。另外,收藏在美国斯坦福大学胡佛研究所的蒋介石日记等也反映了当时国民政府高层的态度和举措。

这次出版的资料中,收集了中国台湾地区的"国史馆"藏档,日本外务省藏档,国联和联合国档案馆 S 系列藏档等多卷档案。丰沛的资料说明,即使是李顿调查团这样过去在大学教材中只是以一两段话提出的问题,其实仍有海量的各种海外文献可资研究。

可以说,世界各地抗日档案和各种资料,不仅补充了中国方面的抗日资料,也弥补了"在中国发现历史"范式的不足,体现了历史唯物主义对历史研究全面性、客观性的要求,自然地延伸推导出"在世界发现中国历史"的新命题。把"中国的"和"世界的"结合起来,才能更深广、入微地揭示抗日战争史的内涵。

其三,在中国发现世界历史。

中国历史,是世界历史的重要组成部分;中国抗战,构成了第二次世界大战的东亚主战场。离开中国历史谈世界历史注定是不周全的。只有充分发掘中国历史的世界意义,世界史才能获得真正的全球史意义。

过往的抗战史国际化,说明了中国抗战的世界意义。研究发现,东北抗联资料不仅呈现了十四年抗战的艰苦过程,也说明了战时东北亚复杂的国际关系。日方资料中的"华北治安战""清乡作战"资料,从反面反映了八路军、新四军的顽强,其牵制大量日军的事实,从另一面说明中共敌后游击战所发挥的中流砥柱作用。1937 年 12 月 12 日在南京江面制造"巴纳号事件"的日军航空兵官兵,后来是制造"珍珠港事件"的主力之一,说明了中国抗战与太平洋战争的联系。参与制造九一八事变、华北事变和南京大屠杀的许多日军部队,后来在太平洋战场上被美澳等盟国军队消灭,说明了太平洋战场和中国战场的相互支持。中国军队在滇缅战场的作战和在越南等地的受降,中国对朝鲜、马来亚、越南等地游击战和抗日斗争的介入和帮助,说明了中国抗战对东亚、东南亚解放的意义和价值。对大后方英美军人、"工合"人士、新闻界和其他各界人士的研究,彰显了抗日统一战线的多重维度,等等。这对我们的研究富有启发性意义。

李顿调查团的相关资料表明,九一八事变及其后续发展,具有深刻的世界史含义。

麦金德1902年在英国皇家地理学会发表文章,提出"世界岛"的概念。麦金德认为,地球由两部分构成:由欧洲、亚洲、非洲组成的世界岛,是世界上面积最大、人口最多、最富饶的陆地组合。在"世界岛"的中央,是自伏尔加河到长江,自喜马拉雅山脉到北极的心脏地带,在世界史的发展中具有重要意义。其实,就世界近现代史而言,中国东北具有极其重要的地缘战略意义,堪称"世界之砧"——美国、俄罗斯、日本等这些当今世界的顶级力量,无不在中国东北及其周边地区倾注心力,影响世界大局。

今天看来,李顿调查团的组建,是国际社会运用国际规约积极调解大国冲突、维护当时既存的凡尔赛—华盛顿体系的一次尝试。参与各国均为当时世界强国,即为明证。

英国作为列强中在华条约利益最丰的国家,积极投入国联调查团的建立。张伯伦、麦克米伦等知名政治家均极愿加入代表团,甚至跟外交部官员暗通款曲,询问排名情况。李顿在中日间多地奔波,主导调查和报告书的起草,正是这一背景的反映。

美国作为国联非成员国,积极介入调查团,说明了美国对远东局势的关切,其态度和不承认日本用武力改变当时中国领土主权现状的"史汀生主义"是一致的。日美之间的紧张关系,一直延续到珍珠港事变发生。在日美最终谈判中,中国的领土和主权,仍然是美方的先决条件。可以说,九一八事变,从大历史的角度看,是改变日本和美国国运的大事。

苏联在国联未能采取强力措施制止日本侵略后,默认了伪满洲国的存在,后甚至通过对日条约加以承认,其对日本的忍让和妥协,延续到它对日本宣战。但日本关东军主力在苏联牵制下不敢贸然南下,影响了中国抗日战争的形态。

日本侵占中国东北,却始终得不到中国和国际主流社会的承认,乃不断扩大侵略,不仅影响了对苏备战,也使得其在"重庆政权之所以不投降,是因为有英美支持"的判断下,不断南进,最终自取灭亡。2015年8月14日,日本首相安倍晋三在战后70年讲话中承认:"日本迷失了世界大局。满洲事变以及退出国际联盟——日本逐渐变成国际社会经过巨大灾难而建立起来的新的国际秩序的挑战者,前进的方向有错误,而走上了战争的道路。其结果,70年前,日本战败了。"从这个意义上说,九一八事变—李顿调查—退出国联,成为日本近代史的转折点。

亚马孙雨林的蝴蝶振动翅膀,可能在西太平洋引发一场风暴。发生在沈阳一个小地方的九一八事变,成为今天国际秩序的肇因。其故焉在?马克思和恩格斯在《德意志意识形态》中指出:在历史演进的过程中,人的"普遍交往"逐步发展起来,"狭隘地域性的个人为世界历史性的、真正普遍的个人所代替"。近代以来中国人民的历史,与世界历史共构而存续。

回望李顿调查团的历史,我仿佛感受到了太平洋洋底的咆哮呼啸前来,如同雷鸣。

是为序。

张 生

2019年10月

出版凡例

一、本文献集所选资料,原文中的人名、地名、别字、错字及不规范用字等,为尊重历史和文献原貌,均原文照录。因此而影响读者判断、引用之处,除个别需说明情况以脚注"译者按"或"编者按"形式标出外,别字、错字在其后以"[ ]"注明正字;增补的字,以"【 】"标明之;因原文献漫漶不清而缺字处,用"□"标识。

二、凡采用民国纪年或日本天皇年号纪年者等,为尊重历史和文献原貌,均原文照录。台湾地区的文献中涉及政治人物头衔和机构名称者,按有关规定处理,在页下一并说明。

三、所选资料均在起始处说明来源,或在文后标注其详细来源信息。

四、外文文献译文中,日本人名从西文文献译出者,保留其西文拼法,以便核对;其余外国人名,均在某专题或文件中第一次出现时标其西文拼法。不同时期形成的中文文献中涉及的外国人名、地名翻译差异较大,为尊重历史和文献原貌,一般不作改动。

五、所选文献经过前人编辑而加脚注注释者,以"原编辑者注"保留在页下。

六、所选资料中原有污蔑中国人民、美化日本侵略之词,或基于立场表达其看法之处,为尊重历史和文献原貌,不改动原文,或在页下特别说明,请读者加以鉴别。

本册说明

本册文献收录编纂的资料主要是《申报》对李顿调查团的报道和评论,起止时间为1932年11月至1933年4月。

九一八事变发生后,南京国民政府将中日争端诉诸国联。经过数月的争论,国联决议派遣调查团前往远东,调查"满洲问题"和中国的一般形势。国联调查团由英、美、法、德、意五国代表组成,团长是英国人李顿爵士,故又称李顿调查团。作为民国时期具有影响力的重要报刊之一,《申报》密切关注九一八事变后中日冲突的情势,对李顿调查团进行了大量的追踪报道和评论,披露了许多关于调查团的重要信息。本册文献收录资料的主要内容包括:一、国联以李顿报告书为依据,调解和处理中日争端的经过;二、中日两国围绕国联展开的外交折冲和政治应对情况;三、各国对中日纠纷的态度和国际舆论态势;四、国联报告书的通过和日本退出国联的情形;五、《申报》相关的社论和时事评议类文章;等等。

《申报》对李顿调查团的报道内容非常详尽。为免芜杂以及和其他九一八事变主题的文献集重复,本册文献的部分内容以节选的方式收录,节选之处加以长省略号。文献标题原则上采用《申报》原文标题(个别节选文章采用该篇章节标题为题名),其中,评论类文章题名中加以原版块栏目名("时评""谈言"等),以与报道类文章相区别,便于读者查考。原文大多只有简单句读,标点、断句亦有不准确之处,收录时参考现代汉语规范和习惯对其加以重新标点。文中不少异形词(如豫备/预备、部份/部分、答覆/答复、计画/计划、澈底/彻底等)和通假字等使用不合今日规范、前后字词写法不统一者,为尊重史料原貌,按照原文录入;有碍于读者理解和引用之处,加以按语说明。另外,原文中的译名与今译多有不同,甚至同篇中原译也有前后不一者,也照此方式处理。书末索引归并了若干不一致的译名,可供读者查考检索。

目 录

序　言 ………………………………………………………………………… 1
出版凡例 ……………………………………………………………………… 1
本册说明 ……………………………………………………………………… 1

1. 外交战开始，国联空气顿形紧张，行政院昨日开会听取两当事国意见，松冈肆鼓簧极尽诋毁我国能事，顾维钧博士据理逐层痛加驳斥，满案争执解决权在特别大会，日本以在行政院讨论为有利 …………………………… 1
2. 李顿勋爵播音昭告世界，谓远东局势尚未绝望，讽示日本勿蛮干到底 … 6
3. 外委会讨论致代表团训令，决定原则电达代表团，宋子文昨飞京出席，外部对日意见书起草辩正书 …………………………………………………… 7
4. 颜代表之表示：吾人反对黩武，希望国联能制裁暴行，正义公道不伸，势将被迫对日用武力 …………………………………………………………… 9
5. 日意见书终难自圆其说，美官场力避正式批评，但表示愿与国联合作 … 9
6. 日本一再制造直接交涉空气 ……………………………………………… 10
7. 英报论调不一：工党、自由党主张正义，独保守党报多数袒日 ……… 11
8. 何键主张纠正李顿报告书错误 …………………………………………… 12
9. 调处中日争案，国联行政会陷僵境，全部问题势将提交特别大会，行政会今日下午再开，将由李顿解释报告书，外部辩正日意见书起草完竣，松冈遍访各大国代表缓和对日空气 …………………………………………… 12
10. 顾维钧博士驳斥松冈谬论 ………………………………………………… 15
11. 时评：日内瓦以外之中日争斗 …………………………………………… 18

1

12. 《大美晚报》痛驳日本意见书：日本乃强以旧式为最新花样；九国条约对中国未限以时间；"不得他人允许不能治理他人"，林肯名言必行于满洲及世界 …………………………………………………………………… 20
13. 上海各团体电国联行政院，国际问题研究会代发 …………… 22
14. 全国民众救国团体联合会告国际书全文：为日本侵略暴行，将特派代表携往 …………………………………………………………… 22
15. 国联特会下月初可望召集，日代表准备投票反对，但三分二同意即生效，行政会议昨日重开，松冈洋右续逞狡辩 ………………… 24
16. 时评：日内瓦之外交战 ………………………………………… 26
17. 全国律师协会电顾，揭破国联报告之矛盾 …………………… 28
18. 国难救济会对国际联盟之主张 ………………………………… 29
19. 全国民众救国团体联合会告国际书全文（续） ……………… 31
20. 国联开会时李顿报告书畅销 …………………………………… 34
21. 中日代表舌战后，李顿报告书无须变更，调查团昨集会审议中日言论，正着手缮拟覆文备送行政院，国联总会势在必开，日本反对亦属无效 … 35
22. 行政院二次会议结果：请调查团审查中日代表意见，再决定报告书有无修正必要，日本反对无效 ……………………………………… 36
23. 日外务省训令松冈：勿拒李顿发言，可利用目下机会，运动伪代表列席 …………………………………………………………………… 37
24. 西南中委出席全会问题，定期开会讨论，林东海返广州 …… 37
25. 国联行政院决将中日争案移交大会，十九国特委会定下星期一召集，调查团昨日二次集会考虑覆文，主席凡勒拉发表郑重言论，盼中日勿作破坏国联行动 …………………………………………………………… 37
26. 凡勒拉、松冈大起争辩 ………………………………………… 39
27. 宋、罗昨向各使否认直接交涉：日方造谣已司空见惯 ……… 41
28. 日代表团集议国联对策，决定方针准备与调查团挑战，反对取销承认伪国 …………………………………………………………………… 41
29. 国内外一致奋起对日，昨日分电国联有所表示，上海各团体电慰代表团，全国回教徒请主持公道 ……………………………………… 42
30. 全国各界救联会告海内外同胞 ………………………………… 43

31. 国联大会开会形势:料将决议不承认伪满组织,大会议长下月一日可抵日内瓦,日方已不再坚持反对移交 …… 44
32. 行政院开会之第四日 …… 45
33. 日方欺弄国联之幼稚技俩:逼各团体拍电反对报告书,各校小学生亦每级派一份 …… 47
34. 国联行政院一致通过李顿报告交大会讨论,日代表反对援用第十五条放弃投票,行政院会议昨晨闭幕,十九委会下月一日召集再决定大会日期,小国代表踊跃参加发言,美国态度堪注目 …… 48
35. 邹鲁批评李顿报告书 …… 49
36. 国联大会开会前美国政府声明态度,大会讨论李顿报告时美国不愿列席,若另组调解委员会则可派代表参加,国联决定下月六日召集特别大会 …… 50
37. 李顿报告日意见书之又一批评——某法律家在法律观点上之驳语 …… 52
38. 李定称赞李顿报告 …… 55
39. 国际联盟十九国特别委员会议决定下星期二日召集特别大会,我国申请速定解决期限案否决,凡勒拉预料大会将组调解委员会 …… 56
40. 日兵搜获马占山密书,另一份由某国新闻记者转达国联,日指调查团恃为制作报告之根据 …… 58
41. 国际联盟处理中日争案前途混沌,组织调解委员会说渐次有力 …… 59
42. 满洲问题与联盟各国代表 …… 62
43. 国联幕后接洽,美参加及否认伪组织趋势,松冈与麦唐纳、赫礼欧会见,中日争案移交大会理由 …… 64
44. 一・二八事变我国损失统计,整理后将送达国联 …… 67
45. 国联散布伪电,我国代表提抗议并发表日本侵略计划文件,松冈洋右又与赫礼欧会谈 …… 67
46. 国联大会今日开幕,希孟主席,中日代表将有重要演说,会期定四日,传将避免作切实行动,顾维钧驳覆日本意见书全文发表 …… 68
47. 满洲问题与联盟各国代表(续) …… 72
48. 国联特大会第一幕:到五十一国代表,会场空气颇呈紧张;我颜代表发言提出请求四点,宣告日本违反条约、日军撤退解散伪国、宣布不承认伪组织、确定日期作成报告;松冈竟提国际共管中国谬论,中日纠纷不解影响国联生存 …… 75

49. 国联小国代表一致拥护李顿报告,坚决拒绝承认所谓伪满新国,但未明白指斥日本违反盟约,日方散播中日将直接交涉谣言 …………… 81

50. 伦敦宴会席上李顿之演说:希望日本勿作破坏国联行动 …………… 89

51. 松冈暮夜关说,与赫礼欧密谈,重提法日同盟 …………… 89

52. 国联大会第三日:小国与日本正面冲突,提出申斥戎首决议草案,日代表以退盟恫吓要求撤回,大小国继续发表对满案意见 …………… 90

53. 各小国代表继续发挥谠论,一致反对日本暴行,以维护盟约为己任,独加代表论调迹近袒日 …………… 97

54. 国联大会敷衍下场,中日案移回十九国特委会办理,限最短期内制成议案提交大会;十九特委会代理主席人选未定,大会通过任爱文诺为秘书长 …………… 101

55. 国联十九委会明日召集,将罗致美俄参加调处中日争端,颜代表函请确定提出建议时限 …………… 109

56. 某要人谈国联各国代表态度:捷、西、希、瑞判断公正发表正当主张;希望英国细心考量其在国联态度 …………… 112

57. 英前首相劳合·乔治论远东时局:世界舆论已因李顿报告书而倾向中国,日本侵略政策造成国际间无政府状态,美国负问题前途重大责任 … 113

58. 国联十九特委会指派小组起草提案,捷、西态度激昂,英、法、瑞主缓和,五代表昨集议发生意见冲突;西门袒日态度仍不变,不顾正义继续发表对我不利之言论,主张以三月十一日决议为调解基础 …………… 114

59. 国联小组委员会秘密起草调解方案,重行确定三月十一日决议,邀请中日美俄参加,主张在调解手续中采用李顿报告书九、十两章,宣言或将重申不承认"满州国"伪组织之原则,分向中日两方征求意见 …………… 115

60. 本年三月十一日国联大会决议案全文 …………… 119

61. 东北问题与国联:调查团之参加,中日代表之舌战 …………… 120

62. 国联十九特委会通过决议草案,内容空洞仅敷衍局面,大国袒日态度不变,美俄参加与否未定;我国只有两条路可循,坚不屈挠或供人牺牲;墨西哥愤大国压迫小国,通知退出国联 …………… 122

63. 东北问题与国联(二):调查团之参加,中日代表之舌战 …………… 125

64. 国联小组会拟定之决议草案空泛含混,追述三月十一日决议组织调解会请中日美俄参加,对调查团表示谢忱并建议以李顿报告为调解基础,为日本预留狡辩地步,英外相西门袒日显明,对解决期限并未规定,中日代表各向本国政府请示 …………………………………………… 127

65. 东北问题与国联(三):调查团之参加,中日代表之舌战 …… 131

66. 日内瓦充满悲观空气:我认决议草案不澈底,日本亦表示拒绝接受,十九特委会讨论势将延宕至明春 …………………………… 133

67. 时评:为英政府进一解并正告世界 ………………………… 137

68. 东北问题与国联(四):调查团之参加,中日代表之舌战 …… 139

69. 中日回训到日内瓦,我要求修正五国草案,日方缺乏和解诚意,竟以承认伪国为先决条件,西班牙代表有因反日将被调回说 ……… 144

70. 东北问题与国联(五):调查团之参加,中日代表之舌战 …… 145

71. 国联一筹莫展:十九国特委会定今晨开会,中日案讨论势将搁至来春起草会,正觅取妥协点冀图保全颜面;大国只知仰承日人意旨,对邀请美俄拟改用不指名方式,对不承认伪满组织想轻轻放过 ………… 149

72. 中日案延过年关:特委会休会至一月十六日再开,休会期间如调解基础不能妥协,小国将请援用十五条第四节 ……………………… 152

73. 时评:热河告急 ……………………………………………… 154

74. 辽案延期解决,国联与中日发表宣言——中国:草案一味敷衍殊令人失望;日本:口口声声须保障既得权利;国联:调解虽困难最后诚意未绝 ……………………………………………………………… 156

75. 东北问题与国联(九) ……………………………………… 158

76. 十九国委会苏俄无意参加 …………………………………… 161

77. 世界非战大会自动派员调查满案,俾制成李顿报告书对案,拟在上海设立分会 ………………………………………………………… 161

78. 东北问题与国联(十) ……………………………………… 162

79. 郭泰祺在英发表谈话,将催国联通过李顿报告书 ………… 166

80. 元旦论文:一年来国际局势的演变 ………………………… 166

81. 国联十九特委会决议草案附意见书内容 …………………… 171

82. 国联将草拟报告,建议解决办法强制执行,任何一方不服即援用第十六条,发表草案显为调解绝望之表示 …………………………… 173

83. 国联对中日案调解绝少希望：准备草拟报告，强制双方接受，仍力避与日正面冲突 …… 174

84. 汪精卫为世界和平呼吁，国联对满案如不迅谋公道解决，中国惟有奋斗到底以自保疆土；颜、顾、郭电促政府收复榆关惊动日内瓦，日方传杉村与德鲁蒙已商定妥协方案，松冈洋右罗马之行居然获到意外成功 …… 175

85. 汪院长发表宣言全文：国联迄无有效办法，和平已成泡影，交涉至于完全绝望惟有奋力抵抗 …… 177

86. 中日案调解显已绝望，国联准备缮具报告书；是否有强制之决心尚难逆料，欲谋适当有效办法仍在自卫；德鲁蒙案完全容纳日要求，英袒日明显小国深表不满 …… 179

87. 东北问题与国联（十二） …… 181

88. 国联已临最严重关头，十九特委会明日开会，主席希孟抵日内瓦继续调解工作，新妥协案完全徇日意旨难成事实，大会将根据盟约拟具报告，我代表与国联有相当接洽 …… 183

89. 英日成立妥协，国联一味迁就日本，德鲁蒙案完全漠视我国立场，措辞优柔荏弱我国万难接受，十九国特委会今日重行召集 …… 187

90. 国联袒日色彩浓厚，中日争案调解显绝望，德鲁蒙承日意旨专擅修改草议案，我代表团未接通知向希孟提抗议，国联行动欠公允小国代表颇愤慨，十九国特委会昨举行非公开会议 …… 189

91. 中日争案国联承认调解失败，势将根据十五条第四节草拟报告，十九特委会昨休会候日政府覆电，德鲁蒙否认提新建议语涉含混，小国代表对我表同情共起非难 …… 192

92. 中日案调解国联试行最后努力，势将于最短期间缮制报告，东京覆文坚持拒绝美俄参加，日代表分头活动求大国谅解 …… 194

93. 国联对日不恤委曲求全，希冀调解垂死复活：取消邀请美俄，维持去腊五国草议案；置我国要求修正点于不顾，殊感失望 …… 196

94. 东北问题与国联（十五） …… 202

95. 马占山代表昨招待报界，报告马占山入俄经过及黑军开抵热边情形 …… 208

96. 国联一味迁就,日本不改倔强态度,覆文得寸进尺:谋使德鲁蒙案复活,要求不受国际公约约束反对邀请美俄,主张组织五国小委员会促成直接交涉,理由书改为宣言,李顿报告只可作参考,对否认伪满洲国之决议得发反对宣言;调解破裂日应负责任 ………………………………………… 209

97. 国联与日正面冲突:十九国特委会致东京哀的美敦书,限廿四小时内接受或拒绝草议案;日政府顽强到底竟置不理,一方面拟再提对案避免负决裂责任,中日案调解显告失败,着手草拟报告;我代表团发表宣言,主张调解委员会直接对国联大会负责,重申取消伪满国及邀美俄合作两要义 ………………………………………………………………………… 210

98. 日外相内田演说外交方针:竟谓卵翼伪国可致东方和平;我国巩固热防反妄指为侵略;诬我"赤化"企图淆乱世界视听 ……………………… 211

99. 调解手续显已绝望,国联会仍枯待转机:十九国会今晨续开讨论缮具报告方法,日本始终不变强硬态度以退盟作恫吓,特别大会有下月初召集说 ……………………………………………………………………… 214

100. 国联特委会组织九人小组委会:根据盟约十五条四项着手起草报告;内容分三段,将尽量采用李顿报告书;推英法德意等九国为委员,德任主席;爱尔兰未列入,意代表态度模棱可异 ……………………… 217

101. 国联着手起草报告,九国小组会定今晨集议,倘于我不利决予拒绝,日本仍期待西门斡旋 ………………………………………………… 219

102. 英报评论国联最近行动 ………………………………………………… 221

103. 国联九国委员会报告起草工作艰难,报告草案仍出德鲁孟手笔 …… 222

104. 国联九国委员会报告内容决定,建议部分意见未一致 ……………… 223

105. 国联小组会慎重缮具报告书结论,第三、第四两节尚待今日详细考虑,建议部份将以李顿十原则为依据,对排货问题之文字结构极为重视,法德两国远东策不致受政潮影响 …………………………………………… 225

106. 日代表团向政府请训,外务省非正式声明反对采用李顿报告 ……… 226

107. 时评:最后之一刻 …………………………………………………… 227

108. 国联报告草拟中,西门有袒日倾向,将反对不承认伪满组织,沪战时英日谅解愈征实,日阁召集紧急会议讨论回训 ………………………… 229

109. 英国袒日显著,国联报告难期公正;伪满组织倘竟容许承认,我国唯有出于退盟一途;草报告完成二读,建议部分未涉及,结论十二条大部采用李顿报告书 …… 230

110. 国联小组会草建议感困难,留待十九特委会考虑,日代表团作最后努力 …… 235

111. 时评:中国退出国联说 …… 236

112. 国联对中日争案强制调解无可避免,十九特委会今日重开讨论建议起草方式,松冈向德鲁蒙提示新修正案谋最后转圜,美国有拟召集非战公约签字国会议之说 …… 238

113. 国联特委会昨开会拒绝接受日新提案,对日不恤迁就犹图作最后和解,起草建议问题讨论无些微结果,竟有人主张仍送回行政院办理 …… 239

114. 只求迎合日本意旨,国联迄无制暴决心,杉村、德鲁蒙交涉结果日方传成立新妥协案,十九特委会今日继续开会讨论建议原则 …… 241

115. 国联十九特委会决定建议部份原则,由九人小组会继续起草工作,明白规定不承认伪组织,并觅取美俄同意与合作,主张组委员会监视实施;东京回训接受德鲁蒙折中案 …… 242

116. 国联决定不承认原则后,日本仍竭全力图和解,杉村再向德鲁蒙求援手,九人起草会改今晨开会,美国表示远东政策不变,但声明不干涉国联工作 …… 245

117. 时评:日本之狂暴 …… 246

118. 特委会今晨集会,考虑日本新提方案;九人委员会昨开圆滑[桌]会议意在延宕,我断然反对国联迁就日本进行调解 …… 248

119. 日内瓦展开新局面:十九特委会透澈审议后,认日本新提案语气含混,所谓"现有局势"适与李顿原则相背驰,函质日代表团两问题,满洲主权及停止攻热,"是"或"否"要求明白答覆 …… 251

120. 时评:国联调解中日纠纷,结果如何 …… 253

121. 对质问两要点国联静待日本解答,日内阁召集紧急会议慎重考虑,九人会继续起草工作拟具建议 …… 255

122. 日本覆文未到前,国联努力完成建议:先谋直接谅解次及经济制裁,邀请美俄参加亦在讨论之列 …… 259

123. 国联报告书草竣,今日交特委会审议,大会定二十日举行,建议案明白否认伪国并邀请美俄参加;日无悔悟意,对伪满承认表示坚不让步 …… 261

124. 十九国委会通过报告书首三段初读,仅字句略有修改,建议部分留待续议;松冈口头答覆侵热在必行,秘书长总［德］鲁蒙向会场报告;东京覆文昨晚电日内瓦,声明反对撤销伪国承认 …… 268

125. 国联更进一步考虑对日本施压力,各国将根据九国约与非战约采一致行动,英政府训令艾登对报告书勿作任何保留,美国加入合作须待新选总统正式就职后,日本牒文送达国联避免明确答覆,对伪国承认不让步,反提中日直接交涉,报告书草案全部通过十九特委会 …… 270

126. 自由谈:惊人发展 …… 275

127. 国联大会廿一日召集,报告书可望顺利通过,全文明后日广播世界,建议案未定接受期限我认为缺憾,美国处处表示愿与国联密切合作 …… 276

128. 时评:严重时期已至——国人猛省 …… 281

129. 建议案全文 …… 283

130. 报告书全文今日电播世界,远东波长三八.六四米,外部已饬真茹电台收音 …… 285

131. 伍朝枢谈内政外交:对于国联报告书意见,国民参政会起草完毕 … 286

132. 日本紧急阁议决定拒绝国联建议,大会时将发表声明投反对票,松冈暂留欧洲静待局势发表,日通信社放退出国联空气忽又收回 …… 287

133. 国联大会星期二开幕,与日正面冲突不免,主席希孟宣告调解失败进行第四项下手续,日内阁决定先召回日内瓦代表再考虑退会,美对国联建议暂时不作正式表示 …… 290

134. 英报评报告书 …… 294

135. 国联报告书草案全文 …… 295

136. 国联报告书公布后全世界一致拥护,二十四日大会定可通过,国联中人注视热局发展;日代表团着手草陈述书,一般料日本未必遽出会 … 320

137. 时评:公然之战与不宣之战——举国之战与一隅之战 …… 321

138. 辽案临最后关头,国联大会今日开幕,中日代表均将发言,开会期预定为三日,报告书倘通过大会,日本决意退出国联,美国立场大会将有非正式报告,小国决请国联始终负解决责任 …… 323

139. 国联十九特委会报告书草案传递迅捷,先由无线电、后由有线电传达首都 …… 326

140. 日军大举犯热声中,国联大会昨日开幕:主席希孟正式宣布调解失败经过,延会至星期五讨论报告书,俾各国政府得有充分研究;十九特委会继大会开会,着手组织十国谈判委会 …… 327

141. 松冈改途返国,将努力游说英美,防召开九国会议 …… 330

142. 李顿批评日本,针针见血:人民政治观念不合现代潮流,军阀横行跋扈行见动摇国基,武力造成伪国防俄反促"赤祸" …… 331

143. 时评:日本退出国联之推测 …… 332

144. 国联明日大会投票表决报告书,两当事国代表均将发言,热河问题亦将提出讨论 …… 334

145. 对国联报告日本提反驳意见书,内容分十点,语极荒谬,谓九一八后事件日政府不负责任,决维持伪国根本推翻李顿十原则,反对撤兵及美俄参加谈判委员会 …… 336

146. 国联大会今日重开,中日代表发言后报告书即付表决,日政府训令松冈宣言反对国联建议,特委会有继续存在行使职权之必要 …… 337

147. 四十二对一票,国联报告书通过大会:日代表单独投反对票、暹代表弃权,根据盟约三个月内不得从事战争;松冈表演戏剧式的姿势,大会未毕率员废然离场 …… 340

148. 时评:国际形势与中日纠纷 …… 346

149. 大会通过组织顾问委员会,继续处理中日纠纷,邀请美俄参加工作,大会不闭随时召集 …… 348

150. 时评:四十二对一 …… 349

151. 某要员谈国联处理中日案经过:英法突然转变态度之原因,国人今后应具更坚强决心 …… 351

152. 时评:最后之决心 …… 351

153. 李顿勋爵登高再呼:制裁日本时期成熟,国联不能宽恕日本横行,希望英国履行条约义务 …… 353

154. 京市各界电慰李顿:不仅为中国好友,亦正义之保障者 …… 353

155. 李顿勋爵论日本退出国联:国联不能因此展缓其行动,应作外交接洽对日用压力 …… 354

156. 日本实行退出国联,正式通告退出,仍谓与国联合作;日内瓦并不惊异,伦敦表示惋惜;郭泰祺赴日内瓦,台维斯赴伦敦 ················ 354

157. 国联将制裁日本乎?——顾问委员会将集议答覆日本,取销代管岛与撤回驻日公使,经济封锁与禁运军火之趋势 ················ 358

158. 时评:日本退出国联 ················ 358

159. 罗外长发表宣言:日本虽脱离国联仍须履行公约一切义务,国联将以更迅速有效方法处理中日问题,彼黩武横行之侵略者必受其应得之果报 ················ 360

160. 德鲁孟广播演说:尚望日本重行考虑,日本退出使国联势力稍弱,但国联在精神上愈形坚强 ················ 361

161. 松冈洋右怀日本刀返国,痛责李顿待日人如印人,妥协目的未达抱憾终身 ················ 362

索　引 ················ 363

1. 外交战开始，国联空气顿形紧张，行政院昨日开会听取两当事国意见，松冈肆鼓簧极尽诋毁我国能事，顾维钧博士据理逐层痛加驳斥，满案争执解决权在特别大会，日本以在行政院讨论为有利

【国民社二十一日日内瓦电】 国联行政院今日在紧张空气中集会，考虑李顿报告。主席凡勒拉于今晨十一时二十□分在国民旅社礼堂（即国联秘书厅所在）宣告开会，中国代表顾维钧在其右，日代表松冈洋右在其左，分座[坐]于马鞍式会议席之两旁，其余各理事依次就席。每一代表前咸置有李顿调查团报告一份，此为李顿勋爵、马柯迪伯爵、克考[劳]台将军、麦考益少将与希尼博士调查数月一致同意之结果。国联希望在此中觅一将满洲交还中国而仍可使日人不致退出国联之调解方法者也。至会场中外交人员、新闻记者及公众旁听席，则莫不人为之满。

【路透二十一日日内瓦电】 今晨国联行政院开特别会议，考虑李顿报告书。会场中人甚拥挤，李顿勋爵及调查团其他各委员皆坐于旁听席中。议长凡勒拉略述李顿报告书之起源，赞美调查团所成就之工作，称其报告书为光明文件，令人欣贺，使人兴奋，渠特向李顿等道谢。凡勒拉继乃追述此项争执中之程序，并言及国联大会成立十九委员会之举动，旋请日代表松冈陈述其意见，同时声明午后会议将予中代表之同样机会。

十一时四十分钟，日代表松冈开始发言，其所陈述者不外乎日本意见书之轮廓，谓："李顿报告书以整个言，尤以叙述章段[段]言，实供给有价值的事实上真相，其中且有数节完全与日政府意见一致，日人愿首先对于李顿调查团之工作表示诚挚之感谢。惟此报告书经长期研究后，觉演绎殊欠适当，故吾人已缮拟若干意见，供国联行政院考量，希望行政院对此意见，予以完全考量。报告书中对于中国前途之乐观态度，日本未能赞同。实则中国情形，今较华盛顿开会时尤为恶劣。昔时中国未有'赤祸'，今则蒋介石亲自'讨共'矣。惟国民政府与国民党犹不放弃其数年前致使各外国政府增多其驻沪防兵之原则。自国民党采用急进思想以来，中国对外之关系迄无进步。国民政府充满排外主

义而不懈的工作,谋养成青年仇外之心理,中国五千万儿童发育于剧烈思想之势力下,此为最近将来中之可怖难题。在华日人遭遇多年之抵制,现被用为国家政策之工具,以期达到废除外人条约权利之目的。列强立约,以战争为法外举动,余将询问行政院有官场或半官场性质之抵制,何以国联不应痛斥之,而认为法外举动乎?李顿报告书有数处流露日本仇视之意,其实不然。日政府确信中国人民被误导,被胁迫,且被误解其意见。日政府知中国人民之主要愿望,在和平享受其勤劳之结果耳。日本现维持其旧有之友谊,而期望两国间繁荣与友好的合作之时期"云。松冈言及李顿报告书所称九一八沈阳附近铁路所遭之损失,不足为军事行动之理由一节,谓此次爆发仅就其本身言之,本无关十分重要,但报告书未曾详言此种局势之严重背景,苟此事发生于另一时期,而非紧张若是之甚者,则调查团之意见当属正确而合理,日本不能依允调查团所发九一八夜军事行动不能被认为合法自卫计画之结论云。

松冈言至此,乃引证一九二八年六月二十三日凯洛格之公文,内称"自卫权为任何主权国所赋有,亦为任何条约所含蓄"。松冈继又引证美参院在批准此约时所通过之议案,内称"自卫权之实施,当在实际上扩至行使自卫权国家之领土管辖界限之外"。松冈又引证一九二八年五月十九日与一九二八年七月十八日英外相张伯伦之两函。英政府在第一函中表示意见,以为美国草约条款不屏绝被迫自卫国之行为,并声明英国在某区域内,其福利与完整与英国和平安全有特殊关系者,决不容许外来之干涉;第二函表示意见,以为此约绝不限制或损害自卫权,唯国家自己有酌视环境采行自卫战争之资格。松冈续称,日政府鉴于上述之明白保留,认定其军事行动为自卫行为。此种权利,巴黎非战公约对之并不发生疑问或予以否认,此固人所明白了解者也。日本之所以不将满洲问题提交国联者,其理由如下:

(一)民意不许外来干涉;

(二)国联手续势必费时颇久,恐大损日侨在满之地位;

(三)在西方人士辩论之际,时局恐将有剧变,而日人解决之希望或将延长过久;

(四)事件在爆发时,实循其天然途径而行。

渠不认满洲乃中国整个的一部分之说。凡被人承认之中国政府,从未有管辖权及于满洲者。调查团所称恢复原状无以使人满意一节,渠表同情;但调查团所称维持现状亦属不能使人满意一节,则渠完全不能同意。"满洲国"之建设,似属唯一可能的解决方法,此日本之所以予以承认也。除此而外之其他解决方法,不待实行,即仅仅考虑,亦足使远东全局受严重之骚扰,使"满洲国"现存之信任人心将因此而摇动,而中国方面扰乱之谋,更将因以活动,日人决然不能加入此种考虑。李顿调查团对于东三省独立运动之真确加以疑问,要知"满洲国"之组织,非日人所发起,但基于满洲人民脱离张学良之志愿。调查团所得关于此事之许多情报,似未注意之。日本文武官吏,皆不许参加满洲成立新政治制度之谋。渠为之扼腕者,调查团似接受张学良方面所供给之报告,而不注重"满洲国"官吏之言论。试举例言之,"满洲国"之可惊的进步,如财政预算事,未尝见诸报告书。至于今日满洲之乱氛,未始非中国援助所致,其显明旨趣,在对西方世界作不满意之表示耳,如以满洲所发生之事归罪日本,则殊失平允。如中国全部或仅满洲一处早有适当之统治,而日人之生命权利得免于故意摧残之举动,则何致发生变化?"吾人之自卫行为出于天然自动,而在吾人作自卫行为时,独立运动遂亦自□发作。"

松冈言至此,取希腊那伐尼诺为喻,该处之偶尔枪击及自卫之还击,遂成立希腊之独立。松冈续称,满洲境内之结果,不由日本负责,负其责者为中国及张学良之政府,此乃其自己作为所致,与日无尤,而其所作为者,实违反日本屡次之警告。日本既未破坏国联盟约、九国公约,亦未破坏巴黎非战公约,请国联行政院少安勿躁,而以慷慨加诸中国之忍耐稍加诸日本。日本不欲与他国开战,亦不欲扩大其领土。日本非侵略国,日人深切诚挚希望其伟大邻国得享福利耳云云。

【路透二十一日日内瓦电】 国联行政院今日午后之会议,开会稍迟,因顾维钧博士到会稍缓也。闻顾博士之演词,半属豫先拟就,余为答覆今晨松冈言论之词。

〔日内瓦〕 我代表顾维钧二十一日下午在国联行政会席上演说,痛驳日代表松冈上午所述各点,略谓日本之传统的侵略政策,始为和平之真正的威胁。中国之经济抵制仅为自卫行动,且每次经济抵制,均由于日本之侵略而起。中国不能对此负责,且此亦非无理智之行动。中国亦从未排外。现在无数之外侨安居中国,虽日侨今日亦受同样保护。华人今日之对日恶感,概因日本之侵略而发生。中国要求恢复被人劫夺而损失之权利。中国深知由协商之道,当能使自然的政策实现,现望国联予中国以正义云云。(二十一日中央社电)

【哈瓦斯二十一日日内瓦电】 关于行政院今晨开始讨论满洲争议一事,

俟中日两国代表各自陈述意见以后,现在日内瓦之李顿调查团或将由行政院就双方当事国对于报告书所提出之异议加以咨询,因此最近数日之内李顿调查团当与行政院同时集会。一般人预料,行政院将于本星期以内专议满洲事件,其讨论结果,不至遽下结论。惟以关于满洲事件之卷宗,连同中日两国最近所提出之文件,并移送国联会大会或移交比国代表希孟所主持之十九国委员会,则尤有可能。十九国委员会在十二月初以前不至开会,盖希孟将因十一月二十九日比国总选举,在该国京城居留故也。

【国民社二十日日内瓦电】 兹据国联秘书厅某职员谈,日本对于李顿报告书之意见书中所提出之解决满洲问题之各种建议表示反对。日本之意见书共五十页,对于调查团调查之方法,颇肆强烈之抨击,称该调查团对于争论最重要之各点,均根据于极端可疑之证据而加判断云。李顿报告书对于现在之满洲伪国既不主张加以维持,故日本意见书复竭力声明该伪国之成立非但与日本所已经订立之各种国际条件并无抵触,且与满洲地方人民之志愿亦甚相合,实为与中国成立谅解之唯一圆满之根据云。再则李顿报告书中所主张之国际共管及设立国际警宪等等,日本意见书则一笔抹杀,谓此等方策万难维持满洲之治安云。

〔南京〕 外部接日内瓦代表团电告,李顿报告二十三日提出行政院会议讨论,二十一日、二十二日商手续及程序。日方主张中日问题即由行政院讨论,反对提十九国委员会及特别大会。盖以行政院只大国参加,活动较为便利,大会则五十余国参加,且小国素抨击日本侵略政策,于日不利。但本年二月十二日我国已根据盟约第十五条请提大会讨论,并经大会受理,故中日争端讨论权早入大会之手。此次因李顿调查团系行政院所派出,故不得不先由行政院讨论,至最后讨论及解决权仍属大会。日虽活动,但各国决难同意,结果失败,毫无疑义。(二十一日中央社电)

【电通社二十一日东京电】 据今晨由日内瓦日代表部致外务省之情报称,松冈代表自渡欧以来,总合与各国代表由私的折冲所得之印象,国联方面持下列之见解:中日问题自去秋九月以来,曾受国联盟约第十一条之适用,后因中国方面于今年二月十二日提出召集总会之牒文,故二月十九日之理事会决移牒总会,适用盟约第十五条;然报告书之审议,一应在理事会所为者,其决定的解决则移牒总会云。日政府对之,当即于今日致如下之训电与在日内瓦之松冈代表:(一)认国联盟约第十五条之发动者,为限于上海事件,关于"满洲国"者曾始终附以保留；（二）调查团系据理事会之决议而所任命者,然其报告书之审议,应由理事会为之,依此根本理由,理事会不为原则的裁决,而漫然将问题移牒总会,是所绝对反对云。

【路透二十日日内瓦电】 自日本提出答覆李顿报告之说帖后,一般观察咸认危机已迫。日方之说帖措辞颇为精密,但其说明日本立场之各点则措词强硬,足以表示日本无接受李顿调查团所建议之各点。现各方咸信根据盟约第十一条由行政院进行调解手续已无望。现国联特别大会已将讨论中日问题之权授与十九人委员会,则行政院已处于特殊之地位。行政院之责任在谋中日纠纷之调解,现根据颜惠庆之宣言及日本之说帖,调解已属无望。现十九人委员会即将讨论,对于李顿之报告书应采何种行动云。

【路透二十日日内瓦电】 此间一般人咸信中日纠纷已有造成重大危机之趋势。现国联大会讨论中日问题,将于十一月二十一日上午十一时开始辩论,届时日代表松冈将报告日本之立场,中国方面由顾维钧答覆,双方之观察将交李顿调查团加以批评。此事之趋向若何尚难逆料,但一般人士咸抱悲观。因日本既已表示拒绝李顿报告书,中国代表颜惠庆于演说中亦态度强硬,表示中国将援引盟约第十六条规定惩罚侵略国之办法。双方既各走极端,由行政院根据盟约第十一条设法调解,已属无望,大会现除将报告送交十九人委员会外,已无他法。

【哈瓦斯二十日日内瓦电】 国联会行政院讨论满洲问题之期迫于眉睫,中日两国为此事各派多数人员,组织代表团前往日内瓦,中国代表团计共五十人,日本代表团则达七十人。日本特派代表松冈洋右已于昨日将日本对李顿报告书之意见,备文送交国联秘书长德鲁蒙爵士。松冈已拜访美代表台维斯及国联行政院主席凡勒拉,今日将继续拜访。中国代表团亦有所活动。

【路透二十一日东京电】 日内瓦日本全权松冈昨在国联无线电播音台演说,此间清晰可闻,即递传于全国各地。松冈于演说中切言列强承认"满洲国"实为恢复远东和平之唯一途径。

(《申报》,1932年11月22日,第三版)

2. 李顿勋爵播音昭告世界，谓远东局势尚未绝望，讽示日本勿蛮干到底

【路透二十日日内瓦电】 李顿勋爵今日从国联播音台发表昭告世人之言论，谓远东形势虽属可虑，但非无望。今日固为世界大可忧虑之时期，但渠望起自满洲之波涛，可为贤明的政治手腕所挽回。

东省现状违反条约，所争非仅谁握政权

满洲现有之时局，不可视为与现有条约相合。今所争之点，较管理满洲者应为中国或为日本之问题，尤为重大，即维持国家间和平的共同责任之原则应否保全，抑听令牺牲是已云。

日认伪国绝不合理，战祸不已于己无益

李顿言及日本之承认"满洲国"，谓若一种举动本身为绝不合理者，则不能仅因其已成事实而认为合理。调查团报告书所建议之解决办法，终有益于日本，因日本欲在中国仇视及世界愤懑之时维持现状，则代价必奇巨也。如东三省不复有循环不已之冲突危险，则亦与中国有益云。

调查团之虚与委蛇，不得视为承认表示

李顿勋爵言及调查团游东三省事，谓调查团不能承认自称为"独立国政府"之人。调查团仅能示以礼仪上之敬意，如拜客时着礼服戴帽及共饮香槟酒而已，但调查团固明白表示不能承认其"国家"或其职位之存在也。李顿勋爵劝世人忍耐、信任，谓人或因国联用讨论与会议之方法从事进行而遂不忍耐，要知此种方法，在调解中实属必要云。

德代表抵日内瓦

德外长牛赖资与李顿调查团德代表希尼，今日午后到此。（路透二十日日内瓦电）

（《申报》，1932年11月22日，第三版）

3. 外委会讨论致代表团训令，决定原则电达代表团，宋子文昨飞京出席，外部对日意见书起草辩正书

〔南京〕 外交委员会二十一晚五时开会，在京各委均出席。闻讨论问题共有二项：(一) 代表团来电报告及请示各节加以研究，并决定原则，电达代表□依据进行；(二) 研究日本对李顿报告书意见内容，以便驳斥。(二十一日专电)

〔南京〕 外交界某当局谈，国联行政院廿三日开正式会讨论报告书，调查团委员除美委员麦骠将军外，其余均将列席。惟日方坚持报告书只应由行政院讨论而止，其理由：(一) 认调查团系行政院所派，行政院对报告书如何采纳，应由行政会议决定；(一)① 日本始终反对中日事件提交国联全体大会处断，故认国联对报告书最终办法无容提交国联大会商决。其用意因行政院仅有十四理事国代表，日方用运外交手段较易为力，若提交国联大会，则五十四国中小国占多数，小国代表意气激昂，同情于弱者，日本较难周旋。国联意见则以中日事件已全权付托于全体大会，其最终决议当由全体大会决定。现正考虑折衷办法。事实上国联决不因日本一国态度歧异，而变更既定方略，此点我方认为决不足虑。(二十一日)

〔南京〕 某外交当局谈，国联行政院会议廿一午十一时开会，定星期三开始讨论中日问题之李顿报告书。会议久暂，视初步讨论报告书顺利与否而定。日方对报告书只愿由行政院讨论而止，不愿由行政院提交大会，其理由与用意，识者当已辨明。我方则促国联根据盟约及会章，重视国联本身所负责任与权威，作公正之讨论。日本意见书二十一正式发表，全文虽尚未见，但内容五章诋毁我国殊甚，我方将有文字上之辩正。此次国联注重在合法的事实问题，决不在乎两当事国口舌或文字之争辩。不求人之外交贵在事实上表现，苏炳文义军之战胜影响与关系，胜于我代表及我当局千百篇宣言或抗议。北满情势紧急，国际视线当均重视，故事实最是雄辩，非他方文字上所能混淆观听。故政府致代表团训令仅予应付方针之指示，对行政院会议我方无特殊提案，待正式讨论报告书之际视情势如何，由代表团随机应付而已。至中日问题美国

---

① 编者按：原文如此。为旧时的一种分条列项方式。

是否加入讨论一层,亦为外间所注意。但美国为维持其远东之势力与威信,对中日问题,不至有主张。初不待国联之邀请,第新总统罗斯福当选、前总统即准备交卸期中切身利害之战债问题、军缩问题等均待进行,对中日问题,须在明年三月间新总统就职后方有相当表示。继谓日内瓦我代表连日来电,报告国联一般情势甚详,此刻自不便发表。日本对李顿报告书之意见仅见一部分,尚未见全豹,俟全部研究后,当酌加反驳。如日谓我无组织,且不成为国家,则有吉五月前呈递国书,所为何来？如谓满洲民族自决,则试将现在东北之日军调开,时溥仪能否安居长春？我不能遽逞雄辱①,敢以事实作根据。(二十一日专电)

〔南京〕 国联行政院会议二十一日开幕,会期约两周。我代表团由顾维钧出席,直至特别大会时,始由颜、顾、郭三氏出席,由颜任首席。外委会二十一日下午在外交官舍开会,有所讨论。行政院会期间将逐日开会,俾得会议进展逐日研究,训令代表团遵照应付。(二十一日中央社电)

〔南京〕 宋子文二十一日晨偕夫人张乐怡女士、秘书黄纯道由沪乘机飞京。据谈:"国联已开会,谋中日问题解决办法,余为协助中央应付外交来京。吾人勿须推测大会讨论结果,只求吾人努力奋斗,则最后胜利终属于我。"(二十一日中央社电)

〔南京〕 日政府对李顿报告意见书,二十一日正式发表摘要。至十八日电通社所传之摘要,初谓系日外务省所发表,次日又通电取消外务省发表字样,故日外务省二十一日发表者,与电通所传略有不同云。(二十一日中央社电)

〔南京〕 我国对于国联宣传费,仅拨颜代表美金两万元；日本对国联宣传费,规定五百万元日金。彼我数目相差甚巨。(二十一日专电)

〔南京〕 日对李顿报告意见二十一日正式发表,内容荒谬绝伦,措词横蛮无理,开国际外交文件未有之奇态。现国联已引起极大反感,美国亦已驳斥。外部以国联开幕伊始,虽政府某要人一日已驳斥,但仍须痛驳,文已草就,二十二日发表。(二十一日中央社电)

〔南京〕 日使对国联报告书,二十一日正式发表意见书,外部已接蒋作宾电告,正由亚洲司起草辩正书,用何方式披露未定。(二十一日专电)

(《申报》,1932年11月22日,第四版)

---

① 编者按:原文如此。

4. 颜代表之表示：吾人反对黩武，希望国联能制裁暴行，正义公道不伸，势将被迫对日用武力

【路透二十日日内瓦电】 中代表颜惠庆今日午后语外国新闻记者，谓中国未有欲推翻李顿报告书结论之意，中国对于报告书之各点不尽同意，但以为中立委员团以双方所承认之著闻人士所组成者，其所有之结论，非双方任何一方所宜驳斥，况事实固甚昭著也。中国现不声称已采行直接违反李顿调查团提议或劝告，或反抗国联及其条约义务之政策，亦不宣布以黩武主义为一种清洁荣誉之事。中国抵抗日人黩武主义已逾一年，吾人准备继续抵抗，久而弗懈，如遇必要，亦将用武，以清除吾人国境内之敌军。但吾人固恨战事，而切望和平也。吾人来此，请国联予吾人以和平与公道。不幸日本军阀不欲和平而欲战争，不以日内瓦之会议为公平解决之工具，但视为一种机会，一面仍进行其对华不宣而战之军事行动，一面欲得拒绝外来干涉之消极的国际担保。吾人信任对国联保持信用，犹之吾人信任将来时机到时，国联会员国亦必对中国保持信用也。中代表或将援用国联盟约其他数条云。颜博士引李顿报告书之文，称述中政府"讨共"之切实成功，继言及东三省地位，谓东三省不宜于日本殖民。再，日人之所谓东三省独立运动，在日军侵入以前，实无所闻。今时机已届，中国与世界希望国联有迅速与切实之行动，以谋取中国在国联盟约下所应得之解决。渠知国联当不许日本进行其延不解决，俾在军事立场点增加时局严重之手段，而终以国联维护正义公道之主张，及有毅然决议而监视其实施之胆量，昭示世人云。

（《申报》，1932年11月22日，第四版）

5. 日意见书终难自圆其说，美官场力避正式批评，但表示愿与国联合作

【国民社二十日华盛顿电】 美国当道对于日本之李顿报告意见书，因恐正式评论后被人误认为间接干涉国联，故今日仅非正式表示意见，以为该意见书几难自圆其说，内有许多方面与美国之见解迥殊，即其他各点，其理由亦殊

薄弱。美要人之居负责任地位者，对于日人所持九国公约不适用于满洲争执之立场，尤难赞同，认此种立场绝难自圆其说。因美国信九国公约专为保障中国之统一而设，今以日本军事行动结果，中国之统一已直接为之破坏。美国固愿承认中国今方缺乏某种之统一现象与国内之缺乏安定，但当缔结九国公约之时，日本与其他签约国均早已明白承认此种事实，且于完全深知中国状况之后，同意商定不加干涉。美当道又谓当九国公约提出讨论之时，中国国内正在各军阀相峙中，南方既不与北京政府合作，而东三省又自为政令，且为中国本部一部份之真正统治者。考当时所以缔结此约者，此即为其理由之一。惟日本之意见书既单独致国联，故美当道认为与美国无涉，不必加以正式评论。并表示美国在国联讨论之时，虽暂不活动，但可为国联诸会员国保证者，苟其所认为应取之步骤，美国必予以完全之同情与合作。某大吏又谓美国抱此态度，即所以消极的赞助国联解决争执也。至官场以外之人，则对于日本意见书，并不惊异。报纸虽刊登于显著地位，而一般舆论则称其中所言者，日本宣传家早在此间道及，固已饫闻之矣。

【路透社二十一日纽约电】《纽约讲坛报》今日批评中日问题之最近一幕，谓日本外交家未必责备其军阀之行为，日本军阀竭力使民众误信以美国为领袖之西方国家，现欲使日本处于孤立之境而摧残之。该报又谓时间为满洲问题解决中之重要原素。十一月七日胡佛总统曾称，美政府不愿参加用军事或经济压力实施非战公约之任何计划。该报对于此语加以称赞，谓胡佛总统如此揭示之美国政策，决不致为日本人民所误解。总统之言论，严格的以确定美国在华之条约权利为限，任何行动凡可引起惩戒之实施，致酿成战争状态者，美国概不与闻，此举殊关重要云云。

(《申报》，1932年11月22日，第六版)

6. 日本一再制造直接交涉空气

【华联社二十一日东京电】 日外部今日再利用其机关通信社"日本新闻联合社"，散布直接交涉空气。因国联空气日坏，如坚持反对李顿报告书及行政院或大会之决议，日本则被认为侵略主义国，只知有枪炮，不知有公理，外交

将陷入僵局,乃以直接交涉为名,拒绝公开讨论。据传日外交部对某大国提议,嘱其帮助,其策略列左:

(一)若拒绝大会讨论中日纷争,则各国均愤日本暴蛮,讨论仍然任其讨论,但无论何种提案均不同意,使各国不能得到任何结果,遂放之自然推移;

(二)造此空气若成功,则乘机议决以六个月为限,劝告中日直接交涉;

(三)须认"满洲国"为独立国参加交涉。

【日联二十一日东京电】 审议中日争执问题之国联第六十九届理事会,今晨十一时在国联秘书厅开幕。然因本问题之性质颇重大又复杂,从来指导解决问题之大国首脑人,亦未曾言及问题之解决方法,因此众料国联无能力解决中日问题,只得袖手傍观①。然至理事会开会之直前,忽有某国联最高首脑人传出国联方面解决本问题之方针。该项报告于二十日由日内瓦日本代表团电致日外务省,其大体意旨如次:(一)国联由理事会及大会讨论中日纷争之全般的问题;(二)国联不作直接解决纷争之办法,但大会议决劝告中日两国于大会结束后三月或六月以内开始直接交涉。日外务省拟以慎重态度,研究应付此项提议之办法。然日本决意始终主张中国成立强固中央政府、"满洲国"存在之事实及日本承认"满洲国"之事实等为绝对必要之条件。

(《申报》,1932年11月22日,第六版)

7. 英报论调不一:工党、自由党主张正义,独保守党报多数袒日

【国民社二十一日伦敦电】 今日伦敦报纸对于日本之李顿报告意见书论调不一。保守党报纸多具袒日论调,其最甚者如保守党之《每日邮报》,称其为极善辩护之文件,足证日人之自有理由。又同党之《晨邮报》,则竟谓日人意见书苟以不偏不倚之目光细读一过,将显然可见日在本[日本在]法律上与道义上俱立于较强之地位,谅彼批评日本者亦大半欲承认此言也等语。吾人于此可觇保守党之态度矣。至自由党及工党报纸,则均能主张正义,斥日人为侵略

---

① 编者按:"傍观",今作"旁观"。"傍"旧通"旁"。后同理。

者。如自由党之《纪事报》仍称日本为侵略者,谓其答辩乃径行拒绝接受李顿报告。盖除日人自己在剑锋下调查所得者,不论李顿调查团之调查结果或任何其他调查所得,日本均将拒而不受。如工党之《每日导报》亦具同样见解,谓吾人恐将难于设想一更比日本切实侮谩顽抗国联之会员国家。

【路透社二十一日伦敦电】 克明斯氏在《汇闻报》评论今日国联考虑李顿报告书之会议,谓此为国联之最后机会,退出国联乃日本最不愿有之举。渠料日代表将尽力劝诱国联容许"满洲国"试验之继续进行,且或将陈说一种宽大自由之制度,而以此代替李顿报告书。国联将拒绝此种诱惑,而坚持不让否欤,未可知也。历时必久之公判今日开始,将判定最重大之问题,即在此新世界中应得胜利者,究为法治乎,抑为武力乎云。

(《申报》,1932年11月22日,第六版)

8. 何键主张纠正李顿报告书错误

〔长沙〕 何键电,主张依领土完整、主权无亏原则,纠正调查团报告错误。须日先退兵回复原状,明定九一八责任所属,再由中国依世界新趋势,规画东北政治永久方针,邀关系各国改订互利条约商约。尤望国内尊重中央,预备武力为后盾。(二十一日专电)

(《申报》,1932年11月22日,第八版)

9. 调处中日争案,国联行政会陷僵境,全部问题势将提交特别大会,行政会今日下午再开,将由李顿解释报告书,外部辩正日意见书起草完竣,松冈遍访各大国代表缓和对日空气

〔南京〕 政府当局二十二晚接顾维钧来电报告,二十二日无会,二十三日议程:(一)李顿答复日代表对报告书争辩各点;(二)由各国代表质询日代

表，询问日政府有无和平解决中日事件之诚意。二十四、二十五停会，二十六再开会，将报告书及本次行政院会议纪录提出通过，移交十九人特委会及国联大会。外部为驳斥日意见书所草拟之辩正书，已起草完竣，定二十三发表。至日意见书内关于各项专门问题者，亦由外部训电驻日内瓦三代表，逐点相机驳斥。（二十二日专电）

〔南京〕政府要人谈，接各方报告及外国报纸所载消息，证明世界各国对日本之侵略中国，已十分明了。最近更因日本意见书之发表，其迁怒于第三者之狂态益显。其存心与和平为敌，心目中已无其他国家存在。是以日内瓦空气对日已日趋恶化。我国正宜乘此时机，内则精诚团结，作外交之后盾，外则联络友邦，为正义之声援。（二十二日专电）

【电通二十一日日内瓦电】本日在理事会之演说，日本松冈代表关于满洲问题，断然拒绝变更日本之立场。中国代表顾维钧谓接到满洲问题如不能满足解决，则排日排货有益扩大之虞之报告。于是两者发生正面冲突，已包含重大危机而呈停顿状态。

【路透二十二日日内瓦电】国联方面颇觉松冈与顾维钧皆存在绝对不同意之点发言，而不根据李顿报告书谋取双方所可同意之点，将使行政院工作甚感困难。因此问题性质至为复杂，不能有美满之决定也。行政院各理事刻方作私人谈话，商榷明日开会事。但以目前而言，此间众人之注意点，今日暂移注于德国与军缩会之问题。德外长牛赖资仅能在此小住数日，星期六日即须离此。

【路透二十一日日内瓦电】国联行政院之讨论，就现象察之，未必持久，全部问题将尽速提交国联大会之特会，而由大会定决复组十九特委会之问题。

【电通社二十一日日内瓦电】下次理事会决于二十三日下午三时半开会。凡勒拉议长与英法等大国之意，拟在此期内与调查团委员及关系国巨头往来，防阻下次理事会之空洞讨论，希望为实质的进展。

〔南京〕国联行政院二十一日已开会，由中日两国代表致词。二十三日专由李顿爵士致词，对报告书作详细之解释，继以各国代表演说，此为国联行政院正式讨论李顿报告书之开始。据外交界观察，李顿二十三日之演词，与其十九日之播音演讲将为同一之内容，而更扩大详晰。李顿演词中所述调查团不承认所谓"满洲国"及日本承认"满洲国"系属无理一节，外交界认为至为公正，且极关重要，并信行政院必能接受李顿之公正意见，于会议开幕前正式声

明不承认"满洲国"。至李顿所述用会议方法和平解决纠纷,亦致无穷之期望于国联,而希其迅速圆满实现云。(二十二日中央社电)

【华联社二十二日东京电】 据日方消息,松冈洋右于昨日下午七时往访法国代表彭古,以某种条件恳请法国援日,今日再访英、意、德各代表,求其援助。

〔东京〕 日代表团昨由法向外务省报告对国联策略:(一)决在行政院内积极活动,取得列强之谅解,控制大会;(二)声明诚意拥护国联盟约及非战公约,以慰各弱小国,而免在大会鼓噪;(三)对调查团报告书中有利点加以演述,不利点加以反驳,力避与列强发生意见,务使帝国收获实利;(四)在会议中力避与中国方面发生激烈辩论,表面上予以提携;(五)促成满洲问题之解决,移由中、日、"满"三方面直接交涉为最后办法。(二十二日申时社电)

【路透二十二日伦敦电】 处理中国东三省问题者,应为国联行政院乎,抑为国联大会乎,言者颇多争论。外交界乃有一种新主张,欲依照一九二一年华盛顿条约之规定,召集此约签字国之特殊会议,处理此案,如是则美国亦将参加讨论。保守党《每日电闻》今日社论言,满洲一案与世界一般问题有重要关系,力劝政府如不幸有干涉之必要,应决定据以行事之根本原则,否则英国将陷入甚危险之纠纷中。英国对于满洲问题,不宜有援助中国要求,致使日本退出国联之拘束。盖军缩会之前途将因此崩溃,而海上军缩之结果将大不利英国及世界各处也云。

十九特委会之组织

〔南京〕 外交界息。出席此次国联行政院会议者计有德、英、法、意、西班牙、波兰、墨西哥、爱尔兰、瓜地玛拉、巴拿马、挪威、捷克、中、日等十四国。至十九国委员会之组织,上述十四国中,中日两国除外,尚有瑞士、哥伦比亚、匈牙利、瑞典、比利时、南斯拉夫、荷兰等七国云。(二十二日中央社电)

....

(《申报》,1932年11月23日,第三版)

10. 顾维钧博士驳斥松冈谬论

【路透社二十一日日内瓦电】 今日午后顾维钧博士在国联行政院特会代表中国发言。顾本拟就演稿，但未全照此发挥。顾首先答辩今晨日代表松冈所发之言论，谓：松冈之言，人若信之，则无异信日本为一温柔之小羊，而在中国之膏吻中；但世人幸有李顿报告书，以证其说之不确□。松冈所言各点，渠欲保留批评，但现愿略言一二。

弁髦神圣条约

纵假定松冈之言不谬，然依然可疑问者，日本军事侵略之合理，究至何种程度乎？如世人对于凯洛格非战公约条文之解释与日本同，则遵守此种公约究有何益乎？渠以为不如将自卫之性质与意义，就非战公约本身之条文解释之，较为稳当也。顾言至此，乃宣读中政府对于李顿报告书之意见文。首言渠以中国陪员之资格，在东三省备受毫无理由之限制与禁阻，以致既未能视察发生事变之地点，亦不能设法使中国人证得出现于李顿调查团之前，而日本陪员之在中国本境各处，则享有自由，两相比较，待遇悬殊。

妨阻中国统一

中国在建设过程中所遇最大困难之一，即为日本屡次阻其实现之举动。日本一面不断的向全世界责备中国不统一，一面继续进行其阻止中国统一之政策。日本究欲中国统一与否，实为问题。日人显以中国统一将不利于日本开拓政策为虑。

威胁远东和平

日人之大陆政策，为数百年日本武士道教训之结晶品，其目的在征服亚洲，而以中国为第一阶级。此种大陆政策，诚远东和平之大患也。其危险尤大者，在此政策之后复有莫可控制之军党。此党为日本所有战争机关最有力者之一，而欲以铁拳实施其主张。

抵货消极自卫

中国人民之所以继续抵制运动者，即为反对日本此种侵略政策而起。此种不期然而然之民众运动，任何政府不能完全与之脱离，此为合法自卫之方法，中国中央政府唯有默许之耳。但中政府严密监视之，此层已为李顿报告书所证实，故自日军开始侵略东三省以来，绝少发生意外事件。中政府在现状之下，即立法抵制日商与日货，而制定实行抵制之更一致的方法，亦未可谓为不合情理。但中国迄未有此举，亦足见中政府忍耐温和的政策之特质矣。有组织的抵制之实施，是否与友好关系不相抵触之问题，非至另一先决问题已决定后，不能发生。此先决问题为何？则在日本无端侵略中国土地之时，中日关系是否仍可认为友好是也。中国固欲藉国联谋取和平解决，但中国觉有在可能时制止侵略的军队陆续前进之必要，中国乃择此消极抵抗之形式。此举较合人道，以其不流血也。若用武力抵抗，则流血必不可免。如谓中国不应抵制，则直剥削合法与和平的自卫工具矣。

日军行动无理

李顿报告书已证实中国所称沈阳事件不能为日本军事行动之理由一说。沈阳事件既不能为日军在该处行动之理由，则日军之于是夜同时侵略长春、吉林与营口之中国土地，更无理由可言。试观去年十月十日之锦州事件，尤为日当道缺乏信义之证。日人既摧毁锦州、吉林及东三省许多地方之管理权，而犹时以东三省未有公共秩序为言。李顿报告书之第一百二十七页，言及日当道对于国联虽发庄严之担保，然仍进行其威胁与同化方法，此言亦殊可注意。

反抗世界舆情

顾博士于叙述本年一月上海事件后，谓犹有一事为日本反抗世界之骇人凭据者，为日本之正式承认"满洲国"，完全不顾国联盟约与国际条约之庄严担任，以及其屡次对国联行政会而发之诺言。日人苟不欲取中国治权而代有之，则日军在南满之行为将无目的。中国以此为虑，而日当道则愤然驳斥之。然而中立性质之通信社，如联合通信社及路透电社等，固有日人积极活动、攫取东三省民政权之报告也。

保留赔偿要求

顾博士继称，此问题之解决，应交国联大会之特会为之。中国既有不受外来侵略之担保矣，今不能令中国因此侵略之结果，而放弃其在被侵略前所有之权利。李顿报告书赞成中政府之态度，亦以为中国与他国间之任何讨论，必须于国联盟约与非战公约下，根据中国之权利而举行之。中政府准备以任何建议与此大原则相合者为讨论之基础，中政府保留因日本侵略行为要求赔偿之权。

撤兵义务未尽

日本在去年国联屡次决议案下之撤兵义务，今犹存在；撤兵今犹属必要，乃中日争点根本解决之先决条件。军事占领之压力，以及因用武力而得的已成事实之压力，先须销灭，此乃必要之举。苟不承认此必要，则此争执之解决不能适当讨论也。

迅采有效措置

李顿报告书叙述东三省时局真相，明白周详。今时机已至，国联应实行迅速而有效之行为，主张公道，维持世界和平。唯赖根据国际条约所规定之公道与正义原则，对于中日冲突予以迅速而有效力之解决，此中国之所期望者也云。

顾博士之言，有一部份专述日本自十六世纪至田中上日皇书之历史上文件，以证明日本对华始终不变之野心。行政院晚六时五分始散会，下次会议定星期三日午后三时半举行。

【路透二十一日日内瓦电】 松冈今日语客，顾维钧博士所陈各节并无新颖之处。渠对于中代表有礼貌的发言，如发自一个老友者，大为钦佩。至于顾博士所言及之田中奏折，渠于必要时可指出伪造者之姓氏。渠以为未有驳斥中国陈诉之必要，但渠仅准备详述中国之状况云。

（《申报》，1932年11月23日，第三版）

11. 时评：日内瓦以外之中日争斗

一、中日争斗之焦点

国际联盟行政会议，已于二十一日午前十一时在日内瓦开会，其主要议题为讨论《李顿报告书》，中日两国外交战线于是展开。论人选，我国代表顾维钧氏为当今外交界之能手，日方之松冈洋右尤为彼军部及外务省所共同推举之干才。日本虽盛倡国联对东方问题"认识不足"之论，而于国际外交则守步留心。其于李顿报告之反驳意见书，对我国乃尽其诬辱之能事；他方面则一力为侵略独占肆其诡辩，谓日本之袭击东北三省系为东洋和平，出乎自卫的必要，为拥护日本之安全，为维持条约之神圣。然而叩之实际，其于国际条约也，则九国公约、非战公约等世界共相遵守之国际条约，均因日军刀枪所及而变作废纸。东北三省原来秩序虽不见佳，人民尚可勉强安居，自被日军暴力劫夺之后，几至路断行人、野无青草矣。安宁之谓何？和平其何在？

国联之无力，吾侪固早言之。盖现时世界诸国困于经济衰退，英、美、法诸国，虽名为领导者，其实外强中干，无实力足以裁制日本之暴力与独占。故吾侪对于仰求外人之援助及于国联范围中寻觅公理正义，认为必无结果。

是故在对日内瓦外交以外，中国对日问题，应有一种仰给于自力之实际的民族争斗，具坚强之决心，立恒久之计划，然后乃能与吾人当前之强敌，作必死之战也。

兹请推而论之。我国对东北问题，兵力既不坚实，民生尤为疲敝，实我失败之重要原素。且我国领地广博，天产殷富，而人口稠密，更具今后市场扩张之特色。列国且各自扩大其在华商业势力，我其甘心后人，永作人之转贩耶？其奋起而自立耶？目前各国所缺乏而又极苦痛者，为商品过剩、市场窄小，我乃空有广大市场而不能善为利用，致为强敌所乘。日本名为强国，在经济上于天然产物，如矿产、林产以及农业产品，均极有限而不能自给，其所特长乃在于纤维工业。我国虽比较落后，欲在短时期内与日本作经济的竞争，尚非难事。矧日本现时已感觉市场之窄狭，有物品而无处销售，惟一市场，只在我国。如我能及时奋起，与之作积极的经济竞争，利用自国市场而与粗制滥造之货物对抗，无论我国如何软弱，亦应有持久之抗力。

二、国民总动员

日本袭取我东北三省之前，号召其国民之惟一口号，为国难临头，借口"满洲"为其国防线、生命线，以激励其国民。故于九一八事变未发生之前，多门第二师团、室第二十师团，即已秘密动员，开赴南满路一带，实行袭占辽吉两省。虽该地军事当局采取无抵抗主义，而热血健儿不肯退避，情甘为民族奋斗而牺牲，蹶起于田亩之间，持陈旧器械而与日军相对抗。虽未致日本之死命，恢复失地，而日本军阀手忙脚乱之情已现。国民动员之口号则已唱遍于日本国内，除制造九一八事变原有约四万兵力之外，复增加"西"第八师团、广濑第十师团、松木第十四师团及其他各特种部队于"满洲"，合计人数不下十万。其结果非特未能平定东北，且致该地方之秩序，愈见混乱。然而彼之野心并未因此稍戢，且复为经济的动员，实行普遍的倾销政策，使中国制造品在中国市场销路窒息，然后日本独占致策乃得展开，帝国主义的侵略方有出路。

当此时也，我国处此万难境遇中，遭受彼武力的压迫、经济的环攻，欲自行打开新生路，仅乞怜于樽俎之折冲，恐终无自全之道。惟有整备我国民战线，一面竭其全力于经济的建设，毅然抛弃往昔之空谈，埋头工作，整顿内政，恢复旧有产业，开发新工业，则现时之失业群众将逐渐消失，而社会不安景象亦自然清扫。不观乎苏联乎？彼现行之第一、第二五年计划，根本上与中山先生之《建国方略》，殊多近似之处。彼能于四年之间，经济上飞跃突进，我国与苏联主义，虽取道各异，而彼之努力于工业的建设，实足为吾国"他山之石"。吾国民之应努力于经济的开发与建设，万不可再事延缓。对日问题，尤须以国民之经济力为竞争的基础。至于排货运动，在表面上似为一种积极行动，而实质上仍属消极工作。盖仅止抵货，不过使对方感觉苦痛，而自身尚无所建树也。故我国之国民总动员，不必全在乎军事的胜利，外交的折冲；而最后总清算，须视吾国人在经济建设之努力何如以为推断。

(《申报》，1932年11月23日，第六版)

12.《大美晚报》痛驳日本意见书：日本乃强以旧式为最新花样；九国条约对中国未限以时间；"不得他人允许不能治理他人"，林肯名言必行于满洲及世界

日本意见书强词夺理，荒谬绝伦。各报已有论评驳斥，外交部亦正在草拟驳文，但言发自我，人或谓为有主观见解。二十日《大美晚报》发表一论，斥日本为作十九世纪装束以示人，而谓为最时髦之新花样，又断定日本终将不得不改其心志。立议严正，兹译原文如左：

外论社译二十一日《大美晚报》评论云：日本对调查团之意见书，似无甚新事实，即有之亦属微乎其微，反之却有一大堆重复之辩论，特别显见为日本不能了悟国际事件现代思想途径之新启示。尝有人一再发表言论，谓日本为一运道不佳之国家，永久落伍而不能追上。日本之奢望，系产生于旧意义下之帝国日益变为过时之际。日本之努力辩证其帝国主义行动为合理，常根据于已由条约及新国际态度，使其归于无效之先例。准是，日本不断戮[勠]力于干多年前已干过之事，且对其行动所引起本现代概念而加之批评、非笑及真正敌意，辄表愤怒。日本永远腰束撑裙使高之软垫，前高后低之女帽①，展示一八五六年之妇女新装，以证明其所服者为最新装束。

日本之批评，有数点使人惊疑，预备日本覆文之人，事实上是否曾确将报告慎加阅视。例如其中有一语谓报告书对日本之不平系枝零破碎而论之，且不能承认一根本要旨，而使其平整归为一体——即谓"有一定之立意，欲消灭日本在满洲之权利"。就事实立言，报告书澈底承认所提之事，不过系以另一种词句出之——"行其（中国）限制日本在满洲常利益之国策"，此乃李顿与日本对满洲见解相异之中心点。调查团看出"中日两国国家政策目的彼此冲突"，"看出为享有非常利益"者，而不为享有"权利"者。而日本之答辩，则基于天授日本使之崇高根据，以将一无主之境、名义上为一全不堪称为"国家"之邻国所有者，拨乱而反治。

---

① 编者按：原文如此，应有缺文。

概观上文所有根本不同之处，则每一重要之点，自必有三翻四覆、头重脚轻之冲突。对日人开端即有之假定，即谓调查团简直不知所谈何事者，停止加以考虑，而进入一较坚固之根据，即认调查团固自知之，不过系从另一与日本完全不同之观点发言，此点即立可解决矣。日本之批评，既复回至华府会议，甚至可不必与调查团持同样见解。日本对中国现似采取一大异于其他签字各国之观点矣。

日本据谓感觉一切事件已使一九二二年假定受给，竟传达中国迅速进步应为该约继续有效之先决条件之义。实际上人人皆可查阅该约，以见文中并无此种意义。该约命签字各国"尊重中国主权独立及领土行政完整"，要求各国"予中国以一最充份、最不受困难之机会，以发展并维持一有效而稳固之政府"，对中国发展之进程，并未加以时间之限制。中国国家发展之进程若有兴衰起伏，亦如个人所有者然。在此无偏见之旁观者看来，似属颇为自然之事，而日本现竟以满洲事物不合于彼之根据，从事造出证明其在满洲之整个进程为合理之理由。

如前所云，此项答辩与李顿报告之间，有无数点皆有头重脚轻之冲突。日本不但继续坚持"满洲国"之产生系自然而独立之事，且进一步宣称"'满洲国'之前途，日本认为灿烂光明"。试以此而与李顿之见解相较。李顿云"独立运动一九三一年九月以前，在满洲曾无所闻，仅因日军之在场行动实为明显之事"，又所引中国银行家商人语李顿之言，"吾等不欲变为朝鲜人"。

此等无路可通之点，只须记得其为何等偶然。对于日本官场与调查团根本概念之相异，何等直接有阻碍，即无容再加多述矣。林肯于多年前尝言："余确谓不得对方之允许，无人能够治理他人者。"此种见解当使世界颇费时日以看出其价值，日本即为证明依然有人尚未信之明证。但此究一有正理而文明之见解，终必行之于满洲，且必将行之于世界各处。凡承认此事实者，将得免于后来改变心志，或不得不使其心志改变其自身也。

(《申报》，1932年11月23日，第九版)

13. 上海各团体电国联行政院，国际问题研究会代发

上海市商会、银行公会、钱业公会、上海纱业同业公会，因昨日国联行政院开会讨论李顿报告书，特联合致该院英文电报一通，由国际问题研究会发致顾代表维钧转交。兹译电文如下："中国顾代表转国联行政院鉴：李顿报告书已确认日本为满洲案中之侵略者。其所施行计划，早经越过自卫范围，举世皆知。今欲制止其侵略野心，是唯国联及会员国合力共谋，以避免世界之危机。现今远东局势紧张，若再迁延，恐世界大战后所组织之和平局面，不免为所破坏，而遗将来不可补救之憾"云云。

(《申报》，1932年11月23日，第十三版)

14. 全国民众救国团体联合会告国际书全文：为日本侵略暴行，将特派代表携往

全国民众救国团体联合会已于前日举行开会礼，昨天仍继续开会。经审查各处救国团体提案，该会于前天开会时，曾决议推派代表陈国梁往日内瓦作国际宣传员，并携有中、西文《为日本侵略暴行告国际书》。兹将该书全文录之于下：

自一九三一年九一八日本侵略主义者武力占领满洲以来，中国问题更引起全世界人士之注意，厥后一·二八事变发生，东亚之危机日趋于紧迫。日本侵略主义者之残暴行为与中国人民之英勇反抗，与全世界人士以一悲壮之印象。然日本帝国主义者除对爱和平之中国民族施行抢夺杀戮以外，复造作谣言，蒙蔽世界之观听，虽然其技俩对于有理性的旁观者完全是明白的。后国联调查团来华调查甚久，近已公其报告书，虽对于日本之侵略行为及其一手制造之"满洲国"认为不当，但对于中国之情形，尚有认识不足之憾，而对于日本侵略之藉口，误信以为真。此全中国民众深为调查团惜者也。本会代表全国之民意，特将最近中国情形、日本之贪欲及调查团认识未周之处，为全世界爱平

和之人士陈之，俾得于中日纠纷能得正确之观念焉。

（一）中国发展与世界和平之障碍

中国为东亚之一大国，且为世界各国之一大市场，此系人所周知之事实。然中国现在伟大之转变期中。此种转变系全国最多数民众之希求。此种希求即欲中国由农业国变为工业国，由旧制度变为民主制度，由军阀主义变为统一的国家是也。此种发展如能实现，不仅为中国之幸福，亦世界和平与文明之幸福。中国之纷乱与革命运动，实为达到此幸福的过程中不可免之事实也。然在中国发展运动之前，有一最可憎之阻碍焉，即日本之侵略主义。日本侵略主义者有一最卑下之观念。此种观念盖由明治时代传来，即为满足日本征服世界之野心起见，由中国攫取朝鲜、台湾，尚未［为］不足，须变全中国为朝鲜第二，满洲侵略，即实现其野心之初阶。为达到其粗野之目的起见，于是尽力破坏中国之工业化、统一运动与民主政治之建设，如炮击中国城市、援助一切军阀扰乱，即其惯用之手段。换言之，即尽一切野蛮之努力，窒息中国之发展，并吞全中国为其征服世界之根据地。然中国系拥有四万万人民之大国，对于日本之野蛮之贪欲，必尽一切努力抵抗。若日本之侵略行为不止，则中国人民之反抗亦不止，其必至引起更大之危机，乃意中之事。且中国为东亚大国，中国之安定与世界之安定有密切之关系。日本对于中国之侵略，即系对于世界和平之挑战。且日本之侵略中国，不仅在并吞中国领土，独占中国利权而已，且怀有更重大之阴谋，以扰乱世界和平，此尤为各国人士所不能宽纵者也。各国政府对于日本之侵略中国，未予以充分制裁者，意或待日本之反省，或期待日本能作防止过激运动之发展。然吾人须知日本政治家现已成为野心军阀之附庸，刺杀大臣之事不断发生，已充分证明日本政治之向军国主义之后退。日本政治家亦无抑制军令能力，即预定日本之侵略主义、黩武主义将酿成世界最不幸之结果。其次，日本所欲者，中国之并吞耳。所谓防止"赤化"运动，不过其藉口，此征日本最近之外交政策，尤可见其目的之所在。故全世界人士对日本暴行之宽容，实即对于拥护和平天职之懈怠。倘日本并吞中国之计划实现，恐将抑制日本对全世界之挑战亦不可能矣。（未完）

（《申报》，1932年11月23日，第十三版）

15. 国联特会下月初可望召集，日代表准备投票反对，但三分二同意即生效，行政会议昨日重开，松冈洋右续逞狡辩

国联行政院昨日午后三时半开会，日代表松冈继续发表演说，对于我国顾维钧驳斥之语有所辩护。至我国代表是否再加驳斥，闻此时犹未决定。此外行政院料将征询国联调查团主席李顿对于中日双方对报告书之意见，及两代表之演说有无意见发表，但逆料此亦不过形式问题。谅李顿勋爵定将声称，中日双方所争辩者调查团在远东时早已饫闻，故目下坚持报告书中主张也。

〔日内瓦〕 国联行政院明日午后三时半开会，其议程第一条，即为中日争议，日代表松冈将为唯一之发言人。松冈现已列名于议程中矣。第二条为里比利亚事，第三条为但泽之波兰通币问题。（二十三日路透电）

〔南京〕 国联行政院二十三日下午三时半重行开会，正式讨论李顿报告。预定程序首由李顿爵士致词，答覆日意见书，并重申调查团不能承认所谓"满洲国"，及日本承认"满洲国"系属无理。继由各国代表相继质疑讯问，并询问日政府对中日争端是否有和平解决之意。至会议详情，因南京时间较日内瓦迟八小时①，故行政院开会时，南京时间已是十一时半。如开会二小时，则会议情形至早须至二十四日晨二三时始能抵京。（二十三日中央社电）

〔南京〕 外交界息，国联行政院二十三日会议完毕后，即行休会。二十四、二十五两日在会外接洽程序问题，预计本星期六（二十六日）再行开后，即将通过将李顿报告书及本届会议纪录移送十九国委员会讨论。但日代表对此仍极反对，本星期六会议时或将投反对票，但其余十三国均将投票赞成。按国联会章决议案之通过，须全体同意始能生效，但手续及程序问题，只须三分之一②之同意票，即发生效力。故日代表虽反对，不能阻止实现移送十九国委员会之计划云。（二十三日中央社电）

---

① 编者按：原文误，当作"因南京时间较日内瓦早八小时"（故后文得出南京时间已是十一时半）。实际上，以时区论，南京当地时间相较日内瓦应早七小时。

② 编者按：原文误，应为"三分之二"。

〔日内瓦〕 日代表部对于二十一日中国代表顾维钧之声明，本拟今日加以反驳。其后因反驳文尚需修改，故今日只由松冈代表在理事会演说，而对顾维钧之反驳现决停止，或将于二十四日或二十六日之理事会另行反驳。

〔日内瓦〕 此间舞台今日以德国与军缩为主剧，故中日争点之讨论，以代表间私人谈话为限。其所谈者大都在考虑于昨日双方发言，划明其阵线，应采何种步骤耳。时局至形复杂困难，故谈话范围极为机密。就英代表方面而言，英代表今日未与中日代表有何接触，但此为意中事，因英国现颇似处于司法地位也。各小国代表尚未表示其对于此事之意见，就目前所知，各小国未必在明日行政院会议时发挥意思。众料明日集会时，日代表将答辩顾博士之言论。闻中代表虽不愿在行政院大开舌战，然亦未必闻日人之答辩而不驳覆也。行政院或许李顿勋爵有发言机会，俾对于日人批评其报告书之苛论，加以答覆。惟各大国则不致发表重要言论，旁听席中有人建议将此难题提交华盛顿公约签字国之会议，而请俄国参加之。据可恃消息，俄国不愿加入此种会议，而美国亦不欲在此讨论中有直接之动作也。至行政院对于此问题之讨论，将历时几何或采何途径，国联方面之负责方面多不愿加以推测，但亦有人谓行政院于本星期内当可摆脱之。关于此点，有本地著名报纸《国家报》之评论，大堪注意。该报以为行政院不应以意见之交换及李顿报告书连同行政院意见之提交国联大会，遽自视为已完毕其在国联盟约第十一条下之调停工作。行政院应仍设法打开直接谅解之门户，李顿报告书中有直接谈判之建议，固已表示此种程序矣。国联大会之组成份子，大都为与远东未有直接关系之国，故国联大会易为过失须加纠正之一念所支配。由此观之，将此问题提交国联大会一层，允宜郑重云。据可恃方面消息，国联大会可望于十二月初举行特会。（二十二日路透社电）

・・・・・・・・・・

（《申报》，1932 年 11 月 24 日，第三版）

16. 时评：日内瓦之外交战

一、××××①

日内瓦中日两国外交战，已于本月二十一日正式展开。日本对国联调查团报告之意见书亦同日发表，我国各报亦曾加以严正之驳议。日本一般舆论受其军部之指挥误认事实，对我国作无聊之攻击，如该意见书第五章结论所述，"第一，谓中国陷于无政府的混乱状态；第二，不能保障外人之生命财产；第三，行使排外政策，日本受害最大；第四，日本在满洲有世界无比之特殊地位；第五，满洲官宪侵迫日本之权益；第六，九一八事件出于自卫；第七，满洲之独立为民众自发的行动，清室复辟仅为其指导力"。以上所述意见其真实价值何如，不待智者与专门家之估量，即已明白陈列于吾人之前。彼借口中国不能保障外人生命财产，行使排外政策，以挑动列国之感情。而事实具在，决难一言抹杀。对于东北，彼更制造万宝山案、中村案，以作其行使侵略政策之起步。况九一八事变当日，多门第二师团远在仙台，即出现于长春。其第二十师团原住朝鲜之龙南，亦同时攻我辽宁，则是日本之所谓自卫也者，特侵略独占之别名耳，岂有他哉？至于"若[满]洲"独立，乃自饰为民族的自发行动，以曾为日本同盟者之英国所派李顿爵士，亦认为"'满洲国'背后实由于日本军队用官吏所操纵"。如果日人否定其为动乱之源，试问六百余名之日本官吏、十万陆军具何种合理的根据而插入"满洲（傀儡）国"之组织？是故日本对调查团报告之意见书，吾人始终认为抹杀真实的事实，伪造虚言，以兵力威胁中国，以危词恫吓国联，犹巧饰其名曰"保持东亚和平"，号为"自卫权的发动"。其谁欺？仅足以麻痹其军国主义狂热之日本人耳。

二、××××

至于日本代表松冈洋右在国联行政会议特别会之演说，仍不外重述以上意见，加强挑动列强对华恶感之语调，以为中国国民运动悉为排外运动，而以排斥日货问题为主眼，且以排货运动，中国政府实居于领导地位，作彼所谓自卫权之

---

① 编者按：原文如此，下同。

掩护、侵略东北三省之烟幕。同时更举出"国民感情、时间稽延、恐事态恶化、自然途径"等四点,作不委托国联公断东北争端之陈述。又复左右遮掩,谓日本不欲与任何国家战争,无领土野心,更非侵略国家。综其实际,无非欲借词拖延,以遂其对华侵略。试阅军部之代言人半泽玉城在十一月下旬号《外交时报》所著《希望国际联盟》一文中所述四项理由,一则提倡对东北延期解决,再则劝国联静观。综合松冈氏所论,亦是如此。设使日本而果不欲战争者,何为一九三三度预算,军事费竟超岁出总计百分之五十以上?设使日本而未侵略满洲,何以东三省境内驻有十万之日本陆军?设使日本而无领土野心,何以伪国中有六百余人之日本官吏?矧日侨之驻于东三省者,仅二十万有奇耳,何用两侨民而须一兵士保护之?世界上不经济而又愚笨之事,孰逾于此。自卫之说如自我国发动,以抗抵日本之军事侵略,犹不失为严正之意味,合乎公理正义之举。

三、××××

善哉乎,我国代表顾维钧氏之言也:"……日本无端侵略中国土地之时,中日关系是否仍为友好,中国固欲借国联谋取和平解决,但中国觉有在可能时制止侵略的军队陆续前进之必要,中国择此消极抵抗之形式,此举较合人道……亦足见中国政府忍耐温和的政策之特质……日本开始侵略东三省……中国政府在现状之下,即立法以抵制日商日货,而制定实行抵制之更进一步的方法,亦未为不合情理……"此确已表明我国温和忍耐达于极点之态度,任何国家当之,决不能再事让步,且恐流血之战争早已遍满于东亚矣。况抵制日货之举在九一八事变之后,而排货运动又属于国民的自动行为耶。凡一国政党而果为国民所拥护者,其领导国民抵御外侮,非特和平的排货运动是所应该,即铁血奋争亦属必然。否则外敌之来,国人亟起抗拒,更为当然中之当然,谁能非之?所不幸者,吾国抵货,尚未克澈底实行,以与敌方作长期的殊死奋战耳。

四、××××

外长罗文干氏以为"苏炳文之抗日义军,胜过外交部千百抗议与宣言……",此诚为一针见血之痛论也。当此之时,我国失地三百七十六万七千七百方里,遭受铁蹄蹂躏之人民数逾三千万,仅以"排货运动"表示其温和的抗议,其为柔弱已可概见。彼日本者犹不自悔悟其军国主义侵略之非,尚嚣嚣于虚伪之辩论,以文饰其恶辣。我国人素好和平,非至山穷水尽之时,决不肯作流血之争斗。然而日本军国主义者一再相迫，既侵辽、吉，复扰北满，繁荣之闸北竟至在日军飞机之下化为瓦砾场，此而可忍，尚有何力以生存于世界乎？故黑山白水①间之健儿不甘受欺凌，突起阡陌之间，与敌人作殊死争战。虽未能以真正的铁拳回击敌方，促其觉悟，而民族百年争斗意识已深入人心，虽百万之师亦不可拔。在政治的形式，纵不免尚有多少弱点，而国民向心之力，确已日趋集中，渐次集结其实力。即以东北义勇军而论，在四面围攻中之苦斗，前仆后起，使组织极强、军实甚充之日本帝国亦不免乎手忙脚乱，则实力之后援，岂非事实之教训？

国民外交在此一发千钧之时，尤为重要。日本虽尽全力以图延宕政策之实现，陷我对国联外交于更困苦境域之中，吾人亦深知国联未必有实力以裁制日本暴行也，然而外交的运用究不可少，樽俎折冲，毋可或缺。我国代表既已竭力于和平的奋斗，我国民当准备实力为外交后援，尤须以实际的努力，开辟未来之新路。

（《申报》，1932年11月24日，第六版）

17. 全国律师协会电顾，揭破国联报告之矛盾

中华民国全国律师协会昨电国际联盟会，兹录原电于下：

"日内瓦中国代表顾博士转国际联合会各代表公鉴：调查团报告既认定满洲为中国领土不可分之一部，又认定九一八事变系日本预定计画，超越自卫权之范围，更认定'满洲国'之组织，出于日本军队及文武官吏之发纵，非当地人民之自由意志，则衡诸盟约第十条，除恢复我国领土完整、行政独立外，别无解决之途径。乃该团所提建议与盟约精神及其认定之事实完全矛盾，尊重法律之中国民众决不承认，更不愿我国代表参加此种违法建议之讨论。敢请贵代表根据前开认定之事实，另提合乎盟约条文、国际正义之建议。中华民国全国律师协会。梗。印。"

（《申报》，1932年11月24日，第九版）

---

① 编者按：原文误，应为"白山黑水"。

18. 国难救济会对国际联盟之主张

中华民国国难救济会对于国联调查报告及解决东省事件,最近发表主张,并辑印报告批评,业已发售,其结论尤为精警合理。兹特撮录于次,亦以见民众主张之一般[斑]也。其结论云:

"报告书的内容已在上面一一加以检讨,他的矛盾和疏漏的地方也随处加以指摘。现在我们要把我们就全部所得的感想和因感想而结成的意见,向国际联盟、世界民众和我国政府及全国民众,表明一下。

一、告国际联盟和世界民众

调查团报告书陈述事实,很多允当的地方,它的建议迁就事实太过,也许是因为希望和平太急,苦心调停,我们也很愿意谅解。但报告书实在含著[着]两个很大的缺点,这种缺点无论是调查团疏忽不经意,还是故意规避,他的关系却非常重要,足使报告书陷于不能径行采用之地位,这是关心解决中日纷争的国联和世界民众十二分注意的。

两种缺点是什么?第一,东三省事件是日本侵略政策的一阶段,不是偶发的一事件。日本侵略政策来源很长,他四十年来吞台湾、割桦太、并朝鲜、租借关东、攻占青岛、胁订'二十一条'等等,无非一步一步扩张他的领土,推广他的统治,以谋支配全亚,称霸世界。这次占据东三省,不过是此种一贯政策中预定的一个步骤,不是徒然而来,也决不就此终止。这不但有以前的事实可为铁证,就是日本当局的军人和政治家或密奏他的皇帝,或公告他们国人,也历历不讳。所以要问东三省事变的根本原因,就是日本的侵略政策。调查团对中国政治发展和东三省近年状况叙述甚详,以为可以阐明中日争议之背景,甚至谓因排外宣传之热烈,遂以造成本案发生时之特殊空气,而于日本侵略政策逐步推行的实况,和近年日本军阀猛烈从事侵略的言动,毫未加以叙述,是对本问题真正核心并未探到,反把四周附随发生的结果当做问题的原因,使关心此事的人,不能真正认识本案的起源,将来难免不因此产生错误政策,岂不是一个大缺陷。

第二,东三省事件是日本侵略政策的实行,决非为权益保安问题,这从事件的本身可以完全证明的。九一八及以后日军行动决非自卫,日军政当局又再三宣言决不使东三省与中国政治上再生任何关系,这都是实行侵略极显明的证据,姑不多谈。且看调查团报告书对日本在满权益不但维护备至,且有许多地方替他扩张保障。若果日本是为权益保安,早当踌躇满志,何以日本当局对报告书大骂特骂,主张抹消第九、十两章全部呢?可见日本要吞并东三省,作支配全亚基点,毫无可疑。所以要解决中日东三省纷争,维持永久和平,只有将日本破坏国际公约、任意侵略之一切行为,加以根本、有效之纠正,使他懔然知难,变更其传统的侵略政策,然后才算得解决。若误认日本是保护权益,把他违法造成的局势虽不承认全部,却承认一部,不必说日本因有违本心不肯接受,就是他暂时接受,然而他从此知道侵略是有效的,国际的约束终是废纸,更可放胆,一步一步实行其侵略政策,那里还有和平可说?那里还有国际联盟存在的意义?不仅弱小国家将永久成为强国的牺牲品,就是强国也将永久受日本侵略政策搅扰了。这道理极为明白,可惜报告书和建议竟见及不此,岂非又是一个大缺陷。

我们为世界真正和平着想,以为解决东三省事件的核心,在挫抑日本的侵略政策。挫抑日本的侵略政策,只有一条大道,就是绝对拥护国际一切公约,使他完全发生效力。所以我们认为解决中日纷争,应严守以下三原则:

(一)国际联盟应根据盟约及九国公约、非战条约,否认日本九一八以来对东三省所取之一切行动,限期由日本将兵队撤回九一八以前原驻地点;

(二)关于东三省争议问题,俟前项实行后,中日两国应严格遵守现存有效各条约,商订其解决方法,并调整其纠纷情形,如有争议不决,应送国际联盟公断;

(三)国际联盟为实行前两项原则,应严格施行联盟规约第十五条及第十六条规定之程序及手段。

二、告我国政府和全国民众

我国既加入国际联盟,与各国共担维持世界和平的大任,那末日本侵略东三省一案,我国遵守盟约、诉请国联纠正,实是我们应尽的义务,不能说不对。但我们应切实注意两层:第一,我们应当依照盟约,努力维持世界真正和平,却不能迁就规避盟约,假和平而受无益牺牲;第二,联盟的权威和实力能否十分发挥,很可忧虑,我们应把这种可危的前途放在打算中,切实做自立的准备。

所以在将开的国联大会中,我们主张我国要将日本侵略政策的过去、现在及将来,根据事实,极力阐明,使各国澈底了解维持永久和平,只有挫抑日本侵略政策一法,毅然采取我们上面所说三项原则,同向正当路上走去。至报告书所载事实,随处可引为日本侵略的旁证,它所举的原则也可酌采为论据。但它的建议虽觉苦心可谅,却系敷衍办法,不能达到真正和平,这是不可盲从的。我们历来所痛心的就是政府除走国联一条路外,决不向自立自卫上痛切下一番准备工夫。须知国联本身有种种困难,对东三省事件恐怕未必能有何等有力措施,若再不准备,何异坐以待毙。准备要从外交和国防两面做去。外交趋势,英美有联合对日的可能,美俄亦有联合对日的可能,要在我国阐明利害,提供担保,负起责任,以促成一新局面,决不能坐视观成的。至于国防,应由全国军队共同担任,精密布置,严阵以待,勿庸多谈。然而这些办法,都有一最大前提,就是全国一致合作。若是政府仍牢牢的守着拒绝人民合作的制度,一党专政,人民仍是散散漫漫、存着不负责任的心思,那所说一切的一切完全都是废话。我们不信有愿亡国的政府,更不信有愿亡国的人民。大家快快觉醒,快快合作吧!"

(全书由华通、大东等书店发行)

(《申报》,1932 年 11 月 24 日,第九版)

19. 全国民众救国团体联合会告国际书全文(续)

(二)日本侵略中国之残暴及其掩饰

甲午(一八九四)之役,日本向中国宣战,劫夺土地金钱,并迫中国订立各种不平等条约。自是以后,对中国之侵略日益露骨,而最足以表现其野心者,莫如中国五(一九一五)年乘欧战方酣之际,强迫袁世凯承认之"二十一条"。据此条约,不啻变中国为日本之属地,此全中国人民所痛心疾首之耻辱,亦日本所旦夕不忘之计划也。后日本田中向日皇呈奏之文书,更明言"欲征服世界,必先征服中国"。九一八与一·二八事变,实日本顽固之军人实行田中之既定方针耳。后日本出兵济南,暗杀张作霖将军,并吞中国之贪欲日炽。至九一八之役,日本军藉口自卫,占领满洲三省,后且建立其一手包办之"国家",且冒全世界之大不韪，公然承认，此能谓之自卫乎？后又无故袭击上海，使东方繁荣之市场，变为鬼窟，所谓自卫者，固如是乎？总计一年以来，日本屠杀中国之人民在二万以上，在中国破坏之财产在三十万万以上，此种无人性之行为，能谓之自卫乎？日本为掩饰其建立"满洲国"之大不韪，对国际宣传，谓此系根据于满洲人民之自动组织，则证以九一八以后满洲各地义勇军，迄今以自动的长期抵抗，岂不足为民众与实际意志之表现，更见其掩饰之词益远事实？然日本固以善于造谣欺骗著名于世界者也，于是或谓中国为无组织之国家，或谓之中国之苏维埃运动发展，或谓中国之排货为排外，或谓日本人口过剩必须移民，种种掩饰之宣传，不一而足。然中国政治之日益组织化，此乃不容否认之事实，而破坏中国之组织化者，日本之帝国主义政策耳。且日本国内暗杀不绝，固得自称为有组织之国家耶？再，中国共产主义之发展，实日本侵略之结果。日本帝国主义之侵略，使大多数民众破产，使中国之工业化困难，无以吸收多数之贫民，使中国之政治不安，不能调止贫民之动乱，日本帝国主义特不肯反省耳。至中国民众之排货，乃对于日本土匪行为不得已之惩罚，且此亦为中国民众之良心的权利，中国民众未尝滥用此种权力于其他友邦也，仅对于侵略之日本，施以相当之裁制者，全世界人士可知其故也。此外日本少数军阀欲以人口过剩掩其侵略之行为，更为心劳而拙。即日本有识者，亦莫不认此为一种无稽之谎语。盖铁的统计，证明日本最近人口增殖率，并未增于日本侵入中国以前。不特此也，即日本本国之北海道，与夺自中国之韩、台，亦足以容大批之民。然所谓人口过剩，不过一侵略之护符耳，并吞中国领土之藉口耳。日本帝国主义者曾一再向世界声明"对中国并无领土野心"，然无奈日本之行动，恒与其诺言相反。日本所否认者，实其最大之目的也。苟无领土之野心，何以尚驻数万军于满洲耶？唯中国人虽为爱好和平民族，但此并非对于侵略者不加以制裁之意。十九路军以三万之军抗日本十万之众，垂两月之久，终以顾念世界大局，自动撤退。即此一事，已足证明日本之侵略，徒增中国民众之反抗。最近义勇军之抗战，并不因日本飞机毒弹而稍馁，可见日本征服中国之野心，仅足增世界人士之鄙夷与愤怒耳。

（三）关于国联调查团报告书

国联团查团费数月之精力，调查中日之纠纷，其劳瘁自为吾人所感谢。尤其对于报告书中之尊重非战公约，及确定九一八之暴行与制造伪国、违反非战公约与九国公约,可以证明调查团所持见解之公允,无背于国联本身拥护和平之初衷。然其拥护和平,未得其道,其所建议大出于吾人意料之外,不能不使吾人为调查团惜耳。日本侵略主义者对报告书不满者,盖以其未完全拥护日本之侵略;而吾人所不满者,在其未能适当地履行其使命,及其对于侵略者未免仍多偏袒耳。第一,调查团认中国人民之抵制日货为非法行动,为有组织行为。殊不知弱国对于强暴者,深恶痛绝而不顾与其往来,乃人之恒情,亦不得已之手段,任何人不得干涉之。至于所谓有组织者,亦不过表现全中国民众之对日本侵略,同仇敌忾耳。其次,调查团认为须由国际治理满洲,仅留中国一名义上之宗主权。吾人固不拒绝中国之开发需于友邦之协助,然此应保持中国之主权,始可杜绝无限之纠纷。盖满洲大多数为中国之人民,有中国最大之利益之所在,且为中国之生命线,自必维持中国之主权。在各友邦相当协助之下,始可发挥满洲之富力,而人民亦必谅解于此种协助共同开发满洲。若设立所谓顾问会议统治满洲,则恐该地居民群感亡国之痛,必不能欢迎此种新政权,徒与日本侵略以最大机会而已。且此恶例一开,不啻鼓励侵略主义之暴行。一国强夺他国之土地,毫不受公约之制裁,则恐此种行为将日益发生,而世界和平之前途为之黯然矣。

综观调查团之建议,不啻根本承认日本过去之行为为合法,承认日本有侵略中国之特权,承认"二十一条"为有效。此实全国民众万死所不能承认者一也。其次,则欲以国际共管,以代日本之独占,此亦无异与日本以侵略之便利。且允许顾问会议中,日本得占最大之多数,如是顾问会议,亦不过日本之傀儡。各国未得开发满洲之实益,而得助长日本侵略之恶果。此吾人对调查团深为致疑者二也。调查团有一根本偏见,认恢复九一八原状为不能。认一国侵略他国,即可承认其为合法,则世界弱国皆无保障,而和平之危机则与日俱增矣。至谓满洲事变,并非一国对于他国领土之侵略行为,则调查团未免自相矛盾。日本军事行动既不能谓之自卫,又非侵略,抑谓何耶?此调查团之未能据实判断者三也。至所建议诸端,是否出乎调查团之责任以外,吾人雅不愿论列。盖建议果能公允,仍有伟大之价值;如失之公平,即报告亦有不可。然调查团之建议,恐将徒使侵略主义之气焰日长耳。此吾人对报告书不安者四也。

(四)吾人对于国际之希望

九一八日本暴行以来,中国政府迄今几于全无抵抗,中日间之表面邦交仍无断绝,系完全由于信赖国联,早晚必能维持其盟约之神圣,行使权力。吾国民众更期望国联调查团报告书发表之后,于国际上表示极明确之判断,获有公正解决之途径。然因其建议有不能不使吾人惋惜之故,吾人于是感觉国联调查团,对中国历史上之民族性与中国全国民众一致团结、坚决抵抗之精神,容有所未解。盖中国民众虽夙好和平,但每遇外力侵略,至于不可容忍之程度,必群起抵抗,再接再厉。往事俱在,昭然可睹。目下经日本继续强暴侵略之刺激,全国民众对于一致抵抗之热度,实依据其对方侵略之行为,愈久而弥增。凡中国境内之工商实业,无一事不因此受其影响,其他意外事变及后患发生,尚非及料,皆为日本侵略主义之贻累。即各友邦与国联会议,应负有切实维持盟约、行使权力之责任及义务,此所望于国际者殊未可忽视也。

(五) 结论

是故阻碍中国之发展者,为日本侵略主义;具有扰乱世界之阴谋、为世界和平之威胁者,为日本侵略主义。日本尝造作谣言,谓"满洲国"为千万民众之意志。其实即在日本国内,有识者亦莫不认日本之侵略行为为不当,特少数野心军人气焰嚣张,居心破坏和平而无忌耳。世界人士如欲维持东亚之和平与幸福以最高之正义,一致制裁日本之侵略行为,援助中国之国民运动,此种运动,盖近世文明之基础,中国民众必欢迎各国友意之相当协助,以一致努力建设新满洲及全中国。若不如此,或纵日本无限之侵略,或开共管之恶例,则不特为最大之不智,亦世界最大不幸之因也。(完)

(《申报》,1932年11月24日,第九版)

20. 国联开会时李顿报告书畅销

本埠申社编印之李顿报告书,分中文本、英文本及中英文合订本三种,出版以来,风行一时,不胫而走,截至目下所余无几。日来因日内瓦国联开会,需要又殷,各处函询购买此书之地点者甚众。该社为便利买众直接往购起见,特将本、外埠代售处地点列下:(一)本埠,四川路中国旅行社,敏体尼荫路一二一号、北四川路蓬路口及静安寺路同孚路口中国旅行社支社;(二)外埠,南京奇望街《申报》分馆,杭州湖滨路、汉口歆生路、济南经二路第二区、北平西交民巷十号、天津法租界八号路各中国旅行社,及天津法租界《庸报》馆。此书定价:中文本实售大洋五角,英文本大洋七角。

(《申报》,1932年11月24日,第十二版)

21. 中日代表舌战后,李顿报告书无须变更,调查团昨集会审议中日言论,正着手缮拟覆文备送行政院,国联总会势在必开,日本反对亦属无效

〔日内瓦〕 李顿调查团各委员今晨十一时在国联秘书处集议,讨论如何答覆对其报告书之批评。十二时一刻休会,隔一刻钟复行开会。当休会时,李顿勋爵独留室中,握管直书,大约草拟开会纪录,而交其他各委员考虑通过之。一般印象以为,调查团未必修改其报告书。据最近景象察之,李顿将于今日缮成覆文,送交行政院。如中日代表所发之言论未有复使调查团考虑之必要,则今日午后李顿将向行政院发表意见。

又电 李顿调查团之会议,午后一时终止。现悉李顿勋爵在星期四日以前不拟以覆文送交行政院,庶调查团于听取顾维钧与松冈言论后,再开一次会议。如二人言论未有使调查团须改变其决议之处,则可断言李顿报告书必不修改也。闻调查团各委员以为彼等报告书经数月之研究,一致决定,今所闻之言论,皆不足使之变更意见。(二十四日路透电)

〔日内瓦〕 调查团各委员于二十四日上午十时开非公开会议,讨论中日代表于理事会所述之意见在报告书有无订正之点,结果决定无修改之必要。(二十四日电通社电)

············

(《申报》,1932年11月25日,第三版)

22. 行政院二次会议结果：请调查团审查中日代表意见，再决定报告书有无修正必要，日本反对无效

〔日内瓦〕 今（二十三）日行政院会议中日代表辩论后，主席凡勒拉即请李顿爵士加入行政院之席次。同时谓调查团各委员于闻顷间中日代表所中述之各节后，是否认为调查团之报告有改正之必要，请调查团各委员迅速开会讨论，在最短期间向大会报告。乃日代表重复起立，谓国联调查团现已不复存在，故该团已无发表意见之资格。凡勒拉答称，国联调查团事实上仍旧存在，在未取消之前，当然有发表意见之权。松冈对此表示反对，谓彼不能接受此种办法。主席答称，此种办法系属惯例云云。中国代表顾维钧对于请调查团发表意见一节，表示赞同，谓予该调查团以发表意见之机会，实属正当，但主张调查团之集议，应俟彼对日本代表所述之各节完全答覆之后。凡勒拉至此乃表示接受，日代表松冈仍表反对之意，但称若日方之解释果属错误，则日代表愿撤回反对之意，惟彼个人仍信日方之解释为不误云。凡勒拉称，大会并无令调查团修正报告书之建议，惟调查团委员欲加以修正者，彼等亦可修正云。

李顿爵士至此乃起立发言，谓自调查团各委员离华各返本国后，调查团尚未开会一次。据彼所知，大会请调查团各委员开会集议者，并非讨论中日代表之意见，乃系令调查委员研究中日两方代表申述之意见，是否可令彼等修正彼等所起草之报告书，然后再向行政院报告。故彼已决定于明日召集会议，讨论是项问题。至此始悉李顿及各调查团委员等皆由凡勒拉约请参加行政院会议，但未坐于会议之席上耳。凡勒拉旋称，在日本保留之下，行政院对于此项提议表示赞同，希望于最短期间内，该调查团能向行政院提出报告。日代表松冈至此又提出反对之意见，坚主行政院将日本反对之意见予以登记。

行政院其次即按序讨论议程中之次列案件，此即为但泽之币制问题。

一般之趋势，似行政院至少将再开会两次，始能决定进一步之办法。但众盼行政院之讨论东省问题，能在本星期内获得结束。（二十三日路透电）

（《申报》，1932年11月25日，第三版）

23. 日外务省训令松冈：勿拒李顿发言，可利用目下机会，运动伪代表列席

〔东京〕 日外交部接到松冈代表报告，谓十九国委员会势在必开，议长已允李顿参加理事会发表意见，日本保留允否之意见。日外部对松冈训电云：（一）十九国委员会开会，日本应参加发表意见，但须郑重声明今春在临时大会之保留；（二）关于李顿列席问题，不必固执，但应利用此机会要挟联盟，准伪代表丁士源及伪美人顾问李亚列席，陈述伪满洲国之主张；（三）极力反对以会章十五条处决中日纷争。（二十四日华联社电）

（《申报》，1932年11月25日，第四版）

24. 西南中委出席全会问题，定期开会讨论，林东海返广州

〔香港〕 邹鲁二十四谈：西南中委出席三全会否，现尚未决；将来提案注重抗日、"剿共"及反对李顿报告书，贯澈西南真电主张。（二十四日专电）

....

（《申报》，1932年11月25日，第六版）

25. 国联行政院决将中日争案移交大会，十九国特委会定下星期一召集，调查团昨日二次集会考虑覆文，主席凡勒拉发表郑重言论，盼中日勿作破坏国联行动

外部接日内瓦我国代表团电告，国联行政院二十五日下午三时半继续开会，由李顿出席发表意见。国联调查团五代表二十五上午曾一度会议，决定李顿出席发言之原则。在李顿发表意见后，如日代表不再事阻挠，中日问题即由行政院十四理事国代表讨论一次，再将会议记录及李顿报告书送十九国委员

会。原定举行两星期之行政会议,预料在本星期六即可结束。如李顿报告后,日代表松冈仍须发言,则我国顾代表亦将要求发表意见之机会,如此则会议日期或即因此延长,至下星一或星二结束。

国联行政院连日会议,讨论李顿报告,原定由李顿致词答覆中日两方对报告书之意见,但以松冈之反对,直至二十四日会议由英、西等国赞成,决定于二十五日下午三时半开会后,由李顿答覆。预料李顿所言对报告书必作有力之维护,而对"满洲国"问题将再申言不能承认,松冈对此或将再作一度狡辩。故二十六日继续会议,尚难即告结束,移送十九国委员会之期或将展至下星期初。在移送之前,行政院将作一决议,对李顿报告前八章表示接受;至第九、第十两章因系解决办法,将留特别大会讨论。

今晨此间得悉,国联大会或将于十二月五日举行特别会议,考虑中日争案。此讯尚未征实,但其日期似甚近情,因召集大会须在一星期前通知也。(路透二十五日日内瓦电)

〔日内瓦〕 兹悉现已大致决定于十一月二十八日召集十九特委会,考虑中日争案。特委会或将召集国联大会,于十二月三日开会①。(二十五日路透社电)

〔日内瓦〕 今日午后行政院会议,因日代表松冈须请示于其本国政府,故下次会议定下星期一日举行。(廿五日路透社电)

〔日内瓦〕 李顿调查团委员原有在国联秘书处正式开会之说,但迄未举行正式会议。闻今日曾在旅馆中作非正式之谈话,以期将其致行政院之覆文,减至可能的最短形式。(二十五日路透社电)

昨日开会情形:主席吁请双方严重考虑,使中日案获得根本解决

〔日内瓦〕 国际行政院今日午后四时开会,首先处理提交行政院关于南美玻、巴两国争执之报告书,及伊拉克与叙利亚边界问题,然后复开始讨论中日争案。首先宣读日本关于李顿调查团委员参加讨论之意见书。据称,调查团之工作已于其报告书送达行政院时终止,日本不反对调查团委员之发问,但不承认其对于中日代表在行政院会议中所发言论陈述意见之资格。该意见书复声明昨日松冈所采之地位。李顿勋爵答主席凡勒拉之问话,称如调查团报

---

① 编者按:上文报道国联大会或将于十二月五日开会。原文如此。

告书果有助于行政院,则各委员当甚欣然,舍此而外,各委员不愿再有所云增入其报告书中。主席乃询问会众有无问话。捷克代表皮尼士起称,渠觉最简单之途径,在将此全部事件提交国联大会特会,渠保留在大会发表批评之权。主席旋问会众,行政院可否再等候若干时,而后将此案提交特别大会。就实际考虑之,似行政院不宜作一般的讨论。此案提交大会审查,可不妨碍行政院理事对此报告书发表意见之机会。中日代表双方所言者,皆未予人迅速解决此争案之希望,双方间似未有妥协之任何程度,而为行政院所可据以发表有希望之意见者。渠盼望现所有之中日见解,并不代表其政府之最后见解,并盼望两方不致拒绝可一劳永逸之解决;如国联机关不为人许其尽量工作,或为当事者任何一方面之不合作所妨碍,则直为不可忍的反抗舆论之行为。主席最后呼请双方对于彼等所可为以助国联者,加以严重之考虑。

(《申报》,1932年11月26日,第三版)

26. 凡勒拉、松冈大起争辩

〔日内瓦〕 今日午后顾维钧与松冈舌战后,主席凡勒拉应松冈之问,谓依渠意见,李顿调查团委员□列席行政院会议,而答覆行政院所愿提出之问话。松冈问,此项问答是否以报告书与意见书之范围为限。凡勒拉乃说明渠前晚提议,欲查明调查团委员所闻者,可否使之愿意修改其报告书。

日代表反对调查团列席

松冈继称,如行政院与调查团得开始关于满洲问题之问答,则此事将越出调查团任务范围之外。且此项问答一经开始,讨论或将历一个月之久,因渠将保留向调查团委员诘问报告书以外事件之权也。凡勒拉答称,调查团所将声述之唯一问题,乃调查团是否仍愿坚持其报告书,抑愿修改之耳。松冈接言曰:"如调查团觉未有改变其报告书之理由,则余当然不得不向之询问何以不愿修改。此种简单的询问,或将引起整个月之盘诘"云。松冈与主席凡勒拉关于此点之争辩,继续多时。松冈始终以为调查团不应参加行政院之讨论,凡勒拉至是乃询问行政院各理事之意见。

捷、西代表为凡勒拉声援

捷克代表皮尼士首先发言，谓主席对于寻常手续已发公平解释，渠完全与主席同意，调查团虽已完成其工作，但其存在尚未销灭，故行政院有权向之询问云。西班牙代表马达利加赞助皮尼士之见解，谓渠未见有可反对调查团于听辩论后表示意见之由。调查团理固已缮成一报告书，但如经请求，尚可供给另一报告书，故调查团有答覆任何问话之自由。调查团今犹存在，如讨论因此延长亦何妨。

西门举德鲁蒙前例赞助

英外相西门继起发言，开首即举出前例以援助凡勒拉之决议，援引国联秘书长德鲁蒙事，认为早有此习惯。西门声称，调查团委员非以旁观者资格参与此会；行政院之请其出席，显然有一种有益的用途。此用途为何？无非为以其赞助，给予行政院如今所议者而已。

松冈屈服许其书面答复

松冈称，德鲁蒙之前例，愈坚日本之见解。渠不反对调查团委员说明其报告书中之经过，但渠在原则上反对调查团委员之干预行政院程序。渠请行政院许渠书面陈述日本见解。凡勒拉允之，但谓不可反对调查团之集会，俾考虑彼等愿否修正或增加其报告书。行政院午后五时五十五分休会，定星期五日午后三时半复开讨论。

英人认日方反对无理由

此间英人方面之见解，以为日本加于李顿调查团之反对出于误会。窥松冈之态度，似抱有调查团乃行政院仆役而非行政院批评者或其主人之感想，且恐调查团处于裁判者之地位，而判定唯行政院始可解决之各点也。西门所称调查团之出席非为壮观起见一节，英人旁观家颇重视之。行政院之利用其人员役务，乃合理之举。此间舆情渐以为中日问题不久将直接交国联大会办理，不过或将由十九特委员会正式转交之耳。众谓行政院处理此事将极感困难，因行政院之决议必须全体一致同意也。是以极合实施之途径，在国联大会办理此事。松冈所称日本愿为忠实拥护国联者一语，已引起深切印象，因其发言表示其国家情感之际，颇流露诚挚意思也。英外相西门明晚或须起程返伦敦，

俾与英相麦唐纳商榷因军缩局势而起之各点,数日内即将返日内瓦。(二十四日路透社电)

播弄小策系日外交惯技

〔东京〕 据日外部接日内瓦电,松冈洋右力阻李顿发言,被认为无端取闹,藉以迁延行政会议为目的,此乃日国会历来惯用之办法。欧洲及立宪国以为日本弄小策以避公正讨论。日内部乃电命松冈代表,劝勿因小事致失各国同情。(二十五日华联社电)

(《申报》,1932年11月26日,第三版)

27. 宋、罗昨向各使否认直接交涉:日方造谣已司空见惯

〔南京〕 国联行政院连日开会讨论李顿报告,日方竟大施造谣,谓中日问题有直接交涉之可能云云。行政院代院长宋子文、外交部长罗文干二氏,二十五日晨在北极阁宋氏私邸接见美使詹森、法使韦礼敦、德使陶德曼、意使齐亚诺、英代办应标[格]兰等外宾。谈及此事时,宋氏正式声明:中日直接交涉说绝对不确;每次国联开会时,日方均谣传直接交涉之说,已司空见惯,不足为奇;现中日问题已入国联之手,国联应速谋一适当之解决,并维持国联本身及盟约之尊严云。(二十五日中央社电)

············

(《申报》,1932年11月26日,第三版)

28. 日代表团集议国联对策,决定方针准备与调查团挑战,反对取销承认伪国

〔日内瓦〕 日本代表部昨夜九时半在墨托鲍尔旅社开会议,松冈、长冈、佐藤三代表,松平大使以下各参与员,杉村事务局次长等参集,讨论对理事会对策,至今晨二时止。结果决定方针如下:

（一）调查团已提出最终报告并使日本提出意见书之今日，尚询调查团对报告书是否有无变更，是蹂躏调查团之最终报告，侮蔑日本意见书，更伤及理事会本身之体面。若理事会始终依此方针进行，日本则随保留之主旨，以"调查团已经完毕使命"之见解，堂堂应战。

（二）如理事会之空气仍无好转时，日本对策始终照既定方针进行。但纵令理事会审议完毕，若因小国方面策动之结果，而有要求取消承认"满洲国"及否认独立等事，则断然表示准备最恶时之态度。（二十四日电通社电）

（《申报》，1932年11月26日，第三版）

29. 国内外一致奋起对日，昨日分电国联有所表示，上海各团体电慰代表团，全国回教徒请主持公道

国联行政院开会，中日开始辩论。顾代表维钧连日与松冈舌战，舆情大为奋起。上海市商会、银行公会、上海纱业同业公会特电慰劳，由国际问题研究会拍发，兹录其文如下："日内瓦中国颜代表鉴：公等工作勤劳，无任敬贺，敝会等谨为后援，特电达"云云。

全国回教徒昨由沪致电日内瓦我国首席代表颜惠庆，请转达国联行政院主席，要求对中日事件主持公道。同时回教徒代表发表谈话，否认日方造谣。原电系法文，兹经回教徒译出，电文如下：

"日内瓦颜总代表并转国际联名[盟]行政院主席及各委员钧鉴：吾等中国五千万回教团体，以教卫国，对于日人蹂躏东三省，悲愤已极，日本人的强辩①，恳请各友邦代表主持公道，合力制裁。吾等凭着至公道大能主宰的尊名，永不承认满州[洲]之独立，誓死收回敌人所夺取吾国之土地，始终抱定以教卫国的主义。全世界伊斯兰弟兄，于中国穆民的，一致表示勇敢坚决之同情。请各友邦代为宣布，至叩。全中国回教人民协会筹备处。"

昨日本埠回教徒代表马醒东氏，对日本联合通讯社伪造回民民意之新闻，发表谈话，表示否认，略谓合全东三省之回教徒，不足四百万之众，而北满一

---

① 编者按：原文如此，疑有缺文或倒错。

隅,如何竟多至五百万人,此足证其伪造。马君谓据其个人所知,在北满抗日义勇军,平均每百人中有回教徒二十人,可见其抗日之心志,与国内其他教徒相同。该处回教徒亦绝对不致与国内各回教徒行动有不一致者。当国联调查团之抵东北时,日方曾公开排演戏剧及电影等,令东北无智人民前往观看,凡入座者均须预先签名,同时并各赠饼干一包。然后伪国即以此项签名簿,作为向国联调查团请愿之用,此其伪造民意之确证也。马君最后表示,日方此种造谣宣传,完全系挑拨我国民族间之意见,政府对中外人士之挑拨民族意见者,均应从严取缔,同时并希国内外勿为人所利用云。

(《申报》,1932年11月26日,第十三版)

30. 全国各界救联会告海内外同胞

全国各界救国团体联合会宣告海内外同胞电云:

"海内外同胞公鉴:暴日强占吾领土,东北义军浴血苦战,于冰天雪地之中抗敌倾国之师,收复失地,事非简易。吾海内外同胞,非总动员与总联合,共赴国难,不能挽救危亡。本会誓秉孙中山先生救国遗教与精神,集合全国民众之力量,以外抗强邻,内除国蠹。今当息壤初盟,爰伸主张,揭□宗旨,以为力行标准:(一)全国一致对日经济绝交;(二)恢复中俄邦交,并增进中美睦谊;(三)反对国联调查团报告书;(四)反对以武力解决政治问题;(五)略;(六)反对军阀互斗,集中武力,收复失地;(七)保障民众抗日爱国运动;(八)援助义军,并请政府编为正式国防军;(九)请政府提倡国货,并奖励民有生产事业;(十)保障华侨集资开发富源。以上诸端,实为目前救国之要目,亦为本会之基本工作与要求。吾人誓以全力奋斗,务达目的,尚希海内外同胞,共同努力之。谨此电闻。全国各界救国团体联合会常务理事张军光、左华、龙襄三、谢乃实、陈振权、张志远、董墨生、冯果、屠亮。"

(《申报》,1932年11月26日,第十三版)

31. 国联大会开会形势：料将决议不承认伪满组织，大会议长下月一日可抵日内瓦，日方已不再坚持反对移交

国联行政院二十六日休会，但各国代表仍将有秘密会议。下星期一重行开会后，即可将李顿报告及全案移送特别大会讨论。本年三月十一日国联大会曾决议请求行政院将关于中日问题一切应送交大会之文件及附件，送交委员会。故预料星期一行政会议将全案移送时，仍将先送返十九国委员会。现日代表对移送问题，已向日政府请训，日方因鉴行政院意见业趋一致，已不再坚持反对。

〔日内瓦〕 今遽□料中日问题之趋势与发展，固嫌过早，但与国联接近者现所悬拟之若干事件，颇有纪录之价值。据谓，国联大会终将成立一种决议案，以美国务卿史汀生宣言为根据，拒绝承认"满洲国"，直接或间接指斥日本对该"国"之承认。国联大会在采行此种步骤以前，将向中国索取东三省境内日人利益归国际监视之担保。若此计画实现，则监视职务将由国际民事与军事委员团执行之。该团将决定何时为此项担保业已充分履行而日军可撤之时。上述办法犹在未定之天，但援助中国立场者，其或可工作之轮廓，殆可以此见之。国联大会议长兼十九特委会主席比代表希孟，星期四日可抵日内瓦。现闻国联所将采行之程序，为行政院将此问题提交十九特委会，而后特委会正式集议，决定召集大会日期。众信大会日期约在再下一星期之上半期，届时大会或将首先通过李顿报告书详述事实之各章，继乃将报告书中各结论之研究及大会之建议，交十九特委会办理，真正决战将于是时发作。德人方面之舆情，似受日人所称满洲时局异于世界任何其他地方，故当然不适用寻常现成规则一说之影响，故德人以为直接谈判较国联法律判定更为有益。（二十六日路透社电）

…………

（《申报》，1932年11月27日，第三版）

32. 行政院开会之第四日

〔日内瓦〕 国联行政院今日会议之显著发展，为中日问题提交国联大会特会之提议。顾博士立即代表接受此议，而日代表则欲请示其本国政府。行政院在日代表宣读其书面文后，予以登记，然后请李顿勋爵列坐于行政院理事席。

主席凡勒拉发重要言论

主席凡勒拉发重要言论，请双方对于其所能为以助国联者加以严密考虑，谓中日双方既已陈述其意见，今之问题乃行政院可否再稍待若干时，而后依照一九三二年三月十一日国联大会决议案中之申请，将此事提交大会之特会。行政院依二月十九日之决议，曾照国联盟约第十五条将中日争执提交国联大会，于是大会受理此事，故目前直接负有谋取解决之责者，厥为国联大会。此事之提交大会，并不减少行政院固有之权利，行政院仍可依照国联盟约另一条文，自由决定对于报告书之讨论。但渠以为行政院在听取双方意见后所决定不另起讨论之办法，完全符合二月十九日行政院将此事提交大会之决议。渠知一般意思，欲大会特会尽速重行讨论此事。行政院之理事，亦即大会之会员，将有完全参加大会讨论之机会，而彼等之意见将在大会中有更适当之表示。渠与同志于听取中日代表言论时，皆欲在其言论中觅取同人所可圆满、迅速解决此项争端之根据。惟其所闻者，恐绝少可餍满同人期望之处。日政府在其意见书中未接受调查团所建议之解决原则，惟仅承认"仅仅恢复原状非解决办法"一语而已。中代表声明欲保留其权，将来提出对于解决条件之意见，目前仅赞成调查团所建议十个原则中之第三原则，即"任何解决须与国联盟约巴黎公约与九国公约之条文适合"而已。在此种情势下，目前对于李顿报告书，似未有妥协之任何程度而可为。行政院提出意见与建议，俾在实际上有助于大会，以决定其解决方法者之根据。渠为行政院主席，觉有须表示希望者，数日来行政院所闻中日代表发表之意见，尚非代表其本国政府之最后意见；任何解决办法，凡有可公平永远解决此不幸争执之可能性者，不致为双方所拒绝。渠现所言者，不仅代表行政院，且亦代表世界大部份舆情。如和平解决争点之国联机关，在牵涉国联两个重要会员国如中日者之争议中，不能积极运用有效;或其运用为双方中任何一方必要合作之缺乏所妨碍,则直为不可耐的反抗舆情耳。渠代表行政院,诚恳请求双方各向行政院陈述其意见,转注其目光于此事之积极方面,而考虑何者为其所可行,以助国联谋取一种解决方案。

松冈仍要求采和解方式

松冈起言向主席致谢其指导之努力,并表示行政院终必自己办理此事,并自己研究李顿报告书所载各项建议之信心。松冈指此报告书为不可轻易赞成者,松冈且谓调查团是否有提出建议之资格,渠不能无疑。松冈又说明其对于调查团建议若干点不能同意之见解。松冈谓日本会提议直接谈判,但此提议未被采纳,致事势乃循其现已莫可挽回之天然途径而行。处此情势,渠必须请示于本国政府。但依渠个人意思言,渠觉有依据国联盟约第十一条试用各种和解方法之必要。此问题极关重要,凡两国所不能赞成之办法,决不能解决之。日本欲有远东之和平,但非纸上和平。日本自去年以来,所行之计画,全以此种主张为根据。日本必须进行其所以承认"满洲国"认为维持远东和平的唯一方法之政策。渠保留此后发言之权。主席【问】松冈需时几久可得东京训示,松冈答称,明日午后或至迟星期一日可接覆电云。

顾代表声明保留发言权

中代表顾博士赞成提交大会之建议,但渠保留日后对于李顿报告书所载各种和解条件与原则表示其政府意见之权,盖以松冈迄未表示其尊重和解原则之愿意也。顾博士称因是之故,今若披露中政府对于报告书其他部份之意见,未必与[于]事有补。渠原来希望松冈至少可接受报告书所载任何解决必须与国联盟约、九国公约与巴黎公约相适合之原则,然松冈今竟谓必须以"现实"——即"满洲国"之承认——为根据办理此事。但中政府绝对反对根据仅仅已成事实谋取解决,中政府所可接受者,为根据与国际条约相适合的实有之解决办法。顾博士后复声明,渠赞成此问题应尽速提交国联大会之提议。松冈于顾博士言毕时,呼顾博为老友,谓渠所言之"现实"一名词,指各种实有事物而言,当然包括条约国联及世界其他物在内云。行政院于松冈说明其与政府接洽之时限后,采主席之建议,允休会至星期一日午前十一时。至是散会。

(《申报》,1932年11月27日,第三版)

33. 日方欺弄国联之幼稚技俩：逼各团体拍电反对报告书，各校小学生亦每级派一份

　　黑龙江通信。日本对日内瓦十一月二十一日召集之国联理事会，虽高唱国联无实力，日本决本既定方针进行，但另一方面，除在东北之浪人无法无天，干其公行贿赂、唯利是视之事件外，其稍有知识之日人，咸持冷静态度，既不厕身政海，亦不为投资之企业。有人询以故，则对以目下之局势尚未届稳定之时，一切均属过渡时代；如果"满洲国"无甚难关，可以永久维持下去，则现在服务满洲之人物，均非政府所派遣，自当重新更迭；设将来终有变化，则此时活动与否，殊无关系。由此可证日方态度完全外强中干，实际上彼正步步为营，以试探国际间对彼之趋向。

　　因自李顿报告书发表后，伪国上下震恐，同时各地义军亦如饮一剂兴奋汤，纷纷规复失地。除吉、长、哈、辽、黑五大都市外，各地无一不在义军环伺之中。日方恐在此国联开会之际，义军果然声势浩大，不啻明授国联一有力证据，证明伪国非三千万满洲人士所自决而建设。是以近来惶惧异常，极力进击各地义军，并禁止关外报纸登载其军事消息，以防泄漏。此外则逼迫各地华人团体，依照其宪兵队、特务机关所拟就之反对李顿调查报告书要点，拟具文电，交由日方发至日内瓦，由伪国代表丁士源汇交日本出席国联代表松冈洋右，转送理事会。其宪兵队所交付各团体反对报告书之要点，多至四十余项，大致谓"满洲国"系三千万民众苦于旧军阀压迫而求自决，方由友国援助成立，凡加入"满洲国"之日籍官吏已取得合法之"满洲国"籍，李顿报告书偏听一面之辞，太失公平，国联方面宜另组织调查团重来"满洲国"调查云云。此项反报告书之电文，张景惠、李绍庚、臧士毅、韩云阶等各拟具一份，商工团体拟一份至三份，小学校学生每级亦一份，其他私人稍具声望者亦拟一份。一般拟电之人，除汉奸而外，其被迫无法摆脱者，多连缀其指定之范围各点，敷衍应命。最可笑者，小学校学生年龄不满十数，亦被迫拟具反报告书文件。各小学校不得已，或由教员代作，或由学生阿猫阿狗瞎写十数字送去。日方只要有原件即可，不计其文字工拙，一一依照原文拍在日内瓦，将来国联会议席上或可得见此幼稚之戏

法矣。东北报纸,凡系华人办理者,现受极度之压迫。在此国联尚未开会之际,已由日宪兵队传谕,不得载日本联合社以外之消息,不得对伪国为悲观论调之纪事。日本联合社电报每日数十条供给各报,均属宣传性质。各报尚须出资购用,登载时不许遗漏,不许拣选,尤不许删改。此诚开世界未有之压制。各报除一部份甘心媚日者极力替日方宣传歌功颂德外,其他咸无生气。预料国联开会时,东北各报既无从觅取真实消息,即使获得消息,亦无敢登载也。(十一月十八日)

(《申报》,1932年11月28日,第六版)

34. 国联行政院一致通过李顿报告交大会讨论,日代表反对援用第十五条放弃投票,行政院会议昨晨闭幕,十九委会下月一日召集再决定大会日期,小国代表踊跃参加发言,美国态度堪注目

〔日内瓦〕 国联行政院今晨开会,仅历十分钟,决定将中日提交国联大会之特会。英外相西门已返伦敦,故由外部次官艾登为英代表。主席凡勒拉于开会后,宣读日代表松冈来函,略述其所接之东京政府训令,谓日本维持其对于盟约第十五条关于将此问题移交大会事之保留,故拒绝投票云。与会各代表皆不愿表示意见,亦不欲有所询问,故主席宣布讨论中止。于是依据盟约第十五条将此事提交大会之提议,乃通过。主席向李顿调查团各委员致词谢其襄助,并谓如特别大会需其襄助,仍将请其出席云。日代表松冈对此提出保留,以日本认调查团之工作业已完毕为理由,此项保留已被纪录。会议至是闭幕。(二十八日路透社电)

〔日内瓦〕 中日现已提交大会,后事趋势如何,颇为人所推测。种种建议乃复发作,在国联外召集会议,罗致非战公约与九国公约签字国参加于中之说,犹未为人所抛弃。同时又有人主张请美俄两国加入十九特委员,专注其力于国联盟约第十五条第三项下之和解手续,该项条文为"行政院应尽力使此争议得以解决,如其有效,须将关于该争议之事实与解释,并此项解决之条文,酌量公布"。复有人建议限十九国特委会于六十日内办理此事,如期满而无效

果,则大会应依照盟约第十五条第四项考虑此后应以何种行动为必要。第四项文曰"倘争议不能如此解决,则行政院经全体或多数之表决,应缮发报告书说明争议之事实及行政院所认为公允适当之建议"。不幸上述两种计画,皆须视美俄加入而后可。以目前情势言,此两国似皆不愿为国联分责也。国联秘书长有召集大会之资格,今日已与大会议长希孟接洽开会日期,大约十二月五日或六日须开会。十九特委会以希孟为主席者,定星期四日集议,届时当可承认大会之召集。预料大会一般讨论约须一星期或十天。已报告发言者,有南爱代表凡勒拉、捷克代表皮恩土、西班牙代表马达利加;此外料必发言者,有瑞典、挪威与南美数国及英、法、意代表。辩论大概将以原则问题为限,而使各国对于李顿报告书及国联盟约是否被破坏之大问题,表明其态度。此番讨论,可使美国睹知国联之立场,而因此决定其态度。美国现虽以为此乃国联事,故不愿分荷其担负,但众信一旦美国既了解国联真有办理此案之准备,则亦未尝不可予国联以若干合作也。总之,大会讨论之趋势,尤其为大会对于国联原则之追认,如美国认为满意,则美国当可抛弃其现有之旁观态度,而依允合作也。他日大会一般讨论结束后,十九特委会或将受命综合其辩论,而缮具一种报告书或决议案,同时调解手续将依照预定方法着手进行。(二十八日路透社电)

〔日内瓦〕 李顿勋爵声称:渠今夜即将启程回伦敦,将来如国联大会有需询问处,渠立即返此间。现其他委员亦将各归本国,仅美委员麦考益将暂留欧洲,俟确知国联大会无需于彼后,再行返美。(二十八日国民电)

(《申报》,1932年11月29日,第三版)

35. 邹鲁批评李顿报告书

〔香港〕 邹鲁二十八在纪念周报告:国联报告书乃欺骗世界的,日本置公理于不颇[顾],惟有赖四万万人民共谋生存。(二十八专电)

(《申报》,1932年11月29日,第七版)

36. 国联大会开会前美国政府声明态度，大会讨论李顿报告时美国不愿列席，若另组调解委员会则可派代表参加，国联决定下月六日召集特别大会

〔华盛顿〕 今日美政府发言人声明美国对于李顿报告书之态度，宣称国联大会讨论李顿报告书时，美国无论如何不欲参加，因政府认此为纯粹国联事务，与美无涉也。惟再有其他委员团苟与李顿调查团无关系者，美国将可参加。盖政府以为美国之不赞成日本在满行动，曩在国务卿史汀生及其他宣言中早经明白声明，此时已无再行评论满洲时局之必要矣。倘若国联大会决定委派一委员团，企图调和中日，则美国将可有一代表参加。因美国虽在李顿报告以前，对于日本占据满洲即采取一种立场，但并不足以阻碍美国之再与国联合作云。（国民社二十八日电）

〔日内瓦〕 办理中日争议之十九特委会定十二月一日开会，届时将正式以此问题移交十二月六日集议之国联大会特别会议。故从今日起至下星期二止，此事将暂停顿。预料大会约历一星期或十日，然后十九特委会将草拟此问题之决议案。行政院现已休会至下星期一日，故本星期内，除星期四十九特委员正式开会外，将觉沉寂。（路透社二十八日电）

〔日内瓦〕 国联特别大会主席比国外长希孟定于十二月六日星期二午前十一时召集特别大会。大会之议事日程共计两项：（一）中国政府之申请；（二）行政院提交大会通过以爱文诺氏为国联会秘书长之决议案。又国联大会为中日事件特别组织之十九国委员会，则定于十二月一日午前十一时开会云。（哈瓦斯二十八日电）

〔日内瓦〕 十九国特委会将于本星期四（十二月一日）集会，国联大会则定于下月六日召集。中国代表虽迫切要求迅速解决，但就事实观察，似非至明年三月难望有确实决定。盖国联此时固不愿为满洲问题赌本身之命运；而国际形势复杂，欧美合作亦难遽期。故欲得切实的补救办法，至为困难。中国最大之成就，惟有揭发日本之罪恶，不承认日本非法造成之地位；而前途希望，亦只有准备奋斗，应付生死存亡关头耳。（中央社二十八日电）

日电推测大会趋势新委员会组织后,将侧重秘密接洽

〔日内瓦〕 以李顿报告书为中心审议中日问题之国际联盟临时总会,已决定十二月六日上午十一时开大会,约讨论二日。此二日间由中日代表演说外,小国方面将为抽象的国联规约拥护论。对于日本,颇为不愉快且阴惨之时。此时总会若采用李顿报告书而蔑视日本之主张,日本将不得已退出国联。据大国方面之观测,可由大国方面适宜之斡旋,总会不为重大决议,即行附托委员。惟此委员会是否为十九国委员会之继续,抑再组织,颇为兴味之中心。大国方面,虽考虑加入中日代表于十九国委员会为二十一国委员会案,又有主张以与东洋有直接利害关系之国为中心组织新委员会者。总之,无论属于何项性质,此项委员会任命以后之趋势,因各国间之私的会见,足以左右大势。关于此点,本周来日内瓦之英首相麦克唐纳尔及美国代表台维斯大使等,其动静有重大关系,极堪重视。(电通社二十九日电)

中日代表在美活动:中国使馆发印黄皮书,日代理大使信口雌黄

〔华盛顿〕 此间中国公使署将顾维钧博士在国联发表之对于李顿报告意见,印成黄皮书,今日分送各界。按顾氏在国联曾力言,日本数十年来阻挠中国统一,以便其侵略之谋,并引种种事实,详为证明。谅此书发表后,可使美人益知日人之野心也。(国民社二十八日电)

松冈利用休会游说各国代表,力谋对李顿报告书另组织审查委员会

〔东京〕 据日方消息,十二月六日国联特别大会开会,英首相麦唐纳与法首相赫礼欧将亲临大会。日松冈及各代表利用休息期间中,用尽手段与各国代表拉拢,力谋以政治手段解决,以避免正面之冲突,但前途依然暗淡云。(华联社二十九日电)

〔东京〕 日外部对国联特别大会对付策略,在大会力避与小国冲突,提防大会议决容纳李顿报告书,力谋大会另组审查委员会,细查李顿报告,迁延日期。闻日代表松冈洋右已奉命与西班牙及捷克代表密商两次,日代表即以特

殊地方为名,求两国代表原谅日本立场,日在东三省可给两国以种种经济上便利。据称两国代表则仍主公理及盟约处决辽案,日代表依然未肯厌倦,继续与两国代表交缠,以至目的为止。日外部之延宕政策能否成就,前途殊属空虚云。(华联社二十九日电)

……………

(《申报》,1932年11月30日,第三版)

37. 李顿报告日意见书之又一批评——某法律家在法律观点上之驳语

〔南京〕 日政府对调查团报告书之意见书发表后,各方驳斥颇已不少。记者昨访某法律家,叩询其意见。据答:

"所有外交上之词令,顾代表在日内瓦已痛驳尽致,发挥无遗。余不欲更有所赘述,无已,从法律观点以批评日本意见书,则可得以下数点:

(一)采证方法

日人谓调查团对于证据之衡量,未免轻重倒置,尤其关于九一八事件及于'满洲国'问题,'报告书之论断,均根据报章论文、偶然之私人函札、私人谈话以及已证实之官方材料,对于此项之复杂证据,其可信之程度若何,自必须保留铨衡之权'。日人之意,以为调查团对于已证实之官方材料,庶较诸偶来函札及私人谈话更为重视,殊不知关于九一八事件及'满洲国'成立愈是'已证实之官方材料',愈不可靠。盖此所谓官方,其行动正应受调查者也。反之,独立之来源与案情无直接关系者之供词,实供给调查团以唯一可靠之材料。关于所谓独立运动之真假一节,日人之批评尤为无理。按调查团职权,在查明东三省居民对于伪国究抱何感,对于日本进攻有何反响。惟有私人谈话与偶来函札,方能为最好之证据。而此项证据则显已证明该处人民反对日人、反对'满洲国',达于极点。

(二)在华外人之特殊地位

日本意见书述及所谓外国在华之特殊制度,例如治外法权、外国警察权及外国租界等。日本冀以此辩护其在满洲行动之正当。查此项'特殊制度'之存在，原非尽出中国人民之自愿。日本政府更不能利用之，以为对我国领土及行政完整作更进一步侵略之理由，且任何外国从未有利用此项特殊制度，如日本自一九三一年九月十八以来在东三省及上海所为者。日本意见书又谓，若对华适用'现有和平机关'，即国联盟约所组织之和平机关，此项特殊制度实为适用途程上之大障碍。此言更不可解。何以一特殊制度，纵在中国存在，便使中国不得享受其在条约上应有之法律保障？吾人以为中国与其他外国间之关系既愈特殊，则所有中外争端，愈应以和平方法解决。又查中国已与数国缔结专约，规定彼此间发生争端，大都关于条约之解释及执行者，应交付公断决定，最近曾与美国缔结此项专约。夫此项专约之存在，及中国之被请为国联原始会员，均足以证明各国认为现有之和平机关可以适用于中国，一如其适用于各国自身。日本意见书又指控中国政府曾经宣布意见，以外交以外之手段取消治外法权，并引证中国政府关于此事所颁布之各种法令。按日本人自认此种特殊权利，竟足使中国成为国际间之法外者，不能享有诉达于和平机关之权利，中国之急于采取取消政策，又何足怪。中国官厅虽曾屡次发表一切布告，然决未曾以外交以外之手段取消治外法权。六年以前，我国即已开始与日本政府谈判，修改中日条约及收回日本之领事裁判权。但在此期间，日本人民仍继续享受治外法权之权利，中国政府并未尝以非法手段试行更改其法律的地位。惟是日本在此过去十四阅月之中，对于我国曾有连次的侵略行为。若我国而非酷爱和平之国家，则对日本之种种行为，早足以为取消中日间一切协定之理由而有余。

（三）自卫权

李顿报告书谓九月十八夜间日本之军事行动，'不能认为合法的自卫手段'。日本意见书辩称，'单独一国即可决定某种情形是否需要以作战为自卫'，又称'宣布日本军事手段是否合法之权，惟日本政府有之'。此种说法，自国际法大体而言，未尝无理，但须其政府自身并无其他协定上之束缚方可。今日本政府似已忘却，其对于国联行政院一九三一年十二月十日决议曾经赞同。该项决议即所以委派调查团，实地调查凡足以扰乱中日间和平之任何情形，并具报于行政院者也。该调查团关于何种问题应行报告，自有决定之权。国联行政院白里安主席，当提出该项决议案时，曾正式宣称：'在原则上，无论何项问题关系任何情形，足以影响国际间关系，而有扰乱中日两国和平及和平所维系之谅解之虞，经该委员会认为须加研究者，均不得除外。'日本在满洲所采取之军事手段，当然为调查团应行报告之问题。中国业已依据盟约规定，将中日争议全案提交国联,而此项程序,日本亦经同意。去年十二月十日之决议案,日本亦予以赞同。该决议案显然指明,国联机关对于争议中之一切重要情形,尤以对调查团所报告者,确有审议与发表意见之资格。由此观之,日政府尽为抗议,国联仍有讨论及宣言日本军事手段是否合法之权。日本意见书又引加罗林案以证其自卫说,谓因美国地壤之邻接,及坎拿大之极端重要与其扰乱之情形,遂使美国承认英国侵入美境销灭急迫危险之行动。此种说法诚不失为日人引用成案、断章取义以求掩饰自己非法行动之例证。查加罗林案事实,据奥本汉所著《国际法》,所载如下:一八三七年坎拿大作乱,有叛徒数百人盘据〔踞〕乃加拉河坎拿大岸之海军岛,并租得一船名'加罗林',装运给养往美国岸史洛沙埠,送至海军岛,又由海军岛送至坎拿大陆上之叛徒。坎拿大政府闻悉此项急迫大危险,遂于一八三七年十二月二十九日,派英军一队,渡乃加拉河,至史罗沙埠,夺获加罗林,截劫其军火,纵火焚之,放诸中流,任其逐加乃拉①瀑流而下。当攻击加罗林时,美国人死二名,伤数名。美国抗议英国违犯其领土主权,英国经宣称,其行动乃必要之自卫,盖为防止国境受急迫之进攻,实无暇向美国政府申说云云。美国政府以为如确有自卫之必要,英国行为自可认为有理。但事实上此种自卫之必要,当时美国认为并不存在。惟后来英国曾以违犯美国领土主权,向美国道歉,美国亦遂不再深究。由上述事实观之,则日本藉口沈阳事件而进攻满洲,显然不能与加罗林案相提并论。在加罗林案中,英国政府之行动,系对英国叛徒,而非对外国人民。其事发生于美国边界,为时不过数小时。事后英国军队立即退回坎境。美国政府并不赞同英国之行为,并否认当时有自卫之必要。至英国政府则以违犯美国领土主权,曾正式道歉。倘日本在满洲之行动系仿照加罗林成例,则现时当无所谓中日争端,而无待国联之解决矣。

(四)蔑视国联盟约

日本意见书谓关于九一八前满洲之紧张局势:'日本政府正力谋缓和并设法减少诉诸武力之可能。'日人自以为此言可以表示其避用武力、委曲求全之苦心,殊不知国联盟约、九国公约均可引用。乃舍此不图,而竟诉诸军事行动。松冈在国联行政院演说曾谓:'日本人将满案交付国联,盖因国民情感不忍外界干预。'夫以一国之正式代表,敢宣称其政府不能履行国际义务乃因'舆情不

---

① 编者按:"加乃拉"前文作"乃加拉",原文误。

许',此实为吾人第一次听闻。倘一国政府能以如此薄弱理由为托词,便可自由解除其自身庄严之约言,则以自由意志而缔结之国际条约,尚复有何价值可言?当日本签订国联盟约、九国公约及非战公约时,日本岂即存心认定其遵守该约等之规定,仅以日本国民情感所容许者得限乎?日本另一托词则为:国联手续迂缓,难期速决。惟据日人所言,彼等积忿已历有年所,则终有余时,何不早向国联申诉乎?

(五)伪造正式文件①

日本意见书述及一九三一年九月六日张主任学良【致】沈阳军警训令避免冲突之电文,并谓'此电苟在实际上果已拍发,则后来亦必已予取消或并不遵守'。照此设[说]法,明谓中国官方出示李顿调查团之文书系属伪造。中国政府绝对否认,中国政府从未伪造或改损公文,但主[世]人苟且[忆]及有所谓'一九零五年条约之附件',即可知中国无此高妙手法也。

(六)所谓独立运动

关于'满洲国'之所谓独立运动,日本意见书又谓:'当外国军队在场而宣布独立者,在其他不乏其例,何以世人对之不加疑问?'此言也,巴尔干各国历史上自可获得相当之证例。但在此类证例中,外国军队之开入,大都为扶助业经存在之独立运动。此类独立运动,并非外国干涉而发生,而乃存在于干涉之前,业已对压迫者为一种公开之武装革命,有时叛徒且自己请求同情各国之干涉。此与所谓'满洲国'之独立运动,纯系外国军队所酝酿、所发动、所操纵者,决不可同日而语也。"(二十九日专电)

(《申报》,1932年11月30日,第四版)

38. 李定称赞李顿报告

自由党李定勋爵称赞李顿报告书建议之重要及调查团办事之公正,谓其建议已为一般人所赞同。此虽非谓各条建议皆应接受,但苟无极有力之理由与事实以为之证,则各条建议无一可漠视也。渠在军缩问题上亦赞成政府军

---

① 编者按:此节原文多误,据《大公报》等他刊校改。

缩提案,惟缩减空军之提议可否为人接受,或可否有效,渠不能无疑。英国提议中未有在预算案中限制军缩之办法,此层颇可扼腕。渠劝政府致力于此,盖此为缩减军缩之有效方法,且可巩固英国在对美战债讨论中之地位也云。洛襄勋爵称,列强宜协力扶助中国,组织新式而有效能之政府。又称修正和约问题应在军缩会中讨论之,庶可根据同意觅取东欧之解决办法云。

（《申报》,1932年12月1日,第三版）

39. 国际联盟十九国特别委员会议决定下星期二日召集特别大会,我国申请速定解决期限案否决,凡勒拉预料大会将组调解委员会

〔日内瓦〕 十九国特别委员会今晨开会,正式决定下星期二（六日）召集国联大会特别会议,并答复中国首席代表颜惠庆上月二十九日之声请书,略谓十九国特别委员会决俟国联大会审议李顿报告书后,始能考虑解决方案,及确定国联解决本案之期限云。（中央社一日电）

〔日内瓦〕 日代表松冈今晨与十九国委员会主席比代表希孟晤谈甚久,力言日本反对委员会在此时草拟一决议案。希孟嗣与国联秘书长德鲁蒙晤商后,即宣称渠将于今晚回比京。（国民社一日电）

〔杜白林〕 国联行政院主席凡勒拉由日内瓦归来,今日抵此,表示其对于中日问题之意见,谓国联各会员国他日切实表示必欲维持国联盟约及和平与不侵略条约之原则时,则争案解决办法不难获之。凡慎重展读李顿报告书而承认其所述事实者,皆可知所以解决之道,在国联监视之下,双方合法利益可得保障,直至东三省人民能自己决定对于中国愿有何等密切政治关系而后已。凡氏预料日内瓦事件之进行或如下述：国联大会将考虑李顿报告书,复交十九特委员会草拟决议案与报告书,然后再举行国联大会之全体会议。十九特委会之报告书,其结果大约为调解委员会之成立。此种进程之各段落在十二月二十日左右或可完成云。凡氏不欲复返日内瓦,大约将以自由邦邮电部长康诺莱为其代表。（路透社一日电）

············

不堪卒读之松冈又一说帖，其欲一手掩尽天下耳目乎

〔日内瓦〕 国联秘书处以日代表松冈说帖，分送行政院各理事。该说帖驳覆十一月二十一日中代表顾维钧所提出之各点。顾言及随李顿调查团在东三省调查时所遇之种种留难。松冈说帖谓不欢迎顾博士者，为"满洲国政府"反对其入境，而日政府不独劝令"满洲国"许顾入境，且于顾在东京时，予以生命上之保护云。

松冈说帖论中国情形，谓日人未见中国内乱有在许多年内可止之气象，但日本从未抛弃早睹中国统一之希望。不幸日本现不能如李顿调查团所抱中国可早日稳定之希望。至于日本屡次设法阻挠中国统一工作之责言，殊无根据。中国过去二十年中之内战，未有一次其野心军人不欢迎日本军火与金钱之援助者。孙总理自己亦曾乞助于日本，孙避居日本，但未能从日本获得援助以进行其革命计画，如其从俄国所获得者。日人欲中国革命之中止而非其继续，日人今犹欲其终止也云。

顾博士言及袁世凯统一中国，事败垂成，日本操纵有以致之。松冈说帖驳称，袁世凯总统之被推翻完全由于华人之反对，而反对最力者，厥为孙总理。一九二七年八月，日本之出兵济南保护日侨，并不阻遏蒋介石国民军之北进。破坏蒋介石之计画者，乃武汉共产政府之活动。一九二八年五月十八日，田中宣言，日本不得已或将采行适当办法，以维持东三省之治安与秩序。田中所以有此宣言者，因中国军队在平津区域战争后，有扰及东三省之危险也。

松冈说帖言及张作霖遇害事，谓消灭老张，非日本之利益，日政府闻其死讯，为之震动而失望焉。若谓日本以统一的中国为其开拓政策及征服世界梦之打击，此为荒谬之谈。日本深虑新中国之发展及其所趋向之前途，此种隐虑乃问题中之要点一说，日人对之殊为扼腕，亦犹中代表对之表示欢迎也。日人所抱恨者，中国现趋向无法纪而行，并非向秩序前进。中国之不遵守条约，乃中外发生争论与困难之原因。华府会议所通过之各种议案，中国对之负有种种义务者，依然未见履行。国民政府能否及愿否履行，中代表所发表之任何约言，亦毫无保证。欲维持九国公约、巴黎非战公约及国联盟约之尊严，则签字国之不得施行仇外政策，实为重要。中国前曾依允采行充分办法，免除因伪造的田中奏章传播于外而发生之恶影响。但中国虽有此依允，而中代表竟公然散播之，且在行政院中利用之。

松冈说帖继言及排货问题，谓外国因中国情势扰攘，而采行之非常办法，中国对之辄以排货相制。故中国之排日运动，并非对于日本军事计画之报复行为。松帖[冈]说帖谓国民党与国民政府间之关系，同于共产国际与苏俄政府间之关系。说帖复缕举在华外人与教士等不安全之案件。说帖否认外国官员所称中国未有排外情感征象之说。说帖又言及"满洲国政府"接收盐务稽核所、海关、邮局、电局、路矿机关并没收若干税项事，谓此乃"满洲国"成立后之天然结果，全属新政府范围以内之事。

说帖末言及上海事件，谓华兵之反抗出于意外。日兵寡不敌众，尤感困难者，须从街市中作战，以应付华兵所踞守之房屋。日军不得不击破十九路军，而竟击败之。但华人俄国式之宣传，淆乱事实，实则日军之迅速完全退出上海附近区域，足为日本意志之充分明证。中日人民生命财产之损失固属可憾，但中国平民之生命，现时常死于华军之手者，较此犹多。各省平民丧失生命者，以数百万计；城邑之为国民军、共产军及其他军队劫掠者，又不知凡几。其能幸获安全者，厥为外人所保护之通商口岸，中国商家与银行家咸集于此，即中国官员亦托庇于此也云云。（路透社一日电）

（《申报》，1932 年 12 月 2 日，第三版）

40. 日兵搜获马占山密书，另一份由某国新闻记者转达国联，日指调查团恃为制作报告之根据

本报译二十六日《东京时事新报》云，我外务省以李顿调查团报告书中最怪异的材料，为采用马占山之密书。该密书于五月八日马占山制成二份，预备提出调查团。其所派密使王廷兰，方欲携往昂昂溪呈送调查团时，事为齐齐哈尔宪兵队所知，包围搜索，结果在王家屋内搜出该书，现陈列于东京游龙馆。其他一份，经某国新闻记者之转递，已落于调查团之手。此书内容，诋毁日本军暴状，无所不至。李顿得此密告书，即为制作报告书之根据，闻下月大会连同报告书行将提出讨论。该报并将密书制成铜版，披露报上。

（《申报》，1932 年 12 月 2 日，第九版）

41. 国际联盟处理中日争案前途混沌，组织调解委员会说渐次有力

〔日内瓦〕 十九特委会已将李顿报告书之讨论移交国联大会，故在星期二日以前，此间遂呈表面沉寂、内幕紧张之象。据一般干练观察家之意见，国联有史以来最重要之一页将从此开始矣。下星期之最初数日将为极有关系之时期，不独可表现国联机关应付此次空前难题具有何等能力，且亦可决定所可望于美国之合作程度。虽会场讨论将涉及李顿报告书之全部范围，但最为人注意者则为大会中之动议，及将为十九委员会所处理之决议案耳。就美国所可赞助者而言，各点中之最扼要者，为国联对于"满洲国"之态度。一般意见似信必有不承认"满洲国"之决定。

尚有一重要问题，为根据国联盟约第十五条提出最后报告期限之决定。此点已由颜惠庆博士提出，将为十九委员会于大会辩论后首须决定之一事。

兹闻星期二日会议时，日本将续发声明书，解释其态度。众信此次声明书，将较前次声明书更进一步，不独论述过去事件，且将涉及日本对于将来之希望。不过日本在述其将来希望时，未必有所建议也。

战债问题与美国军缩新态度所造成之纷扰，可于今日殊乏精彩之会议中见之。会场中唯一事件，为颜惠庆博士解决变相的战争时期之申请。十九委员会亦如已于星期一日休会之行政院，将此难题移交星期二日大会解决。

欧美各国政府似在各方面豕突，自顾不暇。所可确定者，各小国将发言反对日本耳。现有包括四点之提案，为：（一）通过李顿报告书中关于历史的部分；（二）规定解决期限；（三）重新肯定不承认"满洲国"之诺言；（四）成立调解委员会，加入美俄代表。惟以今日形势观之，大国对此提案能否赞同，尚有疑问也。（路透一日电）

〔南京〕 顾维钧前随调查团在东北时，所撰关于中国事件之说帖十九种，现国联会各国代表多欲参阅，以期明了远东情况。刻由外部定印一百册，寄往日内瓦，交我国代表分赠，并将此项说帖分赠在京之驻华各国公使、代办，以供参考。（二日专电）

特别大会议程

〔日内瓦〕 国联临时大会将于六日上午十一时开会,其顺序先由议长宣告开会,中代表颜惠庆氏演说,继由日代表松冈演说,中国政府之意见书或在此时提出。中日代表演说后,两代表不讨论,即由各国代表发表意见,但发言国未决定。各国代表之演说,最少继续两三日,最后中日代表对于各国代表之演说,加以说明或反驳。中日问题或将再移交十九国委员会,由委员会报告临时大会,然后组织包含中日代表之调停委员会,引用第十五条第三项规章,研究解决方法。(日联二日电)

〔东京〕 据日方所传,松冈洋右在行政会之演说,多注重过去事实,强辩进兵占领东三省为自卫行为,但各国之印象依然不能放松日本有并吞满蒙野心,所谓伪组织不过暂时掩盖世界耳目。日代表为鉴及此点,在六日之大会席上,或将变更从前之策略,对于未来日本之所应取步骤,加以逐一申述,求恕各小国,勿再猜疑东三省为韩国第二。然而演说内容是否能完全掩尽东三省目前之现有实情,此点日人自身亦无把握云。(华联社二日东京电)

调解委员会觅取妥协方案,大会通过后开始工作

〔日内瓦〕 十九委员会认为在国联非常大会表示意见之前,该委员会之动作实属无益,故除主席希孟氏召集大会外,该委员会暂不开会。惟准备草拟一种报告书,其中结论:第一在不承认"满洲国";第二在邀请苏俄及美国参加,组织一种人数较少之委员会,为中日两国寻觅调解及妥协方案。此项调解委员会,一俟十九委员会所拟报告书为大会采纳之后,即开始工作。主席希孟氏与日本代表松冈会晤之后,已回比京。此事在星期二以前,不致有何变化。(哈瓦斯一日电)

日电所传三种解决方案:中日间直接交涉欤? 国际调停委员会欤? 国联再派调查团欤?

〔东京〕 据由日内瓦到达外务省之情报,国联方面渐知中日问题不能急速解决,尤以大国方面倾向静观,知迁延解决之外,别无他法。从六日起开会之总会,先使小国方面发挥议论后,将报告书之审议委托于十九国委员会,结果该委员会或能达到何等之解决案。但在此静观期中,考虑下列三案,为中间

的处置：

（一）直接交涉劝告案。由国联劝告中日两国，开始直接交涉，以谋问题之解决。国联任命中立委员，以监视人资格出席，从旁居中调停。

（二）调停委员会案。为和缓中日两国之主张起见，以作制调停案为目的，以十九国委员会为主体，加入美俄，设置调停委员会，静观满洲事态。约二个月后，再讲究解决案。

（三）现地再调查委员会案。为视察李顿报告书执笔后之满洲"独立"及日本承认情况等起见，网罗主要理事国之外交官，设置调查委员会。国联根据此报告，再行审议。

日本外务当局，对此三案之非正式意见，大体如下：

（一）国联苟能进至承认满洲，虽暂时静观、不急于解决，亦为实明之策。故日本政府苟不触及其既定方针，对此并不反对。

（二）鉴于绝对反对第三国之加入为日本之既定方针，国联所提倡之直接交涉，恐难实现。

（三）除外中日两国之调停委员会案，从拒绝第三国加入之原则，绝对反对。

（四）如第三案之委员会案，系调查报告书提出后之新状态，虽不反对，但其设置须始终尊重日本之原则。

（电通二日电）

日本与国际委员会，外务省之赞否态度

〔东京〕据外务省所接情报，国联事务局及大国方面设立国际委员会之说，现较有力。而外务省待中日纷争付交该委员会，视其经过后采取对策，似较为贤明之策也。但委员会之企图与其构成，由下列之理由，殊堪重视：

（一）该委员会若无中日代表，则将如调停委员会，而中日两国立于被告地位，故反对。

（一）即使中日均加入该会，但依排除第三国加入之既定方针，亦所反对。

（一）然该委员会之构成与机能，为调查"满洲国"之事情，仅报告国联，而有相当期间静观之性质，则不加反对。

（电通二日电）

凡勒拉发表重要谈话：远东问题能否解决之关键，在各国有无维持条约决心

〔杜白林〕　国联行政院主席凡勒拉归自日内瓦，今日语人云，国联大会此次特别会议，未必能解决满洲问题，仍将移交十九国委员会。届时十九国委员会再行详细研究李顿报告，准备一新决议案，然后再提交下次国联大会。此种手续，固颇费时间，但渠信在此期间，中日双方利益俱可保全。

凡勒拉又谓，国联各会员国犹未表明其立场，但各国苟决定坚决维持国联盟约与其他和平及不侵犯条约，则此事当可解决。

凡勒拉又于接见新闻记者时表示，现当计划一种方法，探知满洲人民之真正意愿所在。渠不主张召集公民大会，但以为应由满洲人民自行决定其与中国之关系。又谓渠信国联之前途，完全系于其对于此案之行动，及是否准备坚决维持其原则以为断。（国民一日电）

············

日政党军阀筹开国民大会，反对李顿报告书，要求承认伪组织

〔大阪〕　日因感觉国联空气日趋对日不利，前途愈益暗淡，为重新振起民气与藉国民之团结威迫国联，于是遂有政友会、民政党、国民同盟、大日本生产党、大阪及京都在乡军人团、海军兵团等联合提倡开国民大会，定十二月四日下午在京都冈崎公会堂开会。议决反对李顿报告书，反对否认日人手创之伪组织，大动旗鼓，以日本国民大会名义拍电向国联大会示威。（二日华联社电）

（《申报》，1932年12月3日，第三版）

42. 满洲问题与联盟各国代表

此次为审议满洲问题齐集于日内瓦之各国代表，其一举一动均足以左右全世界之视听。特欧美各小国，为谋抑制大国之专横、拥护自国之利益起见，对于大国之解决远东问题，颇有痛痒关系。彼辈鉴于日本之一味蛮横、蔑视公理，愤大国之延宕敷衍，反日之态度实较我国为尤甚。现虽经日本之极力拉拢，然吾人若明白彼辈之历史与主张，即可窥知未来大会之形势。兹特就日

大阪各报章杂志所载,参译于下。

小国代表

查小国方面智略纵横者,为西班牙代表马达利加氏。渠为联盟情报部员、军缩部长。西班牙革命后,曾历任驻美大使、驻法大使,为今日联盟内第一流之雄辩家。去年十一月会议时,与英代表舍雪尔卿,以"基本的原则问题"向芳泽代表施以猛烈的攻击。渠偕本国代表斯罗泰氏出席会议。次为捷克斯拉夫外相裴纳秀博士。裴氏为现大总统麦沙刊克之高足,一九一五年为麦氏在巴黎发表捷克斯拉夫两民族独立宣言,以奇敏之手腕参加运动,发挥建国独特之才略,其后即列于该国政府之首班。捷克斯拉夫国之所以成为中央欧罗巴之新进国者,裴实与有力焉,故亦为欧洲有数之大政治家。渠之生平抱负,以拥护欧洲各小国为目的,在国际舞台上之策略,始终不逾此旨。今夏开军缩会议时,渠曾提出议案以抗西门,颇为各代表所叹服,因此在小国间具有绝大势力。他如波兰代表葛耶特司克氏,巴拿马之加拉氏(驻法公使、前任外相),墨西哥之巴尼氏,以及哥伦比亚、沙尔巴得尔、彼纳士拉等代表,皆纠合一体,立于共同战线。

理事会议长凡勒拉氏,其父为西班牙人,母为爱尔兰人。凡氏生于纽约,系爱尔兰独立党之首领,对政战舞台上,有世界著名奇才。当一九一六年附和泰勃林反英运动时,任反英军之指挥。旋因运动失败,曾以内乱罪受死刑之宣告。其后减为终身无期徒刑,不一年被释。一九一八年五月,又以骚扰罪拘于林加监狱;翌年二月,突然破狱遁美。然渠以百折不挠之精神,筹调六百万金,运动爱尔兰独立,至一九二二年英帝国乃承认爱尔兰独立。自是以后,遂实行其与英国完全脱离之具体计画。本年就爱尔兰首相,渠因拒绝英政府与拒绝缴付土地年赋金,及删除爱尔兰宪法中之对英皇在议会忠诚宣誓之条等事,震撼英国政界。渠于本年三月九日当爱尔兰之自由总选举时,以反英斗将哄传全欧。即在过去十年间,亲英派之哥司葛来惠内阁为其推翻,竟得三百万大众之信仰,推为首相。渠今年五十岁,现任青年独立党设立之国民大学总长,此次任为联盟理事议会长。渠曾声言以矢志不移之精神,拥护联盟规约。盖渠当满洲事变时,固已抱不平之念也。(待续)

(《申报》,1932年12月3日,第九版)

43. 国联幕后接洽，美参加及否认伪组织趋势，松冈与麦唐纳、赫礼欧会见，中日争案移交大会理由

〔日内瓦〕 英相麦唐纳与美、法、意、德代表间之军缩谈话，虽暂将中日问题搁置，但注意此问题之小国间及国联秘书处间，幕后颇形活动。小国所关心者为美国参加问题及不承认"满洲国"决议案问题，有数国以为大会不宜通过任何决议案，尽可将此事完全委诸十九委员会办理。因此举最足获得美国之同情，盖以美国自身正两头落空，宁愿见国联能有较为自由之处理也。但同时其他方面，则主张通过不承认"满洲国"之决议案，庶使国联得与美国态度趋于一致，前途趋势大抵如此。

关于美国参加一层，有人建议，大会可授权十九委员会，推选同等地位而不注明国籍之其他委员。日本对于此事之态度，至堪注意。盖日本去年曾根据手续理由，反对美国参加也。但众信日本可望改变其对于调解委员会参加之态度，因日本自身现准备于被请时参加委员会议。设中日方面不起反对，则美国之参加自不发生困难。（路透二日电）

顾代表再函国联，驳覆松冈说帖，历叙日本不安情况

〔日内瓦〕 我国代表顾维钧今日又以长函致国联，驳覆日代表松冈之声明书，历叙日本在军人统治下之不安情况；并追述日本昔日排外行为之激烈，迥非今日中国所采之合理的经济自卫方法所可比拟云。（三日中央社电）

松冈拉拢大国，与美英法要人会见

〔日内瓦〕 松冈代表今日与英国首相麦唐纳及法国首相赫礼欧会见，为确立英法二大国对中日问题之根本策，说明日本至布背水阵之理由与情形，而请求谅解。确悉英法两首相因军缩会议告终后，尚有事必须返国。故虽出席特别大会，亦仅一二次，其后即由西门与彭古代表一切。英首相麦唐纳与法首相赫礼欧于与松冈代表会见后，即与西门与彭古各加讨论，似在决定该问题之

英法两国态度。赫礼欧首相在巴黎与松冈代表会见后,据传两者之间已成立谅解。如是则依预测,其后之大会当无大事,而一切皆在移交十九国委员会之后也。(电通社二日电)

〔日内瓦〕 日松冈代表之出席十九国委员会之资格,仅在说明者,无积极的提案与其他发言之权限,较理事会稍嫌不自由。然日代表部并不重视,缘日方之主张,在大会本会议一般讨论之始与终之二次已充分声明,其后虽临何项会议,只在补足该理解不充分之点,无为何项行动之必要。故据迄今之情形,十九国委员会自身发见日本所能承认之解决案如非常困难,实际上与此并行之大国间私的会谈,实握解决之关键也。(电通社二日电)

〔东京〕 日军缩代表松平恒雄,昨日下午七时半访美国代表台维斯,磋商军缩问题,表示日本有新提案。新提案宗旨在尊重各国现有势力及其特别环境。台维斯答云,各国所不能容纳之案,则讨论亦无补于事。松平再论及满案,欲以军缩牵制满洲问题。美代表不睬,谓满案已在国联审议中,美国不愿预先发表意见云。(华联三日电)

〔东京〕 据此间接日内瓦消息,松冈洋右因对于大会讨论中日争案时,德当局态度不能轻视,为欲拉拢德代表在大会中支持日方主张起见,特于一日下午,急赴柏林访德代表,请其谅解日方立场,并晤德当局各要人后,始于昨晚六时回抵日内瓦云。(远东社三日电)

据东报载,从可靠方面探悉,在日内瓦之日代表松冈洋右,于其最近与军缩大会美代表台维司氏会谈中,曾作若干阻止日美关系变成恶化之提议,并允许彼将于国联议会大会终了后访问美国,以期取得关于中日争端之美国方面之谅解。又探悉台维司氏表示其私人意见,谓希望日本尽其力之所能,避免在日内瓦与列强之正面冲突,而用一种建设的计画,以成就一种调和的解决。松冈氏就台维司之所言,获得一印象,觉台氏暗示宜使中国对于"满洲国"保留一种宗主权,同时表示美国不欲在国联方面多所表见。松冈与台维司之谈话,被视为甚为重要。又堪注意者,日美间关于满洲问题之讨论,将于国联行政院会议终了后,在美国举行之云。(世界社)

日方重视调委会之组织,主张职权须加以制限

〔东京〕 此间官场对于国联特别大会,拟组织中日问题调解委员会一说,现予以严重注意。此间人士以为,如调解委员会不加入争议中之两造,则其结果恐将成加诸中日之不负责任的解决；如加入中日代表，则第三方面之干涉，或将妨碍根据中日谈判之解决。日本官场主张调解委员会之职权，须加以限制。日内瓦现唱不承认"满洲国"及延不解决满洲问题之说，以为日本因此将陷于财政僵局，而日本稳健派或将抬头，强迫日本对国联让步。要知抱此期望者，终必失望也云。（路透二日电）

〔东京〕众院议员今晨在议长公署集议，一致通过决议案。即以议长秋田之名义，电达日内瓦日代表松冈，表示众院对日内瓦日代表团劳绩之感忱，并切望日代表加倍努力，使国联会员体谅日本之主张，并遵守日本所定对"满洲国"政策行事。（路透三日电）

....

移交大会理由

〔日内瓦〕国联中人恐外间对于国联大会与行政院二机关处理中日争执之职权，发生误解，特向记者说明：此次各理事授权行政院，将李顿报告书移交国联大会，一如李顿调查团初步报告办法，否则理事至多亦只可评论该报告。因中日争执既经移交大会，此时理事会不宜再有所建议，或于解决方面采取任何行动。日前行政院主席凡勒拉声明，行政院经通过相当决议案后，仍可再行提出李顿报告云云，其意义即仅指讨论而言。盖李顿调查团虽系行政院根据国联盟约第十一款派遣赴满，而其调查报告亦以该款为根据，但自调查团出发以后，中国又提出盟约第十款及第十五款，将中日争执移交国联大会。日本虽抗辩，辄经得行政院否决，宣称此案之任何一造，皆有充分理由提出第十五款，请国联大会处理。其后国联大会亦于三月二日决议案内明白宣称，此项构成中国政府声请目的之全部争执，已移交国联大会，并请行政院供给各种认为有价值之意见与文件。故此案应归国联大会解决，而李顿报告应即移交大会也。（国民社二日电）

又是一套把戏：傀儡政府之傀儡电文

〔日内瓦〕日代表团将"满洲国外长"及所谓满洲民众团体对于李顿报告书发表意见之来电，抄送国联大大会。"满洲国外长"电称，"满政府"接满洲民众呈文三千余件，观此可见"满洲国"得多数人民之赞助。彼等鉴于行政之渐有起色，故深信前途之光明。自"新邦"成立以来，从前弊政扫除净尽，厉行法治,"政府"已将军费较前减至三分之一,秩序渐复。李顿报告书反对"满洲国"之数节,基于偏见,与事实不符。"满洲国"人民绝对不能赞成李顿报告书之意见。报告书之建议,不能植立和平,徒增纷扰。凡变更现有事态,或妨碍"满洲国"独立与进步之任何计画,"满洲国"人民坚决反对之。察李顿报告书,显见调查团未入满洲时,已预有解决成见。调查团在满时,不采行积极方法以调查民意,但接收来源可疑之函件千起。调查团以此为根据,遽作胆大草率之断语,"满洲国"人民至为愤懑云云。(路透社三日电)

....

(《申报》,1932年12月4日,第三版)

44. 一·二八事变我国损失统计,整理后将送达国联

〔南京〕 沪市府调查一·二八事变所有政府机关及人民所受直接间接之损失,达二十万万元,无辜死亡者达一千七百三十九人,失踪者七百十九人。已制成统计,呈报行政院,发交外部,整理缮译。将训令日内瓦中国代表团,分致国联秘书处及国联会员国,藉以补志李顿报告书第五章之所述,备于国联大会制定沪战责任时提出赔偿。(三日专电)

(《申报》,1932年12月4日,第三版)

45. 国联散布伪电,我国代表提抗议并发表日本侵略计划文件,松冈洋右又与赫礼欧会谈

....

国联大会形势:仅辩论报告书为限,将避免作任何建议

〔日内瓦〕 今日闻十九特委会主席希孟表示意见,谓星期二日开始考虑中日争案之国联大会,可望于星期五日结束其讨论。此言使众益信大会之辩论,将以李顿报告书之大体为限,而避免作任何建议。然后将全案移回十九特

委会,请竭尽和缓之手续,以觅求解决方法。各国不愿取含有强迫性之任何行径,似渐显明。今日除晚间松冈与顾维钧博士作播音演说外,国联各国代表团绝无动作。(四日路透社电)

....

美顾问杨格发表解决方案,主张避免施压迫于日本,追认史汀生不承认原则,设咨询会监视直接交涉

〔东京〕 据到达外务省之情报,为李顿调查团随员于李顿报告书之执笔有重要关系之纽约"世界时事问题研究所"远东特派员及国民政府顾问杨格,顷在《纽约泰晤士报》发表关于处理李顿报告之私案,在日内瓦惹起多大之注目。其案如下:

(一)国联总会确认国联规约、非战条约、九国条约之效力,采用李顿报告书第九章,并再确认史汀生之不承认原则。此总会不必全会一致,可以成立有效之决议。

(一)总会根据李顿报告书第十章,干涉中日直接交涉,而设置援助此举之咨问委员会。对此交涉,承认一定之犹豫期间,而于其间与日本政府约定,日军须由满洲撤退。

(一)为处理满洲问题起见,认总会有开关系国国际会议之必要。国际会议虽以美国主唱为适当,然苟英法召集,美国当欣然参加云。

此案特征在(一)对于日本政府避免加以强压之事、(一)全会不必一致两点。但日本外务当局认此不能实行,决表示反对。(电通社四日电)

....

(《申报》,1932年12月5日,第三版)

46. 国联大会今日开幕,希孟主席,中日代表将有重要演说,会期定四日,传将避免作切实行动,顾维钧驳覆日本意见书全文发表

〔南京〕 外交界息。国联特别大会定六日上午十一时开幕,参加者五十七国,大会主席仍为比外相希孟。六日首次大会程序,据政府接日内瓦电告:

（一）主席宣布召集特别大会原因及对此次大会之希望；（二）中国首席代表颜惠庆演说；（三）日首席代表松冈演说；（四）其他各国代表发言。六日上下午均公开大会，共开会四天，预定九日闭幕。仅准备通过李顿报告书前八章事实部份及对不承认伪国等局部决议，决不作含有强迫性之切实举动。至具体解决办法，将再移交十九国委员会。又此次大会，其他各国代表愿发言者甚多，英首相麦唐纳、法总理赫礼欧均已到日内瓦亲自出席，颇为各方重视。（五日专电）

〔日内瓦〕 国际联盟特别大会定明日上午十一时开会（上海时间为下午六时），届时五十五国代表将齐到。我国代表要求大会切实决定以会章十五条，解决中日纷争。日代表将要求各国承认其手创伪国，谓若反对"满洲国"，则远东和平不保，意在以世界大战恫吓各国；一面又强辩在东省每日之对阵非属战争，日军行动尚未破坏和平，故反对援用十五条。据料明日各小国将群起反对日本之狡辩。（五日华联电）

〔日内瓦〕 国联各小国会员虽渴望维持和平公约，但各大国显不欲于此时取任何切实行动。预料国联大会或将令十九国委员会向大会作最后解决办法之建议。此项建议，即可作为对于中国请求解决东北事件之答覆，但仍不堵塞中日进一步和解之途径。一般观察，现已到严重时期；中国政府亟应抱定在不损国权下，解决本案之确实条件，以为准备云。（四日中央社电）

顾维钧驳斥松冈言论及日本意见书：日方谬论不能动摇李顿报告

〔日内瓦〕 国联秘书处今日散布顾维钧博士所送交之长文，对于松冈对行政院而发之言论及日本对于李顿报告书之意见，加以驳斥。谓日方之意见书与言论，皆无一处可变更李顿调查团所查见满洲时局实中之最重要事件或李顿调查团由此事而得之论断。

伪国必须解散，损失必须赔偿

一九三一年九月十八日之事变确为日军当道所造成，以进行其在亚洲大陆上侵略与扩拓之传统政策，已属毫无疑义。日本虽向国联屡发诺言，不使时局愈臻严重，然军事行动扩至东三省极远地方，继续不已，实施其准备已久之攻击，而谋占据东三省全部。中国治权之摧毁，独立运动之组织，"满洲国"之设立，"满洲国"之承认，及一定程序中各阶级民众大会、示威行动及代表团之呈递请愿文,皆完全出于日人之布置,藉以□惑他国。日本基本主义,在以已成事实,表示日本支配与征服远东政策中第二幕之完成者,而与世界相抗。然中国之利益、东三省之主权及日本侵略之牺牲,究不容漠视。是以日军之撤退,宜尽速实施;东三省现状之维持与承认,中国绝不能接受。故解散"满洲国",乃任何美满解决方法中必不可少之条件。为维护基于公道之和平计,侵略决不应宽恕,而为侵略之牺牲者,尤须予以完全之赔偿。

日本不守信义,破坏条约义务

日方以为李顿调查团所主张之计画,至少要两造各有坚强可恃之中央政府。要知中国始终尊重国际之义务,而日本为及早解决计,则须有可恃的中央政府。盖国联与列强已有痛苦经验,而知日本在国联盟约下、非战公约下与九国公约下所担任之庄严义务已被破坏矣。日代表所给予之各种允诺,类如不攻锦州与齐齐哈尔、撤回日军至铁路区域及停止政治与军事增重事态之举动等事,无一实行。在中国代表团观之,国际交涉中宁愿有虽弱而可恃之政府,而不愿有坚强而不可恃之政府。盖不可恃之政府,乃国际秩序基本之危害也。

中日问题之解决,应适合和平公约

中代表文中证引李顿报告书第一百二十九页,谓除中日两国外,他国在中日冲突中,亦有不可不防卫之重要利益。凡协定之任何真心与持久的解决,必须与世界和平所系之多方面条约规定相适合。国联盟约与非战公约原则之适用,苟在世界一处丧失信用,则此原则之价值与效能,将在世界各处减少。中政府忠于国际义务,常以一般和平为念,故与调查团同一见解,亦以为中日问题之任何解决,须到合①国联盟约、非战公约、九国公约之条文云。

东三省义勇军正与日军奋斗

中代表此次意见书,共长四十八页,对于远东时局及日本在此问题上之意见,加以极详细之发挥。言及中日情形及日本大陆政策,谓此种政策,乃今日日本财政与社会不宁静之主因,日本刻在军阀掌握中云。中代表文中否认中国排外情感之说,引证日人学校教科书中排外之各课。又谓排货之责任,在日

---

① 编者按:原文如此。

本而不在中国。排货之原因,日本负责,如原因销[消]灭,则排货运动亦随之而消灭。东三省在外交上始终被认为中国整个的部分,日本所谓在东三省有特殊地位者,不过为其亚陆上扩拓征服政策之假面具耳。文中详言九一八事变与"满洲国"设立事,继谓调查团共收来函一千五百四十八封,皆反对伪邦之成立。此事并非谓凡未上书调团查[调查团]者,皆拥护伪邦也。中国军民数十万,刻仍在东三省各处与日、"满"军奋斗,此足为当地人民反对伪邦之明证。文中略述东三省现状,谓该处人民现处于日本恐怖治权之下,报纸新闻全被检查,无辜人民多被逮捕,村庄无端被轰,日人且滥杀平民。总之,东三省情形极为惨怖也云云。

中日代表用无线电舌战:颜惠庆请国联从速解决,松冈洋右要求国联忍耐

〔日内瓦〕 松冈与颜惠庆今日相继用播音无线电,各陈述其政府之理由。日代表先发言,中代表继之,皆用英语演讲,欧美全部皆可闻之。松冈谓日本不欲有满洲,日本所求于国联者,忍耐而已。日欲永远与国联合作,中政府不能管理其自己土地,又焉能要求对于附属地之治权。"满洲国"候匪乱平息后,即可繁荣,而与中国人民在其本国境内之受苦情形迥不相同。日本愿有和平,愿与国联永久合作。日本甚惋惜国联之仓促行为,日本以为国联日后亦将悔之云。颜惠庆博士称,中国依据国联盟约,享有国联从速解决满洲问题之权利。若国联不即解决之,则不独酿成更多之流血惨祸,增加东北三千万人民之痛苦,且将使世人对于国联之信任,视国联为和平与公道之柱石者,丧失至不堪收拾之地位。颜博士追述一年来事件,谓日本屡次侵略行为,其有意侵入邻邦,以逞其□拓土地之野心,不惜破坏国联盟约、非战公约与九国公约,已属毫无疑义。日本不履行其撤兵之诺言,且仍陆续前进,而巩固其在中国东三省之地位。李顿勋爵近在英国上院演说,有国联赶紧办理此事,此其时矣,如听令满洲问题一再延宕,则危害实甚等语。李顿此言,至可玩味云。(四日路透电)

…………

(《申报》,1932年12月6日,第三版)

47. 满洲问题与联盟各国代表(续)

西班牙代表马德利亚与捷克斯拉夫代表皮尼秀二人,为小国中反日之急先锋。马氏现年四十六岁,初从事于铁道事业,后充伦敦《文艺评论》主笔,十年前任联盟事务局新闻部部员、军缩部长及管理军需品贸易之国际会议理事长,勇敢精敏,贡献军缩事业,厥功甚大。一九三一年四月,任西班牙共和国最初之驻美大使,现任驻法大使。彼精通英法数国语言,舌锋锐利。此次理事会开会时,渠对日辩驳,异常强硬,故日人深恶之,呼之为"鼠之头"。皮尼秀氏为欧洲著名之外交官,并为经济学家,自一九一八年捷克共和国成立以来,任外相至今,对于大战后所发生之欧洲所有事件与一切大小问题,无不洞悉。渠与大总统马萨力克博士,在欧洲以明干练达著称,现年四十八岁。渠之生平主张,倾力于欧洲平和机关之完成,惟渠接近法国,盖欲维持中欧之和平组织,不得不与法国提携也,一方则拉拢英法两国联合,以维持欧洲之政治经济利益。苟英法两国发生争执,皮氏即出而调停之,故为英法当道所信任。自一九二三年后,渠率领诸小国,努力运动欧洲之和平。前月二十五日开理事会时,皮氏即主张将满洲问题之全部,以单纯审议进行方法,付托于特别大会,并留保在大会申述意见之权利。各国代表一闻其言,莫不欣然赞同。而日本反对移交大会之主张,至此完全失败。此不得不谓皮氏素得各国之信任有以致之也。

希孟议长,为比利士外相。欧洲外交界,莫不知其名,系欧洲外交界之元老,曾起草国际联盟之条文。欧洲大战后,渠列席巴黎和平会议,以纵横圆滑之外交手腕,颇得列国之同情,曾任第一次国联大会议长。自来国际会议,必请渠出席襄助,渠对于解决卢尔问题、特士问题、安全保障条约、关税协定等外交大问题非常出力,关税协定案原为其创造。渠出身于比利士名门,历任比国国会议员,擅长文学。自一八九八年至一九一四年,担任浦□水尔大学教授,以议会法史得硕学之荣誉,著作丰富,为联盟各代表所敬仰。满洲问题之归结如何,与渠大有关系。盖渠之一言一动,颇足以左右联盟各代表之视听。渠以自由主义之世界观,判别是非,动合舆情。渠对于满洲问题,注重英国态度。而英国鉴于美国共和党选举之失败,德国军备均等要求之激切,与每年对联盟缴纳百五十万元之年赋金等种种关系,究竟能否主持公道,尚属疑问。不过就英国在联盟之三大角色,如德拉蒙、李顿、西门之意见而言,主张大抵相同,且李顿为调查委员会之委员长,不得不撑住自国体面,公平处理也。此次照规约第十五条进行审议满洲问题,先经十九国委员会之议决,再由大会表决办法。然十九国委员会照三月三日临时大会决议之情形而观,小国中如西班牙、巴拿马、爱尔兰、那威、波兰、捷克斯拉夫等代表,与瑞士、哥伦比亚、匈牙利、瑞典、土耳其等国委员,反日者十居其九。虽大国方面不敢开罪于日,而日本已陷于孤立无援之穷境矣。此日本政府之所以窘迫异常,以脱退相要挟。松冈全权在欢迎席上,竟发表"若不贯彻日本之主张,愿杀余以表明日本之决心"等语,此种恐吓之词,适见其心虚气馁也已。

大国代表

大国方面之态度,大抵一方为保持联盟之权威,他方抚慰小国之不平,同时又恐日本蛮强,顾虑其面子。因日本以脱退联盟相要挟,致英、法、德、意诸国为战债与军备平等问题,对满案极力迁就日本。惟小国方面以日本已明白违反盟约,力主制裁,且希望日本退出,俾得将来可以维持联盟机能之尊严。

大国中之法国,亲日的色彩比较鲜明,盖法国与日本早有默契。法国在理事会之二代表,一为陆军总长彭古,一为调查委员团之克罗特将军。此二人大率将顺日本之意思。此次克罗德氏①出席理事会时,仍如在北平时袒护日方。当前月二十四日之调查团会议,反对李顿之进言。渠谓李顿未在事前与调查委员商量妥洽,不能随便在理事会发言,由此足征法国之态度矣。查克氏年已六十一岁,曾任法国驻华使馆武官。当调查团在北平作报告书时,各委员对日均抱不满,报告书内容本多不利于日,嗣因克氏之反对,修改数次。至于彭古,虽因法国政策上与国际关系上有难言之苦,然渠原系社会党出身,历来主张尚称公允,且视联盟为至尊无上,以各方环境舆情,殊不便公然显露袒日之状。但此次对于美国战债问题,法政府颇表不满,故法国之对于满洲问题,不免有所变更。闻六日大会法首相赫礼欧有亲自出马消息。赫礼欧原为贫苦军人之子,毕业于高等师范学校,乃欧洲著名之实践政治家。渠以美国之态度为转移,倘美国不变从来主张,则赫礼欧必不为日方所朦混。

至于英国,除保守党外,自由、劳动两党反日甚烈。其代表外务大臣西门,

---

① 编者按:"克罗德"前文译为"克罗特",原文译名不统一。

为自由党中之热烈实际家,系牛津大学毕业,年五十八岁,初任律师,名震英国法界,后任检察厅长、内务大臣,一九二九年任印度宪法调查委员长,所谓西门报告书曾轰动全欧。渠对满洲问题,虽尚未明白表示反日,但决能循自由党之意旨,贯澈主张也。

次为意国,意首相莫索利尼在演说中已表明意思,惟意国在远东方面无甚利害,即不愿开罪于日,故目下只抱静观态度,该国代表为外务大臣阿罗求氏,渠曾任驻日大使,日人目为亲日家。

又次为德国,德因军备平等问题,无暇顾及远东事件,加以巴班内阁辞职,施莱辙组阁伊始,将来能否以自身关系主张公道,未可逆料。至联盟事务总长德拉蒙,现今五十七岁。当凡尔赛和平会议时,任英国代表巴尔福亚勋爵之秘书,处事颇为公允。此次将满洲问题移交大会以及斡旋私的交涉等,煞费苦心。虽渠有操纵会议之权,然因国际政局异常复杂,不敢公然袒护一方。

目下最可注意者为美国,美国自民主党选举获胜,其代表台维司为谋日本与关系主要国间正面的冲突,提议建设的处理案。据日报所载,台维司之所谓建设的处理案,一方形式上认"满洲国"之存在,他方保留中国之主权云。

附

日代表松冈洋右,系日本山口县熊毛郡室积港人。父名三十郎,营鱼行业。松冈幼时,人称为之[之为]饿鬼大将。小学毕业后,伊父所设之今津星鱼行倒闭,家况益窘。十三岁得其同乡藤山基三郎之助赴美,任学校茶役与翻译,苦学力行,归国后得山本条太郎之提拔,渐露头角。松冈有母,年已八十八岁。姊名松枝,年五十六岁。妻姓锅井,年三十六,有四子一女。前月渠抵日内瓦时,在欢迎会席上,大放厥辞[词],且谓"此次联盟会议讨论满洲问题,若各国不容纳日政府之意见,宁刺杀松冈,以贯澈日本主张"。此种蛮横无理之词,殆与内田所谓"宁以日本全国化为焦土,而不愿放弃满洲"者,如出一辙。不知各国亦为其所慑否耶。(完)

(《申报》,1932年12月6日,第九版)

48. 国联特大会第一幕：到五十一国代表，会场空气颇呈紧张；我颜代表发言提出请求四点，宣告日本违反条约、日军撤退解散伪国、宣布不承认伪组织、确定日期作成报告；松冈竟提国际共管中国谬论，中日纠纷不解影响国联生存

〔南京〕 国联特别大会六日晨十一时（上海时间下午六时）开幕，由比外长希孟主席致开会词后，即由我首席代表颜惠庆致词，发表我国对李顿报告之意见。松冈继颜后发表日方意见，爱尔兰代表高诺利亦将发表意见，述行政院开会之经过。其他各小国代表预定发言者甚多，须移七日二次会发表。此次大会期约三日或四日，预测大会闭幕前对李顿报告将作一决议，表示原则上接受。但对中日争端之解决办法，将交十九国委会拟定后，再提大会讨论。（六日中央社电）

〔日内瓦〕 国联大会特别会议今晨正式召集讨论满案，共有五十一国代表出席，仅洪都拉斯、阿根廷、尼加拉圭、秘鲁、萨尔瓦多与立陶宛六国缺席。法总理赫礼欧与英外相西门于开会前十分钟把臂入议场，复畅谈五分钟，乃各就座。迨十一时零五分，英相麦唐纳入场，直赴议坛，与主席希孟交谈数语，然后就席。独德外长牛赖资悄然入座，未与四周各国政治家相谈片语，且似面有忧色，与赫礼欧、麦唐纳、西门等之笑容可掬者迥殊。（六日国民社电）

〔日内瓦〕 会场之一隅，排置摄影机、影片机。开会之初，摄取镁光影，不幸会场传声结构甚为不良，发言人之演词殊难明晰入耳。颜博士虽为日内瓦最擅长演说者之一，亦受此影响。日代表松冈以十二时十分起立发言，亦因传声不良而减色。中日两代表之言论，众皆注意聆之。中代表演词之法语译文，未曾宣读。颜博士在其演词中宣读一文，证实日兵屠杀村民男女老幼二千七百人之说，其所以被害者，仅因义勇军曾行经其村庄耳。颜博士并证引美国某新闻记者亲自调查者所传出之电文。午后一时，大会延会，至午后三时半复开，届时爱尔兰、捷克、瑞典代表等将发言焉。松冈演说时言及日兵屠杀华人一层，谓关于此事之日本官报业已送达行政院。据日本官场之消息，该新闻记者从一教士得此消息后，即发出颠倒是非之电报，如中代表所述者是也。（六

日路透社电）

希孟致开会辞

〔日内瓦〕 国联大会宣告开会后，主席希孟致词，谓渠根据国联所赋予而经十九特委会追认之权，召集此会。渠以为现无追认证书之必要云。旋请西班牙代表马达利加发言。马氏起称，此次会议系继续本年三月三日之国联特别大会，此次出席之各国总代表，当然代替上次被今未出席之副议长，既继其职务，自当接任大会之职位云。希孟赞同此议，众遂通过之。至是主席声称，三月三日所成立总委员会之职权，亦仍然有效。今议程中有两个问题：一为中国之请愿，一为任命爱文诺继德鲁蒙为国联秘书长。本年二月间，中国根据盟约第十五条请愿于国联，国联特别会议乃于三月间集议，决定等候李顿报告书。今此报告书业已送达，由行政院附加意见，于十一月二十八日送交大会。十九特委会赞成此举，并考虑中国所提出关于期限之申请。十九特委会对此申请，决定俟见大会讨论之结果后，再议决之。大会现已注意当前之文件，即李顿报告书及其附件，此外尚有中日两国意见书。今必须以李顿报告书为讨论之基础，其他文件乃辅助证件之性质。两造代表应有发言之优先权，故渠请中代表颜惠庆博士代表中国发言云。（路透电）

颜惠庆之演说——日本不断侵略早定步骤，要求国联迅采有效制裁

颜博士首先道谢行政院之迅速审查李顿报告书，庶大会得以继续工作。颜博士旋谓自九个月前大会休会以还，时局似未有重大变迁。当时渠曾发言，请大会行其能力所可及之各事，制止敌对行为，并促令侵略军队之撤退，及就行政院决议案与盟约精神之范围内，谋取中日争议之和平解决。上述要求系指东三省与上海两处而言。大会以三月十一日所通过之决议案，处理此全部问题，而对于东三省予以特别注意焉。行政院之决议案，即大会议案所援引，亦即十九特委会产生以执行者，载有日本所承认撤兵与不再有何举动增加时局严重之一事。今之问题为：日本果已实行其所担任之事乎？李顿报告书第七十七页载有答语，据谓日本仍依照其一定计画处理东三省之时局，实则日本确照其定计，应付时局，直至东三省连锦州、洮南、齐齐哈尔在内，悉被占据而后已。且自去年九一八以来，日军当局之活动，极有政治关系之意味。东三省各重要城邑之中国治权，悉被消灭，而另组民政以代之。东三省独立运动，在

去年九月以前实未前闻。迨日军占据其地，独立运动始为可能。发起、组织与实施者，乃若干日本军民。日军参谋部显然了解此种独立运动之作用，李顿调查团接各方面之证据，亦了解促成"满州国"者原因有二：一为日军之临东三省；一为日本文武官吏之活动。是以目前政局，不能认为因真正独立运动而得生存者。

颜博士旋证引九月二十四日行政院议长之宣言，内有日本承认"满洲国"之举动，仅可认为妨害中日争议之解决等语。颜博士又证引十九特委会主席十月一日，对于日本承认"满洲国"而发之惋惜的言论。颜博士继称，现有可为之欣慰者，李顿调查团在其报告书中，声明调查团拥护国际重要条约所可适用于中国问题者之原则，此种原则包括中国领土与行政完整之不可侵犯，此为国联盟约第十条与九国公约第一条之事项，以为巴黎非战公约与国联盟约所规定以和平方法解决国际困难之义务。但渠尤惜李顿报告书未曾根据所调查之结果，在此原则上有更切实之发挥，而断定日本为毫无可疑之侵略国。日本无端开衅，实施其决不能视为合法的自卫之军事行动；日本手造"满洲国"而正式承认之；日本破坏适用于此问题之任何多方面之条约，并蔑视国联之权威。谓日本为侵略国，绝无丝毫疑义。若李顿报告书对于此点有正式声明，并嘱令日本解散"满洲国"，撤回其军队，赔偿中国人民生命财产之损失，则报告书中之断论，当可有更合理论之结果。在调查团心理中，此种计画乃大会所应办理之计画，故中国现盼望国联大会之作此计画也。李顿报告书未曾规定在总解决前，将东三省归还中国之临时办法，中政府以为此已为留交大会办理之一问题。李顿报告书固尚须有修正或增补之处，中政府以为报告书中载有充分事实，可为国联凭以设法处理此问题。今请注意李顿报告书中之结论如下：

（一）日人所称中日悬案三百件，已用尽和平解决方法而无效果一说，无从证实；

（二）九一八夜日军之行动不能视为合法自卫之举动；

（三）日本虽在日内瓦有所保留，然仍继续依照定计应付满洲时局；

（四）日本发起组织并实施"满洲国"之独立运动。

总观上述数点，日本无端故意用武力与政治阴谋攫取东三省，而置国联权威与国联盟约、非战公约、九国公约于不顾，亦显然可见矣。李顿调查团虽有显明之判词，日本迄未表示接受报告书所主张原则之愿意。按调查团所主张者，即任何解决必须与此国际工具之条文相适合是也。日本所提出根据其五种基本原则开始直接谈判之提议,既不能为中国所接受,亦不能为行政院所承认。其简单理由,则以中国或行政院不能接受在军事威迫下开始谈判,此事亦无成熟之必要。乃日人谓日本此种提议既未经采用,满洲事件乃继续进行,而成今日莫可挽回之局势。日人此言,直谓因行政院未曾采纳日本所主张在其军事压力下开始中日直接谈判之提议,日本乃可自由扩大其军事占据,设立傀儡国而予以承认,庶日本可获有永久维持其军事占据之权。日本既已有此种之行动,犹伴称日本不能撤兵。今日本之言曰:诸君不妨提出任何调解办法,但勿触及"满洲国"。吾人在此情势中,敢问调解之机会果何在乎?颜博士言至此,乃追述过去十余月来中日争执中之发展,谓中政府对于国联和平机关办事之迟缓,未有何种责言。惟国联办事之迟缓,未使两造受同样影响,但徒增中国之困苦,故渠请求国联迅速行动。渠兹提出请求四点:

(一)此次非常大会应宣布日本已破坏国联盟约、非战公约与九国公约;

(二)大会应令日本将其军队撤至铁路区域,庶解散所谓"满洲国政府";

(三)大会应根据三月十一日所通过之决议案,宣布不承认"满洲国政府";

(四)大会应定切实之日期而公布之,在此可能最低时期内,发表依据盟约第十五条第四节最后解决双方争议之报告。

颜博士最后声称,目前中日争议中之一真正要点,已由李顿爵士说明之。李顿爵士之言曰"此次争议如不依照盟约原则解决之,则将不妨害中国之权利,且妨害国联之生存",此语简明扼要,无以复加。(六日路透社电)

松冈狂悖言论——竟视国联如无物,文过饰非冀掩蔽世人耳目,加我侮蔑图淆乱国际视听

松冈继起发言,对于李顿报告所述中国建设之乐观,说明日本与报告书意见不同之要点,谓如此解组之国家,决不能从速振兴。日本对于中国极端忍耐,日本虽努力图谋与中国亲善,卒因中国之错误而失败。日本不欲达到今日之情势,日本所求者仅在条约权利之尊重,及日本国民生命财产之安全而已。然中国政府恃俄国之援助,竟使日本此种努力归于失败。去岁日本迭次企图与中国直接谈判,均未获得结果。即行政院对于此种企图,亦未加以赞助。中国方面之反日宣传,日益加甚。要知中国在西方之胜利,足使东方蒙不幸之影响。日本所以不向国联会申请者,则以日本未能期待国联会之有效保护故也。

松冈复向[问]当一九二七年时英、法、美、日四国派遣军队至上海,行政院何以一致赞成,彼时固未闻国联会与中国政府有所抗议,即在目今满洲事件中,日本犹未见国联会有何种方法,足与日本以援助。此外尤当注意者,上海事件与满洲事件实有重要之区别,则以依照条约,日本在满洲本已驻有军队故也。目前中日争议之真实原因,乃由于中国之实际状况与现代中国之期望不能调和之所致。至对于"满洲国"之独立,日本政府不负其责。当九一八事件发生之际,东京政府并不愿满洲独立,日本政府从未参加独立运动。惟日本人民因四十年以来所焦虑之问题,可籍[藉]"满洲国"之成立而获得解决,对于"满洲国政府"表示同情,则诚有之。日人固以为未来之和平,当于"满洲国"求之也。

松冈复宣言,谓:"吾人欲得和平,吾人以前不欲得满洲,今亦不欲得满洲,但当知日本全国人民,均认满洲为解决远东一切问题之关键。日内瓦方面常闻有人惊呼,谓日本在满洲之行动,将促成中国之统一。日本对于此种惊呼,殊不加以重视。盖日本相信真正统一之中国,将为和平之中国,而非军人之中国也。此际中国之军队,较全世界任何国为多,中国军队最初非因保卫国家而设"。松冈乃复攻击中国政府,谓中国政府初起时,由于俄国之助,俾使中国流为"赤化",迄至现在仍仅可统治一部分领土。盖共产党占据省份其数,与政府所统治之省份相等也。对于将来之趋势,日本殊不能熟视无睹云。

松冈继宣言大会应依下列原则审议满洲事件,即:

(一)解决条件必须切实可行,并具有立即实现远东和平之性质;

(二)应设法补救中国之混乱局势;

(三)若由国联会制定解决程序,则应由国联会负责施行。

松冈声言"对于如此企图,国联会之会员国中,有无一国准备与其他各国合作"。松冈认为,满洲事件未曾发生中国与日本之战争,亦未发生与其他有关系各国之困难,此诚由国联会干涉所致。国联会可谓已达其高尚目的,但在目前情形之下,如欲为中国更进一步之要求,实为过甚之举。"要之,东方情势转移不定,未便以之为准则,而使吾人之意志与行为与之相吻合。"(六日哈瓦斯电)

松冈演说于下午一点完毕。主席宣称现有四国代表业已登记,将在总讨论中发表意见。此四国代表即:爱尔兰代表高诺利、捷克斯拉夫代表彭纳斯、瑞典代表恩顿及瑙威代表朗齐。大会将于下午三点半再行开会。(六日哈瓦斯电)

小国仗义执言，对李顿报告表示信任，主张不承认伪满组织

〔日内瓦〕 国联大会特会今日下午三时半，继续开会。爱尔兰代表高诺利、捷克斯拉夫代表彭纳斯、瑞典代表恩顿及挪威代表朗齐相继发言，对李顿报告书中所叙事实表示信任，并主张国联亟应宣布不承认"满洲国"，迅速促成中日两国之和解云。（六日中央社电）

松冈游说英相，日电传已成立谅解

〔日内瓦〕 松冈代表本日午后零时半，访问英首相麦唐纳。关于中日纷争问题，指示日本之方针。关于反对迁延策及其他，率直大胆披沥日本之意见。午后一时，会见完毕。会见后松冈代表晤记者曰："英首相因战债及军缩问题非常忙碌，特抽暇一来，对日本方针已完全了解。"（五日电通社电）

八小国代表议决，一致主持公道，拥护盟约痛斥暴行，日政府衔西班牙代表切骨

〔日内瓦〕 今日瑞典、墨西哥、捷克、荷兰等八国代表开非公开会议，协议应付大会步骤。据传已议决一致拥护会章，痛责暴行云。（五日华联社电）

〔日内瓦〕 比利时、荷兰、瑞典、挪威、丹麦、捷克、西班牙、瑞士等八小国代表于今晨开会，讨论明日国联特别大会审理中日争端时各该国应取之态度。按八小国代表前为军缩问题，固时时会商应取之态度。至关于中日争端，各小国半官式开会讨论如何一致行动之事，今日尚为第一次。开会时各代表自由交换意见，捷克外长彭纳斯陈述渠准备向特别大会讲坛上主张之见地。彭氏之意，在确认国联会盟约所包含之原则，无论如何须予以救护。各国代表对贝〔彭〕氏之意见一致赞成，并决定重行开会。（六日哈瓦斯电）

〔日内瓦〕 八小国集议时，荷兰代表声明：荷兰不能无保留的与其他各小国一致行动，但荷兰为九国公约签字国之一，故必须保持自由手腕云。（六日路透社电）

〔日内瓦〕 日内瓦日代表部今日得到国联情报内云，捷克代表与各小国磋商结果，再与特鲁蒙商妥大会程序。闻已决定大会一旦开会，即附托委员会审查无条件承认李顿报告书第一章至第八章。关于第九、第十两章，当另组和解委员会，以十九国委员会及美俄代表组织，一星期内召集和解委员会，讨论

政治解决办法。闻美国已应允参加,日代表闻讯狼狈,在一星期内须下决心,决定应诺与否。若要再实行历来之恫吓,恐走不通,且又将与国联决绝。今夜日代表部呈现异常沉闷。(五日华联社电)

〔东京〕 日外交部接日内瓦代表部报告,谓昨日开会之八国会议,欲议决一致维持公理与条约尊严。此系西班牙代表为主动,日政府恨之入骨,欲寻机设法抵制西班牙云。(六日华联社电)

日本强硬主张,坚持确认伪国独立否则脱退,怂恿国联暂采静观迁延政策

〔东京〕 国联临时总会将于本月上午十一时在日内瓦开会。日本对此之对策,曾由外务省训令松冈代表牢固不可动摇。日本代表部决根据下列原则指导国联:(一)满洲问题之解决,除明确承认满洲之独立外,别无他法。日本政府凡抵触此原则者,无论如何决议,决投反对票,并有脱退国联之觉悟。(一)满洲问题已因满洲之独立而消灭,从此见地,国联当不愿永远讨论满洲问题。故认国联今后之关心,在于"满洲国"之前途,而以暂采静观态度为最适当,再讨论其经过处置之法。其处置应信赖日本政府,且以拒绝第三国加入之原则行之。(六日电通社电)

(《申报》,1932年12月7日,第三版)

49. 国联小国代表一致拥护李顿报告,坚决拒绝承认所谓伪满新国,但未明白指斥日本违反盟约,日方散播中日将直接交涉谣言

〔日内瓦〕 国联大会特会今日下午三时四十分继续开会。法、英、义、德四大国代表相继发言,均未明白判断是非,但主张应以李顿报告书为根据,促成中日两国之和解。法代表彭古主张国联应规定中日交涉原则之大纲。英代表西门谓,吾人应周顾事实,促进实际的解决,希望美俄两国均能参加十九国特委会。义代表阿洛素则倡议对于中国改造,实行国际合作,并赞助西门邀请美俄参加之建议。据记者观察,大国态度显与小国不同,不愿国联遽加日本以制裁云。(七日中央社电)

〔日内瓦〕 我国代表郭泰祺定明日在国联大会演说,各小国现正作通过宣布日本违反盟约及不承认"满洲国"两决议之运动。(七日中央社电)

〔日内瓦〕 国联大会七日下午三时续开,乌鲁圭代表布罗演说后,即有大国代表法陆长彭古、英外相西门及荷代表莫雷斯科、丹麦代表布倍克、德外长牛赖资、土代表韩苏培依次演说,再后中国驻英公使郭泰祺及日代表松冈亦各有补充演说。据主席希孟言,总辩论明日或可完毕。(国民社电)

〔日内瓦〕 颜惠庆博士今日以蒋介石来电送交国联大会,否认蒋赞成中日直接谈判之谣言。中代表团今日又将苏炳文来电送交大会,据称,十一月二十八日日飞机六架在中东路十八里亩(译音)车站掷落炸弹数枚,居民死伤数人。(路透电)

〔日内瓦〕 当今日(七日)国联大会宣告开会前,国【联】秘书厅曾将日本所送中国复起排日运动函,分送各会员国。函内捏称中国复起抵货运动,并谓此次排日活动之复起,由于中国代表顾维钧博士在行政院会议声明抵货正当所致。(国民社电)

〔日内瓦〕 各小国代表在大会中发言,均对我国表示同情,但未明白指斥日本违反盟约。日方现仍在此间散播中日行将直接交涉之谣言,冀淆国际观听。(七日中央社电)

西班牙代表从法理立言:日本罔顾国际法纪,国联迁延自召灭亡

〔日内瓦〕 国联会非常大会七日上午十一时开会,由比国外长希孟主席。本日会议系赓续关于中日争端之一般的讨论。西班牙代表马达里加发表演说,谓渠承认中日争端复杂艰难,此项争端乃国家的理性与国际的理性相冲突,而此国际的理性对于日本国民未必不发生严重之影响。西班牙代表对于国联会加以称颂,谓国联会当满洲事变发生时,为之大惊,爰乃采取审慎贤明而又忍耐之行动。渠又谓每一问题,若以善意图谋解决,则程序虽迟缓亦属无妨。大会与国联会之任务,在终止敌对行为,而为争端觅一解决方案,又在宣扬国联会所有之原则。当其着手调解以前,国联会宜先将其对于过去事变之意见予以宣布,以便调解易于进行。盖调解方案,必须有明白之基础与确定之立场而后可,调解必须顾及国联会之利益。国联会设若放弃职责,必将自召灭亡。调解亦必须顾及日本之利益,盖日本永久利益,实与国联会之利益相符合也。马达里加又谓,西班牙政府对于李顿调查团观察所得及结论之主张,完全接受。西班牙代表作结论云:"永久之日本与历史上之日本,当因此事获一教训,即至少就方式而论,吾人与目今之日本意见实不相同是也。世界所需者系秩序,但秩序非戎装或士兵之谓。所谓秩序,不外规则与法理而已。"又云"吾人当主张法理,信仰法理,并认定法理"云云。马达利加演说毕,主席乃请瑞士代表穆塔发言。(七日哈瓦斯电)

瑞士代表为道德说法

瑞士代表穆塔继起发言,采声雷动。穆氏谓渠不欲扬声诽议争执中牵涉两大国之任何一国,盖两国均与瑞士维持至□好之关系也,渠今仅欲发言维护国联盟约。行政院将本案移交大会,其目的乃欲使各会员对争案与李顿报告书自由发表意见。李顿报告书乃绝好文件,足增撰稿人与国联之声望。国联在此间辩论后,将何种步骤乎?以渠意见,应令十九特委会提出并监视一种和解手续。渠希望此事可成,庶避免适用盟约第十五条第四节之需要。日本之行为,果为合法自卫之行为乎?李顿报告书已有毫无疑义之答语。日本在施行其扩拓政策时,果有军事征服之念乎?李顿报告书于此亦有答语。苟无日兵,"新邦"不能成立,但调查团亦谓恢复原状为不可能矣。穆塔至此,言及日人所称不请求国联援助之理由,谓"日人理由,颇与第十条及第十二条相抵触,任何国家不应任意进行,此乃世界和平成功之要素。吾人对于两国皆有完全同情,吾人希望不独在现有争执上,并在各问题上有友谊的解决。总之,日本已越出其权利之外,如日本接受国联之权威,则实有增其荣誉,而对于道德的力量与天良之尊严,大有裨补也"云云。(路透电)

希腊代表借题发牢骚

希腊代表波立狄斯于采声中继起发言,谓今晨聆诸人言论后,渠不愿多所赘述。国联已解决沪案,声望因之增高,现尚有东三省事尚待解决,较之沪案,难良[易]悬殊。幸李顿报告书对此时局,示以南针,故此书乃觅取最后出路之工具。今在大会前之主要问题,为合法自卫问题。自卫乃任何国家应有之权,受危害时应采行保护自己之立即计画。日人所谓合法自卫,应从国际公法点研究之。李顿报告书关于此点,言之綦详。日本苟不能提出证据以推翻之,则李顿报告书当然支配大会之决议。波氏言至此,追述一九二五年处理希布两国争执之旧案,当时希腊接受行政院之决议,而允付赔款也。日本在此争议中,诚受有挑衅行为,如片面废约、排货等事,但此种危险果属真正巨大,而使日本可无须请国联干涉乎？松冈虽提出日本不请求国联办理之理由,惟渠觉日本至少应试验国联干涉之能力。渠对于日本意志与信仰之诚挚,不欲有所疑问,但渠以为大会责任所在,不可不声明日本理论之乖谬,故时局仍有希望地步。渠信大会仍可觅取友好解决之基础,而免去采用第十五条第四节之必要云云。（路透社）

中美瓜地玛拉代表马都于波立狄斯演说后发言,谓小国对于中日争议之焦虑,乃因其牵涉原则而起。渠所代表之政府赞助国联盟约所含之原则,并认李顿报告书应为国联各种行动之根据。渠准备竭其能力,拥护李顿报告书,瓜政府主张条约之尊重云云。

马氏言毕,大会乃宣布延会,定今午三时半续会。

法代表彭古演词欠明晰

〔日内瓦〕 国联大会今日午后三时四十分续开会议,首由乌鲁圭代表布罗博士发言,略谓渠发言之目的,在援助国联所有之权力,渠赞成设立一种委员会,研究觅取解决争端之方法云。

法代表彭古继起发言,谓国联易受人指摘,有人以为办事迂缓,适用于远东争□者,亦可适用于将来欧洲冲突。持此见解者,在此争执中将觉其错误。情势异乎寻常,吾人必不可忘者,争执中两造之一,有权在其他一国驻扎军队。法国在国联之中,愿参加凡可恢复和平之任何计画。一年前,即十二月十日,国联于白里安主席之下曾通过一议案而成盟约之基本原则,并附有一种宣言,不独为行政院所通过,且亦为两造所承认,于是调查团乃告成立。今其报告书刻方在考虑中,此报告书分为两部：一为认识与视察,一为结论与建议。为吾人利益计,吾人工作应基于此种认识与建议。在大会之前有两个阶段[段]：一为调和,关于此节,渠觉应先表示最小之基础,俾调和之程序得不越出其范围；一为将来或须有依照第十五条第四节办理之必要,渠以为报告书已表示最好方法,于此可适用一种调和程序,即双方直接讨论是也。目前已有之辩论,尚未表明双方对于李顿报告书结论之感想。渠以为必要者各点须分别有密切详细之讨论,此为初步的调和程序所不可少者云云。彭古演词殊欠明晰,颇为人所抨击。英外相西门继彭古发言。

文中屡言盟约第十五条第四节，兹录原文如下："倘争议不能如此解决，则行政院经全体或多数之表决，应缮发报告书说明争议之事实，及行政院所认为不允适当之建议。"

前日开会情形

〔日内瓦〕 国联大会特别会议六日下午三时四十五分续开会议后，爱尔兰代表高诺利、瑞典代表恩顿、捷克斯拉夫外长彭纳斯等，依次发表意见如下。

南爱代表大声疾呼：国联如畏葸不前，本身将无以图存

〔日内瓦〕 国联大会今日午后继续开会时，爱尔兰代表高诺利首先发言，谓李顿报告书及大会对此所可采行之行动，不仅关系中日两国，且亦关系国联本身之前途。远东和战之大问题，及其在世界和平上之必有的影响，皆与对此报告书之决议实相维系。渠之言此，实非佞谈，大会必须根据事实，下以公平判断，并谋取对有关系各方面一律平等之解决法而消灭此种冲突，及其将来仇敌之可能性。许多批评家认国联无能力以处理重大问题，渠与爱尔兰之许多人士亦曾抱此见解。但渠到日内瓦以来，渠始觉国联在其宪法中，有维护世界和平之极大权力。不过须国联准备切实的勇敢的保障国联盟约及其自己决议。如退缩不前，或有所顾忌，而以开罪于人为虑，则国联不能生存，且亦不值得生存也。李顿报告书发现若干表征，为大会所当注意者。其最显著者，报告书似已表明，日本为谋取其利益计，施用帝国主义之膨胀方法，绝不顾及伤害另一主权国之领土权。事有不可置辩者，日本设立并维持"满洲国"之活动不可忽视，世人所抱日本官员终将完全管理"满洲国"之虑，并非毫无理由。报告书显已说明日本确有侵犯国联盟约、非战公约与九国公约之举动。因此侵犯举动，而"满洲国"遂告成立。李顿报告书之断论中，有"恢复原状无以解决难题，而维持与承认'满州［洲］国'亦非美满办法，因其不顾及满洲人民之志愿，且与日本之最后利益是否有益，亦属可疑也"等语。据渠观之，此节实为时局中之扼要点，而"是否有益于日本最后利益"一语，尤属重要。日本在满洲有切实利益，固为人承认而必予以相当之顾虑，但此种利益，以和平方法保护之，实较施用武力可更巩固。渠希望大会意见与渠相同，并希望日本在思虑后，亦可予以同意。今李顿报告书置于吾人之前,吾人苟不预备否认之断论,则出席此会之各国,必须宣布其拒绝承认"满洲国"之意思。假欲维持国联之完整,则舍此而外,渠未见有其他办法也。日本或谓,日本以牺牲生命、金钱,以巩固其在满洲之地位。查在世界"战以弭战"之战争中,丧失生命,不知几百万,耗费金钱,不知几万万,而其唯一结果,徒使世界惶惑迷离,而处于社会经济扰攘之状况中耳。国联即由此战事而产生,而其所维系世界者仅赖条约之一缕,吾人必不可容人切晰此一缕也。小国极所注意者,国联盟约之原则必须稳固维持,如国联之道德上力量,在此争点上竟归破裂,则现有之国联安能生存?李顿报告书表示一种意思,以为满洲境内设立地方警宪队或可为最后解决之根据,此点亦可注意。日本须知苟坚持其现有态度,将使日本为人轻视。日本苟拒绝适合国联盟约之条件,则将丧失好意与商业关系。但国联大会之责任,即以任何代价,维持必须适用盟约之办法者,并不因以减少。此种见解,苟日本人民难以了解,则诚属可憾。爱尔兰自由邦极反对帝国主义膨胀之思想,渠觉大会应切实接受李顿报告书,渠代表南爱政府毫无犹豫的接受之。就爱尔兰自由邦而言,渠将采用李顿调查团之建议,拒绝承认在满洲所有状态下而成立之"新国"。南爱既已切实作此宣言,尚愿出其所可能之助力,谋取以李顿报告书为根据之解决办法云云。

捷克外长滔滔雄辩:竭诚拥护国联盟约尊严,维护和平对日不容宽恕

捷克外长彭纳斯博士继起演说,言及此问题之重要,谓自国联成立以来,大会在盟约第十五条下被召行事,此为第一次。此为最后而切实的解决之问题,或须涉及裁判办法之适用。此问题关系全世界。查此问题所涉及之区域,其幅员等于法德两国集合之面积,而其所涉及之国家,其人民超过地球他处居民之总数,且在政治上、经济上、精神上涉及非国联会员之其他两大国。捷克国所注意者,纯为原则的关系。盖捷克对于此案之两造,皆愿维持最友好之关系也。渠不愿对此冲突遽加判决。事有先须确定者:公约之义务,果被破坏否乎?各种国际公约之义务,果已为两造尊重乎?行政院与大会之决议案,果已被两造遵守乎?国联之办理此问题,果以不草率或不偏袒之态度,或以坚忍与公道之精神行事乎?此为国联最关重要问题,因其将成立前例也。

渠于原则问题言之已多,今请言事实问题。渠主张通过李顿报告书,此书乃有价值的庄严的而甚公平的文件。报告书已说明日本在满洲与上海之军事行动,不能认为合法自卫之性质。此直谓国联会员中之一国的土地为日本所侵犯,国联盟约之未为日本所尊重。在此情形中,未有他种结论之可能。此问题尚有一种状态,假使发生合法自卫之问题,则必因对方有仇对的行为而后可。征诸李顿报告书及双方所交出之文件,可属于此种性质之行为,计有两类:一为抵制宣传,甚至延及学校;一为有组织的、有统系的,且似为官场所提倡的排货运动。此种行为,固属可非,但国联一会员国如任意行动之在另一会员国之土地上①进行大规模之军事行动,则国联必须有坚决之举动。在最后解决中,关于排外与排货之责言,应受严重之考虑云。

捷克代表言及创立"满洲国"之问题,谓此亦牵涉原则等问题,并较为严重。在国联会员国之土地内,因另一会员国之军队出现于己境,而遂成立一"独立国",试问此事果不显然破坏国联盟约之第十条乎?此非为极属危险之前例乎?假如同样事态发生于欧洲,诸君将有何感想?防止前例之成立,事属紧要,苟他国效尤之,则后患不堪设想。国联为尊重条约之保障,苟有一国不尊重九国公约,国联对之果无关系乎?今须承认者,不遵守某种条约责任,现亦加于其他方面也。十九特委会曾表示憾忱,以为双方不得增加时局严重之担任,未经履行。特委会尤失望者,为日本之承认"满洲国",此举使调解工作极感困难。特别严重之行为与国联盟约及大会决议案之规定大相径庭者,业已发作。此种不公道之行为必须理直,无论如何,国联不能承认之,此乃关于本年三月十一日之决议案而可显见者。吾人在根据盟约第十五条第四节开始办理以前,请两造勿造成致使吾人必以裁判官资格行事时局。日本有光荣之历史,而在世界第一等国中占一位置;中国有古文明,为今日新进国家进取志愿之源流。吾人请此两国以诚挚、忠实、友好之调解,谋取其冲突之解决。假使此举虽有吾人之援助,而终归失败,则国联此后工作,即在加以裁判。国联必有办事之胆量,无所保留,亦无所犹豫,坚决庄严,一秉大公。大会不能于涉及原则问题之处,而作模棱两可之行动。纵不能得立即、切实之解决,但大会坚定之意志,则不容有疑义也。

---

① 编者按:原文如此。

瑞典代表侃侃陈辞：坚决拥护李顿报告书，痛斥日本卵翼伪满国

瑞典代表恩顿继起演说，谓目前中日两国之关系，实系一种变相战争。凡不尊重条约之行动，足在国际关系中酿成重大纠纷，□国际间之约束，绝不能以某个单独国家之自私行动而置诸不顾。此种办法，绝对不能承认。大会之责任，在决定破坏条约是否为正当自卫之行动。关于此点，李顿报告书已有明确之答案。日方谓满洲之形势，因新独立"满洲国"之成立而发生变更；但李顿报告书中则谓，"新国"之成立系由于日军之占领东三省。大会于通过决议案时，应根据李顿报告书立论。当大会在本年三月三日通过决议案时，大会曾表示日军在东三省之行动，确已侵犯另一国联会员国领土之完整。故承认"满洲国"，实系违反盟约第十条之行为。若在此时为谋解决纠纷之谈判，则形势非常不妥。国联既不能令一方之军队由另一方之领土撤退，则所有一切谈判均将在武力压迫下举行，如此实与盟约之精神相背驰。现形势已极险恶，故大会在决定解决之□□以前，不应中止讨论也云云。

挪威代表仗义执言：反对任何黩武主义，中日应受和平调解

此后挪威代表朗齐起立发言，首谓大会因在特殊情形之下，允许将展期讨论之期限延长。彼继对李顿调查团表示颂扬，谓李顿之报告书极为公正，大会欲解决中日纠纷，实以采纳李顿报告书主张为最佳。彼又称彼绝对反对任何国家之任意而行，不顾一切。其后朗齐续谓，历史上曾屡有以暴力占人土地之事，但今已有国联盟约及其他公断条约之存在，故已有较武力占领为佳之调解方法云。彼又述及三月十一日之决议案，并谓彼希望中日两国能在国联各会员国援助之下，努力谋一调解方法，且凡与远东有利益关系之各国，均愿参加与国联共同努力，且此种努力不仅限于发表意见及解释条约，实欲谋达到解决之目的也。中日两国实实互相依赖，日本或有不满之处，但调解双方在东三省利益之办法，决不能无法觅得也云云。

大会于五时五十五分闭幕，下次会【议】定于星期三日上午十时四十五分举行。届时将由西班牙、瑞士及希腊等国代表演说。（六日路透电）

（《申报》，1932年12月8日，第三版）

50. 伦敦宴会席上李顿之演说：希望日本勿作破坏国联行动

〔伦敦〕 今晚国联同志会举行宴会，中日使署人员亦皆在座。李顿勋爵即席演说，谓时局现已不复仅为抽象的，亦不复仅为法律问题，但系各个人之行为，现知背景始终为人的问题云。或以解决有何希望为问，李顿答称，渠对于上星期国联行政院之会议发生第一印象，以为甚少进步，但后觉行政院会议并未虚费时间。如在行政院会议中两造皆表示接受报告书之意思，愿以此为新谈判之起点，则行政院定当欢迎此种表示，而将报告书转交大会，附以谈判应即开始之主张。但事实虽非如此，尚有可引以为慰之处，于是大会以期望之精神举行会议。国联所求诸日本者，仅有两事：第一，日本对于国联宜有充分之信任，而确知决不强其放弃其所认为极关重要之任何利益；第二，日本应表示其愿意，务使其极关重要之利益，与他国同样重要利益不相抵触。有人以为仅须日本同意，即可获取解决，其实中国同意，亦属必要也。双方皆不欲吾人之毁誉，但欲为吾人所了解与信托耳云云。（六日路透电）

主席薛西尔勋爵演说，论及国联大会，谓渠希望大会所定之解决办法，将能符合国联所执持各会员国间应遵守法律与公平之原则。至于各国自有判断其自己所争执者之权利一层，已完全不适用于今日国际间文明生活矣。（六日国民电）

（《申报》，1932年12月8日，第三版）

51. 松冈暮夜关说，与赫礼欧密谈，重提法日同盟

〔日内瓦〕 赴日内瓦之英首相麦唐纳，已于今日下午十时四十分返英国。法总理赫礼欧于返巴黎前，下午十时十七分与松冈日代表会见，密谈甚久，内容各守秘密。据日方所传，为因五国海军势将破裂，法国对日本所提出之日法同盟，已约再慎重考虑云。（六日华联社电）

（《申报》，1932年12月8日，第三版）

52. 国联大会第三日：小国与日本正面冲突，提出申斥戎首决议草案，日代表以退盟恫吓要求撤回，大小国继续发表对满案意见

〔日内瓦〕 今晨十时三刻国联续开大会，爱尔兰、西班牙、捷克、瑞典四国代表提出草案，请联盟否认九一八事件为日本自卫行动，声明"满洲国"之产生为日军在场之结果，故若予承认，势将违反国际间的义务，最后并建议请美俄两国加入十九国委员会共同讨论。松冈对该草案表示反对，要求将该案撤销。加拿大对日本意见表示赞同。（八日中央社电）

〔日内瓦〕 闻四国提案之签字国主张依瑞士与捷克两国名义提出之议案，先行办理，以免载有不承认"满洲国"条文之议案投票表决。此案仅将连同关于此争点之各方面演说词及其他文件，汇交调解委员会考虑。查瑞士与捷克两国名义提出之议案，专言特别委员会事。（八日路透社电）

〔日内瓦〕 今日午后在开会以前，大会议场及旁听席中颇有紧张气象，各代表相聚立谈日本对于四国提案之态度。小国又开一度会议，但闻不愿撤回其议案。传说日代表将不以此案仅仅提交十九特委会为满意。（八日路透社电）

〔日内瓦〕 今日上午国联开会后，宣读西班牙、爱尔兰、捷克、瑞典四国提出议案之后，日代表松冈鉴于形势不佳，即出其最后手段，第一次当众作退出国联恫吓，坚称此案不符国联原则及李顿报告，要求立即撤回，否则渠将请主席立即付表决，如提案通过，渠恐将有提案人所不及料之后果云。会众闻之，如晴天之霹雳。提案人立即退出会场，作私人之商榷。日代表所言，显然含有如此案通过，日本将退出国联之意。（八日国民电）

〔日内瓦〕 西班牙、爱尔兰、瑞典、捷克四国曾在大会提出决议案，致引起日代表之抗议。该四国代表当于大会散会以后，开会讨论。据闻必欲维持草案原文，因此该草案将在大会投票表决，若经三分二之多数通过，即将提交十九国委员会。但该草案能否获得此项多数，据大会休息室内各方意见，殊为怀疑。（八日哈瓦斯电）

郭泰祺之演说：任何解决方案必须以盟约为基础，东省处现状下直接交涉断不可能

〔日内瓦〕 今日下午我国代表郭泰祺在国联大会演说，谓任何解决方案必须以盟约及中国主权完整为基础，现状之下直接交涉断不可能。（八日中央社电）

〔日内瓦〕 中国代表郭泰祺今日在国联大会演说，宣称中国接受英外相西门提议，先交十九国委员会草拟解决满案办法，并邀美俄加入，然后将所拟办法提交大会通过。谓中政府赞同英国提议，因其根据于李顿报告第九章并受该章之管辖故。郭氏又力请大会通过一决议案，禁止承认满洲伪组织，及赞成抵制日货为中国人民抗抵日本在满侵略之举动，谓对此问题，西门演说未合中国意见云。（八日国民社电）

政府致代表团训电，请十九国会迅谋解决

〔南京〕 外交界息。国联大会日内闭幕，全案送十九国委员会讨论解决办法。此次会议小国代表颇主持正义，但大国代表过于持重，实质上未有显著进展。闻政府方面已训令我代表团，请十九国委员会于接受全案后，应迅谋适当之解决云。（八日中央社电）

四国决议草案：不承认日本卵翼下之伪国，主张邀美俄参加协议调解

第一提案为捷克、爱尔兰、西班牙、瑞典提出者，原文如下：

> 本大会鉴于李顿调查团之结论，内称"一九三一年九月十八日以前和平解决之各种可能方法，未曾采用"；又称"中日间之关系，乃变相战争之①关系"；并称"一九三一年九月十八日以后，日军之军事行动，不能认为合法自卫"。
>
> 本大会鉴于李顿调查团之报告，内称"未经宣战，而中国土地一部分已被日军夺据，并宣告与中国他处脱离关系而独立"。
>
> 本大会又鉴于李顿调查团之结论，内称"满洲现有制度，不能认

---

① 编者按：原文多一"之"字。

为诚挚的与自然的独立运动"。

故本大会认一九三一年九月十八日事变后大规模之军事占据,不能视为合法自卫之计画。

本大会并认满洲境内现所成立之制度,仅恃日军之在境,得以实施。又认对于满洲现有制度之承认,实不适合现有之国际义务。

本大会现授权十九特委会与美俄两国政府合作,以便与两造□洽,俾觅取根据上述结论解决此项争执之办法。

第二提案系以瑞士与捷克两国名义提出者,原文如下:

本大会接有李顿调查团之报告与两造意见书,及行政院自本年十一月二十一日至十一月二十八日之会议纪录,并鉴于本大会之讨论,现请根据一九三二年三月十一日大会决议案举派之特别委员会(十九特委会):

(一)研究本大会讨论中所表示之意见,及提出之建议,并研究提交本大会之草议案;

(二)草议提案,以期解决根据一九三二年二月十九日行政院决议案提出之争执;

(三)以此项提案,在可能的最短时间内提交本大会。

(七日路透电)

日代表团之宣言

〔日内瓦〕 国联会日本代表团正式发言人伊藤向报界发表宣言如下:"吾人对于西班牙、捷克、爱尔兰、瑞典四国代表所提出之决议草案,甚为诧异。就余之见解而论,此项决议草案,实以辱骂日本为唯一目的。日本今方努力说明其所处地位,英法及其大小各国代表今方建议调解,该决议草案乃竟在此际提出于大会,至少当认为不公平。日本代表团深信已接近调解之途径,而该决议草案□属背道而驰。非常大会大部份代表,业经先后发表演说,侧重调解。今其中四国代表突然有该决议草案之提出,且得全会场或全会场广大之赞助,吾人于此不得不置疑于发表意见诸人是否有诚意"云。(八日哈瓦斯电)

美俄参加问题西门与两国代表密商，
职权与范围未规定前，日政府暂不表示态度

〔日内瓦〕 英外长西昨日在大会演说前，与美俄两代表秘密接洽。据称两代表均对西门答复：若国联大会议决开二十一国会议，邀请两国参加，两国决不退辞。（八日华联社电）

〔日内瓦〕 闻英外相西门先获有一种保障，邀请美俄参加十九特委会一举，不致为人所不欢迎，故西门始正式提议邀请。此事须俟大会票决后，始可进行。届时大会主席将正式向双方接洽。（八日路透电）

〔东京〕 此间对于英外相西门爵士主张以美俄两国加入调解委员会，颇表冷淡，政府方面亦尚无具体表示。今晚日政府之发言人称，在美京、俄京两方面对此问题未表明态度，及调解委员之职权与范围未决定以前，日政府对于此事将暂时不置可否云。（八日路透社电）

〔东京〕 英外相西门在七日国联大会提议组织二十一国委员会，以调解中日问题；而大会形势向此目的推进之空气颇为浓厚。日外务省接到此□□，八日晨召集某关系人开会协议对策，结果决定方针，非先确知该委员会之任务权限及其范围等，不能表示赞否，且如抵触如次三项原则，日本绝对反对其组织：（一）组织解决满洲问题之委员会，以当事国代表之参加为绝对必要，日本排除第三国干涉本问题；（二）满洲问题应由理事会审议，移交调解委员会乃违反国联本来之使命；（三）解决满洲问题，以日本承认"满洲国"之事实为必要条件。（八日日联电）

〔东京〕 日政府对于调解委员会之意见，以为若不抵触承认"满洲国"之既定方针，则不加反对。惟对该会之构成其意如下：（一）二十一国委员会若无中日两国，则其外观如强制裁判之机关，有背国联盟约之协调精神；（一）若美俄两国参加该会，则现实之"满洲国"亦应加入，或将要求中、日、"满"三国参加该会云。（八日电通社电）

美国准备与国联会合作

〔华盛顿〕 华盛顿闻四小国已在日内瓦提出邀请美国、苏俄参加十九国委员会议案后，顿起深切注意。闻政府要人今日对于一旦接到邀请后美国应取之途径，曾在国务院会商颇久。据目前表示，设国联能先接受李顿报告，然

后邀请，则将更易于美国所接受，因美国认李顿报告为纯粹国联事也。（七日国民电）

英外相西门之演说：对中日案认识不足，图为国联脱卸责任，促进中日直接交涉，特别指出报告书中抵货一章，隐示中国应负事变远因责任

西门于七日下午在大会中发言，谓李顿报告书所贡献最大役务之一，为满洲难题复杂性质之揭开。此非一国已先试行国联盟约所规定各种调解机会而无成效，然后始对另一国宣战之案件，亦非一国以兵力侵犯邻国边界之简单案件。盖满洲问题中有许多特点，非世界他处所可比拟也。李顿报告书不作一方面之陈述，但对于中日两国皆发适得其当之批评。如李顿报告书不载有满洲境内可怖的状况之描写，及排货运动之客观的纪录，则报告书之内容不能谓为公允。

不欲做裁判员，捷克外长先获吾心

捷克代表皮尼士曾谓，渠不愿为任何一方之裁判员，此言实获吾心。除特殊事件外，有一要事须注意者，即国联方法未被运用是也。吾人为国联会员，故吾人之责任，

恢复东省原状，英代表谓为不可能

在保障国联盟约，而使国联方法尽可能范围运用于将来。吾人首先关切者，为国联能运用以改良现有时局之势力，及国联不能用此势力，以致影响将来之严重后果。中日间现有冲突，既因去年九月以前状况而起，今欲恢复原状，实招致祸乱之复作。此徒从理想着手，而置时局中之实有事物于不顾也。

解决中日争执，应重实际不重理想

是以吾人当注重实际，双方皆未完全接受此报告书，双方皆各有所退让。吾人除根据报告书第一部分所载之历史与事实及其结论进行外，别无他法。吾人必须拥护国联原则，而提倡和解。如直接谈判有良好结果之希望，吾人应以吾人权力内所可有之各种方法以鼓励之，且国联亦可襄助此和解工作也。

主张美俄参加，办事效能庶更充裕

如能设法使美俄代表加入十九特委会，则特委会办理此事之效力，更可充裕。西门言至此，追述松冈对行政院之言论，内称日本向为良好忠实之国联会员，愿竭其所能，以保持此种态度云。余代表始终为国联忠实会员国发言，小国与大国间，关于此点绝无差异。

认盟约即宪法，宁容一国自由弁髦

国联盟约同为吾人之宪法，吾人不能自由髦弁之，吾人责当维持之。吾人先必须觅取合于实际之解决法，如国联办理慎重适当，提倡解决，则可大有裨补。英国愿会同其他会员国，连中日在内，竭其能力予以合作，以觅取与各方面利益皆公允适合之解决方法，而终止目前冲突，并销除将来冲突之可能性。

援引林肯名言，以努力和平相勖勉

西门最后证引林肯在第二次国会开幕之演词一节，以结束其今晨之言论。林肯之言曰："不对一人怀有恶意，对于全体保持善会[意]，虔信正义，如上帝使吾人见到者，吾人其勉力以完成吾人现有之工作，以成就可在吾人与世界各国间植立公正的永久的和平之事实。"（七日路透电）

〔日内瓦〕 七日各大国代表发言，英国代表言论颇有袒日倾向。凡李顿报告书对我不利之点，如抵货排外等均予申述，对日不利之点则概不提及。尤可注意者，英代表引李顿报告书之言，谓"恢复九一八以前状态为不可能"，而对于李顿所称维持现伪国亦属不合之句，竟不采及。此间一般论调，莫不深为骇异。（八日中央电）

英报之评论

〔伦敦〕《每日电闻》批评日内瓦关于中日问题之辩论，希望英外相西门所提出将此问题解决工作交与十九特委会而邀美俄代表参加之建议，当可为日内瓦各方面及美俄政府所赞成。（八日路透电）

〔伦敦〕 今日《泰晤士报》批评外相西门昨在日内瓦国联大会所发之演词，谓此乃对于辛辣言论之有益的调和物。日本未先商诸国联，遽在满洲行动，今即闻国联有不客气之议论，当亦不以为意。李顿报告书表明，如任何一方面不再以强暴行为增重时局,则必以调和觅取解决。今此问题移交十九特委会办理,诚可斥为延宕。但满案争执,确为以忍耐为和平解决第一条件之问题。"满洲国"成立之宣布,阻碍李顿报告书所载政策之立即实施。但一年前日本所准备接受者,在一二年后,日本或再将准备接受之。日本国内目前国家主义与黩武主义之情感,终必有反动之一日。国联之工作,在以满洲居民之永远利益,调和"新邦"所代表的言过其实之独立运动。今欲希望国家作戏剧的姿势,实为无益。盖国联所建议之极好政策,端赖各个国之志愿以实行之也云云。(八日路透电)

德外长演说弦外有音,涉及军备平等

德代表牛赖资发言称,中日冲突与德国有特殊关系,因德国乃解除军备之国家,在其与国联工作中,对于可防止利用武力,及提倡和平解决之制度,尤予以特殊之重视也。中日冲突乃此种理论之征实,盖过去一年之经验,已向全世界揭示有极大困难,即军事手段在冲突中一日实现,则国联命令莫可执行是。德代表切言中日冲突之特别性质,谓政治上、经济上、社会上利益之冲突,已在满洲发生一种争端,而非支配两造关系之复杂协定所能支持。是以国联有应以抽象的原则处理此事为限,但必须成立一种建设计画,既可谋取有效之解决,又可防止将来冲突之复作。国联必须顾及民族之必要力量及其发展之天然趋向,决不可始终忽视过去十年中满洲境内所发现之天然进化。同时国联必须沿和平途径指导此种发展,庶使武力之施用得以切实废除。此非创立新司法制度谓,但仅谓有关系之各国政府应集合于国联盟约及非战公约原则之下耳。国联各会员国皆有同样关系,欲中日间良好邦交之成立。德代表最后间接涉及德国在日内瓦要求地位平等事,谓中日冲突之外,尚有一与全世界有关系之问题,此事不将在大会讨论之,乃中日冲突之研究,当然使大会不得不顾虑一般事件。易言之,如大会欲得一种公平之解决,而无武力干涉,则必使各国有均等兵力。此种条件实关重要,苟无之,则一切司法手续终成疑案云。

意代表演说侧重实际:远东和平基于国际间合作,
李顿建议应视为解决起点

意代表阿洛锡发言,力言根据实际谋取解决之需要,谓各代表在此非植立理想的原则,但欲觅取顾及实际之解决。李顿报告书提出之解决方法,与国联所定中日间谋取解决之基本观念极相融洽。行政院与大会之辩论,皆未表明李顿报告书所拟办法为不可实现。报告书所详叙各节,应整个考虑之,李顿委员团之结论应视为解决之根据。中日两国皆未拒绝开始谈判之说,故大会可考虑用此方法以图解决之可能性。在调解之工作中,李顿报告书之建议,应视为解决之起点,而非为笃定不移之规则。如根据李顿报告书谋取解决,则须俟中日和谐恢复时,始可考虑满洲境内将来之国际局势。李顿报告书建议列强应襄助中国恢复稳固一节,应予照办。远东之和平,将为长期建设工作之结果。渠希望此种工作在二重基础上开始之,即中日之解决与列强对华合作是也,李顿调查团乃国际合作之第一工具。彼等刻在一种局势中,或亦可组成国联一种机关以办理此事。渠以为最简单之解决法,在将李顿调查团改为办理此事之机关,但欲为两种机关宜有区别起见,则另图办法亦无不可,意国不反对之,因其不变更将来新委员会国际性质之根本观念也云。(七日路透电)

....

(《申报》,1932年12月9日,第三版)

53. 各小国代表继续发挥说论,一致反对日本暴行,以维护盟约为己任,独加代表论调迹近袒日

七日下午之会

〔日内瓦〕 中日问题今日已有新局面,小国方面已提出议案两起,请国联大会申斥日本之破坏□要条约,并罗致美俄代表之襄助,筹议调解办法。国联大会现已趋近采行重要步骤解决争执之阶段,众料大会将切实提出拒绝承认"满洲国",但规定调解手续之议案。今日英外相西门有长篇演词,建议请美俄两国分任十九特委会之调解工作。德外长牛赖资亦赞成此议。今日午后会议历三小时之久,至六时四十分始散,主席希孟希望总辩论可于明晨结束。

荷兰代表摩莱斯科七日下午经西班牙代表发言称,荷兰政府赞成以前发言人对于李顿报告书之意见,但渠宁愿不作任何之判断,并声明吾人现犹在盟约第十五条第三节之范围内,必须努力谋取和解。渠赞助西门爵士邀请美俄

参加十九特委会之建议,渠并主张凡在满洲设有领事之列强,应悉被请以关于满洲时局之报告送交国联,列强□各自声明决不承认"满洲国"云。(七日路透电)

丹麦代表鲍堡发言称,国联盟约之价值系于如何解释意义之方法。渠主张应以表示国联盟约基本原则之方法解决中日冲突。鲍氏力劝中日两国勿破坏维系各国之连锁,此连锁者,即国联盟约是也。(七日路透电)

八日上午之会

国联大会今晨十时三刻开会。

土耳其代表赫斯尼首先发言,谓土耳其人民向来对于中日两国友谊极厚,且予以极深切之同情。两国发生冲突,渠深为扼腕,渠现将陈说土耳其对于公约问题及对于和平问题之态度。今日世界皆受状态不宁之苦,倘出人意外之事件随时可推翻规约,则召集会议解决战债等问题,究有何益乎?现局□有为和平利益计必须变更之处,但此变更于透澈考虑之后,应在宁静和平之空气中为之。是以国联大会应坚决的、明白的确定其对于国联盟约以后责任之遵守。渠信大会此种态度,可免除各国政府随失业与商业停顿而起阶级仇视之常有的惶虑。大会秉盟约之精神,对于稍可破坏和平之举动,能一致表示反对,则此种态度定可予世界以和平之情感。即因盟约先用而受若干牺牲之国家,亦可因和平始□为人保障而受益。任何冲突足以扰□世界和平者,应同时□起国联盟约、非战公约之行动。故渠觉大会应发起邀请各国之非为国联会员但为非战公约之签字国者,陈□其意见而分负责任。李顿报告书一面分析难题之复杂,一面亦不忽视时局中之实际,此种文件已便利大会之工作。大会应在可能的最早时间内觅取方法,依照盟约条款□止现有之冲突。渠以为现有理由可□尚可适用与第十五条第三节相符合之调解手续。渠希望此种谈判可获使双方真正利益咸可满意之解决云。

墨西哥代表潘尼发言称,渠以为国联之存在,系于中日问题之处理。渠代表墨西哥声明墨国决计根据国联盟约维护和平与公道云。潘氏之□最为简短,仅两分钟即毕。

日代表松冈发言,其词引起听众之震骇,谓南爱自由邦、西班牙、捷克与瑞典所提出之草议案斥责日本,其措词既不合于李顿报告书之结论,亦与国联原则不符。故□要求此议案应予撤回,否则应付表决,庶日本可知大会之情感。

如此案通过，则将发生结果，有为提案人所不及料者。松冈发言既毕，提案之签字国代表立即退出，作私人商榷。

主席希孟起而声称，讨论应继续进行，并谓松冈所提出之议件，须经主席个人及日代表之考虑云。希孟旋请波兰代表发言。

波兰代表塞莱克发言称，李顿报告书所表示之中日争点极为复杂，冲突情形异乎寻常，而与武装冲突亦不尽同。波兰对于中日两国有同样之尊重，愿尽力赞助国联，以谋取解决。李顿报告书之建议应予以慎重之考虑，凡未充分研究之任何决议，恐将引起甚大困难。渠以为谋取解决之最适当方法，厥为调停云。

加拿大代表凯汉发言称，加拿大对中日两国咸有好意，两国皆未可完全根据西方标准加以裁判。今中日两国代表皆出现于国联大会之前，即此一事，足见国联之稳固，故可不必作过分之忧虑。中政府是否充分强固，渠不能无疑。加拿大为英帝国之一部，亦签字于九国公约，查此公约含有中国能因此约而设立，并维持稳固政府之希望。九国公约并不欲削减日本在华之条约权利，中国方面取销日本条约权利之任何企图，将为侵犯国际公道之严重行为云。凯汉旋引证前英外相张伯伦关于中国仇英运动之言，并引证一九二七年一月八日英国致国联之文，继称，一九三一年日本大可以同样文件送交国联，言排货事，但日本纵即为之，似亦未可为日本永远占据中国土地之理由。加拿大曾于一九□○年动议删除国联盟约第十条，依渠意见，大会未可忽视松冈所发满洲独立运动日人并未与闻之说。各种调解方法皆须试行，不宜有加以裁制之意。大会纵不根据李顿报告书之各个条陈办理，然不妨接受调查团之结论，作为大会行为之基础。渠主张设立永远混合国际委员会，中日两国亦可参加。渠希望此种团体或能筹出日本所可接受之解决方法。如日本准备谋取和平之协定，则不宜对此加以任何阻力。如日本不准备觅取和平解决，则一再延宕，将最为不幸云。

巴拿马代表迦莱发言称，李顿报告书之内容，已适当的决定巴拿马对于中日争议之见解。渠主张根据国联会员国对于盟约之拥护，觅取协定之共□基点。李顿报告书已供给特别委员会调解之起点云。

智利代表萨夫特拉发言称，渠希望国联依照盟约上第十五条第三节觅取和平解决。渠以为除万不得已外，不可用强迫手段；假使不得已而用之，亦须出以最大之慎重。渠赞成邀请美俄两国与十九特委会合作云。

罗马尼亚代表安杜里亚德发言称,罗国以为任何解决方法,必须以国联盟约、非战公约为根据。李顿调查团工作甚佳,大会□依其建议觅取解决。渠希望将来解决方法,既可保障世界之和平,又可保障争议中两造之颜面云。

匈牙利代表汤索斯发言称,匈国对于大会所可谋取解决纷争之任何方法,愿竭其全力予以合作云。

澳州[洲]代表卜鲁斯发言称,澳洲对于中日两国有极好之关系。此次冲突含有远东战争之可能性,并且含有全世界战争之可能性。澳洲拥护国联之各种主义。国联之前途,唯目前之工作是恃。国联原则必须维持,解决办法必须与盟约相符。李顿报告书揭示此问题之是否,□不作偏袒言论。渠希望大会勿通过公然或意含谴责之议案,否则进行调停之工作,将极感困难。渠以为最稳健之途径,在成立英外相西门之建议,邀请美俄代表加入调解委员会。

卜鲁斯言毕,大会延会,时为十二时五十分。下午会议定三时半开始,大会散会后,各小国代表集议,讨论日代表松冈要求所引起之局势,皆以为松冈要求不合议事规则。按会议手续,凡各议案皆须提交十九特委会,如松冈要求在手续问题上投票表决,则此种票决,须有四分之三之多数然后可,恐此多数日代表未能获之也。各小国定午后再议。

英外相西门于晨会散会后,与中代表晤谈逾半小时。

八日下午之会

〔日内瓦〕 午后会议在三时五十五分开始,较原定时间迟二十五分。

哥伦比亚代表基柴度首先发言称,哥伦比亚准备赞助国联盟约范[规]范内之任何解决。哥伦比亚始终以国联原则为其外交政策之基础,凡属可能的调解计划,哥伦比亚准备予以合作云。(八日路透电)

(《申报》,1932年12月9日,第七版)

54. 国联大会敷衍下场，中日案移回十九国特委会办理，限最短期内制成议案提交大会；十九特委会代理主席人选未定，大会通过任爱文诺为秘书长

〔日内瓦〕 国联大会今日下午对于中日争议并未有切实决定，即暂告休会。小国所提斥责日本侵略政策之决议草案，卒因大国沮日，未获通过。大会仅决议将李顿报告书及各项有关意见，一并移交十九国特委会。特委会将尽速召集拟具建议，向大会报告。大会如此决议，显然与日本有利。中日争议之全部实际问题，竟因日本所施之战略而趋入歧途，引起国际干涉中国改造事业之问题。此时国联形势对于中国确较今年三月更为恶化，竟有人认日本为国联之忠实会员，而中国之现状翻成为讨论之标的。各大国尤其英、法均似倾向日本。在目前国际形势不佳之际，中国舍自救自助外，更难有出路也。（九日中央社电）

〔日内瓦〕 今日午后二时五十一分国联大会继续开会。主席希孟宣称，大会主干部①业已集议，现提出决议案如下：

"本大会接到根据一九三一年十二月十日行政院决议案而成立的调查委员团之报告书及双方之意见书，与本年十一月二十一日至十一月二十八日行政院之会议纪录。本大会又鉴于自本年十二月六日至十二月九日开大会时之讨论，现请根据本年三月十一日之决议案，设立特别委员会，其职务为：（一）研究调查委员团之报告书、双方意见书及大会所表示意见，以任何形式提交大会之建议；（二）草拟提案，以期解决根据本年二月十九日行政院决议案提交大会之争议；（三）在可能的最早时期内，将此提案送交大会。"

主席希孟声称，既无意见，此案可以成立。并谓此案既通过，所有关于此项争议之文件以及各种建议，皆须移交十九特委会，请其尽速工作；特委会有行动与讨论之自由，将尽速召集之。

希孟旋提出法人爱文诺为秘书长之任命，请大会核准。当即举行投票，爱

---

① 编者按：指大会主要干部。

文诺在四十三票中得四十二票获选。与会者对于退职秘书长德鲁蒙颇多称誉之词。主席旋宣布大会工作暂停，俟后通告。下次大会开会系非公开性质，而后即举行行政院之公开会议云。

众信十九特委会将于星期一日开会，但主席希孟因比国政治关系，不能与会。今日发生选举代理主席问题，有人主张举瑞士代表摩太于希孟缺席时代理主席，但此提议为人反对，因摩太在大会集会时发言激昂也。目下似最有被选为代理主席之希望者为意代表。

闻星期一日十九特委会集议时，将决定请美俄两国参加调解工作。特委会将在再开一度会议后休会，至耶诞节后再行开会。（九日路透电）

〔日内瓦〕 大会干部曾于今晨十时〇五分开秘密会议，到主席希孟及英外相西门、德外长牛赖资、瑞士总统莫泰、西班牙代表马达利加、法陆长彭古、爱尔兰代表高诺利、意大利代表阿洛锡。对于决定今后进行程序，未遇任何困难。因昨夜希孟业与日代表佐藤商妥，松冈所提出之手续问题，将于[与]四国提案一并移交十九国委员会。旋经决定将所有提案及演说悉行移交十九国委员会，不附任何训令，后即于十一时十分散会。

〔日内瓦〕 据闻英国现复出而领袖诸国，力求为中日争执觅一可行之解决方法。西门正谋于星期一召集十九国委员会，迅速拟成邀请美俄参加调解工作文，提交国联大会通过后，立即电致华盛顿与莫斯科。惟主席希孟此时犹未决定召集第一次十九国委员会日期。（九日国民电）

郭泰祺郑重声明：拒绝中日直接交涉，同意邀请美俄参加满案讨论，任何解决须依据盟约及公约之规定

〔日内瓦〕 八日午后国联大会续会时，中代表郭泰祺于哥伦比亚代表基柴度发言之后，起立致词，首先说明中国之地位。

政府地位巩固，排货合法自卫

谓排货与义勇军之活动，乃合法自卫之计画，将继续进行。国民政府现颇稳固，权力日强。李顿报告书有关于此事之声明，而伦敦《泰晤士报》与上海《字林报》亦皆有证实此说之言论，可以覆按。郭氏言至此，乃宣读报告书及上述两报之文。

坚拒直接交涉，同意集合谈判

郭氏旋申明中国坚决拒绝与日本直接谈判之理由，但谓西门爵士所提出在国联中而罗致美俄两国在内之会议，中国可准备予以同意。此种会议须以本年三月十一日国联决议案，及李顿报告书第九章第三节所主张"任何解决必须遵守国联盟约、非战公约及九国公约之规定"一项为根据。中国并坚持先须依照三月十一日决议案撤回军队，然后开会。中国忠于国联，决计始终在国联规定之范围内办理中日问题云。

中日政策不同，英日行为迥异

郭氏取中国所定对于亚洲之政策及日本军人所定之政策，两相比较，请众注意。郭氏谓日人所谓"满洲国"者，实为日本对于世界各国之欺骗与侮辱行为。星期二日，日代表松冈曾提出一条基本要点。松冈询问国联任何会员，是否准备拥护国联，强施解决。松冈以威吓词句提出此问，但渠（郭氏）决不以威吓意思提出此问，此乃必须置答之根本问题。虽日本军国之发言人在上海谈判时，亦不能变更世界舆论。渠个人深信国联大会之极大权力。郭氏又谓英人在上海之行为，尚有若干理由，因大规模之军事行动或将危及外人租界也；但日人则无此理由，而英人亦未有天空轰击及开炮轰击等举动。日人在华之冒险投机事业，与英人行为迥不相同。今若谓英人行为已成英人行为之前例①，此实对于文明的英国加以毁谤耳。

日本币价惨跌，经济力量有限

郭氏又言及中国之抵抗力，谓排货与武装反抗决不稍减。义勇军决心奋战到底，中国较诸捐税与军费不胜担任之日本，有更大之支持力量。郭氏旋请会众注意于目前日本币价较之去年已减至五分之二一事，并谓世界国家未有能长期在精神政治与经济上处于孤立地位者。一星期前，行政院会议之两日辩论，已使东京市场各种股价跌落五磅音至七磅音不等。松冈所发"中国不是有组织的国家，故不适用国联盟约"一语，即加拿大代表对之似亦表同意者，李顿报告书早已驳斥之矣。如谓中政府可听令中国土地被人分割，此实绝无意识之谈。

---

① 编者按：原文误，应作"英人行为已成日人行为之前例"。

誓不承认伪国，不为武力屈服

郭氏旋郑重言曰："余可告大会并告日本者，吾人决不承认所谓'满洲国'，吾人决不容许东三省土地被人攫取或东三省三千万人民沦为奴隶。余想在大会有代表之任何一国人民，未有不作此语者也。"郭氏申述排货为绝对合法自卫之理由，谓去年美国有许多极负责任之公民，正式提议加入中国对日排货之计画。郭氏又称，去年九一八前，日本曾以重大国际不美满事件为言，当时中政府愿提交公断，请国联或其他公断机关判决争点，但日本不允而诉诸武力。是国联之方法，日本并未试行之。

忠实履行盟约，一切不负责任

但中国则以其能力内所有之方法采行之。日本侵犯东三省，为鞅[挽]近历史中所罕见之举。然中国仍遵守国联盟约、非战公约之义务，并忠实履行行政院所发不得有所作为增重时局之劝告，此种纪录皆可覆按。凡宅心公正者，决不能谓中国与日本处于同等负责之地位。中国从前纵有过失，而中国仍准备提交法庭，但在国联目前所遇之时局中，中国实不负丝毫责任也。

强占广大土地，谓非侵略而何

郭氏又称，日本实无条约上权利，可在去年九一八事变以前驻兵于铁路区域。但尚有一事较违法驻兵于铁路区域一举更为重要者，即在铁路区域外强占数千哩广大土地之问题是也。今谓此绝非大规模之军事侵略行为，宁非谬谈？

撤兵先决条件，欢迎美俄参议

国联大会之将来举动，皆须以对于三月十一日大会决议案所定原则之极端尊重为其根据与范围。谈判开始以前，有一必不可少之条件，即日军之占据，必须终止是也。昨日西门爵士称，渠曾略闻直接谈判之说。如西门爵士果有所闻，则非闻诸中国代表。中国不愿与日本直接谈判，苟有人怀抱中日可直接谈判之意见，则此意见应予打销。但国联大会尽可倚赖中国竭力襄助。中国虽反对直接谈判，但赞成由国联办理之集合的谈判。中国以为最好之机关可办理此事者，无过于获有美

下转第七版

俄两国辅助之十九特委会。郭氏最后概括中国之态度曰:"中国准备作解决之谈判,惟此谈判须集合性质,而由十九特委会办理。在谈判进行以前,大会宜通过一议案,声明国联会员不得承认'满洲国'或与之发生关系。在谈判之进行①,须以三月十一日决议案与李顿报告书第九章所载之原则为根据,并受其限制。大会应以李顿调查团之判决为其自己之判决,而声明'满洲国'之维持,实与国际义务相抵触。故国联任何会员决不得承认之,亦不得与之发生关系。苟无此种宣言,则谈判决不能有结果也"云。(八日路透电)

松冈强词夺理

日代表松冈继起发言,对于大会中之言论,保留日后加以批评之权,谓目前渠不愿详细言之,但前此发言人采取李顿报告书中之片语,作为反对日本论调之根据,而不统阅全文,殊欠公允。

李顿报告自相矛盾

报告书虽谓去年九一八日军行动非合法自卫之计画,但报告书另有一节,则谓调查团并不□绝有关系的日本军官自认其为自卫行为之假定。渠闻调查团员有苟不附以后节文字则不承认前节文字者,如大会欲获证据,则渠可准备招请调查员到会说明之。以罪名加诸日本,然后使日本证明其无罪,此乃极不公允事。前此代表之言论,完全出于误会。渠对于郭泰祺关于日本情形之言论,保留日后发言权,实则日本在世界恐慌潮流中,与他国同遭困苦耳。

日但有军人,无军阀

日本固□军人,但无军阀,如曾为首相之田中男爵等,皆出身寒微,可以为证□。各代表所提出之各点,日代表早已答覆过半,故渠请大会研究日本意见书。日军之在满洲,根据保护日人生命财产之条约。满洲有日本臣民一百万人,美国亦曾派兵至尼加拉圭保护美侨之生命财产。松冈继言及西门所发双方皆未承认李顿报告书全部一语,谓渠愿在西门言论上更进一言者。日本在李顿报告书中见有调查团在不同意中之同意,报告书载有自相矛盾之文,明眼者同能察之也。调查团之得"不同意中之同意"或"同意中之不同意",此事已

---

① 编者按:原文如此。

证明彼等各秉有天良,但报告书自相矛盾之性质,使日本不能完全接受之。

深悔当初加入国联

意代表阿洛锡言谓国联盟约有伸缩力,渠深以此说为然。苟不注意及此,则国联任何行动,将与国联原则相反。日本前决计在凡尔赛加入国联,初以为美国必亦加入,但美国竟决计不加入。当美国决计不加入时,日本之自私观念亦主张日本不应加入。顾日本卒决计加入,因日本极欲对于国联工作有所贡献也。今日日本有许多人,觉日本事件未为国联所了解,欲退出国联。

为生命奋斗非好战

日本遇有中国之严重状态,及东亚之可怖的时局。日本现只手奋斗,以保全大局,而非造成战争。苏俄现未加入国联,故国联必须有所伸缩,而不可有所行为,一若俄美等国业已加入国联者然。在大会发言者,有数人指国联为其存在之生命线,日本则指满洲为日本之生命线。但发言人指国联为其生命线时,彼等固为自□私利而发言也。"满洲国"可稳健的继续发展,终将成远东和平之基石。

抬出三个傀儡代表

大会须知关于"满洲国"之事实,与"满洲国"有关系者,现有三人实在日内瓦,如前任中国海关总税务司爱德华即其一,其人已受"满洲国"顾问之职矣。日本全体人民皆以销释其意见,而团结于政府之后,为政府在满洲行事之后援。日本六千五百万人团结而成一体,赞助此种行为,诸君能谓此种人民皆发狂乎?此诚荒谬谈耳。日本人民之所以团结一致者,因认日本全部生存,即日本之生死系于此问题也。纵有国联盟约下最严峻之裁判,日本亦准备抵御之。

竟自称为中国救星

中国侵犯《天津条约》,并着手增进其在朝鲜之势力。又查日俄战争之最大原因,为中俄反日之秘密盟约。如日本不战胜俄国,今日尚有中国乎?当时日本救全中国,而在中国领袖避居日本时,日本并救全中华民国。设吾人接受而撤退满洲军队,而首当决定者,谁人军队可恢复秩序乎?中国或将要求此种主权,但此军队属于何人统率乎?张学良之军队乎?抑□人之军队乎?但李顿报告书固已声明原状莫可恢复矣。余恐人民将因此增数年之痛苦。报告书谓中国必须有坚强中央政府，但如何始可得强有力之政府乎？

俄日果成立妥协欤

半年前日本报纸未有一家主张对俄缔结不侵略条约者，但今日多数报纸皆竭力主张订此条约。其故因俄国承认日本在满洲之地位，而不欲干涉之也。诸君一旦使中国人民存可得外来援助之希望，则诸君一日不能得远东之和平。苏俄了解此种真相。国联阻止各国加入任何方面，是在远东已大□贡献。

又图伪造我国民意

但中国今仍抱国联必助华制日之观念，吾人知中国有许多人民欲与日本谅解，但不敢公然表示其意思，恐被攻击而置于死地也。欧美有若干人以为世界舆情反对日本，日本与世界情感相反抗，以吾人所知，舆情现渐倾向日本。

妄把日本比作耶稣

但继谓世界舆情反对日本，然二千年前之耶稣，不尝为世界舆情钉死于十字架乎？如日本今日在十字架上受裁判，则舆情不久必转向日本也。

诬我"赤化"转移视听

赤俄主义今日在中国中部蔓延之广，四倍于日本之土地。一旦日本地位挫弱，则赤俄主义将延及扬子江口，而遍及于中国更大部分。国联希望世界和平远东和平之念，果属诚挚，则日本地位之巩固，乃实现国联此种希望之唯一工具也云。

松冈发言既毕，主席希孟声称，大会之主干部将于□日十时集议，考虑两起草决议案及松冈所提出四国草提案非立即表决即立予撤回之要求。闻主干部将先考虑瑞士与捷克两国所提出请十九特委会研究此事，并以其决议案提交大会之一案。

大会定明日午后二时半复开。（八日路透电）

美俄准备参加调解委会，俄外长赴日内瓦途次柏林

〔华盛顿〕 今日□场表示，美国对于参加调解委员会、解决中日争执之邀

请，谅可加以考虑，只须该委员会与国联界限有充量之分别可矣。倘该委员会权力能避免适用国联之制裁，则将可为美国所接受。据称此间美官吏颇表同情于调解运动，但美国之参加国联计划，须受有必要之限制云。（八日国民社电）

〔莫斯科〕 俄外交委员李维诺夫今晚离此，前往日内瓦，因瑞士与捷克向国联大会提出议案，主张十九特委会会同美俄代表考虑中日争议，而以其提案送交大会。（八日路透电）

〔日内瓦〕 俄外长李维诺夫今晨已抵柏林，数日内将至日内瓦。闻其使命原与军缩有关，但俄国加入十九特委会之问题，或与李氏此行亦有关系。（九日路透电）

英外相之口惠，谓不作左右袒

〔日内瓦〕 今晨大会集议后，英外相西门以私人资格接见中日代表，说明英国政策；谓英国政策对于双方同样待遇，并不偏袒何方。渠以调解为目的，渠将竭力以忠实之赞助给予双方，如蓝浦生去冬在上海所为者。易言之，即英国将在双方间作忍耐、忠实之调解，以其他有关系国之辅助，逐渐导成双方所可接受之解决方法。英外相并声明英国维护国联盟约之意见。（八日路透社电）

英报之正论

〔伦敦〕《孟□斯德指导报》批评日内瓦有势力者现因一强国之行为，拟运动将小国关于中日问题之提案搁置一边事，并谓李顿报告书在各重要点上皆有不利于日本之判定。此种真相，纵善辩者亦不能掩饰之。闻英、法意欲将此争议听中日直接谈判，此举殊可反对。中国为国联之良好会员，与吾人同，若抛弃之，实属可耻。国联大会至少可不赞成此种不名誉事，瑞士与捷克所提出之草案，主张根据李顿报告书谋取解决者，可予赞同。但无论有何举动，国联大会对于敢否听令日本出会一事，应抱有决心云。（九日路透电）

（《申报》，1932 年 12 月 10 日，第六版转第七版）

55. 国联十九委会明日召集,将罗致美俄参加调处中日争端,颜代表函请确定提出建议时限

〔南京〕 外交界息。十九国委会定十二日下午三时半(上海时间下午十时半)开会,决邀请美俄参加组调解会进行调解。日方虽反对美俄参加,但决不能阻止其实现。闻十九国委会开会时,将请中日代表参加,故我代表仍留居日内瓦云。(十日中央社电)

〔日内瓦〕 据今日发表之程序,十九国特委会定期星期一日重行开会,通过决议案,向国联大会建议邀请美俄两国参加解决中日争案之谈判。预料大会将决议照此办理,然后即宣告延会至明年一月中旬。众信中国代表团对于国联以延宕手段处置如此重要紧急之案件,将提出抗议。(十日国民社电)

〔日内瓦〕 据传二十一国会议之美俄代表,美国将任台维斯,俄国则任李诺维夫参加。中日参加与否尚未决定。(十日华联电)

〔日内瓦〕 十九特委会定星期一日集会,考虑请美俄参加调解中日争议工作之问题。关于此事之决议,必须由国联大会核准之,故大会将于星期二日或星期三日召集。国联今尚未出困难之途,因美国或将要求国联对于原则有所表示,然后始允参加也。有若干方面建议决议案须以在谈判时不得承认"满洲国"为根据而成立之。但观于日本之态度,此举难免引起大会中新冲突也。其他方面主张无条件的邀请美俄参加。(九日路透电)

〔日内瓦〕 希孟因处理部务遄返比京,将由国联大会名誉主席瑞士代表穆塔代理十九国委员会主席,以主持会务。据闻该委员会将举行非公开会议,中日两国代表须俟该委员会遇有听取其意见之必要时,始乃参加。(十日哈瓦斯电)

〔东京〕 官场接电。美国将否参加调解委员会,须视委托之条款及该委员会与国联正确之关系而定。日外务省已以对十九特委员之态度明白电达日内瓦,重行声明不能承认任何决议拘束之效力。(十日路透电)

〔日内瓦〕 九日国联大会选举法国爱文诺氏为国联秘书长,继任即将退休之德鲁蒙氏。按新秘书长爱文诺氏生于一八七九年,欧战之际为法国驻英

大使馆经济参赞，后被任为法国最高经济评议委员会委员。欧战之后曾屡次代表法国出席各重要国际会议。一九一三年被任为国联副秘书长，在国联秘书厅服务几近十年，逐获升任今职云。

〔日内瓦〕 我国首席代表颜惠庆昨函十九国特委会主席希孟，请确实决定特委会向大会提出解决中日争案建议之时限，并告以除非日本改变其不可理喻之态度，和解绝鲜成功之希望云。（十日中央社电）

英国倡议制裁，调解工作倘告失败，准备援用盟约第十六条

〔日内瓦〕 今日从极可靠方面闻悉，倘英人目前之解决运动仍属失败后，则英国准备对于日本适用国联盟约第十六条中之制裁。惟在采用此极端办法以前，外相西门固将竭尽种种可能方法，亟谋调解。因此西门准备倡议邀中、日与俄、美均参加十九国委员会工作，即四国不能参加实际讨论，至少亦当列席为旁听员。倘此种企图犹复失败，则渠准备向英政府建议采用盟约所规定之最严厉方法。（十日国民社电）

按第十六条之制度，即（一）经济封锁、（二）由行政院向各会员建议派遣陆海空军组织军队维护盟约、（三）宣告令其出会。

路透电之否认：无如英国未必有此勇气何

〔日内瓦〕 路透从负责方面探悉，外传英国准备于调解运动不成时，援用国联盟约第十五条所规定之制裁加诸日本一说，未□根据。大约此项传言由于英外相西门在大会中演词之误解，盖西门曾谓英政府欲以国联忠实会员之资格行事也。（十日路透电）

薛西尔促英政府明白宣示态度

〔伦敦〕 薛西尔子爵今日在国民和平协会会议演说，要求英国在国联讨论中日争执时，取一较明白之态度，领导诸国。声称"余将乐闻国联大会完全与无保留通过李顿报告"，又谓："吾辈当以最严正郑重之态度，与最清醒之头脑处理此案。余希望英政府能不仅倡始切实建议国联大会之所宁为者，并将建议大会之所必须为者"云。（十日国民电）

大会决议案空洞不着边际，会议结果与英转变态度有关，国联盟约尊严与威信受打击

〔日内瓦〕 国联大会已闭幕，此次决议空洞，不着边际，尤不若去年九月三十日及十二月十日两次决议案之尚能敷衍门面。闻此次会议之结果，与英国态度之转变有极大关系。英代表西门之演说，对我颇多不利之处，而其属加拿大代表更进而投井下石。各小国对此次决议极不满，认大会未根据李顿报告之忠实纪载及去年决议案之精神，予日本以制裁，使国联盟约尊严与维持正义威信，受极大打击云。（十日中央社电）

外交界对国联感失望，竟忘却前次决议，影响威信极大，国人应发挥自己力量谋复失地

〔南京〕 记者今遍访外交界各要人，叩询对此次国联大会之意见，均显然表示失望。自开幕以来，虽均以李顿报告为讨论根据，而决议案竟如此空洞，诚属不解。至于九一八事变之责任与不承认"满洲国"，亦不加以具体决议，最为遗憾；于两次决议日军撤退，显已忘却。此与国联威信影响极大。各要人称政府虽静观十九国委员会之进展，但对中日争端之解决，已不寄完全希望于国联之身。如国联不能为世界和平正义作保障，则国人应发挥自己之力量，谋失地之收复。深信经济绝交与义军抵抗为合法手段，如能长此坚持，定能获最后之胜利云。（十日中央社电）

外交委会讨论应付国联方针

〔南京〕 外交委员会九日下午五时，在外交官舍开会。在京外委及特务秘书均出席，讨论日内瓦我代表团来电，报告中日问题即将移付本会十二日开会之十九国委员会讨论详细办法，或即美俄二国加入十九委员会中，成立调解委员会云云。我国于国际调解委员会中应取之方针，在前日之外委会议中，已讨论决定。十日下午已由外部训令日内瓦代表团，依照进行。闻训令大致对于调解委员会之组织及美俄参加各节，吾国并不反对，但以不违反九国公约及非战公约与国联迭次决议案而产生之办法，方可接受。（十日专电）

京市党部驳斥西门谬论,电苏炳文加紧抗日

〔南京〕 京市党部十日开执委会,决议通电全国一致驳斥英代表西门在国联大会偏袒暴日之荒谬言论,并电英当局及民众注意西门之言论,免中英邦交趋于恶化。并电慰我代表团继续努力,并注意英代表之行动。又电慰苏炳文奋斗到底,加紧抗日。(十日中央社电)

(《申报》,1932年12月11日,第七版)

56. 某要人谈国联各国代表态度:捷、西、希、瑞判断公正发表正当主张;希望英国细心考量其在国联态度

〔南京〕 中央社记者昨访政府某要人,□及此次国联大会席上各国代表之态度。某要人发表意见,谓:"吾人对于捷克、西班牙、希腊、瑞士等国各代表态度之鲜明、言辞之严正深为满意。该代表等能认识李顿报告书中所载事实之力量,而不辞下一公正之判断,明白宣布国联盟约业被破坏,日本已超越自卫之范围,'满洲国'为日本所制造,并声明拥护国联盟约、九国条约及非战公约。对于远东政治情势,能有明确之了解,根据良心,发表其所认为正当之主张,洵不愧政治家之风范。"某要人之意,以为该代表等之主张,与我罗外长本年八月三十日所宣布之中国立场,前后恰相符合,即谓"任何解决东北事件之办法,苟以由日本武力创造、维持与支配之东省伪组织为前提者,中国绝不能同意",又,"中国深信将来解决东北事件之合理的办法,为以不背国联盟约、非战公约、九国条约之文字与精神,与夫中国之主权,同时又确能巩固远东永远之和平为必要之条件"。某要人续谓:"此次国联大会席上不幸竟有反面之论调,而尤以英国代表之言论,已在我国国民中种下一悲痛之印象。此种印象,复因坎拿大代表之不负责任之演词,而愈形深刻。英代表西门外相所称中日问题'不应按照理论''不应除外事实',而应'寻求事实的解决'云,是否彼以为日本之非法行为应予纵容,日本之侵略政策应予曲恕?英外相将李顿报告书中较利日本之点尽情叙述,而其中指摘日本及其政策之处,故意不提。英外相是否为日本作说客,诚不无令人怀疑之处。"某要人末谓:"吾人仍希望英国

能细心考量其在国联之态度。英国须知彼苟能与其他各会员国诚意合作,中日纠纷欲得一合法公正之解决,并非难事也"云。(十一日中央社电)

(《申报》,1932年12月12日,第三版)

57. 英前首相劳合·乔治论远东时局:世界舆论已因李顿报告书而倾向中国,日本侵略政策造成国际间无政府状态,美国负问题前途重大责任

〔柏林〕 柏林《波尔森导报》今日发表英国前首相乔治关于远东时局之论文一篇,极惹人重视。乔治表示彼之意见,谓李顿报告书虽已将远东问题加以叙述,但对于时局则未加以更动,同时世界之舆论,则已因李顿报告书而倾向于中国方面云。

乔治复将日本在满洲之行动与英国在埃及之行为两相比较,并声明彼在青年之时曾追附约翰勃□德之后,对于英国政府之政策加以攻击,彼今已有许多理由,可以引诱日本之安然继续施行其现在之政策云。至于此种理由是否稳健,则至可疑问。而乔治个人之意见,深觉倘此种理由果然稳健者,则欧洲前次之大战,实属毫无意味,则是目前之吾人,仍在开倒车,回复战前之路径,而造成国际间无政府状态与帝国主义之进攻是也。

乔治复声言,满洲问题即为一试金石,用以测验一国际间之文件,含有预料不及之意见一致且富有消息材料,如李顿报告书者,果能否藉全世界舆论之力量,由文字化为事实也。至言及压力,则除却世界言论压力之外,其他实属无望而不可能。盖此时各国所能为者,不过口头之抗议;而各国各有其本身上经济、政治之忧患,而非战争所可减轻者也。

乔治最后复将重大之责任加诸美国之身,因除非美国能为强有力之干涉外,他国实觉爱莫能助也。乔治之结语为"此实美国之绝大机会"云。(十一日国民电)

(《申报》,1932年12月13日,第三版)

58. 国联十九特委会指派小组起草提案，捷、西态度激昂，英、法、瑞主缓和，五代表昨集议发生意见冲突；西门祖日态度仍不变，不顾正义继续发表对我不利之言论，主张以三月十一日决议为调解基础

〔日内瓦〕 十九国特委会今日决议邀请美俄参加中日争案之和解，俟国联大会核准后，即可正式邀请。（十二日中央社电）

〔日内瓦〕 十九国特委会今日下午指派英、瑞士、法、西班牙、捷克五国代表组中日争案和解方案起草委员会。（十二日中央社电）

〔日内瓦〕 十九特委会今日午后集议两小时半，发现有力之暗潮，决定指派五人小组委员会草拟提案，以便送交国联大会。初颇有人主张依爱尔兰、西班牙、捷克、瑞典四国提交大会之议案，缮制议案。捷克代表彭纳斯、西班牙代表苏鲁太，及瑞典代表迦□发言甚为激昂，主张通过李顿报告书及不承认"满洲国"。但英代表西门、法代表玛锡格里皆主张温和，谓先须竭尽调解手续，然后始可采用等于裁判此事之立场。会场辩论颇烈，集中于应缮制之提案形式。英国始终抱定一种见解，以为提案应仅仅重行声明三月十一日之议案，并主张邀请美俄参加。小国准备将三月之议案重行声明，但欲将李顿报告书首八章通过，虽不列入对于"满洲国"之切实言论亦可，爱尔兰代表对于此点主张尤坚。晚六时许，会场言论渐趋和缓，西门提议似得进步。西门于说明其提议，主张重行声明三月十一议案时，谓此议含括各点，并以极明白而无错误之文字，证明国联原则云。会议将毕时，决定以捷克代表彭纳斯、西班牙代表马达利加、法代表玛锡格里、英代表西门、瑞士代表胡白五人组成小组委员会，草拟尽速提交国联大会之议案。此案拟成后，尚须由十九特委会讨论之，然后始可提交大会。察小组委员会之组织，法、英、瑞士为一起，捷克与西班牙为一起，但众信温和派可占优势，盖捷克与法国关系深切也。是以时局虽紧张，然前途尚不黑暗，无人愿轻易破坏此手续也。如提出之议案超过三月十一日之议案，则将立即有日本退出国联之结果。此次十九委员会集议，完全为不公开性质。（十二日路透电）

〔日内瓦〕 五人小组委员会今日午后在紧张空气中集议于秘书长办公室，在旁者仅秘书长德鲁蒙一人。就种种现象观之，此会将为难关，大国与小国之代表各有见解，迄今似无甚变更，虽意见冲突现必不免，但未可视为缺少和解精神。众料英外相西门将以调停人自居，尽力防止争论达至小、大国双方间僵局之程度。五人小组委员会所草拟之议案，将决定在何种情态中邀请美国与苏俄参加，并决定在何种状况中觅取中日两国在调解委员会工作中之合作。小国现主张作关于原则之一种宣言，半因闻美国须国联大会采此立场后，始允参加其工作也。但美国方面并未有此种性质之切实表示，更未有书面意见，故国联大会未必遽因此而作任何轻躁行为也。说者谓三月十一日之决议案，即西门所主张重行确定者，实包括此原则在内。明日军缩会议休会，故十九特委会更可专心办理其事。众望起草委员会明日当可报告其建议，而国联大会将于星期五日讨论此议案，庶可将此全部问题委托调解委员会办理。（十三日路透社电）

下转第五版

〔日内瓦〕 十九国特委会昨日举行非公开会议，英外相西门仍继续发表对于我国不利之言论，主张以国联大会本年一月十一日之含混的决议为调解之基础，而不主张引用李顿报告书中不利于日本之事实为根据。（十三日中央社电）

…………

（《申报》，1932年12月14日，第三版转第五版）

59. 国联小组委员会秘密起草调解方案，重行确定三月十一日决议，邀请中日美俄参加，主张在调解手续中采用李顿报告书九、十两章，宣言或将重申不承认"满州国"伪组织之原则，分向中日两方征求意见

〔日内瓦〕 十九国委员会，曾委托英代表西门、西班牙代表马达里加、法代表玛锡格里、瑞士代表胡白及捷克代表皮尼斯，组织五人起草委员会，从速拟定一种草案，以便设法调解中日争端。此项起草委员会之工作，几已完成。明日午刻，最后一次开会时，草案文字必可确定。委员会对于草案内容，虽严

守秘密,但已经阅看草案者,则有良好之印象。一般人以为十九国委员会,星期四可以开会,而国联非常大会,则于星期五或星期六召集云。(十三日哈瓦斯电)

〔日内瓦〕 英、法、瑞、西、捷五代表之小组委员会,今日午后在极秘密之空气中,集议两小时半。当五代表出会议室后,彼等皆谓须守机密,不能稍泄讨论之内容。彼等仅可告人者,工作未毕,明午尚须集会耳。但有理由可信小组委员会讨论后,已暂时议定提案草稿,将向当事者两造探悉其能否接受之意见。传说其所拟提案,将言及李顿报告书,虽不切实接受报告书中首八章,但将主张以此八章为调解工作之根据。

现闻五国小组委员会,已议定其提案与报告书之文字,如明午举行第二次集会时,不发生意外事件,则此提案与报告书,大约可于明日午后提交十九委员会。闻提案重行确定三月十一日之决议案,并建议邀请美俄参加。提案之外,另有一报告书,言及李顿报告书,主张在调解手续中,采用李顿报告书第九、第十两章。众信以上述大纲为根据之方案,当可为各方面所接受,小组委员会午后五时五十分休会,工作未完,明午再议。(十三日路透社电)

〔日内瓦〕 十九国委员会所组织之小组委员会,以起草中日争执案之决议案,而备呈交国联大会者。今日已决定该决议案之内容,著[着]重于中日间和解运动之急需施行。该决议案复建议组织一廿三国委员会,联同现在之十九国,再加以中国、日本、苏俄及美国。惟美俄两国,至今尚未表示愿意加入该委员会之意,而华盛顿方面则已暗示,美国之合作须视国联大会之能否无条件决定不承认"满洲国"为归依云。(十三日国民社电)

〔日内瓦〕 顷闻十九国委员会内小组委员会所拟审查报告决议案及宣言,已得十九国委员会其他委员同意,大约今日当可草拟完毕。逆料审查报告内将建议由国联大会通过李顿报告前八章,作为进行此案之基础。决议案将赞成组织调解委员会,邀美俄加入。至于宣言,或将重申不承认"满洲国"伪组织之原则云。(十四日国民社电)

〔日内瓦〕 美国参加讨论一层,委员会亦完全深知美国初不注意于李顿报告之如何处置,仅深信国联应取一种立场,比美国前此对于"满洲国"所取立场,尤当更进一层。逆料美国必俟国联采取此种立场,始愿加入讨论。又对于苏俄,目下委员会亦知苏俄之参加讨论,将视各国能给予何种交换以为断。其外交委员李维诺夫在此间谈话时,曾谓:十九委员国中尚未承认苏俄者犹居十国,若苏俄贸然加入讨论,不将处于可笑地位耶？且再若美国参加,则更有十一国尚未承认苏俄矣。

虽然,目下有若干委员希望明日终可有一具体决议案提出讨论。而秘书长德鲁蒙亦谓,渠信星期五国联大会可以通过一决议案,准休会至一月中旬云。（十三日国民社电）

中俄复交后国联将变方策,非明白否认伪满国,美俄必将拒绝合作

〔南京〕 外交界息,中俄复交后,国际形势显将转变。关于中日争端,国联亦必须改变方策。盖十九国委会本拟邀请美俄两国参加,组织调解委员会,但美俄两国因国联现时态度不合两国立场,拒绝参加。众料如国联对李顿报告之事实部分及不承认"满洲国"两点不作明白之决议,美俄两国将始终拒绝合作,而国联对中日争端,亦将陷于无法解决之困境云。（十四日中央社电）

日本有条件承认调解委员会案,阁议决定四项原则

〔东京〕 驻日英大使林德赛,劝内田外相承认调解委员会。昨日阁议,协议日本对调解委员会之态度,结果决定坚持既定方针。昨午后二时,内田外相邀英大使到外务省,说明政府之原则态度,大意谓日本政府对于解决满洲问题,如不与满洲"独立"之既定方针抵触,亦不反对设置调解委员会。惟该委员会之权限,及美俄两国之参加资格,尚不明了,故不能确答赞否,殊为遗憾云,并要求英大使之谅解。会见后,即将此旨电训日内瓦松冈代表。（十四日电通社电）

〔东京〕 对西门代表提出之调解委员会案,内田外相与外务首脑部及军部当局协议之结果,决定日本政府之原则的态度,通过于昨日之定例阁议后,即将此原则电训松冈首席代表。至日本决定之原则,共分四项如下：

（一）日本政府以满洲问题之解决,惟有承认"满洲国"之独立,适用国联规约第十五条则绝对反对。苟蔑视此,无论讲如何调解的处置,日本政府原则上反对之。

（二）调解委员会之权限及组织,苟不抵触此原则,可默认之。日本对此并不提出对案。

（三）究以如何资格招请非国联会员之美俄两国,刻尚不明。日政府认为无遽表示赞否之必要,然原则的反对招请美俄。

（四）传调解委员会有令中日两当事国参加之说,日本政府向有原则,苟

调解委员会不除外满洲问题,则满洲问题之解决,拒绝第三国之介入。故日本政府并不参加。(十四日电通社电)

日代表团开会研究对策

〔东京〕 日内瓦电。日代表团十三日晨九时半开会,下午一时许始散。据闻现在日代表团最重视者,国联劝中日两当事国之计划也。日本从来绝对反对第三国之干涉,故中日两国参加多数国中,则其结果,外国意见之作用比当事国之意见更为强大,事实上成为受他国之干涉,因此日本反对此种计划。代表团拟再开会研究对策后,申请本国训令。(十四日日联电)

〔东京〕 日内瓦日代表部昨夜十一时十五分开代表会议,讨论参加调解委员会问题。日代表意见分为两种:一则谓若参加,恐在不知不觉中被其牵制,致自坠国联术策之中,排斥第三国参加之主张则不能维持;一则谓日政府方针已决定,如大势不利于日本时,尽可再行原定策略,亦毫无损失。经审慎讨论后,决定参加。松冈已请示于日外部云。

〔日内瓦〕 今日驻日内瓦日代表分头访各国代表,详细陈述日本主张。中日纷争须由中日直接交涉,不容第三国参加之原委,恳求各国原恕云。(十三日华联电)

山海关冲突事,日代表团致文国联,竟谓我军向彼道歉

〔日内瓦〕 日代表团之长冈,复为近今长城附近中日军冲突事,致文国联秘书处,谓:十二月十日山海关华军司令与日军事当局商妥协定,承认乃由华方首先开枪,特向日方道歉,并允防杜以后再有此种事端发生;但南京外交部仍不顾事实,而于十二月十一日向驻华日使提出抗议云。(十四日路透社电)

西门瑞返伦敦

〔日内瓦〕 英外相西门定今夜返伦敦,将以开杜干为出席于十九委员会之代表。五人起草委员会定今日午后三时半集议。现料国联大会将于星期六日开会。闻西门之返国,与法内阁之失败有关。(十四日路透社电)

(《申报》,1932年12月15日,第三版)

60. 本年三月十一日国联大会决议案全文

第一章

大会认为盟约之规定，完全通用于此次争议，尤以下三点为甚：

（一）尊重条约之原则；

（二）联合会会员国有尊重并保存所有联合会会员国领土完整、政治独立及反对外国侵略之责任；

（三）联合会会员国有将彼此间任何争端提交和解之义务。

采取前行政院主席白里安氏一九三一年十二月十日宣言中所指定之原则，追忆行政院十九会员本年二月十六日致日政府之申请书中引用此项原则之事实，其文云"凡违反盟约第十条之规定，侵犯联合会任何会员国之领土完整及变更行政独立之举，各会员国决不能认为有效"，以为上述防范国际关系及和解联合会会员间争端之原则，完全与巴黎非战公约符合。该公约及世界和平机关之柱石，其第二条云"订约国家允其彼此间所发生之争执，不论性质原因若何，仅可用和平方法之解决"。

提交大会之争议，除俟决定办法解决外，特此宣言上述各原则及各项规定之有拘束性质，及联合会各会员国有不得承认违反联合会盟约及巴黎非战公约所订之一切条约或协定之责任。

第二章

大会确认以兵力压迫任何一造解决中日争议乃违反盟约之精神。追忆行政院一九三一年九月三十日皆两造同意所通过之议决案，追忆本大会一九三二年一月四日所通过之议决案，经两造之同意，实行停战撤退日军。并查明列强在上海有特别利益者，预备赞助此举，仍在必要时，请其会同维持军队撤退地段之秩序。

第三章

大会因中国政府一月二十九日要求将盟约第十五条规定之手续适用于此

次争议,因中国政府二月十二日要求按照盟约第十五条第九段之规定,将此项争议提交大会,并因行政院二日[月]十九日之议决,认为中国政府请求目的之整个争议均已提交大会,故大会有适用盟约第十五条第三段规定之调解手续,并于必要时适用同条第四段规定之建议手续等义务,决定组织一"十九人委员会",以大会会长充任主席,行政院各会员(中日代表除外)为委员,其余六委员,则用秘密投票法选举之。该"十九人委员会"代行大会职务并受大会之监督,处理下列事项:

(一)从速报告停战及按照一九三二年三月四日大会议决案订定办法,实行停战及撤退日军各情形;

(二)观察一九三一年九月三十日及十二月十日两次行政院议决案之实行;

(三)按照盟约第十五条第三段之规定,并经两造之同意,极力实行解决此次争议,并向大会报告;

(四)于必要时,建议咨询国际法庭之意见;

(五)于需要时,按照盟约第十五条第四段之规定,草拟报告书;

(六)必要时建议任何紧急办法;

(七)从速向大会呈交第一次事务进行之报告书,至迟以一九三二年五月一日为度。

大会□行政院将一切应转达大会之有关文件,连同该院任何意见,送交十九人委员会。大会仍继续在开会时期,倘会长认为必要时,可随时召集会议。

(《申报》,1932年12月15日,第三版)

61. 东北问题与国联:调查团之参加,中日代表之舌战

中央社日内瓦通信。千呼万唤、一再延期之国联行政院会议,已于十一月廿一日上午十一时开幕。中日纠纷为主要议题之一,故最足引起一般人之兴趣。

调查团首先入席,坐于讲坛后列左端,自左而右,为希尼博士、麦考益将军、李顿爵士、克劳待将军及马柯迪伯爵。调查团秘书长哈斯博士及其他秘书

等,则紧坐于坛下李顿爵士等之后。移时,我国代表顾维钧博士及国联秘书长德雷蒙爵士亦入席,皆先后出与调查团握手道寒暄。我国首席代表颜惠庆博士、代表郭泰祺公使及其他代表团重要人员,皆列席旁听。摄影后,主席爱尔兰自由邦大总统华赖拉氏(De Valera)致开会词,大致谓:

"调查团报告书已经分送行政院各代表,当已经各代表详细研究。行政院对于本会两会员国之不幸的争端,为求排除追求本案事实之困难起见,曾决议派遣一以五人组织之委员会,就地研究任何情形影响国际关系而有扰乱中日两国和平或和平所维系之谅解之虞者,并报告于行政院。此项决议案之通过,迄今已逾十一个月矣。前行政院主席白里安提出上述决议时,曾声明在原则上调查团对于在其广阔的职务范围之内的任何问题,认为应行研究者,悉得研究之。白里安又称,调查团得有充分之裁量,以决定何项问题应报告于行政院。调查团委员资格,系于一九三二年一月十四日经行政院核准。该团任务极为繁重,而对于该项任务尤能以全心全力赴之。余知行政院全体代表当均愿对李顿爵士及其□委员,及其公平正直、洞微烛隐之报告书,表示最诚意之感谢。调查团之报告书,经全体委员一致同意,其内容不特对中日事件之事实及历史的背景,有所申述,而对于为国联责任之解决本案方法之意见,亦有所观察。故余以主席资格,谨代表行政院对李顿爵士及其同人等,致谢其工作之完美的成功。

夫调查团之竟能委派,及委派后竟能由争议两国之赞助及两国代表之合作,而完成其工作,皆为可欣幸□事实,而足以予吾人以鼓励者也。余希望此后再有此种调查团之组织时,其进行方法可以改良,藉以避免在委派各委员前之长期的谈判。然此事与吾人目前工作无关。余信李顿调查团之成功,除对于中日争端一案之供献外,实已创立一含有重大价值之先例,而形成国联困难之前程上树立一真正、具体的进步矣。调查团除造报正式报告书外,当在东三省时,曾于四月二十九日作一初步报告书。该报告书及若干附件,亦均已分发行政院各代表研究。所有附件等等,未经修正之样张,已经分送中日两政府。调查团造报正式报告时,对于各该附件当然已经考虑,□吾人此时之讨论,自应以该正式报告书为主要文件也。

至于此时吾人讨论本案之进行程序,当记得调查团尚在进行调查时,行政院曾于本年二月十九日通过决议案,决定将中日争端依照国联盟约第十五条第九节之规定,提交国联大会,知悉'为考虑该项争端所必需之各种事实报告之搜集方法,仍将继续进行',声请'本争端两造依照盟约第十五条第一节之规定,尽量将所有关于本案各项意见资料送交秘书厅转陈大会采择',声明'行政院对于依照国联盟约之规定,所负维持和平之责任,并不以本决议案而有所更变'。本案经上述决议移转于大会之后,复经大会于三月十一日决议,认为'中国政府所提出之请求,即包括全部争端在内,已由行政院移交大会',决定'组织一十九委员会',申请'行政院对于所有视为应转送大会之一切文件,随同行政院之意见,随时送交十九委员会'。余主张本案之讨论,应先由日本政府代表发言,藉对日本政府发表之对调查团报告书之声明书,有所增补。下午复开会时,则由中国政府代表陈述其意见。"

次日本代表松冈洋右氏演说,以军阀之口吻、武断之态度、犀利之文字,一方面猛烈攻击中国内部之如何混乱,一方面详细表明"满洲国"之如何组织,同时并责备国联与调查团,且牵涉及英、法、美诸国。而其最著[着]重者,即请国联勿干与"满洲国"事。无论何方面听后,均感不快。《日内瓦报》至著论讥之曰"可怜之日本",以其时代错误也。(未完)

(《申报》,1932年12月15日,第九版)

62. 国联十九特委会通过决议草案,内容空洞仅敷衍局面,大国袒日态度不变,美俄参加与否未定;我国只有两条路可循,坚不屈挠或供人牺牲;墨西哥愤大国压迫小国,通知退出国联

〔日内瓦〕 十九国特委会今日已通过起草委员会之决议草案。(十五日中央社电)

〔日内瓦〕 五人起草委员会继续开会三日,因大小国意见不一致,屡起激辩,直至今日下午十九国特委会开会前,起草委员会始商定决议草案。闻包含下列各点:(一)调解原则之基础;(二)邀请美俄之程序;(三)接受李顿报告问题。此项草案经十九国特委会通过,并送交中日双方后,始提出国联大会讨论。但因苏俄似将拒绝参加,而美国参加与否又属未定,故前途困难,至为明显。国联虽欲以其权力实行和解,但大国袒日态度未改。中国只有两条路可

走：一则坚不屈挠，一则供人牺牲耳。（十五日中央社电）

〔日内瓦〕　国联十九国委员会所设之五国起草委员会，今日上下午各开会一次，讨论议决案问题。席上英外长西门依然极力压迫捷克、西班牙两代表维持公理，力说屈服日本。故其议决案缩短为二页，内容仅敷衍局面，空洞陈谢李顿一行之劳力，倡以十九国委员会改为调解委员会。邀请美俄参加案因日本反对，西门又受日之恳托，亦遂倡削除此项。至于邀请美俄参加是否能告成功，须在十五日下午三时半之会议始能决定。据料十五日下午五时当能结束。为日作伥之英外长西门，已于本日下午十时四十五分返英。一般人均揣料西门压迫小国已成功云。（十四日华联社电）

〔日内瓦〕　英、法、捷克、西班牙、瑞士五代表起草委员会，今日拟定提案与报告最后草稿，将由今日午后五时开会之十九特委员会考虑之，然后送交中日两国代表。当起草委员会讨论之际，日代表佐藤坐于邻室，而由起草委员时常就□。起草委员对于草稿内容，现严守秘密，但闻措词甚为温和。（十五日路透社电）

〔日内瓦〕　十九国委员会所推举之起草委员会，日昨似遇有困难，其所草拟之决议草案，因而延至今日正午始可定局。十九国委员会即使能于今日开会作一决定，但在召集非常大会之前，中日两国代表亦必先向各该国政府请训，因此一般人以为非常大会在下星期之初，未必能举行会议。至决议草案之内容，即将本年三月十一日大会之决议案加以申述而已。关于邀请美俄两国参加一事，当由非常大会决定之。至调解委员会，须俟中日两国覆文表示赞成后方可组织。英外相西门对于决议案之起草，虽为一重要人物，却非由彼主持。兹西门已于昨晚离日内瓦，而以英代表喀干代行其职务。（十五日哈斯瓦〔哈瓦斯〕电）

〔东京〕　日内瓦电。据闻十三日起草委员会草毕之决议案，全文仅两页，内容似简单又漠然。英外相西门压抑小国代表，排除不利日本决议之努力结果，显然可见。其主要各点如左：（一）三月十一日大会决议之再度确定；（二）赞成李顿报告书对于中日问题之协定，与以最好资料；（三）提起调解委员会问题，但不言及邀请美俄问题。（十五日日联社电）

美俄参加问题，国联电华盛顿征询意见，苏俄表示不愿参加调解

〔日内瓦〕　就现象观察，苏俄似将不愿参加十九国特委会。至美国，则须

先获悉对于调解中日问题之基础条件,始允参加。昨夜国联已电华盛顿,征询意见。(十五日中央社电)

墨西哥通知退出国联

〔日内瓦〕 国联秘书厅今晨接到墨西哥政府三日公函,声明该国因财政困难,恐在最近之将来势将无力缴付会费,故不得不退出国联,特照盟约先于两年通知云。(十五日国民社电)

〔日内瓦〕 今日下午三时,驻日内瓦墨国代表访特鲁蒙,申述墨国将退出国联。墨国虽以负不起国联盟费为理由,但事实断非如此简单。据传墨国已看穿国联不过为英法压迫小国之工具,且完全被操为欧洲联盟,加入已无益,在精神上又有损,故不能不爽快退出。今后国联之对中日纷争如不能主持公理,恐退出国联不仅墨国一国云。(十四日华联电)

英方向我解释误会,西门言论并无偏袒

〔南京〕 自英代表西门在国联大会席上发袒日言论,经我国舆论一致指摘以后,英国方面颇有醒悟。据确悉,英政府方面已间接、直接向我政府当局表示,西门在国联大会所发言论,用意在促进和解,并无偏袒任何一方之意。英国为国联忠实会员,对于盟约尊严之维持,决不后人,希望中国方面不因此而生误会云云。(十五日中央社电)

··········

西门遄返伦敦,日代表暮夜关说

〔伦敦〕 英外相西门归自日内瓦,今晨十一时二十分乘飞机抵伦敦。(十五日国民社电)

〔日内瓦〕 松冈代表与松平驻英大使,于十四日下午九时四十分,往旅馆访问行将归国之英西门外相,说明日本对于会议之任何变化,绝对不变更国联对策云,并交换对于起草决议案委员会之意见,于下午十时五十分辞出。会见后,松冈向日对记者谓①,因西门爵士将返国,特往致意,同时对于二三点交换意见。(十五日电通社电)

---

① 编者按:原文如此。

〔东京〕 日内瓦电。日代表松平于十四日上午及下午会见英外相西门两次,说明日本立场。松平固始终与西门连络,故西门回国后,松平亦于日内返英任地。(十五日日联社电)

....

日新渡户博士努力对美宣传

〔里凡赛〕 现在美国各地游说之日本新渡户博士,本日在此世界事情研究会演说,辩护日本在中国及满洲之行动。谓日本生命及名誉,现在满洲问题危机存亡之境,日本在中国及满洲之行动为系正当,国联对于远东问题之背景缺乏调解,故其审议亦不能公正云云。(十四日日联电)

....

(《申报》,1932 年 12 月 16 日,第七版)

63. 东北问题与国联(二):调查团之参加,中日代表之舌战

午后,我国代表顾维钧博士演说,对于日本代表攻击中国之处,保留辩驳之权;对于日本代表引用非战公约,文饰其侵略为自卫,则请在座签字于该公约者自加判别。于是乃详述中国对于东北问题之立场,从有明以来历史上日本侵略中国之事实,直至调查团之报告书作成为止,历二小时之久。请国联根据盟约、九国公约、非战公约及李顿报告书,谋根本之解决。兹将全文照录如下:

余在声叙中国政府意见之前,窃愿对今晨日代表所述,有所指陈。吾人若对日代表所称全部接受,则日本竟是一驯良之绵羊,为凶暴之中国所啮,方尽力图脱以求生存耳。所幸行政院已有调查团之报告可作对证,盖该项报告之内容,固完全为不偏不倚之公言也。日代表在今晨演说中曾提出数点,该数点亦即余所即将提述者。惟尚有他点及甫于昨晚发表之《意见书》中各点,余将于下次再加批评。日代表演说中最可骇异者,厥为对于中国政府现况之指摘。在此点,余即将对日政府所以不断对中国攻击之理由,加以若干阐明。且吾人即使为讨论计,姑定日政府所称并非完全不确,吾人亦仍当询问在此种情形

下，是否即可认日本政府之武力侵略，及日军之军事占领中国国境幅员与法德两国领土相等之最富饶之东三省为有理乎？日代表又称，日军在东三省之行动仅为自卫行动，并援用凯洛格非战公约各主要签约国所特别提出之保留，为其张目。惟日代表同时又称，日本军部早已预定详细计画，一声发难，全军俱起，其行动几成为自动的。日代表对于此项计画之迅速、精密实行，表示得意。然日代表竟忘未指出中国方面绝无侵略或自卫之计画，凡此李顿报告书均已加以证实。九一八晚至九一九日，日军用机关枪、大炮实行其预定计画时，中国军队自动撤退，绝未作任何抵抗，仅就此一点言，吾人尚能视日军之行为为自卫行为乎？日军此种行为，若果如日代表所言，可以视为在凯洛格非战公约保留部分范围内之自卫行为者，试问吾人尚何须维持此项和平公约耶？惟余深信行政院诸君一部分曾亲与该约之成立者，当有较佳之解释，余亦惟有请诸君自行解释之耳。

  余对日代表演说，已作上述之指陈，兹谨再将中国政府对调查团报告书之意见，为行政院诸君一陈之。调查团工作之结晶，即为其对行政院之报告书，应受最大之赞美。中国民众对李顿爵士及其同人暨调查团一行秘书专家及其他工作人员之完成其重大之使命，表示恳切的敬意，亦固其宜。余谨藉此机会，再正式表示中国政府之感佩。调查团在九阅月中，奔走工作，曾不以境地、气候之变迁，而一易其赴事之热诚。余以中国代表之资格，追随诸君子之后，亲炙诸君子之精诚、毅力及责任心，尤为不胜荣幸。调查团对于中国代表随同赴东三省之种种不必须[需]的阻挠，先已颇加忧虑。及中国代表及其随员等一行抵东三省后，则种种出奇之拘束，层出不穷。所有一切行动，悉受限制，致中国代表未能依照去年十二月十日行政院决议案中所规定尽量在调查团当地调查时，加以职务范围内之襄助。至有数次，中国代表乃不得不请调查团注意渠及渠一行随员勿受之种种困难及不便利。此种困难及不便利，实足不需要的限制其行动之自由而阻碍其任务之执行。犹忆中国代表于本年四月二十七日在沈阳时，曾作一公函于调查团，其中有言：

    中国代表任何人员外出时，其后必随有日警一人或多人。雅玛多旅馆之内，更有多数日警循环监视。中国代表自一室至他室或入餐室进餐时，悉有人追随其后。中国代表所出入房间之号数，亦被登记入册。尚有部分中国代表团寓于东洋旅馆，情形更为困难。底层有日警约十人监视,中国代表团人员外出时,必须通知馆中侦探,俾可派人"保护"。在馆内私室中,亦绝不能有片刻安闲,日警随时可以闯入室中,向代表团人员询问一切。中国代表团对外交接,完全隔绝,华人绝对不许赴雅玛多旅馆或东洋旅馆,谒见代表团,并悉数华人有因此被捕者。

(《申报》,1932年12月16日,第十版)

64. 国联小组会拟定之决议草案空泛含混,追述三月十一日决议组织调解会请中日美俄参加,对调查团表示谢忱并建议以李顿报告为调解基础,为日本预留狡辩地步,英外相西门袒日显明,对解决期限并未规定,中日代表各向本国政府请示

〔日内瓦〕 十九国特委会小组委员会拟定之决议草案,因受英国袒日之影响,以致颇为空泛含混,一若为日本预留狡辩地步也者。设英外相西门星期三不返伦敦,则所得结果,当较此尤恶。据中央社记者探悉,小组委员会初稿对于调解基础,仅及规定以和平方法解决争端之国联盟约及凯洛格非战公约,而未列入明定保障中国领土行政完整之九国公约。经我国代表要求,始行加入。又决议草案中对于解决时限并未规定,仅言十九国特委会应于明年三月一日向大会报告调解成绩,而非提出建议。(十六日中央社电)

〔日内瓦〕 闻十九特委会十五日晚所核准之决议草案,内分四项:(一)对于李顿调查团之工作表示钦感,而以其报告书用于调解委员会之工作中;(二)重行确定三月十一日之决议案;(三)提议以十九特委会为调解委员会,而辅以中日代表;(四)宜请美俄参加调解工作云。(十五日路透社电)

〔日内瓦〕 十九国委员会内小组委员会所准备之决议案草案,业于今日草竣,送与中日代表团领袖阅看,俟得同意,再行提出国联大会。至其内容,各委员虽力守秘密,但据可靠方面传出,此次决议案比较空泛而不担负干系,或将须请委员会重行试拟也。

又闻今日十九国委员会曾开会片刻,通过小组委员会所草三种文件,准备

得中日同意后，即行提出国联大会。

第一文件 即系建议前述之决议案草案，其内容大致由国联大会重申上次大会三月十一日决议案大纲，各会员国自行保证对于凡用违反盟约与非战公约规定方法所产生之任何事态或条约，概不承认。次乃注重于盟约非战公约与九国公约之条件，再次遂建议设立调解委员会，即以十九国委员为委员，并加入中国两当事国。而美国与苏俄因有巨大利益于远东，亦当一体邀请参加。此项调解委员会当考虑李顿报告第九与第十两章，而于明年三月一日提出报告。

第二文件 闻颇简短，仅对于李顿调查团中正不阿之工作，表示感谢而已。

第三文件 共长两页，详述十九国委员会草拟决议案之理由。在此报告内，力言国联大会宜照盟约第十五条第三节规定，采取调解手段。并说明邀请美俄参加调解之必要，谓李顿报告内叙述满案历史部份不偏不倚，既主张回复原状与承认"满洲国"俱属不可能，因此有觅取若干折衷办法之必要。

又闻国联中人态度，希望国联大会最后决议案，将充分空泛而不担负干系，以期取悦日本，俾日人可继续参加调解工作。但委员会之决议案则当稍事强硬，尽可不问国联大会之赞成与否，期可取悦中国而得美俄之合作云。（十五日国民电）

〔日内瓦〕 十九特委会主席今日对人声称，甚活动之谈判刻在进行中，以期对于处理中日争议的调解机关之组织谋取一同意。此项机关将请美俄两国政府加入。渠于昨日十九特委会会议后，会同国联秘书长向中日两国代表探询其对于此项办法之意见。渠已与双方接洽此事，现待两国政府之覆电，国联大会大约因此将延缓数日始能开会云。（十六日路透电）

〔日内瓦〕 昨日十九特委会所通过之决议案，曾检点份数，而于散会后封藏，足证会议机密之一斑。闻十九特委会建议应以该会为调解委员会，而辅以中日代表。该委员会应于六个月内向国联提出报告。按颜惠庆博士主张此点数月于兹，以为如在指定之时期内调解无效，则调解委员会应缮具报告，届时或有制裁之主张也。李顿报告书第九、第十两章所载之调解办法，当可得成功之机会。十九特委会对于争点是非，决议不表示任何意见，以免有偏袒之嫌疑，但将重行确定三月十一日之决议案，不承认违背盟约而成之变更。此举在使各小国满意，盖小国已勉强放弃不承认"满洲国"之主张也。国联大会大约

将于下星期一二日开会讨论此决议案。众料此次开会后，全部问题将延至明年再行处理。（十六日路透电）

〔日内瓦〕 关于起草委员会之工作，续得消息如下：

起草委员会已于昨日通过决议案二件及理由说明书一件，其第一部分工作已告完成；而调解中日争端所应根据之原则，亦已确定。至调解程序，则起草委员会主张组织一小委员会，以专家及特别合格之人物充任之，或即指李顿调查团团员而言，亦未可知。起草委员会并建议非常大会应邀请美俄两国参加，十九国委员会因此改组为二十一国委员会。按照国联会盟约，中日争端最后报告书应于六个月内发表。后经非常大会决定延期，中国代表再三要求确定发表期限。上项理由说明书即所以满足中国方面之要求，该说明书谓调解委员会当在本年底内确定最后报告书提出之期限。如调解委员工作告成，则最后报告书仅叙述事实经过；若调解失败，则最后报告书乃包括各项建议案。至于调解工作所应根据之原则，按之理由说明书，则国联盟约、非战公约及华盛顿九国公约首当注意。继及追述大会三月十一日之决议案，即不承认用暴力所造成之局面。又叙述李顿报告书第九章关于调解之原则，及第十章关于调解之方式。李顿报告书第九章劝以广泛之自治权赋予满洲，并组织一宪兵队，而撤退其他一切军队，并由国际合作以建设中国。李顿报告书第十章提议召集一咨询会议，任中日双方代表及满洲居民代表团两组参加之。此项代表团，一由中国规定之方法选出之，一由日本规定之方法选出之。此外，中立观察员亦可参加该会议，若遇意见不同时则请由国联会行政院解决之。理由说明书并声明所有提出之办法，系以盟约第十五条第三节为根据，所以未加评断者，则以调解工作必须自由运用故也。（十六日哈瓦斯电）

国联丧失权威，对解决中日争案意图延宕，徒成日本及各大国之机关

〔日内瓦〕 国联对于解决中日争案意图延宕，已无可讳言。国联徒成为日本及各大国之国联，日本需要延宕，完成其在东三省之计划，国联自觉前途无望，亦欢迎延宕，苟全其颜面。至各大国则为避免日本之反抗，亦以为不如听其自然发展，不解决而解决。在此种形势之下，我国遂并一纸上之满意的解决而不可得矣。（十六日中央社电）

我代表团对决议案失望：完全徇从日方意旨

〔日内瓦〕 中代表团对于十九特委会提交大会之草案，认为甚属失望。今日中代表团发言人声称，决议草案与吾人所期望者，相差甚远。依照国联盟约，中国应享有限期报告之权利，今草案并未规定最后报告之限期，此层尤令人失望。再，草案中未有应付东三省时局之条文，亦无阻止日本继续侵略之办法云。（路透电）

〔日内瓦〕 十九国特委会秘密会议所通过之决议案虽未宣露，兹据可靠消息，该决议案其徇从日本之意旨，故中国代表团对之殊形冷淡云。（十六日国民电）

日本犹示不满，反对美俄参加，续施恫吓故技

〔东京〕 松冈代表以下之日本代表，当将十九国委员会之结果，立即向本国政府请训。代表部经讨论后，以为决议案之采择李顿报告书，其意系不承认"满洲国"，故意见一致对之反对。十五日之十九国委员会，英代表西门所为之慰抚的演说，反召反拨小国方面之结果，致于日本形势更为不利；而日代表部已〔以〕备万一起见，决定除退出国联外无他策也。（十六日日联电）

〔东京〕 日陆军当局对于十九国委员会决议案之意向如下：陆军方面现所接者仅前文，其全部尚未收到。于宣言承认李顿报告书者，即不承柳条沟事件为自卫行动，为陆军所绝对反对。又采择三月十一日之决议，系指日本之行动，违背非战条约、国联盟约与九国公约，故亦不能赞成。又邀请美俄两国事，在中俄复交之今日，不得不反对俄国之参加也云。又政府待全文到达后，将由陆军与外务协商，

下转第七版
再训令松冈全权。（十六日电通社电）

〔东京〕 日陆军省接到十九国委员会决议案未必有利于日，大小军阀闻讯甚形激愤。某司长谈云：日本国民须认清此纸老虎无力解决国际纷争。中日纷争未解决，墨西哥已先退出国联，英波间又发生纷争，法国又为战债致内阁倒台，大国自顾尚不暇，焉能解决他国之争执？大国中如德、意均欲寻机退出国联，可见国联为超越国家之组织，以此组织解决国际间之争斗，可为痴人作梦。对中日纷争无论国联如何处置，如对日本不利则实行原定策略，固不足

以惧之云。(十六华联电)

〔东京〕 外务省审阅今日午后收到十九特委会所将提交大会之决议草案后,觉内有数点须加修正,料将于明晚电达日内瓦代表团。日本对重行确定三月十一日决议案一节,不能予以接受,盖日政府以为目下大局业已安定,与前不同,但日政府建议仅能援用各种和平条约之精神。日本并反对邀美俄两国参加调解委员会,因俄美均非国联会员国也。日本不能承认草案中关于李顿调查团"不偏袒工作"之一节,除此数点须加修正外,闻日政府将训令其代表团提出在可能范围内尽量维持国联尊严之建议。(十六日路透电)

西班牙代表力为公理奋斗,日本对之愤恨益深

〔东京〕 十四日日内瓦之一般空气,日本认为于己有利,故日代表部电日外部大有扬扬得意之概。殊不知英外长西门返英后,西班牙代表即乘机连络各代表,力倡国联须维持公理,不然终陷入不可挽救之危机,故空气随之一变,决议案遂趋转对日不利。因之日本之愤西班牙,愈益露骨。(十六日华联电)

....

(《申报》,1932年12月17日,第六版转七版)

65. 东北问题与国联(三):调查团之参加,中日代表之舌战

又中国代表在长春时,曾于五月三日致牒调查团,对于渠在雅玛多旅馆接见两外籍士教[教士]时所受日警之干涉,有所陈述。其中有一节如下:"开门时即见有日人五六人,其中为首一人坚欲入室,侦查来客为谁及其来访目的。其后得悉该日人,系关东租借地警务厅长春警厅高级警务处之警长。渠入室后,直待中国代表踏出自己内间,方始离室。此时调查团爱斯德君适经过该处,经渠向日警长询问,乃知日警长之所欲知者,乃为中国代表是否已得日警允许接见外客,及该外客等是否亦已得日警允许往见中国代表。"中国代表在吉林时,由日军手擎上有刺刀之步枪,到处"护卫";在哈尔滨时,则由正式日警及便衣队"护卫"。因此种种不合的限制及禁止,中国代表竟至不能随同调查

团亲赴出事地点调查一切,或提出华人见证,以备调查团之访询。至东三省之华人未得日当局之允许,更绝对不准晤见调查团或华代表。报告书一○七页中言:"惟日警种种方法之结果,仅为隔离一切见证。有许多华人甚且不敢晤见调查团之团员。调查团在某处,曾得悉在到达该处之前,当局曾通告无论何人,未得官方核准,不得往晤调查团。是以调查团所有访□,均系秘密进行,甚感困难,并有多人语调查团,此种秘密晤会方法,仍□危险。调查团所接见之代表团,多数系由日本当局或'满洲国'当局所介绍。各委员对于该代表团等之意见书,深信其必曾先得日本之核准者。"日本当局对中国代表及其随员等,在中国国境一部分之东三省时之待遇,与中国当局所予日本代表在中国其他各处时之种种极大量之自由及便利,一相比较,高低立判。盖调查团在南京、上海、汉口、北平及其他各处时,中国当局从未设法以任何方法阻碍日本代表,向调查团提出日籍见证,或日本人民之访见调查团以供献其意见者也。

以上数点,不过为一种初步指陈,兹再就报告书所提出之较重要问题及事实数点,表示意见如下:

  日本政府曾指称中国为非一有组织的国家。日本此说,表面虽在辩护其在中国,尤其在东三省之不当行为;而其真正目的,则实在淆惑公众舆论,以避免真实问题。中国为国际联合会最初会员国之一,日本政府竟以此种言辞称呼之,是不特可见其缺乏□□,抑可见日本方面对于本案之辩点,实已绝无可作健全理由者。中国刻正在由四千年之帝国政制,改进于现代民主政体之进程中,其所受种种困难,在熟习任何国家改造之政治历史者之心目中,绝无可怪。中国国内所育种种纵横参杂之势力及因素,不过为中国民族觉醒后所有力量及生命素之表示,而为四万【万】五千万人民衣食所倚之国家之进步之明证。中国在过渡进程中之现象,容非完全可使旁观者感觉满意。然此种现象,实为任何旧建筑改造进程中之一般现象。其最重要之点,厥为各调查团报告书第十七页中所言:"中国政府虽有种种困难、迟延及失败,而其所成就者,亦已不少矣。"

(《申报》,1932年12月17日,第十版)

66. 日内瓦充满悲观空气：我认决议草案不澈底，日本亦表示拒绝接受，十九特委会讨论势将延宕至明春

〔日内瓦〕 日内瓦现满布关于中日争议之悲观空气。众虑五国小组委员会所拟之草案，其谈判或将延宕多时，故若干方面颇有待至耶诞节与新年休期后再行讨论之趋向。中国方面以为此草案未有澈底办法，而日人则认目前形式之草案为莫可接受，但有显见者，双方似皆不致担负坚决拒绝之责任。盖拒绝此草案，等于拒绝调解手续，而国联即将采用国联盟约第十五条第四节之条文也。该节条文曰："倘争议不能如此解决，则行政院经全体或多数多表决，应缮发报告书，说明争议之事实及行政院所认为公允适当之建议。"果尔，则将发生严重后果，无论何人涉念及此，未有不深切忧惧者，虽始终主张严峻行径之小国，对于此种局势之可能性，亦为之惶遽不宁。今日午后五国小组委员会集议三小时，闻秘书长与十九特委会主席相继报告与中代表颜博士、日代表松冈谈话之结果，虽接洽时，两造皆未接到政府训令，但双方皆能根据其所接寻常训令，而作初步之建议。明日午后小组委员会将再集议，届时中日代表当已接到政府覆示。十九特委会原有星期一日开会之说，但一般印象，以为将有在耶诞节后始继续讨论之必要，因中日双方对此提案，皆将有反对之表示也。提交中日政府之草案原文大旨如下：

第一提案，声明十九特委会有勉力解决此争议而不缮具报告书之义务，故根据三月十一日之决议案，在此草案中，确定任何解决必须与国联盟约、非战公约与九国公约之倾向相适合。十九特委会之工作，在会同争议中两造，根据李顿报告书第九章之条陈，并顾及第十章之建议，指导谈判。又说明调解委员会须由十九特委会产生，须有一邀请美俄之合作并有权采行其所认为必要以履行其职务之任何计画。调解会须于三月一日缮具报告书，如届时不能获有同意，则调解会得向迄未停会之国联大会报告之。

第二提案，对于李顿调查团之工作，表示感谢，并谓李顿报告书将始终为忠实与不偏袒的工作之模范。

两提案后附说明书，供委员会之指导。说明书引证十二月九日决议案，并

一再声明委员会之工作,为根据盟约第十五条第三节而办理之调解,说明书劝从速办理,并建议应以权力给与专家。该专家须受三月十一日决议案之指导,以李顿报告书之【第】八章及第九章所载之原则为根据,并顾及第十章。说明书又说明事非恢复原状之简单,亦不可使现状赓续。(十六日路透电)

我国要求修改决议草案:外部昨致代表团训电,既未规定最后报告期限,更无阻止日本侵略办法

〔南京〕 十九国委会通过五国所起草决议草案,经颜惠庆电外部请示,该草案共四项:(一)对报告书表示忻慰,留待调解委员会引用;(二)重行确定三月十一日决议,申述仍应履行;(三)提议以十九国委会加入中日代表,改为调解委员会;(四)邀请美俄加入调解委会。外罗接到颜电后,与宋子文及在京外委商议结果,确已于十六深夜发出重要训令至颜,表示异常失望,嘱颜答复十九国委会,要求须将该草案加以修改后,中国始能接收[受]。闻我方不满意者,因该决议既未确定制成最后报告之日期,更未规定对制裁侵略者之办法,对我国在国联大会历次各项要求,一概抹煞,故难接收[受]。该训令预料十七中午可到日内瓦。(十七日专电)

日本如不放弃伪满国之承认,中日案无讨论余地——我代表团发表一文

〔日内瓦〕 中国代表团发言人今日发表一文,说明中政府对于十九特委会决议草案之意见,谓日本苟不表示其诚意,愿接受此草案为讨论之基础,则进行详细之讨论,徒费时耳。吾人所可据以进行调解工作之一种必要条件,为日本应放弃其所谓"满洲国"云。(十七日路透社电)

〔日内瓦〕 中国代表团发言人宣称,十九国委员会之决议草案,令人大失所望,其言曰:"此项决议草案,远在吾人希望之下。其最大之点,为最后报告书原应按中国请求规定确切日期,乃决议草案对于此点,竟付阙如,此层尤足使人失望。此外又未采取任何方法,以应付满洲时局,或防止日本人使不致加重时局之严重。"(十六日哈瓦斯电)

起草委员会曲意顺从日本

〔日内瓦〕 众信起草委员会因日代表之反对,现已考虑将草案之一点及

理由说明书之二三点加以修改。日方所反对者,显为以李顿报告书第九、十两章所载调解办法为根据之提议,盖以此将限制委员会之权能也。闻日本又反对委员会草案中之特别言及美俄两国。按国联向美俄探询加入调解之意见后,仅得微温之答覆。如邀请问题不取销,则起草委员会定将觅一方案,以销释此项反对,其道在含蓄请美俄加入之意,而不切实言明之。(十七日路透社电)

日政府训电松冈内容:要求修正原案,冀避戎首责任,拒绝美俄参加,坚持直接交涉

〔东京〕 致日内瓦日代表团主张修正十九特委会提交大会决议草案之训令,已由内阁核准。闻所主之修正点,包括决议草案中之"九国公约"数字,应加删除,因九国公约与国联盟约无关之故。又李顿报告书第九章、第十章应用以解决中日争案之建议,亦应予以删除,因其中主张取销"满洲国"之承认之故。日本并建议调查本问题之委员会,应纯为研究争案之机关,美、俄皆非国联之会员国,故日本对邀请两国参加委员会,不能同意。日本又重行声明其保留,反对于中日争案实施盟约第十五条。(十七日华联社电)

〔东京〕 今日下午三时一刻,内田外长入宫觐日皇,报告国联情形,奏准回训内容,三时三刻出宫。集谷、白鸟、松田各司长及森岛各科长,商议回训内容,即时电令松冈洋右照办,其训令要纲如次:

(一)决议案中援用九国条约及非战公约,似欲责备日本违背前两项公约。日本行动决不违背此条约,故须要求十九国委员会删除此项。

(二)调解委员会任务在解决中日纷争,此与日主张相差甚远。日须坚执中日直接交涉之主张,调解委员会职权须限在促进中日直接交涉,在交涉中从旁帮助。

(三)邀请美俄调解中日纷争,日本早已反对第三国干涉。而且两国与国联本无涉,引诱不负责任之国家解决辽案,日政府绝对反对。(十七日华联电)

日代表大放退盟空气,一方面又同意调解手续

〔日内瓦〕 日本屡次发表退出国联之恫吓,今日国联方面又复甚嚣尘上。据云,十九国委员会主席德惠亚与日本代表磋商之满洲事件调解案,已经破裂;而日本对于美俄两国之加入讨论,尤为反对。惟苏俄实不欲接受国联之邀

请,故俄代表团全体人员已由李维诺夫氏率领启程返国,中国代表颜惠庆曾莅站欢送云。(十六日国民社电)

〔日内瓦〕 日代表声称,国联关于中日争议之提案,其唯一之点可为日本同意者,厥为调解手续。现尚未接到东京训电,但决无可疑者,日本态度决不退让,如属必要,日本宁退出国联,而不愿接受此种草案云。(十七日路透社电)

日本行动灭绝人类良知,内蒙人民电请国联伸正义

〔日内瓦〕 内蒙古人民及官吏曾以下列电文,拍致中国代表团。文云:"国联之设立,原以增进人类幸福,维持世界和平为职志。然日本纯恃武力,完全蔑视正义公理,无端占据东三省及东蒙古,残杀无辜之平民,树立伪满洲国,肆行无忌,其用心乃在欺骗人类,破坏世界和平,实违反国际法及人类之良知,此蒙古人民所全体反对者。兹国联会业已开会,吾人希望法理得伸,日本之侵略不得再逞,而中国领土得保其完整"云云。中国代表团已将此电正式送达国联秘书长,请其分送大会各会员及十九国委员会各会员。(十六日哈瓦斯电)

伍朝枢谈:外力原不足恃,愿国人振奋自强

〔南京〕 伍朝枢谈:"国联并不足怪。国联之政策,一言以蔽之,'延宕'两字耳。且指国联之列强,各有其立场,所谓正义公道,在今日国际中,亦已不复存在。苟再不图自强,冀盼外力之助,直等梦呓。本人一贯之主张靠自己,不主赖列强之合作,互有利害的维系,扶弱抑强孰愿为之。最近英外相西门在日内瓦发出之言论,国人大为惊诧,本人读之,并不引以为奇。盖西门英国之外相也,为英国谋,其出发点,当以英国利益为依归。倘我人身为英国外相,当亦如是。倘能异地而处,殊无大怪。此乃各有本分,不能独责其袒日。若然,则列强中试指何者不袒日耶?愿我国民对国际之观察,有进一步之认识,亟图振奋自强,勿存倚赖之心。"(十七日专电)

英何厚己薄人,重视对波油权案,促国联迅速行动

〔日内瓦〕 英波油矿争议案,今日已送交国联。英代表以三十页之长文,送存国联秘书处,下星期行政院开会时将发表之。波斯代表现与秘书长商榷,以期稍缓着手调查,俾波斯政府得详细陈述其案情,但英代表则欲立即交出说

帖,庶国联可从速行动。(十六日路透社电)

〔伦敦〕 拥护和平团体全国联合会今日开会,通过三种决议案:(一)十一月二日英国为采矿权争执案致波斯政府之牒文,含有威胁之语气,该会认为不当;(二)坚请将英、爱争执,提交海牙国际法庭审理;(三)宣言关于战债及赔偿问题,英国政府不应采任何与法国态度相反之手段,而洛桑会议业已暂时解决之各问题,亦不应重行惹起。(十六日哈瓦斯电)

英袒日态度未变

〔南京〕 外息。英袒日态度未因其口头声明有所改变。此次十九国委会决议案草案,未能完全主持正义者,仍系英代表袒日所致。(十七日央社电)

....

(《申报》,1932年12月18日,第三版)

67. 时评:为英政府进一解并正告世界

自本月七日英外相西门在国联大会席上发表其袒日言论而后,本报曾两次论评,于其认识不足与夫将由此益以促进世界之纠纷,颇深致惋惜。乃者,英政府当局有所声明,谓西门在国联大会所发言论用意在促进和解,并无偏袒任何一方之意。此种表示,固极足以使世界公正人士之耳目为之一新,疑虑为之尽祛,惟是吾人尚有不能已于言者,辄愿为英政府进一解,并以正告世界。

英当局之言曰:"英国为国联忠实会员,对于盟约尊严之维持,决不后人。"此种表示固极坚决而光明,但就事实而言,去年九一八祸变之发生,谁为破坏盟约之祸首,虽三尺童骏,应无不知之。然而荏苒一年,东北事件在国联中迄未获得若何公正解决之办法。国联每有决议,日本无不悍然予以破坏,而国联则亦竟为强暴所慑服,为敷衍世人之耳目,乃有派遣调查团之举。吾人于此,固即深虑维护国际间正义与和平之庄严盟约,将从此为强暴所一手撕碎。

此次大会重开,李顿调查团之报告书,既已将东北祸变之实际情况,明白献陈于大会,而此一年来日本继续不绝之暴行,如再犯热河,如正式承认伪组织,尤足使国联明白认清日本之面目。在吾人之初意,以为东北事件在国联中,今次庶几其有获得公正解决之望乎。殊不料今之国联,仍无殊于昨之国联,集全世界政治家、外交家于一堂,竟终不能维护正义而予强暴以合法之制裁。

调查团既为国联所委派,其报告当为国联所信赖。而在本届大会中,尤应根据此种报告,实施公正之裁判。按报告书中对于九一八祸变之结语,有极确定之两点:(一)九一八晚之日军暴行不能认为自卫之行动;(二)满洲伪国不能认为由真正及自然之独立运动所产生。夫非为自卫,即为侵略,非为真正自然之独立运动所产生,即为日本一手所包办,事实昭彰,世所共见。国联既不肯依据报告书中所认定之事实,决然予以公正之裁判,而自称国联之"忠实盟员"英国代表西门氏,反公然发表袒日之言词,故为强暴张目,使正义沉销、盟约破碎,则世界公正人士对于英伦之深致惋惜,对于国联尤表示无穷之失望,宁其足怪。

今英当局既已明白宣示其光明之态度矣,此种光明之态度,诚为国联所利赖,亦即为世界和平所利赖。然而吾人尤切盼英当局于切实表示其光明态度之外,更严之以正确之事实,即基于维护盟约与维护和平之立场上,对大会作公正之建议,或竟能如英波油案中,英决然援引盟约第十五条之态度,依据盟约第十五条对大会建议予强势以有效之裁制①,俾公理终得以伸,和平终得以维持。则英政府正直之态度与精神,当更为全世界公正之人士所共仰矣。

次之,吾人犹有敢为英政府暨世界各国正告者:中国人民今日虽处于暴力劫持之下,但深信强暴终不能吞没正义且终必为正义所屈服,同时□深信中华民族欲谋自身独立生存之自由,舍以自力自救而外,更无他道。中国人民固切盼国联以及全世界公正人士之共起而主持正义,但决不依赖国联,更决不肯信赖任何一国。以自力自救,并以维护国际盟约与正义和平。中国人民今已具此决心奋斗而已,强暴终当陈尸于正义之足前。

(《申报》,1932年12月18日,第六版)

---

① 编者按:原文如此,疑应为"予以强势有效之裁制"。

68. 东北问题与国联（四）：调查团之参加，中日代表之舌战

一九二二年二月六日，签字于华盛顿之九国公约之签字国，包括日本在内，鉴于中国在改造中需要此项过渡时期，共同约定"予中国以最完全最少阻碍之机会，俾得自己发展并维持一有力而巩固之政府"。不幸中国在其统一及建设努力之进程中，其最大困难之一，即为日本之一再阻挠其成功。今试举一例以明之。日本著名政治家后藤新平男①，在其《日民及日军在满蒙之活动》之日文小册内明言，当民国初年袁世凯正将统一中国之时，日本方面曾在东三省组织一复辟运动，以推翻袁氏。该册中直言，日本财政家大仓喜八郎当时曾以巨款供与满清王族肃亲王，俾其立时进行是项运动。后藤并称当时日军第五团司令土肥【原】大佐，奉命率领多数日军低级官员，组织并计画反袁军队。然此尤较久之事，诸君或已不甚记忆，兹再提出较近事实为诸君道之。一九二七年、一九二八年，日本政府两次突派重军赴山东省城之济南，名为保护毫无危险之日侨，实则在阻碍蒋介石将军所率领之常胜国民革命军之统一华北，使归南京国民政府控制。一九二八年五月二十八日，日本政府由田中首相发表之威胁性质宣言，内称北京及天津方面如再有骚乱事件发生，则日本将被迫采取相当步骤，以维持东三省之和平及秩序。此项宣言发出后，张作霖将军即遭炸车而死。该宣言之目的，亦即在阻挠中国一统之成功。此后驻沈阳日总领事日本特派员林男爵及日军旅长佐藤，曾警告张学良将军不得联络南京中央政府，并不得树青天白日满地红旗。一九二八年八月九日，张学良将军赴日总领署答访林男爵，又受同样警告。张学良旋提出责词，日本此种态度是否合理，而佐藤则答称："此时已非讨论任何事件之合理不合理之时。田中首相已决定此时不应飞扬新旗，即此一点，即是充分之理由矣。"

从上种种，可见日本一方面口口声声对全世界哀告中国之不统一，而一方面则坚持进行其阻挠中国一统之政策，此乃一极可怪异而又大有意味之事实，

---

① 编者按：后藤新平，曾获封男爵，故此处称"后藤新平男"。

吾人不可不注意也。吾人于此之问题,即日本是否诚愿中国一统。吾人显然可见日本深恐中国统一之后,日本之大帝国发展政策及其战胜世界之希望,即将受一打击。调查团报告书第十三页有言:"就日本方面言,本问题之中心,即在其对新中国政治发展及其将来之倾向之一种忧虑。"吾人就其字里行间细细意味,即可得其真义矣。

任何国家组织之完整与否之重要性,即在该国对其他各国关系之影响。此种影响,往往有不少因素可以表示。对外贸易之发展,即其一也。就此点言,中国之成绩,并不逊于其他各国。在过去二十年中,世界各国虽受一种有组织、有恶意的宣传而对中国发生一种觉感,然中国在全世界之经济上,实有极重大而逐渐增加之贡献。中国之对外贸易统计,即为反证日本批评家指摘之最良器具。查一九一一年中国全部对外贸易为海关银八四九〇〇〇〇〇〇两,一九二一年增至关银一五〇〇〇〇〇〇〇〇两,一九三〇年增至关银二二〇四〇〇〇〇〇〇两。易言之,二十年来中国对外贸易,已增加至百分之一五八之多矣。

一个国家政治组织完善程度之另一可靠的指数,即为该国对他国在尊重国际条约上所表示之忠诚及合作之程度。此种合作,为国际新生命及世界和平组织之实现上所不可或缺之需要。吾人若以此点为准绳,试问日本之国家组织,其完善已达至若何程度乎?国联当前对于东三省事件之真正困难,即为日本之不肯尊重其国际义务,如明白规定于国联盟约、凯洛格公约及九国公约者皆是。及其不肯实行对行政院之诺言,撤退驻在东三省之日军,以防止增加事件之严重性,吾人且不问此事是否由于日本政府之不愿,或是否由于日本政府之无力控驭其有势有力之军阀,其影响于全世界者,则同属可虑。国联去年已感觉之矣,而今日则殆仍有同样之感觉也。

关于此点,吾人欲深知远东情形,应先知调查团报告书中所提及之日本传统的开展政策之目的及影响。此项政策,日人名之为大陆政策,即战胜亚洲之大陆政策也。其步骤共分两支:一为北支,即由朝鲜侵略东三省、华北;一为南支,即以台湾为根据地,侵略华南、华中及南海各处。十六世纪时,日丰臣秀吉即主张并吞中国,其答朝鲜国王之书中有云:

夫人之居世,自古不满百岁,安能郁郁久居此乎?吾欲假道贵国,超山越海,直入于明,使其四百余州尽化我俗,以施王政于亿万斯年,此秀臣宿志也。凡海外后至者,皆所不释。贵国先修使币,帝甚嘉之。秀吉入明之日,其率士卒、会军营,以为我前导。

十九世纪中叶,佐贺藩霸主兼肥前守卫锠岛①于其上书中有云:

> 幕府 Shoyunete② 之职,世号"征夷大将军"。此"征夷"二字,为万世不易的眼目。当今太平日久,士气偷惰,正宜乘势奋发,耀威国外,乃足以挽回国运,奠定国基。

西乡隆盛之前,大木乔任主张吞并朝鲜、分隔[割]中国最力,其在论日本政策中有言曰:

> 日本之最大隐患,厥为俄国。盖俄国以其位置言,最便阻碍日本之实行其大陆政策。日本如决心施行此项政策,应即与俄国成立联盟,均分中国土地。

余之所以提出以上各节者,并非以其有历史的兴味,而实为其对于日本现代对华及对远东政策之重大关系。盖以上各节,其中所包含之精神及所主张之政策,与日本目前之精神及政策初无二致。一九二二年三月三十一日,东京陆海军部开一重要联席会议,陆海军最高级长官均出席,决定一种新战略。次日,《东京读卖新闻》对于该会议内容作一纪载,内称最高军事会议已决定,一旦发生战事,日本应立即与亚洲大陆自汉口、山东以至哈尔滨、萨哈连各处建立密切通信网,作为第一道防线。对于军事行动计划,该报有如下之惊人纪载:"为巩固其防线起见,日本应先增厚在朝鲜、萨哈连及台湾之警备军力,并应以全力获得汉阳及萍乡煤铁矿之自由取给权,俾得充实军需,庶长期战事可恃,而最后胜利可期。又为准备国际关系之迅速转变起见,日本应先取得北京,同时占领东三省沈阳及长春,俾各种物料之供应,无虑缺乏。"

一九二二年春,日本国会开会时,日本陆相山黎对议员关于最高军事会议

---

① 编者按:原文"锠岛"误,应为"锅岛"。
② 编者按:原文拼写误,应为"shogunate"。

所定新军事国防计划质问,答称:

下转第十版

> 前与日本密切联络之一国(指英国),已决定对联盟条约不再赓续,故一旦发生战事,日本有受经济封锁之虑。日本为预防此种情势计,自应占领大陆(指中国)及西伯利亚,以获得充分食物及战需品之保证。

数百年来,日本军人努力提倡之结晶之双管齐下的大陆开展政策,其第一步即着眼于中国,以为战胜亚洲全部之始点。其进行也,南北同时着手,适与毒蝎之同时以首尾攻击其牺牲品略似。于此,吾人即可了然于一八九四、五年中日战争终了之后,何以日本坚欲中国割让辽东半岛及台湾岛。于此,吾人乃可深悉,日本于一八七九年攫取中国琉球群岛,以至日俄战后之占据南满、并吞朝鲜,一九一一年之派兵深入扬子江流域中心之汉口,一九一四年、一九二二年之占据山东,一九一五年之提出"廿一条",以及其踌躇撤回东部西伯利亚之远征军,一九二七年及一九二八年之派大军至济南,最后乃及于一九三一年九月十八、十九之攻占沈阳及其他各城,占据东三省全部,不顾全世界舆论,自食其诺言,违反其义务,而不肯撤兵之真正意义矣。吾人就大木乔任之言测之,可知日本政府于一九零七年、一九一零年、一九一二年及一九一六年,迭次与俄政府商订密约,图谋瓜分满蒙,及于一九一七年关于南满及山东省对各国秘密换文之真正目的矣。而日政府最近拟设法在欧洲各国中觅一同盟国之用意,亦可晓然无疑。吾人敢言,日本此项为新中国领袖人物所曾知之大陆政策,实为远东和平之真正威胁,实为世界各国之最大骚乱因素。而其所以有如此重大之危险性者,则厥因在此政策之后,为一擅作威福而不悔之军阀势力,握有最有威力之战具,而餍足其欲望之方法,又处处维持武力及强权者也。

中国在过渡时期不可避免之不稳状态,虽不宜任其不需要的延长,其本身要与以法治及国际间用和平方法解决争端之原则作根据之国际新生命无冲突。日本军阀不断的阻碍中国之统一,增加中国之困难,利用中国之种种艰苦,如水灾及"共党骚扰"等,以推进其土地开展及大陆征服政策。凡此种种,始为中日两国间和平谅解之真正障碍。试观六十年来中日关系之历史,即可证余言之不谬。六十年来日本对华不断的战争、军事远征及侵略行动,虽其表现之时地各殊，而其背后之开展占领及克服政策，则继续一贯、绝无异致也。吾人应注意此项政策，其目标并不仅在取得满蒙而止。据日本前首相田中义一之奏折——该奏折在一九三一年九月之前，日本报纸时时引证之，对于其真实性，绝未尝加以怀疑——控制中国之东三省，不过为克服全世界秩序中之一步。折中有言：

> 将来欲制支那，必以打倒美国势力为先决问题。与日俄战争之意，大同小异。惟欲征服支那，必先征服满蒙。如欲征服世界，必先征服支那。倘支那完全可被我国征服，其他如小、中亚细亚及印度、南洋等异服之民，必畏我、敬我而降于我，使世界知东亚为我国之东亚，永不敢向我侵犯。此乃明治大帝之遗策，是亦我日本帝国之存立上必要之事。

明治天皇此项计划，日本仍不仅视一为种仅有历史的兴趣的事件。吾人就今日日本重要政治家及军人之言论观之，似明治天皇之雄策，仍为日本之指导势力。北一辉于一九一九年曾草一《日本改造法案大纲》，书出后即成为一般青年军官之圣经，迄今犹然。该书中有言："国家有权宣布并实行作战，以自卫或解放被压迫之民族。例如解放印度于英国之束缚，或中国于列强之侵略，皆是也。"该书又言："国家又有权对握有广量领土或治理该项领土不善之国作战之权。例如从英国夺取澳洲，从俄国夺取西伯利亚皆是。"前日本内阁总书记官森恪，在本年七月间之《金钢石》经济杂志上刊一论文，内称："日本民族受条约之束缚，被困于本国国境之内。九国公约及凯洛格公约目前的解释，如任其不变，则日本不能在远东扩展其势力。吾人若欲进步，则非打倒此等条约之防线不可。"现内阁陆相荒木，固已世界闻名矣。渠在最近日本陆军机关杂志偕行社记事中，曾作一论文，鼓励日本国民效忠于民族精神，又称："东亚各国，为白人压迫之目的物，此乃不可否认之事实。日应不再坐视而不加裁制，日本民众之责任，在反对列强一切举动之不合日本帝国之精神者。盖帝国精神，实为公平及正直之表现也。"（未完）

（《申报》，1932年12月18日，第九版转第十版）

69. 中日回训到日内瓦，我要求修正五国草案，日方缺乏和解诚意，竟以承认伪国为先决条件，西班牙代表有因反日将被调回说

〔日内瓦〕 起草委员会将于今日下午开会，中日两国政府训令均已到此。因决议草案系以李顿报告书第九章为基础，并顾及第十章，日代表曾口头通知国联，日本不能同意于李顿之建议，且以日本向主张以承认"满洲国"为调解之先决条件，今对此问题未有明确解决，故亦表示不满。国联嘱日代表提出书面陈述，日代表乃向东京请训，回训已于昨日到达当晚转送国联。（十八日中央社电）

〔日内瓦〕 中国代表今日访起草委员会主席，陈述中国对于决议草案之见解，并要求加以修正。就现象观之，日本显属缺乏诚意，和解之进行将徒劳无功。现全世界表同情于中国之人士，对于中国经济自卫努力之渐趋松懈，莫不引以为异。（十八日中央社电）

〔日内瓦〕 日政府致其代表之训令，今日午后始到，翻译需时，今日不及送出。故起草委员会无所事事，今晚六时半休会，决定星期日午后三时半再议。捷克代表彭纳斯已起程往捷京，由瑞典代表恩敦代为出席。于十九委员会在未讨论日本训令以前，不致有何进展。众料日本虽对于起草委员会所拟草案之某部份反对颇力，但不完全封闭调解手续之门；而中代表发言人之宣言，亦未可视为中国之最后一语。现悉中国发言人之言论，较最初传布于外者尤为坚决，其最后一句曰："必不可少者，日本必须放弃所谓'满洲国'，而后吾人始可有任何调解。"现距耶诞节为日无多，而要人之参加此谈判者又复甚众，故众料全部事件将于星期二日展至一月中旬再议，或无须国联大会或十九特委会之闭幕会议也。此间人士觉此种性质之休会，可予双方以熟思慎虑之时间，他日谈判复作时，工作容可更迅速进行，亦意中事也。西班牙代表玛达利加定星期日返国。现有一种谣言，谓西班牙政府不赞成其在此所表示坚强不变之态度，拟暂以苏鲁太为十九特委会之西班牙代表，以便改采较有伸缩性之态度。闻玛达利加至少非至一月一日后不能返日内瓦，观此，则谣言似不尽无

稽。国联大会兼十九特委会主席希孟自返国后,以迦顿代理主席,今迦顿已被任为比国新内阁之社会部长,故今晚起程返比京。而现又被任为比外长之希孟,将于星期三日抵日内瓦。如国联大会届时开会,则主席将仍为希孟,但此种布置或有变更,因耶诞节前,能否举行国联大会之会议,今尚在未定之天也。(十七日路透电)

〔日内瓦〕 中国代表团已称不能接受十九国委员会所草决议案,而日本亦有请求修正之计画,故今日此间已有数方面信委员会非至明年一月间,恐不克完成其工作。今日中国代表团发言人声称,非俟日本退出满洲,不能妥协。又闻松冈洋右接阅决议案草案后,业已报告日政府,谓委员会或可接受修正提议,但此举将使此案进行益见滞延云。(十七日国民电)

〔东京〕 外相内田昨日午后三时十五分入觐日皇,奏报国联十九特委员会所通过之决议草案,并政府致日内瓦日代表团关于该问题之训令。闻日政府主张修正决议草案内日本所全不能接受之部分,十九特委会如不接受此项修正,则日代表团拟投票反对该决议案云。(十八日路透电)

············

(《申报》,1932 年 12 月 19 日,第三版)

70. 东北问题与国联(五):调查团之参加,中日代表之舌战

"日本对东亚任何部份之骚乱,不能闭眼不问。因日本帝国之精神,不能与骚乱并存。任何日本国民,应时时作精神物质上之准备,以恢复安定。即使乞灵于武力,亦所不惜。"荒木此文,即日本政策之精神及范围也。至于其实施方法,吾人但观一八九四—五年中日战争时期中之日本外相陆奥光宗[宗光]记事中所载,即可知其大略。陆奥光宗[宗光]在中日战争中之地位,极为重要。中日战争之起因,数十年来成为一般舆论争执之点,奥陆[陆奥]记事出版后,群疑始息。盖日本之迫使中国不得不作战之责任,至此乃无可遁饰。一八九四年六月间,日本大批陆海军被遣赴鲜,由日本驻鲜公使大岛圭介统领。是时朝鲜情形渐告平靖,对华作战计划,有未能即行实现之势。陆奥乃急电大

岛,谓断然行动之时已至,可用任何藉口以开始积极行动。盖日本政策之主要原则,如陆奥所言,为"在军事行动中,日本应以先下手为强,惟同时仍应设法制造形势,使一般观察者,以为日本之动手,乃出于被迫无奈也"。昔日之朝鲜如是,今日之东三省亦如是。日本之侵略行为,必有原因,必有藉口。然无论此项原因藉口之能被全世界接受与否,日本非获得侵略行为之目标不可。调查团报告书七十七页中称,"日本在日内瓦提出保留后,即继续依照其计划处理东三省情事",非其确证耶?

关于中国人对日本经济绝交一点,日本已数度抗争,余仅愿对报告书有味之陈述,加以若干意见。经济绝交者,不过为一种自卫方法而已。经济绝交仅为一种对外来固定原因之反动,绝非中国所能约束。过去二十五年中,中国人对日货之杯葛运动,计有九次。报告书一一五页中言:"如将此种经济绝交运动详加研究,则知每一运动之发生与某项确定事实、事件或事变有关。此项事件,概属政治性质,且常为中国所认为与其实质之利益有碍或与其民族之威望有损。是以一九三一年之经济绝交,系直接因同年六月间万宝山事件及七月间韩人之屠杀,方始发生。而同年九月之沈阳事件及一九三二年一月之上海事件,复使之变本加厉。"于此应指出者,在韩华侨之惨被屠杀,自一九三一年七月三日起至十三日止,延绵至十日之外。屠杀场所凡七,均为朝鲜之城镇。屠杀结果,无辜华侨死一四七人,伤五四六人,失踪九一人,财产损失逾日金四〇〇〇 〇〇〇圆。出事时,日警既未指使,亦未阻止。日军对东亚大埠、中国富庶中心之上海之攻击,杀伤华人二万四千人,毁灭财产十五万万元。而目下东三省中国生命之正在被杀害、财产之正在被损毁者,更不可算计。夫上海固为经济绝交活动之中心,然上海中国人民,于熟闻东三省日军不宣而战之事实后,身受二月至三月五个星期中之种种痛苦,再观日军于五月间撤退沪境后,立即调赴东北,继续杀戮工作,试问吾人尚能责其不应采取此种报复方法乎?当余于本年五月中旬与调查团同在哈尔滨时,目睹由沪调哈之日军第十四师团,列队经过余所寓居之旅馆外之大道,而炮火枪声,复时时入吾耳目,一日一夜,益不知残杀吾多少无辜同胞,然竟无法可阻止此项悲剧。在此情况中,吾人岂不能想象中国他处人民中心[心中]之对于其同胞之惨酷运命之悲愤为如何乎?中国人民之经济绝交运动,即为抵制是项日军之暴行而开始、而继续者也。吾人于此种事实加以考虑,即知中国人民——无论个人、团体——之所以拒购日货而参加抵制活动,俾获得充分之效力。渠等深知其祖国军备薄弱、军器不充,故惟有采用此自制制人之报复方法,藉以表示其对日本对华暴行之愤慨。盖抵制日货者,尤其商人,于采取此项方法时,自身不免亦受损失,此乃一种自身的牺牲,更绝无攫取日本人民所有之日货之事。有时即因误会,一待事实判明,亦即归还原主,决无留难者也。

在此中[种]自然的民众运动中,无论任何政府,当然不能完全取不闻不问态度。在人民之眼光中,政府为保护人民安全,使不受外来侵略之主宰。是以中国政府一方面深觉中国所受之日本之暴行,一方面乃不得不表同情于此等经济绝交之运动而容忍之。尤有进者,经济绝交为合法之自卫方策,政府决不能加以取缔。同时民众以日本对中国不宣而战,愤慨至于极度。至政府有时乃不得不命令各地方当局随时开导民众舆情之激昂,使其入于合法的轨道中,而对于保护日侨生命财产之安全,亦加三致意。迄自日本侵略东三省以来,中国国内极少发生对日侨暴动之事变者,即由于此。调查团报告书中对于此点,固已有证实矣。有人以为中国政府对于目下有组织之对日经济绝交如有正式指导,则似有引起责任问题之可能。关于此点,以中国政府观察,实绝无责任之可言。

吾人在日本此种残暴预定军事侵略行动之前,认为任何形式之抵抗,均为合理合法。吾人虽已依照盟约规定,将本案提交国际以求和平解决,并静候其结果,然同时不能不就可能范围设法制止日军继续的前进,以增甚形势的严重,深恐任何情形一经造成,即将以其为既成事实之故,而加以重视也。中国既已坚持其和平容忍之政策不变,故对于抵抗上,亦采取此种和平方法,深信此种加于侵略国之压力,并无杀人流血,故当然人道多多。否则如以武力对武力,结果杀人流血之事,决不可避免也。经济绝交,对日本有不利影响,乃在意料之中。然较之日军在东三省、上海、天津各处所杀害之数万华人生命,所毁灭之数十万万华人财产,则相去天壤矣。在此种爱国愤慨中所激成之民众运动中,有时或有二三激昂之徒,运用并不完全合乎严格的法律规定之方法,以求该运动之加倍有效者。然吾人一念及中国最富饶之东三省为日军无理侵略而占据,则此辈行为,殆亦可认为合理。试问任何其他国家,若承受同样暴行,至于威胁其生存,则情形又当若何?故就目前状况论,即使中国政府宣布今日全中国之对日经济绝交为合法,以求实行该项运动之更整齐之方法,亦不能谓为全无理由也。然中国政府则尚不出此,即此可见其政策之温和容忍矣。

中国对日本实行经济绝交,乃出于无可奈何,此点吾人最应注意。盖经济绝交，虽为对日军暴行之一种抵制方法，然对中国人民自身，亦有不少损害。中国酷爱和平，对国际争端尤时时以和平政策为主，故对日本此次侵略，亦极望以公断方法获得解决。日本在军备上虽较中国为强，然亦为国际联合会会员国，若能依照国联盟约中规定之和平方法之一，向中国提出任何要求，此为中国所最希冀者。然日本军人计不出此，自始即以武力为政策，实行其预定之侵略计划。故就中国政府观，对日经济绝交之精密的施行，乃为必需者。且国联之补救方法，既需时日，此种抵制手腕尤不可缓。过去十四个月之经历，似已证实此项见地之不谬矣。日本政府非特未曾履行其在去年九月三十日及十二月十日之行政院决议案中所接受之义务，将日军退入南满铁道区，反变本加厉，继续活动，至今日而东三省各处，乃无一地不在日军铁蹄之下。而国际联合会在此长期内，亦尚未觅得一种有效方法，可以阻止日军在政治上或军事上对于当地情形严重性之增进，或迫使日军履行诺言，退入铁道区，以符决议案之主张。吾人若不承认中国对日军暴行运用经济绝交以为抵制，即是不承认和平合法之自卫方法。

尤有进者，在现代世界经济上，举凡保护税率、分配制及限制汇兑之运用，悉已被认为合法。此等方法，犹被视为合法之经济侵略之自卫方策。则中国之经济绝交，其性质既极相类似，何独不准其运用，以为抵制武力侵略之自卫方策乎？至中国对日实行经济绝交，是否与对日友谊及条约义务有冲突，此项问题，更非今日所听问。盖欲决此问题，吾人必先询在日本政府在朝鲜屠杀无数华侨，在满洲、上海及其他各处侵占中国国土，杀害无数中国生命，毁灭无数中国财产，种种暴行之下，中日邦交是否尚可认为友善？在日本有意破坏一切条约义务之下，中国是否犹应努力履行单方面之义务？后一问题，吾人若获得答案，则前一问题，自可无庸提出矣。

余深望上述各点，在考虑中国对日经济绝交问题上，及对于此项运动之真正意义上，多少有所阐明。中国国家思想，近年来虽极迅速发展，然实际并无排外意味。（未完）

（《申报》，1932年12月19日，第六版）

71. 国联一筹莫展：十九国特委会定今晨开会，中日案讨论势将搁至来春起草会，正觅取妥协点冀图保全颜面；大国只知仰承日人意旨，对邀请美俄拟改用不指名方式，对不承认伪满组织想轻轻放过

〔日内瓦〕 十九特委会之起草委员会从事于编拟关于中日争议之草案以便提交国联大会者，今日午后集议，历三刻点之久，旋散会。闻十九特会定明晨开会，在此次开会后，中日问题将正式延搁至一月初旬。但此非谓在休假期中完全停止讨论，盖将设立一种机关，以便在正式休会期中继续谈判。（十九日路透电）

〔日内瓦〕 国联调解辽案之企图已遇重大困难，中日政府似皆对于十九委员会所拟方式有所顾虑，不能遽行接受。两政府对其所拟决议案之意见，业已电达日内瓦，转知该会。虽此时犹未发表，据闻两国皆提出坚决反对之点。日人要求删除提及李顿报告第九、第十两章各条，中国则坚持必须在决议案内正式声明国联不承认"满洲国"。照此情形，恐国联所有调停行动，均将毫无结果。加以国联大会内意见亦殊纷歧，小国代表现方坚持目下已至国联应自行声明原则之时期，故闻十九国委员会现正忙于寻觅另一妥协方式，冀至少可以暂时保全国联颜面云。（十八日国民电）

〔日内瓦〕 日本关于草案之覆文，今日午后送交国联秘书长德鲁蒙，起草委员会已约略考虑之。但因瑞士代表胡白未到，故决定展至星期一日午后再议，庶在明日午后四时举行行政院会议，考虑英波油矿权争议以前，起草委员可全体出席也。闻日本覆文反对草案中数点，但闻日本准备接受以李顿报告书第九、十两条[章]为根据之调解手续，惟此项调解须基于实有事物，而不基于如在东三省设立国际宪警队等之学理空谈耳。又闻日本覆文亦提出美俄非国联会员国之问题，日本并反对：（一）草案中言及现状；（二）理由说明书之最后一句；（三）九国公约之提及。国联方面以为日政府对于草案若干点有误会之处，故现正着手谈判，以期销除误会。闻今日向日代表解释明白后，日代表电致东京请示。众望东京覆示明日可到，届时时局当可较今日更为清明。

闻日本反对李顿报告书第九、十两章之点，在第九章第七、八两段。国联方面以为如欲成立调解机关，则目前讨论应以远大原则为范围；至于日本所提出之上项反对，可于调解委员会本身内提出之。（十八日路透）

〔日内瓦〕 众料李顿报告书与中日争议之全部问题，将于星期二日延缓两星期后再议。（十八日路透社电）

〔日内瓦〕 五人起草委员会与中日两国代表团进行调解事宜，今晚第一次显有进展，使中日双方同意于十九国委员会决议案之事，已不复能使五人委员会失望矣。缘目下之阻碍，不在是否邀请苏联及美国参加未来之调解之委员会，因苏俄绝无担任此事之意。五人委员会拟不用指名方式，而仅保留于必要时有权对此项非国联会员国之一邀请参加。至于十九国委员会反对承认"满洲国"一层，原为意见参差之主要点，现在则拟将原来方式予以修改，故意见之参差，似已较前略减。决议草案拟仅追忆李顿报告书所列之建议，而宣言回复原状为不可能，并谓所拟办法须顾及目前之实际云。但欲成立一种为双方均能接受之决议案，恐尚须时日及努力。一般人以为非常大会必俟明年一月十五左右，始能开会确定通过决议草案。十九国委员会则于圣诞节以前，即星期二或星期三尚拟开会一次，以便照上述情形，酌定决议草案。（十八日哈瓦斯电）

决议草案我国决难接受，国联不改袒日态度终无出路可寻

〔南京〕 外交界息。十九国委会所草决议案于中日双方意见相差甚远。"满洲国"之承认与否为争持焦点，且均绝对不愿让步。至邀美俄参加调解会，尚非根本问题。外部发言人谓草案必须修改，如修改之内容不能进步，甚至于我更为不利，则我决无接受之理；现信十九委会已陷于困境，或将延会至明年再行讨论；但国联不改袒日态度，终无出路可寻云。（十九日中央社电）

日本态度顽强，竟要我放弃满洲为谈判条件

〔日内瓦〕 日本态度顽强，竟谓中国如愿放弃满洲，始可进行谈判，故日内瓦从事调解工作者大抱悲观。十九国特委会定明日开会，国联大会则须延至明年一月初旬举行。（十九日中央社电）

日外部拒绝特鲁蒙案，训令松冈坚持到底

〔东京〕 松冈洋右昨日电日外部，报告特鲁蒙之妥协案，并要求指示。内田外长今日召开司长会议,讨论训电内容。据传日外部以特鲁蒙案为局部修改,与日本之政策相差尚远,未能轻易同意。内田外长今晚八时电令松冈代表,依据十七日之训令坚持到底。(十九日华联社电)

日代表总动员,向各国代表分头活动,松平已返英任

〔日内瓦〕 日代表团接到政府训令后,决定对于决议草案之最后态度。十八日虽系星期日,全体委员均出动,分别访问起草委员,努力说伏[服]日本主张。即杉村秘书次长会见特鲁蒙,松平全权访问英代表普拉;又佐藤代表与法委员,长冈代表与西班牙委员折冲,说明日政府之修改决议案意见;松冈代表亦晤见瑞典代表,陈述日方意见,请求谅解。(十九日联社电)

〔日内瓦〕 日代表松平大使,十八日晚十一时返英任地。(十九日电通社电)

法对日态度转变,日外交陷孤立,小国结合主持正义,松冈将赴英意游说

〔东京〕 据日方消息,日政府回训松冈代表维持满洲现状案,已由松冈提出十九国委员会。但向来极力袒护日本意见之法代表,以日本从未肯稍行让步,甚表不满。而诸小国代表观法对日态度,显然渐次转变,均纷纷结合,对日强硬,要求国联主持公道,勿为日本工具。因此,日外交在国联地位,复陷孤独。松冈等甚为焦急,自昨夜迄至今晨,召集代表开紧急会议,并将此形势报告日政府,再请示办法。(十九日远东社电)

〔日内瓦〕 法国自赫礼欧倒阁后,对日态度突形转变,反日空气甚为浓厚。松冈日代表以失法国袒护力量,于国联外交上大感困难,此后认为可望援助者,仅有英意两国而已。松冈现为运动英意于下次大会中援助日本计,二十二日大会如不开时,拟于二十一日动身赴伦敦或罗马,作拉拢英意之活动。(十九日远东社电)

〔日内瓦〕 日代表松冈洋右,拟于日内由日内瓦启程,游英、法、意各国,力说日本侵略政策之苦衷。据闻松冈游说方针,以中俄复交为经,以国联干涉我内政为纬,藉此企图博得各大国之欢心,恳求默认日本在东北之侵略权。(十八日华联社电)

(《申报》,1932年12月20日,第五版)

72. 中日案延过年关：特委会休会至一月十六日再开，休会期间如调解基础不能妥协，小国将请援用十五条第四节

〔日内瓦〕 国联大会之十九国委员会今晨十时三十六分开会，比代表胡白主席。旋经决定发一正式公报宣布讨论中日争执经过后，即于十一时二十分休会，将至一月十六日重开。公报即于休会后发表，内称，十九国委员会按照国联大会十二月九日决议案所委任务，曾拟定若干文稿，指陈调解两国争执之纲要基础及其进行程序。此项文稿共有决议案、草案两件与声明理由书一件，均经由主席及国联秘书长通知中日代表团，今双方俱已提出意见。而此后之谈话，将须经历若干时日，委员会处此环境之中，认为必须继续努力，俾可对于如斯严重之问题商得一种同意。故为便利进行谈话计，将会议展延至一月十六日为最晚之期。最后又谓委员会决定在与有关系各方面进行谈话时，前述文稿暂不发表云云。

现闻倘中日两国在一月十六日以前，不能接受某种适宜之调解基础，则小国将迫十九国委员会进行盟约第十五条第四节制成报告与建议。此项报告与建议，毋须当事国之同意。

今日中代表顾维钧对于委员会进行此案又需延滞月许，深表遗憾。（二十日国民电）

〔日内瓦〕 闻国联秘书长德鲁蒙与十九特委会主席，希望将继续其私人谈话。虽希孟现不至日内瓦，但以国联比委员麦洛特为其代表。（二十日路透电）

〔日内瓦〕 十九特委会将休会至一月间，同时日代表与十九特委会主席及国联秘书长间将继续谈判。此间人士认为，希望尚未抛弃，当可觅得一种方案，以销释日本对于草案与理由说明书中某点之反对，而维持委员会以李顿报告书为调解手续根据之意见。日内瓦舆情以为，中日两国皆未表示完全不可退让之精神，故料原文之稍经修改，当可使现所拟之调解手续开始进行。日本反对邀请美俄参加十九特委员襄助调解工作一节，亦可不成问题，盖此两国今皆未表示亟欲与闻此项争执之愿意也。闻国联秘书长德鲁蒙在过去数日之谈

判中,甚为活动,已筹出一方案,并已使日本不反对草案,惟日代表尚未完全接到关于此事之东京训令。德鲁蒙并将于数日内,与各大国外交当局商榷此事。(十九日号[路]透电)

〔日内瓦〕 十九国委员会今已在无法进行之中。盖欲求一适中方案为中日双方所能同时接受者,既为不可能,而欲维持国联之威信,尤属万难也。以现状观之,无论十九国委员会或国联大会,均有不得不停止远东事件讨论之趋势。而如何保留国联之颜面,则惟有组织一小组委员会,将此无法挽救之局势加诸其身,而图卸责耳。若望其能于翌年一月间得一解决方法,亦属画饼充饥云。(十九日国民社电)

日本无诚意,和解殆濒绝望,非解散伪国,谈不到和解

〔日内瓦〕 据最近确息,因日本坚持(一)"满洲国"之存在、(二)不援用九国公约、(三)对邀请美俄不同意,故和解殆频[濒]绝望。我方则以为欲作诚意之和解,非先解散满洲伪组织不可。设和解失败,则中国将要求国联根据盟约第十五条缮发报告书,说明争议之事实及认为公允适当之建议。(二十日中央社电)

日本崛[倔]强无理,招致日内瓦不良印象

〔日内瓦〕 据本社获得之消息,十九国委员会对于当事国在最近所作谈话中所表示之强硬态度,似有不满之印象,而对于日本代表团之态度为尤甚。盖日本代表团对于向彼提出之各项建议,几无不加以拒斥也。本社星期日所报告之消息,现已经证实。据该项消息,五人起草委员会竟至提议取销决议案中关于不承认"满洲国"之一节,以冀不致损及日本骄矜之心理。但十九国委员会对于建议承认"满洲国",则坚决拒绝。至目前为止,谈判所以失败,似由此点之为梗。在此情势下,十九国委员会中间已产生一种明晰之运动,即除已向当事国代表团一方或他方所提出之让步以外,决不再行让步是也。因此今晨委员会会议中,有两国代表宣布赞成维持决议草案之基本原则时,其余各国代表均隐示同意。委员会当命主席以此项表示通知有关各国,十九国委员会中多数代表均有一种感想,以为调解工作不能在国联会盟约第十五条第三节之范围内获得结果,即继续努力,亦未必有济于事。彼等似深信除非如各方所望,局势将有突然之转变,则至一月十六日会议工作重行开始时,十九国委员

会当不得不设法采用十五条第四节之规定,依照该节应缮发一报告书,宣布对于争执事件之判断云。(二十日哈瓦斯电)

休会期间松冈游说英意

〔日内瓦〕 日代表部在此国联休会间,预定迁往巴黎,日内瓦仅留泽田国联事务次长处理事务。长冈、佐藤两代表均决暂回驻任国,分头向各国运动援日,松冈洋右将担任赴英意两国活动云。(二十日远东社)

〔东京〕 据东京中央播音台消息,日代表松冈洋右定二十二日清晨六时由日内瓦播音报告国联开会经过,播音时间约半点钟。(二十日华联电)

日本又一把戏:代傀儡草拟劝告文,要求日本退出国联,实行东亚门罗主义

〔长春〕 伪国鉴于国联最近之行动益离反东洋之现实,东洋之和平未能因国联而取得,故一面同情国联之立场,一面对始终支持东洋立场之日本政府,决劝其以欧洲还欧洲、东洋还东洋之实际的事实为基础,促进问题之解决而退出国联。目下正草拟劝告日本退出国联之文。(二十日电通电)

(《申报》,1932 年 12 月 21 日,第三版)

73. 时评:热河告急

(一) 国际联盟之无能

国际联盟开会以来,荏苒迁延,至于今日。"公道正义""国际条约",在日军铁手之下尽为废纸。沈阳事变,锦州炮击,嫩江桥畔之血迹,北满之被蹂躏,与夫淞沪之役二十亿圆之财富顿化灰烬。即李顿调查团亦认九月十八日"事实上并未阻碍长春南下列车之准时到达,即就铁路之损害本身而论,实不足以证明军事行动之正当……"。至于满洲傀儡之构成,李顿调查团亦"认为'满洲国'之构成,虽有若干助成分子,但其最有力之两种分子,厥为日本军队之在场及日本文武官吏之活动……"。此种事实上之铁证,日人竟加以否定,而美其名曰为东亚和平。不幸国联中之盟员，亦有阳抑而暗助之者。于是国际上之所谓"公道"，乃尽为强力者所支配矣，我国民隐忍复隐忍，等待复等待。而隐忍等待之结果，国联岂特无有实力可以裁制日本之暴行。去年九月三十日之决议案竟自己推翻，至于并说话之勇气而亦无之，迁就日本之所谓事实，以图暂时之敷衍。

（二）日本又向东北增兵

敷衍之局其能长久乎？日本军国主义者以并吞东北三省而后即满足乎？证之沈阳事变之后，锦州未陷落之前，即知此事决非敷衍所能了结，东北三省尤难填满帝国主义者之狂欲。

犹忆去年十二月十日国联未派调查团之先，日军侵占东北者，仅有南满路守备队及仙台第二师团、龙山第二十师团，全数合计不过五万。迄乎调查团东来，而淞沪喋血，对东北三省且又增加弘前第八师团、姬路第十师团、宇都宫第十四师团，以及鹿岛、名古屋、久留米、东京各师团中之骑炮部队，总计战斗兵员数逾十万，以与我饥寒交迫、为民族争最后生存之义勇军相搏战。马、苏、张、吴各路义军，凭血肉之诚而与飞机钢炮相抗，前有强敌，后无援兵。然而此种义愤之师，在一方面启示后人，使知吾民不肯屈服于暴力，后起者当奋力雪耻；而另一方面则牵制日本，使不敢西向，牺牲一片土以保全关内之完整。殊不知疲弊之师，岂堪持久。马、苏败耗濒[频]传，而日本增兵之警讯又至矣，其名固曰为替代仙台第二师团之交代兵也。其实彼第二师团仅一部分伤残及应即退伍之部卒开回日本，其余仍滞留东北境内。增加之部队则为熊本第六师团全部，而其目的地则在锦义及朝阳一带。

（三）热边紧张，山海关危急

日本既对东北增兵，朝阳北票迭告危急，山海关方面又屡次挑衅。虽经和平解决，日人仍继续造作伪证，借以扰乱滦东，而得间进窥热河。

就表面观察，此种推测似有神经过敏之嫌。且日人值此内外交迫之际，预算既感不敷，国联复加掣肘，焉能不顾一切，盲目侵略。无如日阁以为热河在二十一条件当时即已划定范围，故动称满蒙，其意即包含东北三省及内蒙一带。不过内蒙地广人稀，非有现时十倍之兵力，难敷分配。且瀚海栏杆[阑干]坚冰十丈，纵使我国当局仍继续实行不抵抗主义，日本亦不能不顾忌草野民族英雄之突起。然在经济上观,热河矿藏丰富,羊毛出产优良,几为我国之冠。此皆日本之所缺而朝夕图谋攫取者也。况现时中俄已恢复邦交,虽所复者仅为寻常的外交关系,吾辈固不望有意外之任何助力,而彼日人则以为设使中俄携手,日本在东北特权将根本动摇。故到处宣传,谓中国遍处"赤化",如无日本从中维持,东亚和平将不能保。故英国听之,美国惑之,今将更多一造作谣言之口实,且乘此美国举措不定、苏联急于自国建设之际,乃将肆其野望,作更进一步之侵略。

(四) 亟起图存

东北既全部沦陷,热河、滦东同时告急,现已忍无可再忍,让无可再让。或生或死,或存或亡,在此最后之一举。自今而后,须实行国民总动员,立即施行征兵制,实施强制劳动,使一盘散沙之人民,一变而为有团结力之坚强的组织体。而幼稚之工业,尤不可不施行产业动员,以集体之力,图谋军事工业及一般工业之突飞的发展。奋全国人民之力,以争民族最后之生存,庶乎可以自救。

(《申报》,1932年12月21日,第六版)

74. 辽案延期解决,国联与中日发表宣言——中国:草案一味敷衍殊令人失望;日本:口口声声须保障既得权利;国联:调解虽困难最后诚意未绝

〔日内瓦〕 中国代表团情报处发布通知,说明中国政府对十九国委员会第一决议草案,认为使人失望,其原因如下:(一)决议案既未宣言反对"满洲国",又未声明日本违反国联盟约及其他国际条约;(二)决议案既无制裁办法,而对于李顿报告书之重要说明,亦未列入;(三)决议案虽记载李顿报告书之第十章,然完全不得当,势必遭中国人民激烈之反抗;(四)决议案对于中国所要求之日期,亦未规定。(二十日哈瓦斯电)

〔日内瓦〕 日代表团今晚向报界发表一文,对于十九特委会之决议,以谋中日争议之建设的解决者,表示钦感之意。并谓日本代表团认为其职务所在,

须诚挚友勉力使日内瓦所担任之工作,在既可保障日本权利,又可确定远东和平与巩固国联事业之方法中,获有成功结局云。(二十日路透电)

〔日内瓦〕 十九国委员会主席比外长希孟缺席,由瑞士代表胡贝氏代理,顷发表宣言如下:"中日问题,一方涉及内容上之困难,一方因电报往返颇费时间,故其谈判需相当时日,此乃不可避免之事。中日争端经时已久,且盟约规定之日期将延长至何时一层,当事之一国亦曾要求予以规定。委员会深知此事有迅速解决之必要,然因此事关系重大,其所引起之各种问题涉及世界合作问题之全部,且国际关系上之新制度现方进展中,亦受此等问题之牵涉,故委员会必以极坚忍之态度处之,而在竭尽调解力量以前,不能率尔了事。委员会所草之决议案,在大体上或能为双方所接受。目下意见虽相差甚远,但以诚意处之,亦非不可调和。为避免失败及失败后之影响起见,调解及谈判实为必要之举。以故十九国委员会决定予以必要时期,俾得与关系国进行谈话,并使一切国家之政府均得参加,以寻觅解决方法。下次开会,至迟为一月十六日。委员会相信在此期间,双方必能表示退让,否则调解即无术进行矣"云云。(二十日哈瓦斯电)

颜代表留日内瓦主持,顾、郭两使各返原任,日不变态度和解终无望

〔南京〕 外息,十九国特委会业已闭幕,至明年一月十六日举行。在此期间仍将从事调解,俾双方意见渐趋一致。但不承认伪组织为我誓死力争者,如日不放弃其侵略政策,则调解终无效果。预料明年重行集会,亦不能有效果。我顾、郭两代表将分返英、法使本任,颜则留日内瓦,主持一切。(二十一日中央社电)

松冈洋右与特鲁蒙密谈,今晚离日内瓦,转往英意游说;日代表大宴外记者,谓并吞满蒙非侵略

〔日内瓦〕 今日下午松冈洋右会见特鲁蒙,密谈颇久,六时退出。即与长冈、佐藤两代表招请外国记者一百余人,开晚餐宴。松冈力辩日本并吞满蒙,断非出于侵略云。(二十一日华联社电)

〔日内瓦〕 国联秘书长定明日下午六时由日内瓦出发,赴瑞士山岳地方过年,行程一星期,故在年内个人磋商无望。中日纷争案已搁在高台,国民须以自力收复失地。(二十一日华联社电)

〔日内瓦〕 日代表松冈洋右因审议中日事件之国联会议暂时休会,定于二十二日晚离日内瓦,赴英国西班牙后,转往土耳其及意大利,拟会见墨索里尼。长冈及佐藤代表等,亦于日内赴巴黎或白拉塞尔休养。(二十一日日联社电)

〔东京〕 松冈全权定于二十一日下午十时(上海时间为二十二日上午六时)①由日内瓦向日本播音,其播音之顺序如下:上午六时〇一分起十分钟止,代表部书记官横山正之报告《国联处理中日问题之经过》;上午六时十分起三十分止,首席代表松冈洋右之演讲。(二十一日电通社电)

日青年寄血书,国运前途认为有望——松冈之自豪语

〔东京〕 日内瓦电。十九国委员会散后,松冈代表语人曰:"满洲问题以未解决之状态越过年关,殊为遗憾。然至明春重新以稳静精神互相审议此问题,亦系一种好方法。真正之战斗在今后。日本国民须知满洲事件之完全解决只[至]少要数年,而以一致团结之决心,向所期目标进行。外交战争亦要两三年,况乎前途除外交战外,有多数重要悬案堆积如山,国民决不许放心乐观。余最近受最大感激者,为数十中学生之血书激励信。国民有此热心,国威始能隆盛也。"(二十一日日联电)

(《申报》,1932年12月22日,第七版)

75. 东北问题与国联(九)

我国首席代表颜惠庆博士,于行政院开会之先一日,特在代表处招待各国新闻记者,说明中国对于联盟之希望,并谓:"军国主义为吾人所反对,但至不得已时,中国或亦被迫采用。"各报对于此语,多表而出之,盖自十九路军在上海抵抗日本后,欧人已不敢轻视中国人也。演词大意为:

中国政府并无推翻李顿调查团报告书中事实之指陈之意,中国政府对报告书中所述各点,容有未能完全同意者。然调查团之委员皆属一时人望,且经

---

① 编者按:原文如此。二十一日下午十时如为格林尼治时间,则原文时差换算无误。

双方同意，调查之性质纯为中立无偏，故调查团调查所得，尤其当真理极为显明之时，若从而向其挑战，自是不宜。中国代表来此，亦非为宣告中国政府已采取并坚持直接违反调查团之建议及劝告之政策，而不顾国联及条约义务之约束。吾人来此，亦非为赞扬黩武主义。中国赤手空拳抵抗日本之侵略，已一年有余，刻已准备再接再厉，坚持到底。必要时，为求解脱计，即迫而运用一切黩武式的方法，亦所不惜。然中国政府固深痛黩武主义，厌恶战争，而渴求和平者也。中国代表之来日内瓦，乃在请求联盟予吾人以和平及正义。过去十四个月中，中国虽感受极端痛苦，仍始终不失信于国联。而日本之侵略行为，则日甚一日，其不宣之战，且对军缩会议及欧洲和平前途，横加不少阻力。吾人从知控制日本之军阀之所渴望者，并非和平，而为战争。渠等对国联之行动，不视为一种公平之解决方法，而视为迁延时日，并获得一种负面的国际不干涉的保证之机会。同时对于一年前开始之不宣而战之侵略计画，则仍猛进不息。中国政府对于国际联合会之善意及效忠，其能帮助补救此项悲剧者，过去已然，将来亦然。吾人深信，吾人既能对联盟守信义，则届时国联各会员国亦必能对中国守信义。诸君对于国联盟约各条所规定之义务，举凡已由中国政府提请援用，或尚未提请援用而日后或将被迫提请援用者，当均已深知熟悉。但对于调查团报告书中主要事实之指陈与此等义务有关者，则或尚未能一一明了，敢为诸君综括陈之，以为参考。

第一，调查团对于"中国现状如此，应取消其国际联合会会员国之资格，所有盟约中之保护各条款，均不适用于中国"之理由，加以渺[藐]视，认为不当。报告书称一九二二年华盛顿会议中所始创，而包含于九国条约中之政策，其目的即在予中国以充分之时间及自由，俾不受外国之侵略，而得致力于国家之建设。此项政策，刻仍为有关列强所关心，而为维护世界和平之所必需。诸君若一观去年二月间美国国务卿史汀生致参议员波拉之函，即可知其内容特别致力所在，亦即在此点。调查团又称，华府会议后十年以来，中国对于国家建设及巩固工作上，已有不少可注意的进步。中国中央政府所受之唯一威胁，厥为共党主义。政府对于"铲除共产主义"十分努力，并已拟定一种经济复兴政策。然日本侵略行动之结果，共产之活动甚受鼓励，而政府之努力则横遭阻碍。惟余可为诸君告者，自报告书完成后，中国政府对于"铲共"进行，已有确切的成功。军事方面，大获胜利，而种种造路计画、农村计画、征信计画及其他扶助农民之计画，均在逐一实施，成绩极佳。为计画并实施此项工作及其他建设工作计,中国政府已聘请国联专家多人,策助进行矣。

至于东三省一地,报告书中固已指出,其为无庸置辩、不可移易的中国国土,其居民之百分之九十三皆为华人,故在许多方面言,东三省与中国其他部份完全相同。中间不过隔一长城,若强使与中国其他各部分裂,则将发生困难,危害和平。东三省之伟大农业发展,亦全系华人之力。东三省与中国其他各部之关系,在过去二十五年中,其密切程度与日俱增。而在该地之实业及商业发展上,中国人民亦日见活动。东三省为中国之库藏,为邻近各省剩余人口之出路,为中国之第一道防线。而同时报告书又称,东三省并不适宜于日本之移民,日本在满洲之经济利益,较之日本对中国全部市场之利益,或对印度及美国之利益,尚在其次。日本在满洲之条约上的权利,有时颇可疑问;而日本之对此项权利,往往出以偏面富有挑拨性的解释。调查团称,日本在满洲之地位,乃得之于两次战事。实则两次战事之外,更可加一战事的威胁,即一九一五年"二十一条"及最后通牒是。日本以是项方法等所获得之权利,使中国在运用其国权上感受极大之牵制。故若是项地位并非由双方同意情愿或接受者,则冲突之起,殆不可免。

报告书又称,日军侵犯满洲之前,绝无所谓独立运动;"满洲国"之计划组织以至成立,均系日本官员禀承日本军部之命而进行,一切主权悉握日当局之手,而为中国居民所深痛疾恶。吾人若竟与以容忍及承认,实与现行条约义务不符。报告书又称,中日争端之起,即由于日军之预定的侵略行为,中国当局竭力避免任何挑衅行动;而解决中日悬案之和平方法,亦并未逐一用尽。报告书又称,日本侵略行为之结果,致东三省全境盗匪横行,种种不法事件层出不穷,为历史上所未有。有组织的战事,各处均在进行;人民所受痛苦,不可言状;中日交谊形同开战,前途亦仅见荆棘。

最后,报告书中对日军在陆相领导之下公然计划此项侵略计划,并在报纸上鼓吹直接行动之事,亦已作一谨慎的暗示。日本开始其侵略计划后,迄今已逾一年。中国政府始终以镇静、正直的态度,以全案提交国联,请求解决。中政府对日军武力暴行及政治阴谋之控诉,已得调查团充分之证明。故中国及全世界之希望国际联合会采取迅速决断的步骤以求解决,此实其时矣。吾人深信日本之迁延时日,以实行其用武力或政治阴谋以增进形势严重性之毒计,应不再为吾人所容忍。而日内瓦世界和平机关之国际联盟会,最后乃终将对全世界表示国联之所代表者,乃为公道与正义,并自有其决定解决争议之办法,及实施此项决定之勇气也。

又,在开会之前一夕,国联广播台请调查团团长李顿爵士演说,对于日本在报告书发表后之言论,竭力加以辩正。又,百代公司请顾代表在有声影片中演说中日关系。二人行动,最为时人所注意云。

据一般观察,此次松冈出席联盟,可见日本已实行军事外交。松冈在招待各国新闻记者时,竟公然谓"军国主义有时较善于外交政策",故吾人希望国联能采取积极办法,以解决东北问题,无殊望梅止渴。而且时日愈延长,义勇军在东北之势力愈削弱,反求诸己,万不可全恃外交。除援助义勇军继续奋斗,抵制日货、加紧经济自卫外,并须从速与俄复交,与全国武装起来也。

松冈演说,强词夺理,不值一笑,但可供吾人参考。其攻击吾人处,有则改之,无则加勉,故附录焉。

(《申报》,1932年12月26日,第六版)

76. 十九国委会苏俄无意参加

〔柏林〕 今日从此间可靠方面探悉,苏俄将无意参加十九国委员会讨论李顿报告。据称,苏维埃最高机关已表决,俟日内瓦发出此种邀请后,即行拒绝参加云。(二十六日国民社电)

(《申报》,1932年12月27日,第三版)

77. 世界非战大会自动派员调查满案,俾制成李顿报告书对案,拟在上海设立分会

〔柏林〕 阿姆斯特丹非战大会已决定自派调查委员往远东,调查中日争执,冀作成李顿报告书之对案。闻此项决议系该会常设在巴黎之主干委员会议决定,将来委员团到远东后,并拟树立亚洲非战大会之基础,其会所或将设在上海。并闻法国著名新闻记者及著作家巴尔布斯,将为调查委员之一,此外

人选,刻正敦劝英国自由党著名人物罗素及美国某著名教授担任云。(二十七日国民社电)

(《申报》,1932年12月28日,第三版)

78. 东北问题与国联(十)

"日本代表已将日本政府对于国联调查团报告书之声明书,陈诸行政院矣。日本政府对报告书的全部尤其叙述事实部分,确为对满洲事件一种有价值之描写。报告书中往往有各节乃至全般为日本政府之所完全同意者。日本政府对调查团之诚恳、辛劳的工作,极为感谢。谨对调查团全体及各委员诸君表示谢意。虽然,日本政府为诚信故,深以为调查团若能对本事件加以较久的研究,则其报告书之推论及结论当更为完备适宜。故日本政府已尽力草成一声明书,对报告书有所指陈,深望行政院诸君能加以端详的考虑及裁断。

报告书对中国现况叙述甚长,然其态度之乐观及富有希望性,则为日本所不能赞同。一九二二年华盛顿会议开会时,中国情形虽未能尽如人意,然日本尚能追随其他列强之后,希望中国能早日恢复和平统一。当时情形,虽较十年前中华民国成立之初为恶,然吾人犹有进步之期望。今日者十年容易,而中国状况非特无进步,且较一九二二年为尤劣。中国各部到处皆见军阀割据之势。外蒙古已赤化,西藏方与中政府作战,'土耳其斯坦'则完全与名义上之中国隔绝。国民政府之所用武力控制者,仅为扬子江下游之数省。山东正有内战,四川亦混乱不堪,广东派对政府表示超然的乃至仇视的态度。而此外尚有另一危谋,如报告书中所言者,即共产主义之威胁是也。华盛顿会议时中国尚无此项威胁,其入中国也,系在一九二五年。当时革命领袖孙中山博士得苏俄军火、金钱、军事、宣传、专家之助,进行革命运动。孙博士逝世后,蒋介石将军即起为领袖,与赤俄发生异议,将所有俄员逐出国境。今日者,蒋氏仍在湖北、福建、江西等中国之腹心各省指挥'讨赤'军事,然国民党及国民政府固迄今仍未放弃其数年前引起列强增厚在沪驻军之原则也。欧美及日本军队之驻在华境,外舰之在扬子江上下游出入,均已三十余年于兹。此项外国军队,目的不仅在保护其侨民,且在保护其旧在北京(现北平)、现在南京之使馆。试问在被承认的政府之国家之内,各国所派之外交代表,乃需军队军舰之保护,岂非中国所独有之状态耶? 外国在华驻军,岂仅为形式上之事件耶? 一九二七年各国驻宁领署为国民革命军一部分之军队所攻击之事,诸君当犹能忆得之。此后各国军队对中国军队及匪军之冲突,亦时时有之。在寻常状态下,日本政府军队军舰之驻在中国者,并不较英国或美国政府为多,然日侨之在华者,较之其他各国侨民之总数,尚多数倍,故日本政府实已尽力减少其对华驻军矣。

国民党采取激进方针后,中国及列强间之交谊,并未进于友善。报告书中称,'奈因采取猛烈之排外宣传,致遭阻碍,并在两点特殊之处肆意为之,以致助成发生现时冲突之形势,斯即利用经济抵制及在学校内介入排外宣传'。又称,'各学校内均教授孙中山博士之主义,其权力一等于前世纪之经学。孙先生之言论,其受人尊崇,无异于革命前之孔子。然不幸在教育青年上、民族主义之建设方面,似不如其破坏方面,能得较多之注意。试一翻阅各校课本,即便读者感觉著书之人图以嫉恨之火熖[焰],燃烧爱国观念,又欲于仇害心理之上建树人格。此种猛力排外之宣传,初起于学校,继用之于社会生活上之各方面,其结果引诱学生参加政治活动,有时甚而发为攻击各部长及其他官吏之身体、家宅或衙署之行动,与推翻政府之企图'。中国国民政府为排外之情绪所深入,竭力将仇外思想灌入青年人之脑海中,五千万青年华人刻已受过激思想之影响,将来难免造成最可怖之问题。中国军队共达二百万人,然确有良好之组织而能策卫邦国者,则仅占极少数。中国政府更有一种与武力抵抗不同之抵制方法,即杯葛运动是。此项运动实为一种违反商业条约及友好条约之敌对行为,结果较公开战争为尤恶。在华日侨忍受此种痛苦,已数年于兹。有时因经济压迫之故,竟至减少每日餐数,而因之破产者,更不可胜数。此种运动,并非中国民众之自然运动,乃由中国国民党及国民政府所提倡组织,而作为国家政策之一,以迫使外国放弃其条约权利者。世界各国对于战争,已认为不合法矣,然则半正式或正式性质之杯葛运动,何独不能视为不法行动乎? 受中国经济抵制之影响者,日本外犹有英国及美国,然要以我日本所受痛苦为最。日本对中国政府愈容忍,所受之仇意亦愈显著深切,然日本政府对中国人民固无仇视之意也。

以上数点,系指中国一般情形而言,兹再专就满洲论之。

一九二八年张作霖逝世前,此种经济绝交运动满洲方面并无之。及至张学良与国民政府携手后,中国本部之工作人员即陆续赴满进行对日宣传,声言日本在满洲所享利益，应一一收回，日本在铁路矿产及其他种种事业上已投之资，悉应归诸中国所有。种种宣传性质之传单小册以及招帖[贴]、演说等等，日出不穷，浸至张学良三十万军队亦被此种思想所左右。然日本对于在满之种种权利、财产，已屡次表示决不放弃，并正式向张学良警告，对全世界表示，满洲之于日本，在地位方面及经济方面均有极重大关系，故决不能容忍其在该处特殊地位之任何更变。然日本除保障其财产及条约上规定之权利外，并无其他企图；对中国名义上之国权，亦情愿承认；而对于国际政策之开放门户及机会均等原则，更无不竭力维护。日本之忍耐，可谓至矣、尽矣，然终至决裂者，则并非日本之过。去年九一八事件，不过为忍耐至于极度终至破裂之现象耳。报告书称南满路轨被炸一事，并不足为军事行动之充分理由。夫路轨之被炸，就其本身言，固为一细点，然其背景则不可不注意。此事若不出于九一八晚，而出于另一时日，则调查团之意见容可认为正确。然事实之存在，固不若是简单，而对于当时形势之紧张，情感之奋兴，更不可不加注意也。出事后日军行动之迅速，在不知者观之或可骇怪，实则日本当此危机，自必先有准备以为应付。此所以报告书称九一八晚日军所采之军事行动，不能认为合法之自卫行动一点，日本决不能同意者也。美国务卿凯洛格一九二八年六月二十三日牒文中，关于自卫权一点略称：自卫权，为任何国家所应享有，而为任何条约中所默认者。美参院于通过凯洛格非战公约时，曾作一决议，中称：'一国运用自卫之权，有时得超越于该国国土之外。'又英外长张伯伦于一九二八年五月十九及七月十八日函中亦称：'世界中有若干处，其安危与英国有特别关系。故英国政府不能不声明对于各该地之外界干涉，英国政府不能容忍之。而保护各该地使不受外来攻击，乃为英帝国之自卫方法也'，又称非战公约之意义，应以不限制或损害一国之自卫权利为准。此外法国及德国政府，均有同样之表示。而日本政府于一九二八年五月二十六日致驻日美大使牒文中，亦称美国政府之提议中，亦认为并不包含否认独立国家自卫之权。日本政府基于以上之保留，认九一八事件之日军行动，完全出于自卫而无疑。然则日本何以不将满洲事件提请国联解决乎？日本之理由，为：

（一）日本之民族情感，不能任满洲问题承受外方干涉；

（二）国联行动极为迂缓，若由国联解决，则在满日侨包括韩侨在内所受之痛苦，将不可算计；

（三）日本与西方心理颇有不同之点；

（四）九一八事变之来临，出于意料之外，爆发之后即有不能不任其自然之势。

至于报告书对满洲之申述各点，颇多日本政府所不能同意者。报告书称满洲为中国之一部，实则满洲仅为一王族的私产，直至本世纪之初年，尚为满清所有，而中国政府之管理权，亦从未确实达到满洲。此点在日政府之声明书中，已详述之矣。调查团称如将满洲恢复原状，不能认为满意之办法，此点日本完全同意。惟调查团称维持并承认'满洲国'亦不能认为满意一点，则绝不能赞同。吾人以为满洲国之创立，为本案解决之唯一圆满方法；若弃此不取，则远东事件惟有益趋纷乱耳。调查团对满洲独立运动之真实性表示怀疑，实则满洲国之组织，并非由于日本之主持，而由当地人民之厌乱，'满洲国'之官员，皆为当地知名之士。故所谓九一八前并无独立运动者，实非事实也。至日本军人及文官不得参预满洲新组织之训令，固已于九月二十六日由外相币原及陆相南二氏电令遵照矣。调查团对中国本部之前途表示乐观，而对于'满洲国'之前途则表示悲观，日本意见适为相反。'满洲国'之成立，虽未逾十一个月，而成绩已自可观。盖自二十年前满清政府倾覆以来，'满洲国'实为该邦第一之民治组织也。新政府若无日军之在场，固将难于成立，然试问中国国民政府若无枪炮军火及外籍人员之襄助，其亦能在南京存在乎？至于'满洲国'之种种进步，日政府声明书中叙述已详，如中央银行纸币价值之日见稳固，即其最要一端也。至若剿匪工作，现尚未能完全成功，然若能假以时日，则终有肃清之望。

总之，满洲事件，绝非日本所能负责。日本并未追寻此等事变，且若使中国全部，或满洲一境能有合宜之政府，使日侨得以安居乐业者，则此等事变殆不致发生。日本不过为自卫而自然的行动，而日本行动之后满洲之独立运动，亦自然随以俱至耳。日本政府之政策希望及决心，均系于'维护和平'之四字。日本不欲与任何国作战，亦不欲任何国家之领土。日本并非侵略者，日本诚愿中国之幸福。数十年来中国之不幸的情形，为世界前途之一种危险势力；而日本之政策，则实足以巩固远东之和平者。西方各国若竟对日本加以相反的论评，则其理由诚非吾日本所敢知矣。"

连日日内瓦阴霾特甚，罕见晴光。而行政院开会之夕，且大雨如注，寒风逼人，若彼苍者天，亦为和平前途表示忧郁也。（完）

（十一月二十一日发自日内瓦）

（《申报》，1932年12月28日，第九版）

79. 郭泰祺在英发表谈话，将催国联通过李顿报告书

〔伦敦〕 中国驻英公使郭泰祺今日语路透访员，谓下星期渠返日内瓦后，将催促国联立即通过李顿报告书，而尤注重国联大会接受李顿条陈之时限。东三省之争议，不复为纯粹中日问题，但为涉及战后和平制度存废之世界问题。倘此制度竟致破裂，则渠恐四万万中国人民将有反动，而中国政策或将有新方向云。

（《申报》，1932年12月31日，第三版）

80. 元旦论文：一年来国际局势的演变

一九三二年是历史上很重要的一年。在这一年中世界上有着许多值得注意的事情，然而要把这些千头万绪的世界事情一一加以叙述，决不是这短小的篇幅所能容许的。而且我们与其把每件单纯的事情逐一记录下来，似乎也还是就这些事情所造成的整个国际局势，描出一个简单的轮廓来，有些意思罢。因此我们顾不得挂一漏万的讥诮，将仅在这里略叙几个最重大的问题，以说明一年来国际局势的演变。

一般研究现代史的人们都承认着：欧战以后的世界，因为空前的社会主义国家苏联存在着的缘故，有着两个动向：一个是由于帝国主义国家间的利害冲突，而以帝国主义的战争为归宿；还有一个是由于资本主义和社会主义的冲突，而以反苏联的战争为归宿。

我们先就第一个动向，来观察一番。帝国主义国家间的利害冲突，因了这一届的经济恐慌，是愈益尖锐化了。这一届的经济恐慌起于一九二六年。一般乐观的经济学者曾经预料，一九三二年是经济恐慌终止而经济繁荣回复的一年。可是一年来的事实却表示着，这一年是经济恐慌愈加剧烈的一年，而且此后这恐慌还有继续的趋势。英首相麦唐纳在一九三二年六月洛桑会议的开幕词中曾经说：“各国国际贸易，拿现在和一九二九年相较还不足半数，失业人数共达二千万至二千五百万之间，世界的大灾变已日益迫近……”我们就此可

以知道这经济恐慌的严重性了。各国政府为挽救这一种危机起见,或则增加关税壁垒;或则扩大关税的"国界",联合数国建立关税单位,以与其他国家竞争,例如多瑙河联盟等。然而这些办法却反使各国的生产品销路阻滞,以致恐慌加甚。此外,各国政府还努力于经济恐慌的症结所在的赔偿和战债这两大问题的解决。赔偿的负担者德国因为赔偿的数额过巨的缘故,国民经济已到山穷水尽的境地了。德前总理白鲁宁遂于一月初宣言,德国绝无付款能力,有要求取消赔偿的意思。协约国政府为事势所迫,于六月十六日在洛桑举行会议,以谋赔偿问题的解决。几经波折,直至七月九日,方才成立所谓《洛桑条约》。这条约把德国依照杨格计划应付而未付的数目打了一个一折,重定德国付款的总额为三十万万马克,可以用债券交付。这种债券规定在一九三五至一九四七年间分批发行,照实收九十,年息五厘,提百分一之充准备金,债券由国际清理银行保存,专充欧洲善后基金之用。若使从条约签字日起逾十五年,此项债券还不能发行,则德国的债务可以自动永久取消。然而和这《洛桑条约》同时,却还签定了比协定正文更重要的两个秘密的附带协定:一个是英、法、意、比四国绅士协定,这绅士协定规定,四国必须先使本身的债务——战债——获得满意的解决,然后可以批准《洛桑条约》;还有一个是英法两国政府所订的信用协议。在这信用协定中,两国约定取一致行动,以促成欧洲国家的合作。《洛桑条约》有了这两个附带协定,就使赔偿和战债这两个问题愈益密切的连结在一起了。这分明是欧洲各国联合着对美赖债的一种手段,因为战债的主要债权国就是美国,而《洛桑条约》及其附带协定是以美国的法定权利作牺牲品的。进一步说,欧洲各国藉着洛桑会议,结成了对美的联合阵线了。

当十一月间美国民主党罗斯福当选总统的时候,英法两国根据着洛桑会议的决议先后致牒华盛顿政府,要求战债问题的重新整理。换句话说,就是要求取消战债,而在这谈判还未开始以前,先将十二月十五日到期的战债继续延付。然而战债这东西却是美国称霸的要素,不论延付或取消,总是使美国的国库受极大的损失的。因此美国的态度非常强硬,坚决主张到期债款的偿付。(英、意等六国对到期的战债最近已经交付,但法、比等五国却还不肯偿付。)

美国在战债问题上是陷于孤立的地位了,可是美国对于欧洲诸国也并不是没有对付的办法的。美国用以对付赖债诸国的武器就是军缩。美国的外交家对欧洲的赖债者说:战债的信用是不能破坏的,你们省下扩张军备的钱来还这笔债就是了。

"军缩"这口号传布以来已经长久了,可是国际间第一次正式的军缩大会,却至本年二月二日上海的枪炮声正紧的时候方才在日内瓦开幕。参与者大小六十三国,至三月十八日休会,四月十一日重开。英、美、意等国主张废除特种兵器,如坦克车、毒气炮等;法国主张先有安全保障,然后裁军;德意两国则对法国主张坚决反对。各国意见纷歧,无法调和,四月二十一日大会又陷于停顿。六月下旬,美总统胡佛提出了一个惊人的计划,主张全世界军备缩减三分之一,可省军费二百万万元。于是军缩大会通过敷衍性质的决议案如下:(一)裁十年后军,以非战公约、胡佛计划及经会中所决议者为依据;(二)安全问题与德国平等要求,留待日后讨论;(三)限制大炮口径与坦克车重量;(四)海军军备邀请有关列强续商裁减;(五)禁止对平民轰炸;(六)绝对禁止毒瓦斯、霉菌与引火器等战争;(七)军备休战延长四月;(八)军备监察,设立永久军缩委员会。八月下旬,德国政府又提出军缩平等案,态度异常强硬,使军缩会议的工作陷于僵局。后来英国为调解起见,在伦敦召集五强会议。英、美、法、德、意五国代表在幕后几度协商,才于十二月十一日签定议定书如下:(一)在适合全体国家安全之限度内,英、法、意三国承允给予德国以军备平等之权利,此项原则当在将来军缩大会中讨论之;(二)德国重行出席军缩会议;(三)英、法、意、德四国政府同意今后不用武力解决争议;(四)五国申明军缩会议须通力合作,以期早日成功。

这议定书在表面上承认着德国军备地位平等的原则,这是法国对德的一种让步。法国此次的让步,可以说是他想整齐欧洲对美的阵线的一种作用。

在德国军备平等要求刚才解决的时候,日本提出了变更海军比率的要求。日本主张英、美、日三国主力舰比率应为一一:一一:八,以代替以前的五:五:三比率。对各种军舰的吨数与炮口径加以严格的限制,又将飞机母舰完全废除。日本这个提案分明是有着对美的作用的,原来自从九一八事变以来,日美帝国主义的冲突,是日益显著了。

日本强占我国偌大的东省领土而树立傀儡国,这是对于列强——尤其是美国——的远东利益的大威胁。当初美国政府守着缄默,及至日本夺取锦州的时候,美国方才显出反日的态度来。沪战发生以后,美国愈觉耐不住了,遂由国务卿史汀生发表了致参院外交委员长波拉的私函。在这私函中,包含着两个重要的原则,即:(一)确保九国公约的有效,"凡一切造成的形势,或中日间所缔结的条约违背九国公约,而损害美政府及其人民在华之权利者,美政府一律不予承认";(二)假如日本破坏九国公约,在华获得特殊利益,而打破太平洋上的均势时,美国就有重新扩张海军的权利。不久美国政府又将全国的舰队集中于檀香山,举行大会操,历时数月,参加军舰一百数十艘、飞机数十架。而最可注意的就是会操以后,变更预定的计划,改变舰队的编制,将大部军舰长期留住太平洋沿岸。美政府这种举动显然是对日的一种示威,可是日本的对华侵略政策却还是着着进行。八月八日,美国务卿史汀生在纽约外交讨论会又发表了一篇重要的演说。这篇演说也可以说是美国对远东事件的宣言,内中包含着三个要点:(一)非战公约成立以后,国际法上关于中立法的规定,已失却效力;遇任何战争发生时,交战国以外的各国至少在道德方面,不能再维持中立的态度。(二)遇任何战争发生时,交战国以外的各国,负有相互协商以判定是非曲直的义务。(三)因武力侵略所造成的形势,美国不能加以承认,并且明白的说出日本所谓自卫战争是帝国主义政策的假面具。日本外相内田因了美国这种露骨的表示,遂于八月间就职以后,在议会发表重要的宣言。他绝对否认"满洲国"出于日本的武力监造,他又明白的说出东北问题不能靠国际联盟及一切条约来解决。我们从美日两国当局者演说词中坚决的语气,可以想见美日两国关系的紧张了。

美国对日的态度既如上述,现在再把这一年来日内瓦国际联盟对于中日事件的应付情形,约略叙述一下。

国际联盟于一月下旬上海事件发动的时候,正开着理事会。一月三十日,理事会接受了中国代表颜惠庆请援用盟约第十五条的要求,并向中日两国请求和缓局势。二月十六日,理事会向日本提出警告,表明盟约第十条及九国公约的不能违反。三月三日,国联大会开特别会议,即电令中日双方立时停战。四日,决议请中日政府保障切实履行停止敌对行为的命令。十一日,通过解决争案方针及办法的议案,并且组织十九国委员会负视察大会议案的履行之责。十九国委员会于四月十九日通过促成上海停战交涉的十四项决议。至于上年十二月理事会所产生的李顿调查团,则于本年二月三日从巴黎出发,二月底到日本,半个月后由日本到上海,四月二十一日到沈阳,至六月五日完毕了实地调查的工作,九月一日将报告书写成,四日在北平签字,十月二日公布。这报告书除报告调查所得的事实以外,并规定适当的解决条件如下:(一)适合中日双方的利益;(二)考虑苏联利益;(三)遵守现行多方面的条约;(四)承认日本在满洲的利益;(五)树立中日间的新条约关系;(六)解决将来之有效办法;(七)满洲自治;(八)内部须有秩序,并须安全以御外侮;(九)掖助中日间经济协调的成立;(十)以国际合作促进中国的建设。十一月二十一日,日本政府发表关于李顿报告书的声明书,讳侵略举动为自卫其权益,诬东省人民为欢迎其伪组织。同日国联行政院开会对中日事件开始辩论,日本代表松冈和中国代表顾维钧、颜惠庆争辩极烈,无可调和。二十八日,续开会议,决定将中日争议提交十九国特别委员会。十九国特委会于十二月一日开会,决定六日召集国联大会特别会议。届时①参加特别会议者有五十一国。我国代表颜惠庆发言,提出请求四点;各小国代表发言,拥护李顿报告书。九日,大会决定暂告休会,将李顿报告书及各项有关意见,一并移交十九国委员会。十三日,十九国委员会议决请美俄参加,但美俄两国因为对于英法袒日颇为不满,多半是不愿意参加的。

以上所述是关于赔偿、战债、军缩这几个重大问题以及远东事件,一年来国际外交的经过,我们就此可以看出帝国主义国家间对立的形势了。

现在我们再就世界大势的第二个动向来观察一下。

上面说过,第二个动向是以反苏联战争为归宿的。苏联是世界上唯一的社会主义国家,他在资本主义国家的敌视之下,处着孤立的地位。然而在这世界经济恐慌弥漫全世界的时期,只有苏联非但没有受到波及,反有日见繁荣的气象:苏联的惊人的五年计画于一九三二年末提前完成,而第二届的五年计画于一九三三年的元旦就要开始实施了。可是这些社会主义的建设却需要着和平的环境。因此这几年来,苏联运用其所谓和平外交政策,一面竭力设法和资本主义国家恢复平常的外交关系,一面和邻邦结成不侵犯条约网。在一九二五与一九二六这两年间,首先和土耳其、德意志,继则和立陶宛、阿富汗签订互不侵犯条约。在这一年中,又和芬兰、爱沙尼亚、拉特尼亚②、波兰先后订立互不侵犯条约;至十一月二十九日,《法苏互不侵犯条约》又在巴黎正式签字了。在这些条约中间,最可注意的就是对法、对波这两个互不侵犯条约。因为法国是反苏联运动的指导者,而波兰则是西欧反俄的急先锋,现在这两国既与苏联订约,从此苏联在西欧疆界上多了一层和平的保障了。

这一年中苏联的和平外交,在东方也有相当的发展。苏联自从一九三一年和日本成立煤油协定以来,对日关系似乎渐趋和善。两国对于订结互不侵

---

① 编者按:原文如此,应为"当时"。
② 编者按:疑为"拉特尼维亚"之误,今译"拉脱维亚"。

犯条约一事,已有数度接洽,只是因为北满风云险恶的缘故,一时尚难实现。苏联对我国的外交关系,断绝了多年,及至本年十二月十三日,经我国代表颜惠庆与苏联外交委员李维诺夫一度会商之后,在日内瓦正式宣布恢复了。至于美国,则因了对日关系的恶化,以及商业的要求,近来对于苏联也很有复交的趋向。据一般观察,罗斯福上台以后,美国对于苏联就会有承认的表示了。

我们根据着上面所述的种种事实,对于一年来国际局势的演变,可以看出两个特点来:第一是欧美帝国主义间以及日美帝国主义间对立形势的尖锐化;第二是反苏联形势的和缓。

就世界大势的两个动向而言,我们也可以说在这一年中,第一个动向是比第二个动向显著得多了。

然而,虽有世界的经济恐慌,虽有苏联的谨慎的外交政策,可是和苏联敌对的资本主义却还潜藏着极大的力量,资本主义所运用的法西斯势力还是支配着各国政治的主要的动力,一年来各国许多的政潮和骚乱就是这种势力所造成的现象。在下一年中,世界的大势会不会从第一个动向转到第二个动向去,这还是疑问。所以将来的帝国主义战争与反苏联战争,那一种形式的战争首先发生呢?现在也还未到可以下决断的时候。

一九三二年十二月二十九日

(《申报元旦增刊》,1933年1月1日,第四版)

81. 国联十九特委会决议草案附意见书内容

〔日内瓦〕 今晨某报载十九特委会之意见书并决议案,其意见书如下:

(一)国联大会依据十二月九日之决议案,命特别委员会:甲、审查调查委员团之报告书与双方之意见书,及大会中发表之意见与建议,而不问其以何种方式提出者;乙、草拟决议案,以期依据一九二二年二月十九日行政院决议案提交委员会之争案获一解决;丙、于极短期内以此项建议提交大会。

(二)如委员会以为须以事变之真相与大局之评议整个提交大会,则须取材于调查团报告书前八章而作此文。盖在委员会之目光中,此八章实为主要事实公允完备之表现。

（三）但今尚未臻缮具此文之时，盖按照国联盟约第十五条第三节，大会有首先用调解手段觅取争议解决方法之责。如其有效，须将关于该争议之事实与解释，并此项解决之条文酌量公布；如其无效，则须按照同条第四节缮发报告书，说明争议之事实及行政院所认为公允适当之建议。

（四）当根据第三节之努力仍在进行中时，因国联盟约预料之各种变化所属于大会之责任，其感想须加特别保留程度。故委员会今日提交大会之决议草案，专以调解之建议为主。

（五）特别委员会依三月十一日大会之决议案，奉命竭力预备争议之解决并双方之协定。惟因美国与苏联政府如能惠然参加，则可获有裨益，故力谋与两国代表合作，并建议应请两国政府参加谈判。

（六）为免一切误会，并昭示专用调解手段从事谈判以求解决，并建议与非国联会员之两国合作而从事现局计，委员会特建议委员会应改为奉命办理谈判之新委员会，并授权委员会邀请美俄两国政府参加会议。

（七）谈判委员会得施用执行其命令所必要之权力，并可商诸专家，如遇以为当然时，并可以其权力之一部分授与一个或数个股员会，或有特别资格之一人或数人。委员会之委员在谈判中遇法律问题，应遵守一九三二年三月十一日大会决议案之第一段与第二段，遇事实问题，应以调查团报告书首八章之证据为准；至于解决方法，应根据李顿报告书第九章胪列之原则，并参照第十章之建议觅取之。

（九［八］）因是，十九国委员会之意见以为：就争议特别之情势而论，仅仅回复一九三一年九月以前之状态不足成持久之解决；而维持与承认满洲现"政府"，亦不能视为解决之道。

（八日路透电）

〔日内瓦〕十九国委员会第一决议草案其文如下：（一）回顾国联盟约第十五条之条文，其第一责任乃在竭力担保争议之解决，故曾纪录宣布争议情态与提出解决方法之草报告书。（二）依一九三二年二月十一日之决议案，树立节制国联关于争议解决之态度之原则。（三）确认此种解决必须尊重国联盟约、巴黎非战公约及九国公约之旨趣。（四）决定组织一委员会，委员会同各方面办理谈判，以期根据李顿报告书第九章胪列之原则，参照第十章之建议，觅取解决。（五）委派十九国特别委员会之国联会员组织该委员会。（六）因美俄两国如参加谈判必有裨益，故命该委员会责当邀请美俄两国政府参加谈判。（七）授权委员会所视为必要之计划，完成其任务。（八）邀请委员会之辅助，于一九三三年三月一日之前提出其工作之报告。（九）许委员会有权与双方商定一九三二年八月一日大会决议案所述之延缓确期，在双方未商定延缓之期限时，委员会在其提出报告时，并应向大会提出建议。（十）大会长在会议期中，其主席视为必要时，得随时召集之。

第二决议草案申谢调查委员团秉公尽责之工作。

（八日路透社电）

（《申报》，1933年1月9日，第八版）

82. 国联将草拟报告，建议解决办法强制执行，任何一方不服即援用第十六条，发表草案显为调解绝望之表示

〔南京〕 十九国委员会调解中日争端之决议草案，八日已发表。该项草案原拟保守秘密，获得中日同意后，于十六日开会时提出通过，现于开会前突然发表，外交界认为国联调解绝望之表示。盖事实上中日对该草案意见悬殊，无一致可能，故将草案发表，以表示国联已尽调解之职，而对调解绝望之责不在国联。势将引用盟约第十五条第四项，即由国联草拟报告，建议解决办法，强制双方执行，任何方面不服者即引用盟约第十六条。现距十九国委员会开会之期只一周，国联应着手编制报告云。（九日中央社电）

日本故示乐观，仍唱直接交涉老调

〔东京〕 十九国委员会将于十六日开会讨论中日问题，虽有委员会之努力，然照规约第十五条第三项之和解手段不能发见时，必引用第十五条第四项。然日外务当局对此大体乐观，所抱见解如下。即委员会照规约第十五条第四项，陈述纷争之事实，草成报告，内载认为公正且适当之劝告而公表之，但此不过审理的压迫而已，且当事国可照第十五条第五项之规定"关于该纷争之事变及关于本国之决定，可公表陈述书"，故对理事会之劝告，日本直指其非，而诉诸世界之舆论。故关于此事，毫无忧虑之必要。况国联即照规约第十五条第四项草成载明劝告之报告书，即联想制裁规定之适用，亦系杞人忧天。结

果国联将摆脱中日问题,而开中日两国开始直接交涉图谋解决之机会云。盖对十九国委员会之措置,表示乐观态度。(九日电通社电)

汪精卫对德记者谈话

〔柏林〕 现居土平根疗养院之中国行政院长汪精卫,经《斯都珈日报》记者访问,发表宣言,谓:中日两国均为联会会员,其争端和平解决之责任,属于国联会;中国虽无力向日本宣战,但日本若竟出于战争行为,则全中国均将一致起而抵抗云。汪氏对于李顿报告书所载解决满洲争端之建议,宣言不能同意;但如以该报告书作为谈判之基础,则亦认为可行。汪氏又云,中俄两国虽已恢复通常外交关系,却未缔结同盟;溯自满洲争端发生以来,彼与蒋介石将军在内政上不相同之意见,业已蠲弃无余云云。(九日哈瓦斯电)

(《申报》,1933年1月10日,第三版)

83. 国联对中日案调解绝少希望:准备草拟报告,强制双方接受,仍力避与日正面冲突

〔日内瓦〕 中日争议之和解,现已公认为毫无希望,在幕后指挥国联政策者,现忙于筹画下星期十九特委会集议时所应采之途径。现似有势所必至者,此后步骤将为国联盟约第十五条第四节之适用。该节规定:"倘争议不能解决,则行政院经全体或多数之表决,应缮具报告书,说明争议之事实及行政院所认为公允适当之建议。"众悉现已绝少用延宕手段谋取一再展缓之可能性,故正严重考虑国联大会所须草拟报告书之问题。闻现有一种趋势,拟采用十九特委会之决议草案及其理由说明书,作为报告书之根据,而加以适当之修正,此乃以李顿报告书条陈为解决基础。众望以此轮廓可缮具报告书,一面以慎重形式表示国联会员国之意思,一面避免与日本决裂。惟日本似未必对于李顿报告书之一般赞成予以接受,而中国亦必要求至少可予以自由手腕之方案。日本总代表松冈近游于近东与意国,明日可返日内瓦。(十一日专电)

〔南京〕 外交界息。颜惠庆、顾维钧、郭泰祺现均抵日内瓦,来电报告,正候十九国委员会开会之结果。此后观察十九委员会开会后,如调解绝望,则将

根据盟约,建[起]草建议解决之报告,强制双方接受,任何方不接受时,则将采用经济制裁。我代表对于日军侵占山海关之经过,及日军扩大战争行动演进之范围,已迭经送达国联;同时并以书面提出要求国联注意其本身之责任,从速制止日本扩大军事行动,以免危害世界和平,并令日本从速依照国联决议撤兵,回复九一八前状态。(十一日专电)

(《申报》,1933年1月12日,第三版)

84. 汪精卫为世界和平呼吁,国联对满案如不迅谋公道解决,中国惟有奋斗到底以自保疆土;颜、顾、郭电促政府收复榆关惊动日内瓦,日方传杉村与德鲁蒙已商定妥协方案,松冈洋右罗马之行居然获到意外成功

〔日内瓦〕 中国行政院长汪精卫今日在日内瓦发表一文,略谓中国人民当此日人期以武力危害中国之时,不得不根据正谊与公道,为和平利益计,对之奋斗。一旦战争发作,其将仅以中日为限乎?在过去十六月中,中国已在日内瓦谋取和平之解决,一面对于日本之继续侵略予以抵抗。乃一再延宕,中国朝野不禁大为失望。李顿报告书已无疑的证明日本侵略之无理由及满洲傀儡国成立之出于伪造。中国虽不尽赞成报告书之结论,且以国联缺乏制止侵略之权能为憾,然愿接受报告书之一般原则,为公开坦率的讨论之基础。今显然无疑者,日本政策在阻挠延缓并击败国联之行为,而悍然进行其侵略程序,冀以每个阶级中已成之事实与世界最高之法庭相抗,而要求现有实际之承认。此即日人所以于上月阻挠调和之后,及十九特委会一月十六日集会以前,亟事进攻而占据榆关也。日本之最后行动,不独又予中国以必须奋斗到底、保其疆土、维护其国家存在之证据,且为对于国联之又一次挑衅。如国联现仍不作迅速而公道之决定,采行解决争议之有效方法,则直谓和平已成幻梦,而战争将为世界和平之恶魔。如中国绝望而对于日本军阀作长期之抵抗,则中国所付之代价固大,而全世界所受之影响,亦将不堪设想云云。(十二日路透社电)

〔柏林〕 汪精卫昨晨离土平根,众料其因榆关事变,虽病未全愈,克日返华。但现悉汪偕其随员昨晨在吕伦堡过宿,并据旅馆经理言,今日乘火车出

境，向捷克而去。果尔，则汪之行踪，殊令人捉摸不定也。（十一日路透社电）

〔日内瓦〕　十九特别委员会行将开会，而中国在日内瓦之代表颜惠庆博士、顾维钧博士及郭泰祺致电南京政府，促速派兵克恢榆关。此项消息传出后，众大惊骇；国联方面现恐中国希图克复榆关之举，将促令战事严重复作，其结果或将为中日两国公然开战。中国代表发言人声称，中国恒遵守国联盟约，而一面则抵御侵略。榆关明明在中国境内，今图克复，正如上年春季上海之战事，绝无攻势之性质。华人感觉此城必须克复，故准备作绝大之牺牲达此目的云。（十二日路透社电）

〔日内瓦〕　中日双方代表今皆沉默，人颇异之，且有认此沉默为大风雨将临之恶兆者。此间华人方面表示意见，以为此后之重要发展，或将来自远东。华人对于国联之一再延宕，显呈不耐之象。但就华人已往态度察之，众料其总可静待十九特委会会议之结果。此间已悉英人近拟拉拢中日就地解决榆案之谋，业已失败。（十二日路透社电）

〔罗马〕　松冈至意京后，与首相墨索里尼及其他主要政治家谭述中日争议，今已公毕。此行引起良好之印象，并使日本得与处理中日争议之欧洲各国亲自接触。意国之反响为此案要当由国联主裁。众意国联现临存亡关头，各报皆以许多篇幅登载满洲事变之消息，但不加以评论。（十二日路透社电）

〔日内瓦〕　一月十六日起之一星期，将为日内瓦中日争议之讨论中最吃紧时期。在十九特委会十六日开会之数日内，国联秘书长德鲁蒙与十九特委会主席希孟，奉命在休会期中向双方接洽、拟觅双方所可接受的方案之努力是否成功，当有切实分晓。如此二人之努力得能有成，则十九特委会之议案当可公布，而国联大会或将及早集议，以决定应否请求美俄两国参加和解手续，并决定和解委员会应用何种形式。众信和解委员会不尽为十九特委会之全体，除美俄或加入外，其人数将较少，而以在远东有关系之大国代表组成之。今尚未有正式请书送交美俄两国。闻国联虽已向之探询意见，但尚未得切实结果。如十九特委会集议时，不能议定一种方案，则国联大会势必根据国联盟约第十五条第四节缮具报告。此种报告，大约将采用李顿报告书之轮廓，或用其全部，或以其首先八章为根据，而稍修正其建议。（十一日路透社电）

〔日内瓦〕　十九国特委会主希孟定十三日抵此，十四日将与特鲁蒙面商妥协案。日代表松冈今日下午六时返自意国，与杉村密谈一时余，日传所商者为杉村、特鲁蒙之妥协案。关于榆关案日方极力散布和平解决空气，因我方不

理，国联前途依然暗淡。闻中国代表均已齐集日内瓦，对日方所传和平解决空气，将有所表示。（十一日华联社电）

〔东京〕 据日方息，松冈洋右昨日下午六时返内瓦，十时与杉村博士会谈约一时二十分。据传，杉村、特鲁蒙会商已得一新提案，其内容如次：（一）关于"满洲国"独立问题，决议案不得提及，保留日后再提议之权，糊涂敷衍一下，以饱日本之欲望。（二）调解委员会职权不得限定，及时可自由伸缩，以中、日、英、法、德、意、比七国组织。如小国反对，则由小国中再选择一国组织之，以从傍促成解决为宗旨。（三）美俄参加问题，听任日本主张，决不提起。（四）中日纷争调停原则，尊重实情，李顿报告书只能当为参考。但日外交部对此不加任何之批评。外交界揣测，此案如成立，则事实与中国主张相差甚远，虽日本接受，而中日纷争亦不能轻易解决云。（十二日华联电）

（《申报》，1933年1月13日，第三版）

85. 汪院长发表宣言全文：国联迄无有效办法，和平已成泡影，交涉至于完全绝望惟有奋力抵抗

〔日内瓦〕 汪院长在日内瓦发表宣言：

中国对于暴日侵略，确定交涉与抵抗并行之方针。所谓交涉与所谓抵抗，虽似相反，实则相成。盖中国为国联会员国之一，有遵守国联规约、确保世界和平之义务，虽遭日本侵略，此志不渝；并深信同为会员国之各国及签字于华盛顿条约、凯洛格非战公约之各国，亦必以遵守国际公约、确保世界和平为重，对于日本之侵略，必能确定有效之办法而实施之，以期达此项目的。所以中国始终信任国联，听候解决，此为交涉之本旨也。惟在此期内，日本之侵略不已，中国为领土主权、人民生命财产计，断难坐受其侵陵，不能不奋起而为正当防卫，此为抵抗之本旨也。交涉与抵抗实为相须而行，缺一不可。中国自遭暴日侵略以来，一面诉诸国联，一面申命封疆将吏尽其守土之责，不挑衅亦不屈服，其理由根据实在于此。

自九一八以来，国联对于东北事件所有决议，日本置若罔闻。中国政府及人民一面极愤日本之横蛮无理，一面对于国联之优柔不断，不能不十分系念。

自一·二八事件后,全国愤怒更达于极点,十九路军奋勇抵抗于淞沪,全国风起云涌以从之,然其遵守国联规约、确保世界和平之志,依然不改。故于一面极力抵抗之际,仍一面欢迎国联调查团之来临,以期得公道与和平之解决。国联调查团报告书发表后,对于日本之无理侵略,满洲伪组织之傀儡行动,阐发无遗。真相既明,公论遂定。中国政府及人民,虽对于报告书所拟办法,不无意见异同,致憾于办理虽明而制裁之力仍薄弱,然亦无不愿接受其大体意见而开诚商量。而日本对之则悍然不顾,倒行逆施日以加甚,明知十九委员会将于一月十六日开会,而竟于一月二日聚海陆空军之力毁山海关,重挑战衅。此举不但使中国政府及人民深知日本决无觉悟之时,非竭其全力与之为殊死战,决无以自拔于危亡,同时并使中国政府及人民对于国联之能否履行盟约确保世界和平,认为已至于最后之界线。倘国联至于此时,尚不能确定有效之办法而实施之,则中国政府及人民向来所持交涉与抵抗并行之方针,将自觉其不能继续。质言之,即所谓交涉将至于全然绝望也。抑此不独关系于中国之危急存亡而已,即国联自身存亡之价值,亦有系于是。国联基于维持世界和平之目的而存在,今若对于中日两会员国之争端,不能为公正之判断与有效之处置,则原来之目的既已违反,且此后若有效尤者,未知何以制之。是和平之理想已成泡影,而后此战祸正无穷也。

中国向为爱好和平之民族,日本宣传中国人民抵制日货之举,此系日本之侵略中国使然。日本不求其所以然,而但欲中国政府强制人民为此消极的爱国之举动,甚且指此可悲的爱国之举动为扰害和平,尤甚者且扩大宣传,谓中国国民党之民族主义为危害世界和平。殊不知中国国民党之民族主义,其意义、内容具见于总理孙先生《民族主义》讲义中,乃基于博爱、平等之理想,勖中国民族须努力担负文明国民应尽义务,以期享受文明国民应得之权利,以中国之自由平等为基点,以世界大同为究竟,正有裨益于世界和平者,何危害之有?惟吾人不能不郑重声明者:中国固爱和平,然所爱者为正义之和平、公道之和平;若欲以暴力迫害中国,使陷于屈服之深渊,则吾国民族不能不为正义之和平与公道之和平而不断的奋斗也。

日本方面之宣传谓中国无组织,无现代国家所具备之能力,吾人对此等诬蔑多不能承认。即有一二近似者,吾人并不讳言,且吾人现在正努力以改善之矣。惟吾人尚不能无言者,数十年来中国进步迟滞,其最重要之原因为何,非日本阻碍之力乎?中国艰难获得之进步,每为日本以暴力摧毁之,务使之夭折而后已。去岁一·二八之役,淞沪一带中国所组织之文化机关如大学、如图书馆,经济机关如纱厂、如各新兴工业,莫不为日本之飞机炸弹毁坏几尽。此等建设物既非军事设备,而日本飞机之投掷炸弹,显然目的有所专注,而非无意波及者。日本不欲中国自进于现代国家之完善区域,先之以暴力摧毁,继之以毒口中伤,其确证如此。抑尚有进者,中国有四千余年之历史,为东洋文化之桢干,其一切风俗与西洋文化不能尽同,中国固努力以期模仿西洋文化之长,然于其固有之文化,不能一概抛掷。故所谓现代国家之标准,将来或须再行估定,若沥举一二为西洋现代国所有而中国尚阙如者,即以之指证为中国无现代国家资格,非笃论也。姑不具论以中国有如此悠久之历史,盖以土地之广、人民之众,一旦断绝于世界和平之维持,出其全心力以与日本为长期之□斗,则中国之牺牲固大,而全世界所受之影响,亦将不堪设想。况杀机一开,又岂限于中日两国乎?此不能不望主持世界和平之机关及主持世界之舆论代表者注意及之也。(十二日中央社电)

(《申报》,1933年1月14日,第七版)

86. 中日案调解显已绝望,国联准备缮具报告书;是否有强制之决心尚难逆料,欲谋适当有效办法仍在自卫;德鲁蒙案完全容纳日要求,英袒日明显小国深表不满

〔香港〕 确息。国联因调解绝望,日来正计划根据盟约十五条四项草拟报告书。该书是否能于十六日开会后提出,现尚不可知。十九国特委会如根据李顿报告,或能制一公正人报告书,倘国联一味迁就日本,是速其尊严之堕丧。政府于报告内容极为注意,姑不论该报告之内容如何,开会时是否能须利通过,如遭遇反对时,国联是否有强制执行之决心,均难逆料。故前途暗礁正多,欲谋争端之适当解决,有效办法仍在自卫云。(十三日中央社电)

〔南京〕 外交要人语某社记者:国联十九国委员会十六日开会,预料对日本之侵华举动,将为有效之制裁。我国方面拟要求引用盟约第十六条,但国联有无接受此项请求之勇气与决心,尚属疑问。一般揣测,国联或将引用第十五条第四款"倘争议不能解决,则行政院经全体或多数之表决,应缮发报告书,说明

争议之事实,及行政院所认为公允适当之建议"。至所谓公允适当之建议,大概将以李顿报告书为根据。此种办法倘成事实,于中国方面未见有利,盖李顿报告书虽有其公允之部分,但建议部分则于我国不利也。又此次会议,法国代表为维持盟约之存在以巩固本身之利益,对日本之暴力侵华,必有明显之□对。英国态度虽无明显表示,但料其未肯为虎作伥,致失世界之同情。(十三日专电)

〔日内瓦〕 日内瓦中国总代表颜博士今日通知国联秘书长德鲁蒙,谓接国府来电,否认派员与日当局谈判日军无端攻占榆关事。(十三日路透社电)

〔伦敦〕 国联协会执行委员会今日在此专为中日问题召集会议,通过决议案,主张应由国联取有力行动解决中日争议,李顿报告书应立即予以完全接受;国联应促迫两造根据报告书开解决争议会议,并当就地组织调查事实委员会,逐日以互争区域内之时事秉公报告国联。本日与会者有张伯伦爵士、李顿勋爵及裴赛勋爵诸人。(十三日路透社电)

〔日内瓦〕 十九国委员会主席比外长希孟,于明日回日内瓦。十九国委员会将于星期六开会。国联会十二月所拟之决议草案,中日两国均予拒绝。原定由主席担任于假期中设法使两国同意,不料十二月中旬以来发生事变,致主席不能尽此责任。然十九国委员会不甘失败,乃将请希孟及五人起草委员会与两国接洽。现在英外相西门抵此,精神为之一振,或将从新努力,俾中日两国能接受十二月间所拟之决议草案。(十二日哈瓦斯电)

〔日内瓦〕 日代表部今晚六时召开代表部会议,泽田、杉村、长冈、佐藤、松冈等均列席,密议五小时。据传密议内容为杉村—特鲁蒙案,日本之所反对者,仅和解委员会请中日参加一项与第三国之加入,因恐决议后受其束缚,此点如国联肯再让步,则日本乐为接受。遂决定派松冈与西门,佐藤与希孟,杉村与特鲁蒙积极磋商。又据日方息,照目前形势,如国联加以第十五条第四项强制调解,日本亦未得即时退出国联,只能暂留国联,观察其结果而定去就云。(十二日华联电)

〔日内瓦〕 国联特鲁蒙案,系以英日之妥协向我国胁迫。该案于我国不能赞同,已属明显。最近此间又盛传我国民众愤国联无以解决中日纷争,将以武力收复失地,夺还榆关。各国代表对调解前途殊抱悲观。又因英国袒日政策过于浓厚,各小国逐渐有反对大国之无视世界公理云。(十二日华联电)

....

(《申报》,1933年1月14日,第七版)

87. 东北问题与国联（十二）

日代表词色悻悻

松冈云："中国代表已保留下次开会时对于所述各节提出意见之权，惟余愿请中国代表记取者，即余并不请其对田中奏折有所辩论。该奏折之为伪造，已无须置辩。但中国代表既有确定之指陈，则自应提出证据，以实其说。深望中国代表在下次开会时，勿忘余之请求也。"

主席请李顿出席

至此，主席乃请调查团团长李顿爵士出席，主席并云："行政院诸会员已熟聆上星期一及今日下午中日代表之演辞，调查团各团员亦已接受行政院之请，列席倾听双方意见。余深信行政院诸会员对于调查团各团员于获聆中日发言之后，是否对于报告书中所称各节有加以修正之意之一点，必甚为关心。各会员如能同意，则余请提议请调查团各委员召集会议，考虑此项问题，并在便利范围之内，迅向行政院报告其意见。诸会员于此是否均能同意乎？"

松冈 "主席提议，吾人并不反对。惟应确切认定者，即任何意见之发表，应为调查团整个的意见，而不应为任何单独团员之意见。又有一点宜注意者，即以吾人见解，调查团于向行政院造具报告书后，其使命即为完毕。故依照该团之任务言，其对我国政府，或余所发表之声明书或节略，加以讨论或表示意见，实为越出该团之权力以外者也。"

主席 "关于日代表所提第一点，当然应为调查团全体之意见。关于第二点，余意调查团现在依旧存在，直至行政院正式撤消之时为止。故行政院如愿知调查团整个的意见，尽不妨咨询之也。"

松冈 "余所述者，恐主席尚有所误解。调查团报告书一三八页称'吾等工作现已告竣'，此语吾人完全同意。盖调查团之工作，已于其完成报告书之时完竣，是以吾人以为关于完成报告书以后之一切事件，该团无权作任何批评，或发表任何意见。此乃吾人之主张，行政院如对此点以为不然者，则余不得不表示异议，并保留吾人之态度。"

主席　"余之见解,以为调查团之工作,应俟行政院将其正式解散后始为完竣。就过去之习例言,任何调查团组织成立后,其团长往往出席行政院会议答问,俾对其报告书各点有所解释,先例固已数见不鲜矣。"

顾代表　"余仅代表中国政府,对主席延请调查团表示意见之提议加以赞同。中日双方代表在行政院席上既已作甚长之声明,尤其日本代表对调查团报告书之事实部份曾加评驳,吾人自应予调查团以表示其意见之机会也。惟余对日本代表今日所陈尚有意见,待下次会议中发表,是调查之陈述意见,似当俟余发表意见完毕之后也。"

松冈　"余对中国代表所表示之情意,完全同情。惟为避免误会计,余不能不声明一点:依吾人见解,调查团完成报告书后,其工作即为完竣,此后即不能表示意见或发表批评。吾人行事必循规则,设若余之解释为谬,则余自愿撤回之。惟余对此点,仍有重大之怀疑也。"

主席　"余请为余之提议加一解释:余并不主张调查团对其报告书得有所增补或更改。不过请各团员集会后,讨论在渠等获聆中日双方意见之后,有无对报告书中所陈有改变或增加意见之意,并向行政院报告其事实而已。"

松冈　"此即为吾人所反对者。吾人对此颇多疑义,不能不保留再行研究之权。"

李顿　李顿爵士起言云:"余愿代表余之同侪,对行政院与吾人以在获聆中日双方声明后,表示有无增改吾人在报告书中意见之机会,致其谢意。惟余所表示之意见,既应为调查团整个之意见,故余在未与余之同侪会集讨论前,现在当然不能发表言论。吾人将于明日集会,讨论此点。至关于日本代表所提出之点,余敢告日本代表,调查团各团员回国后,即[既]未集会,亦未以调查团□个名义发表意见或任何行动。至行政院之提议,当并非请调查团对于中日代表所陈加以批评,不过请其表示是否对于报告书中之意见有所变更否耳。"

主席　"除日本代表所提保留外,行政院各会员殆已同意于余之提议乎?"（众无异议。）（二十三日辩论完。）

（未完）

（《申报》,1933年1月14日,第九版）

88. 国联已临最严重关头，十九特委会明日开会，主席希孟抵日内瓦继续调解工作，新妥协案完全徇日意旨难成事实，大会将根据盟约拟具报告，我代表与国联有相当接洽

〔南京〕 外交界息。国联于调解绝望后，曾经酝酿新妥协计划，因日坚持承认伪组织与直接交涉，为我所极端反对。故大会仍将根据盟约第十五条第四项草拟报告书，内容完全以李顿报告书为基础。我颜、顾、郭三代表已与国联有相当接洽。十六日十九国特委会开会后，如公认调解绝望，即提出报告书，经多数通过后，再提国联大会讨论。国际空气已临最严重关头。（十四日中央社电）

〔南京〕 外部顷接颜、顾、郭等电告，国联特委会为恐中日争端无法调解，已着手起草报告，根据盟约第十五条第四节，采用李顿报告书前八章及最近数月来中日间所发生之新事实为基础，并为适当之建议。颜、顾等电中，对该报告详述内容，向政府请示应付态度，其内容尚未便发表。政府致颜、顾等复训，预定在十六日十九国特委会开会前发出。据外部发言人谈，国联形势甚为紧张。特委会主席希孟及秘书长特鲁蒙连日劝中日代表团接洽，确有重大之酝酿。预定十六日开会，先听取中日双方代表之申述，次即将能否调解问题提出讨论。如认为已无调解可能，则须提出报告，实行第十五条第四节，为有力之制裁。（十四日专电）

〔日内瓦〕 日代表与国联秘书长德鲁蒙间刻正进行谈判，以期谋取关于可为日本接受的十九特委会议案之方案。现已有趋向折衷办法之若干进步，其致此进步之一部原因为理由说明书形式之更改。（十三日路透电）

〔日内瓦〕 十九特委会主席比外长希孟今晨十二时抵此，定明晨访特鲁蒙，询问国联与日本接洽经过与特鲁蒙、杉村所拟定之日英妥协案内容。闻希孟深悉该案显系英之袒日，并且各小国对该案多抱不满，故不能不予以慎重之研究。（十三日华联电）

〔日内瓦〕 国联大会非常会议主席希孟氏今晚抵此，故远东事件之调解工作即将开始。希氏不久即将访问中日双方代表团，探访两国政府对于十九

国委员会所草就之决议案,究竟有无接收［受］之可能,然后再定进止之方针云。但依现状观之,此种决议案中,双方均无接收［受］之可能。故希孟或将再与十九国委员会讨论各重要原则,以定将何进行之方。十九国委员会将于星期一日重集,讨论原有决议案是否将坚持到底,抑将加以更变而求调解之成立。但以近日远东事变已发生极大之变化,国联方面殆莫不怀疑于国联本身解决满洲案件之能力也。(十三日国民社电)

日方所传新妥协案内容:组织五国委员会进行调解,对不承认伪组织完全抹煞,邀请美俄参加无明白规定

〔日内瓦〕 日代表团十三日下午三时再开首脑部会议。杉村次长报告与特鲁蒙交涉之结果后,各人交换意见,决定报告外务省并请训令。据闻杉村与特鲁蒙成立谅解之点如下:

(一)调解委员会之组织,限于英、法、德、意、比五国。中日两国不参加。

(二)邀请美俄问题不取消,但不使用"美俄"等明了文字。唯表示"与中日问题有利害关系之会员国及非会员国",而将来邀请美俄。

(三)不使用"直接交涉"之字句,但认直接交涉之精神。调解委员会以援助中日纷争之根本的、澈底的解决为其权限。

(四)理由书问题,完全舍弃理由书之形式,作为议长之宣言,故理由书最后段否认"满洲国"之字句决定削除。

(五)国联大会继续至解决中日问题时期为止,调解委员会于必要时报告大会,以表示国联与中日问题有完全关系。

(十三日日联电)

〔东京〕 国联事务局案之全文今晨达外务省,其内容如下。

第一决议案:第一项,国联若根据盟约第十五条之规定,其第一任务系在努力调解纷争。而今日之事态,表示尚未达劝告含有关于纷争之事实与解决案之时期。第二项,依一九三二年三月十一日之决议,声明关于本件国联之原则。故鉴于第三项之李顿调查团报告书第九章之原则,作为解决本件之有力基础。第四项,该原则于远东事态之进展,有决定适用与否之任务。故第五项为调节该纷争计,由十九国委员会任命小委员会。第六项,为决定的解决两国之悬案,由该小委员会扶助两当事国,并认该小委员会为遂其使命,有采取一切必要措置之权限,有邀请非会员国代表参加之权能。第七项,该小委员会对该事于三月一日前,应将情报络续供给十九国委员会,俾十九国委员会得报告大会。第八项,十九国委员会依据一九三二年七月之决议所表明之犹豫期间,有得两当事国之同意决定之权能;该犹豫期间若无两当事国之同意时,十九国特别委员会于盟约第十五条第三项,将大会所委托之事业为最终报告之际,应提示于国联大会。第九项,国联大会依然继续,议长认必要时得召集之。

第二决议案:国联大会对于国联调查委员,感谢其与国联以有益之援助。爰宣言调查团报告书对于国联努力于维持和平,为有益之贡献。(十四日电通社电)

我代表团致国联会节略,因日军占榆所引起之冲突,声明中国不负责任

〔日内瓦〕 中国代表团将一月十一日中国政府分致一九零一年议定书(按即《辛丑条约》)签字各国之节略全文,备函送达国联会秘书处,谓日本滥用一九零一年议定书所载之特权。日本军队攻击山海关而占领之,并屠杀无辜居民数千人,而毁坏城内外之财产甚众。日本军队又集中于山海关之四周及北宁铁路一带。在此情势之下,中国不得不宣言,谓中国军队对于日本军队之侵略行为而行使正当防卫权,其因此而发生在法理上或在事实上之事变,绝不担负何项责任云。国联会秘书处已从中国代表团之请,将此函分送非常大会各会员国矣。(十四日哈瓦斯社电)

日本表示乐观

〔东京〕 国联对日妥协案,目下已在日外部审议中。如日外部表示同意,则由希孟主席报告经过,并宣读主席之声明书。结果十九国委员会将中日纷争移交五国会议,日本如再要求修改枝叶问题,则须待十六日之会议暂停后、希孟与特鲁蒙磋商以后再修改,不过要提交十九国特委会审议而决定。设若日本要求根本修改,则国联不能不援用十五条第四项强制调解中日纷争。闻日外部对此认为国联已屈服日本,对前途颇抱乐观。(十四日华联电)

日政府坚持直接交涉,反对第三者干预

〔东京〕 日政府对于特鲁蒙秘书长关于解决中日问题办法应取态度,现由外务省首脑部慎重协议中。该案内容相当接近日本主张,然日方拟要求□

限监视中日事件新委员会之权限,并□如下方针,与特鲁蒙继续谈判:

(一)特鲁蒙案规定新委员会讨论事项,为李顿报告书之第九章诸项。其任务殊缺明了,且有诸许满洲自治一节,日本当然不能承认,故要求改修为新委员会讨论第九章中有益之部分。

(二)如成文中不便明记右项条件,则应明确规定委员会实际的工作,不根据于上项条件。

(三)邀请非会员国问题,在决议中亦有矛盾之点,即决议案规定小委员会根据于盟约第十五条第三项行动。然如加以美俄两国,则国联将越帮助中日直接交涉之义务范围,而不免先后部分互相矛盾,故须取消此点。

(四)特鲁蒙亲提议新委员提用李顿报告书原则于远东事态,此与其前章所谓之尊重中日直接交涉一节发生矛盾,故其适用或解释等,应任中日两当事国。

(五)中日问题须由中日直接交涉解决,国联委员会只可傍观,不得干涉。

(十四日日联社电)

西班牙撤换出席国联代表,唯恐开罪日本

〔玛德里〕 西班牙政府今日发表,马达利亚加因病不能赴日内瓦,派薛拉代表西班牙出席十九国委员会与国联大会特别会议,讨论满案。据称,马达利亚加前患感冒颇重,现已渐痊,方在法国里维拉养病。但据可靠方面传出,西班牙代表之因病易人,犹属托辞,实因西政府不慊于马氏上次在日内瓦有逾越职权行为所致,且闻外长苏路泰稍缓或将亲赴日内瓦一行云。(十三日国民电)

邀请美国参加成为英日问题

〔日内瓦〕 据日代表部之情报,依事务间案所设小委员会之构成,现悉德鲁蒙秘书长于英、法、意、德、比五国外,要求美国之参加,而不使中日两国加入,并最希望美国之参加。日主张者系英国,其理由系英国于远东有多数之殖民地,于远东政策上,谓与美国之提携,为紧要不可或缺者。但日本政府对之,以为美国之参加,对于盟约毫无责任之非会员国加入国联之机关,与以发言权而使不负责任,在国联之法理上不仅有疑义,且于实际的影响,徒助长中国以夷制夷之不当精神,使问题之和平解决困难迁延,故表明绝对的不同意。故问题今后

脱离日本之对国联，而为英日间之问题，故其进行殊堪注目。（十四日电通社电）

…………

（《申报》，1933年1月15日，第三版）

89. 英日成立妥协，国联一味迁就日本，德鲁蒙案完全漠视我国立场，措辞优柔荏弱我国万难接受，十九国特委会今日重行召集

〔日内瓦〕 十九特委会将于明日起重复工作，各大国尤其英国显图修改原决议草案，明示让步，使日本乐于接受。现已电东京，征求同意。料星期三覆电可到，星期四十九特委会即提出讨论。据此间一般观察，国联仍需要美国合作，否则一切决议，将成空谈。纵中国接受调解，不类于屈服，但前途唯一之希望，仍在能否坚强抵抗云。（十五日中央社电）

〔日内瓦〕 明日午后十九特委会集议时，主席希孟与国联秘书长德鲁蒙将提出休会期内与中日两造谈判进行情形之报告，当希孟回国应付阁潮时，该问题几全由德鲁蒙处理。希孟于星期五夜返抵日内瓦后，即与德鲁蒙及中代表颜惠庆、日代表松冈接谈。故目下一切事实，皆已了然。国联方面因德鲁蒙制成折中方案之结果，已有较乐观之空气。虽日政府覆电在星期二日或星期三日之前，不致传达日内瓦，但众信日本可予赞成，或至少可使协定之门户开启。故料十九特委会明日必将延会两三日，俾中日之覆电可在此两三日内到达。闻日内阁将于下星期二日开会考虑该问题。至于中国之立场，殊欠明了。中政府是否将不经奋斗而接受所商定之修正案，甚属可疑，甚至如原来方式之决议草案，中国犹觉其太弱，故特提出修正文，切实声明不承认"满洲国"并日本违反条约。就中国眼光观之，德鲁蒙之折中方案显未顾及中国之修正文，而反请中国接受措词荏弱之决议案。中国对此，已因其优柔而予反对矣。在此情态中，中国提出异议，殊不足惊讶；所难知者，中国是否将完全拒绝十九特委会全体业已同意之建议耳。虽中国于一九三一年十二月十日曾在巴黎赞成与今次修正案微同之决议案，但中国之出此，实因该案中规定组织李顿调查团之故。而目前之建议，除由小委员会之斡旋与日进行谈判外，显然未予中国丝毫

利益也。但一经拒绝，责任孔巨，谅中国必三思而后出此也。明日会议有可注意之一点，即上年十二月间发起原决议案拥护公道之诸小国代表均不莅场是。西班牙代表玛达里亚迦、爱尔兰自由邦代表康诺立、捷克斯拉夫代表皮尼士、瑞士代表摩太均不出席，而将代以他人。英外相西门明晨可抵此间。（十五日路透社电）

〔日内瓦〕　现传国联秘书长德鲁蒙已将新决议案草稿送致中日代表，征求两政府同意。其内容与十九国委员旧拟草案大相径庭，既无一字语及满洲伪组织，亦未提及美国与苏俄，仅暗示有邀请若干非会员国加入调解之可能性而已。据东京消息，似表示新决议案可为日本所接受，但此间一般人士咸怀疑其能否为中国与国联大会所满意也。中国政府为榆关事件致辛丑和约国之照会，今日已由颜惠庆代表在此间发表。国联中人解释此照会，谓足见中国决意尽力抵抗日本之侵犯热河云。（十四日国民电）

〔日内瓦〕　松冈与希孟昨日下午四时半会见，希孟要求日本须承认特鲁蒙之妥协案，不然将使国联陷于不可收拾混乱状态。松冈说明日本拒绝美俄参加之原因，谓自从日俄战役以后，美国积极图买南满铁道，迩来美日两国在东三省之竞争日趋激烈，中日纷争如邀请美国参加，则美日之感情必愈趋不可自制，此次要求希孟谅解。下午五时五十分始辞退。（十五日华联电）

〔东京〕　日外部今日下午接到特鲁蒙案之主席宣言文，即时召集部会议。闻日外部对该案竟认为不满意，决定再要求国联修改，定十六日至十七日之中发训电，令松冈回答特鲁蒙。其修改要点如次：（一）宣言文中，关于尊重李顿报告书一节，则无异认"满洲国"之组织出诸日本之手创，此点应削除；（二）五国委员会职权，应限在促成中日直接交涉之范围，不能当作解决中日纷争之机关；（三）国联尚未明确放弃邀请美俄之参加，希望坚决表示拒绝非联盟国之参加调解中日纷争。（十五日华联电）

（《申报》，1933年1月16日，第三版）

90. 国联袒日色彩浓厚，中日争案调解显绝望，德鲁蒙承日意旨专擅修改草议案，我代表团未接通知向希孟提抗议，国联行动欠公允小国代表颇愤慨，十九国特委会昨举行非公开会议

〔日内瓦〕 国联十九国特委会今日下午四时举行非公开会议。此次第一次会议中，仅由主席希孟向出席各代表报告在假期中与双方当事国代表谈话之经过。此项谈话目的，乃以去岁十二月间十九国委员会通过之决议草案为根据，图谋双方当事国之谅解。希孟与国联会秘书长德鲁蒙努力求使日本接受此项草案，为欲达到此目的，十九国委员会拟以主席宣言替代该委员会之理由说明书，则以此项理由说明书实为日本方面所竭力反对故也。此外决议草案本文中，对于承认"满洲国"与不承认"满洲国"一层，均不提及云。日本代表团业将此项修正办法电达东京，日本政府将于明日国务会议中提出讨论故在明晚以前，日本政府正式答复不能送达日内瓦。故十九国委员会大约迟至星期三开会。（十六日哈瓦斯电）

〔日内瓦〕 中代表颜博士因议案之修正迄未告知中国代表团，顷特致函特委会主席希孟，内称："中政府甚注重十二月二十六日提出之修正文及草议案与理由说明书，故中国代表团觉有请主席注意于此事之必要。今代表团闻中国修正文所根据之草案原文已有更改，颇为烦虑。代表团迄未接到此项文字更改之副本。若果如所传，则此更改文字对于双方之一方大不公允，将使和解为中国所不能接受，故代表团请以真确内容相告"云。（十六日路透电）

〔日内瓦〕 颜博士致希孟之函，似将引起今日午后十九特委会集会时之重要讨论，因特委会之若干委员亦觉未经事前核准，无人有权更改草议案也。闻国联秘书长德鲁蒙与国联副秘书长杉村所定妥协之基础（须待日政府承认），系一种协定性质。如东京核准之，则将提交特委会，作为日人提议。此中经过情形，将在开会时说明之。（十六日路透电）

〔日内瓦〕 今日中国代表以整个上午分访各国代表，抗议国联秘书长德鲁蒙未将所拟解决中日争执新方案先商询中国及十九国委员会即欲提出之专

擅及偏袒行为。现信十九国委员会今日下午四时开会时，德鲁蒙将到会说明所提新方案，与十九国委员会草拟之旧方案在要点上无甚殊异，且闻德鲁蒙希望其所提新方案将为日本所接受。惟现经中代表分头抗议后，闻十九国委员会开会时，将由瑞典代表韦斯特曼、捷克代表海特里枢与爱尔兰代表莱斯特等领袖抗议德鲁蒙此种行为，而以委员会主席希孟曾训令秘书长根据委员会所议草案洽商解决方法为抗议理由。中国代表颜惠庆已于今晨致函主席希孟，正式抗议未将德鲁蒙所修改之决议案草稿送与中代表团。又中代表团发言人亦宣称，十九国委员会所草原案之修改，据渠等所闻，将视为对于一造之显然不平允行为，其中将有非中国所能接受者。并据中代表团消息，此次所谓德鲁蒙方案者，乃属日人之愿望，实际不啻即日人所草拟云。（十六日国民社电）

国联对日屈服，小国莫不鄙视德鲁蒙

〔东京〕据日方息，国联秘书处明知妥协案是完全屈服日本，如日本不知厌足，再要求修改，则十九国委员会就不能通过，故只能一面恳劝日本接受，一面根据十五条第四款作强制调解。闻其案已拟就，内容因提防日本之退出国联，故表示极和平态度云。（十六日华联社电）

〔日内瓦〕十九国特委会定明日下午四时开会，各国代表已陆续到日内瓦。各小国代表一见特鲁蒙之妥协案，均表示惊骇。如此屈服于黩武国日本之下，将把国联神圣之盟约置于何地。各代表对特鲁蒙之偏袒行为，均愤不可遏。（十五日华联社电）

德鲁蒙案日本尚求修正

〔东京〕日外部今日开部会议，讨论训令内容，闻已决定再要求修正。如国联听任日之要求，日政府当取消援用第十五条之保留，接受其议决；不然，将令日代表部松冈一行等暂时离开日内瓦，在巴黎静观情形，但并不即时宣布退出国联。其修改内容为：（一）须限定小委员会之职权，不得用该委员会直接解决中日纷争；（二）须明确表明不邀请美国参加调解；（三）关于李顿报告书第九章，不得为调解中日纷争之原则，只能认该报告书所提议之原则，有益于解决中日纷争之帮助耳；（四）主席宣言文中，应明确以上列三点修改之，不得再留下丝毫疑团。该修改案定明日在内阁会议通过后，由内田外长请奏日皇批准，于明晚电告日内瓦松冈代表。（十六日华联社电）

理由书改宣言，日方所传内容

〔东京〕　日内瓦日本代表部昨日正午电达外务省之议长宣言案全文如下：

（一）总会根据十九国委员会一九三二年十二月九日之决议，研究李顿调查团之报告书、中日两国之意见书、在总会表示之意见及提议一切，又根据一九三二年二月十九日理事会决议，委其起草关于移牒总会解决纷争之定义，并务必从速提交总会。

（二）关于中日纷争一般的状势，李顿报告最初之八章已记述事实。

（三）惟目下十九国委员会关于本案之纷争事实，并非向总会陈述意见之时，因照规约第十五条第三项附托问题之总会，其义务最初在于和解。

（四）故照规约第十五条第三项继续努力时，总会不得不采取极慎重之态度。换言之，即十九国委员会本日提出于总会之决议案所书之程度而止。

（五）根据一九三二年三月十一日之决议，十九国委员会之任务，在于得纷争当事国之同意，准备解决纷争。

（六）十九国委员会根据其任务，为任本案纷争实际的事情起见，从其委员中，设置有限制之小委员会，帮助两当事国根本的解决本案。该小委员会为参加此事业起见，得提议招请其他联盟国或非联盟国之代表。

（七）该小委员会为遂行其任务起见，有采必要的一切措置之权限，得听取专门家之意见，或使专门家参加其事。

（八）该小委员会之各委员，关于本案纷争之法理的问题，根据一九三二年三月十一日之决议，关于事实问题，根据调查团报告书最初八章所记述之认定，惟须考虑纷争当事国之意见书。关于解决纷争之方法，如第四项所载从报告书第九章之各原则。

（九）十九国委员会之报告提出于总会，总会根据之对解决本案纷争，采认为适当之措置。惟十九国委员会极期待各联盟国所采措置，不与国联规约、非战条约、九国条约、去年三月十一日之决议及包含本案议案之各原则相违反，以为解决本案纷争之案。

（十六日电通电）

············

（《申报》，1933年1月17日，第三版）

91. 中日争案国联承认调解失败，势将根据十五条第四节草拟报告，十九特委会昨休会候日政府覆电，德鲁蒙否认提新建议语涉含混，小国代表对我表同情共起非难

〔南京〕 国联于调解绝望之际，忽传所谓新妥协案，一味迁就日本，我所提修正案未予考虑，亦不与我代表接洽。经颜代表严重抗议，各小国代表一致反对，国联知对我未可横加压迫，已声明新妥协案只系特鲁蒙与杉村之私人接洽，不能认为国联公意。同时日亦声明不能同意。至十七日下午形势陡变，新妥协案已告失败。闻十八日开会时，将正式声明调解绝望，即根据十五条四节草拟报告书。内容虽未悉，但据外交当局十七日语记者，不论国联处理中日争端采取何种方式或条件，凡与我国不利者，我决坚决拒绝，至相当时期，将有更严重之表示。（十七日中央社电）

〔日内瓦〕 日代表团观察国联形势，以为政府关于妥协案之训令一到，中日问题之审议告一段落，即以设立小委员会问题为中心，开始中日直接交涉之预备交涉，对于前途极为乐观。然顷形势俄然变化，不许断其逆转，其原因有二：中国代表颜惠庆关于特鲁蒙所草妥协案，向希孟议长提出抗议，其一也；爱尔兰等小国代表亦与中国取同一态度，表示强硬，非对特鲁蒙专擅修改决议草案之越权行为，其二也。特鲁蒙于本日委员会避其责任，谓"杉村对余表示某种案，询问委员会能否接收〔受〕该案，余仅开陈与对他会员国同样之意见而已"。西门外相亦抚慰小国代表，谓关于中日问题之会谈现已告一段落，现在妥协的中段如归失败，则开始援用某十五条第四项之规定，即西门外相拟召开大会审议调解手续之计划已失败，似觉悟不得不采用第四项规定。国联今晚发表之声明书中，谓调解失败时，将依据第十五条第四项处理中日问题。此事现颇惹起各方面之注目。（十六日日联电）

〔日内瓦〕 十九特委会今日午后集议，未有惊人发展。不过众信调解失败，其第二步骤在准备盟约第十五条下关于此项争议之报告耳。会议仅一小时，专听取国联秘书长德鲁蒙报告上届会议后，设法接洽之经过情形。特委会将于星期三日再行开会，届时日政府关于草议案之覆文当可送达日内瓦。故

星期三日之会议，将为极重要之会议。德鲁蒙对特委会说明关于中代表颜博士来函抗议其方案之地位。德鲁蒙否认渠曾提出任何建议，并声明国联副秘书长杉村曾来晤谈，询渠是否认若干提议可为特委会所接受，渠答以渠当以对待国联其他会员者对待之云。会众旋讨论应否向新闻界发表否认文，但最后议定关于一般情形之文告，应于会议后发表之。一面又决定函复颜博士，说明实在地位，告以特委会方面并未向日本发出任何提议，并声明特委会不欲无期等候，而不根据盟约第十条进行第二步骤。闻此声明系英外相西门所建议者。爱尔兰代表勒斯特称，特委会每次休会，辄遇一次或二次之战事，此次休会亦复如是云。主席希孟于休会后告新闻记者，此将为特委会最后一次调解之努力云。从今日会议之情形观之，时局显已倏转恶劣，其故大都为中代表颜博士抗议所谓德鲁蒙方案者之一函，及若干小国否认任何人有权擅改十九特委会议案之态度。德鲁蒙对特委会否认渠曾有何举动，但向新闻界发表之文告，则对于此点语涉含混。惟无论如何，调解之气象已切实无望矣。希孟与西门今日皆觉有对于询问者确实告以休会时所预期者业已失败之必要，其意殆谓不能不从速召集国联大会。按国联大会现遇有屡次劝勉双方握手但卒归失败之纪录，如欲待东京覆文为任何协定之基础，则目前似嫌太迟，故十九特委会惟有向国联大会报告其使命之失败，而由国联大会依据盟约第十五条第四节着手草拟报告耳（盟约此节条文："倘争议不能如此解决，则行政院经全体或多数之表决，应缮发报告书，说明争议之事实及行政院所认为公允适当之建议"）。按此条文而发动之手续，未必确含有对日决裂必不可免之意。后事如何，将视此报告书之形式与性质而定。依照目前现象，报告书大概将以十九特委会议案与理由说明书为根据。换言之，此报告书亦即将以李顿报告书之条陈为根据也。是以星期三日将为极重要之一日。

今晚七时二十五分，特委会发出公报，由希孟署名，内称十二月二十日特委会曾表示意见，以为非至竭尽其调解努力，并表示极力忍耐，以图解决之证据后，则其责任尚未履行完毕。今日特委会证实此种见解，并表示意见，以为如根据盟约第十五条第三节条文之手续不幸失败，则不得不尽速解除一九三二年三月十一日决议案所赋予之任职，而依照盟约第十五条第四节缮具报告。查十二月二十日集议时，特委会曾见有关系方面已因主席希孟与秘书长德鲁蒙从中斡旋而进行谈话，并觉此种谈话须经过若干时日，嗣后除中政府有新提议外，未接有他种新提议。日代表团与主席及秘书长谈话时，曾声明正与东京政府接洽,日后提交十九特委会之新提议。今日得悉日代表团可于四十八小时内接到其政府之意见,特委会以为在极短时期内切实查知国联大会能否履行盟约第十五条第三节所赋予之任职,实属必要,故不得不依允此项短期之休会云。(十六日路透电)

〔日内瓦〕 国联方面一般舆情以为,昨日之决议等于哀的美敦书,即双方必须接受十二日、二十日十九特委会之决议,否则食其后果。大约决议案以通过李顿报告书为限,国联将采用盟约第十六条之意见或须作罢。事有可注意者,英外相西门首先建议,如日本覆文不美满,则进行第二步。但众信覆文将予人以一种布置之机,有此布置,则美俄两国之不加入调解委员会,不致成为不可收拾之障碍。惟若日本仍要求不言及"满洲国",则定将毁灭谅解之可能性,因各国对于此点坚持不让也。(十七日路透电)

(《申报》,1933年1月18日,第三版)

92. 中日案调解国联试行最后努力,势将于最短期间缮制报告,东京覆文坚持拒绝美俄参加,日代表分头活动求大国谅解

〔日内瓦〕 十九委员会今日下午仍举行非公开会议,激烈辩论三小时后,决定电询日政府对于决议草案是否除邀请美俄参加一点外其余均可接受,并请于星期五以前明白答复。(十九晨二时三十七分中央社电)

〔日内瓦〕 日本关于十九特委会之覆文今日送出,覆文拒绝承认"满洲国"之讨论,并拒绝非会员国之加入调解。众信十九特委会将抛弃调解。至是国联大会必须草拟一种报告,众料此种报告将赞成李顿报告书。(十八日路透电)

〔日内瓦〕 今日下午四时十九国委员会开会时,谅将承认其努力寻觅中日妥协基础已告失败。盖料委员会将拒绝日本之提议,故必须按照盟约第十五款第四节缮制陈述全部争执事实与供给建议之报告书。惟其进行方法显似尚未决定,照目前情形约有三途:(一)十九国委员会或能举行公开会议,正式发表原拟之决议案草案全文,然后听任中日代表当众发表意见。(二)十九国

委员会或将不日再开会议,俾中日代表当众发表意见,然后进行草拟报告书。(三)十九国委员立即进行草拟报告书。因此举逆料历时必久,倘若采用第三策,则料国联秘书厅将发表所谓"德鲁蒙方式"者之报告。该报告理由虽极薄弱,但亦撮述国联在过去十六月中关于中日争执之活动,并引李顿调查团报告之事实。又闻现有许多小国准备自行草一报告,提出十九国委员会考虑,内将明白斥责日本违犯国联盟约第十款(按盟约第十款规定:联合会盟员有尊重并保持所有联合会各盟员领土之完全及现有政治上之独立,以防御外来侵犯之义务;如遇此种侵犯或有任何威吓或危险之虞时,行政院应筹【履行】此项义务之方法)。(十八日国民社电)

〔日内瓦〕 国联对于中日争案之调解工作,现已达生死关头。德鲁蒙最近与日方之离奇接洽,备受各方责难。法国自德国要求军备平等后,即决意维持国联之巩固。英外相西门之袒日态度,亦不为其本国舆论所拥护。麦唐纳政府且因此而被不良之影响,更以日军侵入山海关,损及英国在华北之利益。同时美国对国联之延宕政策,复表示极端不耐。十九委员会当此种情况之下,势将采取依照盟约第十五条第四项草拟报告之步骤。闻此项报告草案已在商议中。我顾代表曾告新选之国联秘书长爱文诺,上述报告中务须申明日本违犯国联盟约,此为必不可少之条件。郭代表昨晚访西门,询英政府所持态度如何云。(十八日中央社电)

〔日内瓦〕 日本覆文昨夜非正式送交特委会主席希孟、秘书长德鲁蒙、英代表西门、法代表马锡格里,今晨覆文正文已送达希孟,前德鲁蒙与杉村间所议之草方案,除一点外,日本已接受之。惟第一,十九特委会愿否赞成此方案,第二,中国愿否接受此修改,殊属可疑。日本所未接受之点,为邀请非国联会员国参加事。此事涉及原则与手续问题,原系盟约条文中所应处理之事,今谋解决于国联之外,此举是否适当,有数国对之不无疑问。但此举乃由英国发起,而国联大会亦热切欢迎之,故十九特委会或将不顾日本之反对也。至于妥协问题,则星期一日特委会会议时已讨论及之,是以今日或将提出一种方案,因日本对于草议案之修正文,亦犹中国之修正文,现已提交会议也。日本之修正文,德鲁蒙将以其所代表者予以有力之援助,但有必不可忽视者:现有一种强烈情感,以为调解手续失败无疑,今组织调解委员会,亦不过拖延困苦,再历数月之久耳。大约抱此种见解之各国,将于今日午后主张一种干脆的决议,抛弃调解手续而进行盟约第十五条第四节之规定。果尔,则势必召集国联大会。

惟在下月初以前,国联大会未必易于集会也。(十八日路透电)

〔日内瓦〕 今晚各方要人出入不息,拟作最后五分钟之努力,以复活垂死之调解。最堪注目之事件,为英外相西门与中国颜博士间,及西门与日代表松冈间之晤会;后松冈与希孟间,及国联秘书长德鲁蒙与日人杉村间,复各有一度谈话。各代表办公室之灯光夜深始熄,较平时为迟。国联中人既若是之活动,关于时局变化之奇特谣言乃纷传于外。但深悉内容者及各代表绝不于今夜吐露真情,各方谈话内容秘不宣布,盖不欲在十九特委会集会以前发表时机不熟之言论,致妨害星期三日或可有之成功机会也。(十七日路透电)

(《申报》,1933年1月19日,第三版)

93. 国联对日不恤委曲求全,希冀调解垂死复活:取消邀请美俄,维持去腊五国草议案;置我国要求修正点于不顾,殊感失望

〔南京〕 我代表团十九日电京,报告十九国委员会十八日开会情形。日方对邀请美俄两国参加及明白否认伪组织两点,仍极力反对。十八日会议中曾表示,对邀请美俄两国参加一节可以取消,但希望日本对其余各条完全接受。当经决定,予日以最后考虑之机会。定二十日继续开会,如日方不同意,即将调解失败经过报告大会。(十九日中央社电)

〔日内瓦〕 众觉对日提议取销①邀请美俄一举,未必可挽回时局。盖无论如何,调解已归失败也;不过现作一种姿势,予日本以避免决裂之种种机会耳。华人方面对于昨日之会务,视为使人失望,既无以餍满中国之要求,亦无以坚强其议案。对于日本行为,无一字之贬词;对于"满洲国",无显明之拒绝承认。虽此系最后决议,然并未表示如日本续有新提议,将不予以容纳也。独立观察家对于昨日会议淡然视之,以为其结果直对日作一大让步耳。不邀请非会员国参加调解之建议,已属日本胜利,故时局不必过抱悲观,因谈判之门犹未闭也。以上为与国联有关各方面对于目前事态之观念,局势混乱,已可概

---

① 编者按:"取销"今作"取消",原文"销""消"用字不统一。

见。（十九日路透社电）

〔日内瓦〕 今日经十九国委员会三小时会议，美俄之不复被邀参加解决满洲问题，在实际上已可认为确定无疑。据闻今日会议时，始终未曾提及美俄等国名，常称为非会员国，此亦可注意者。又闻删除邀请美俄之提议，原系主席希孟与秘书长德鲁蒙提出，而得其他数国之赞助。至英外相西门对于此事之主张，则英代表团发言人声称，渠尚未便发表。惟此间有若干外交家声称，即令邀请美俄，而两国究能接受与否，亦殊疑问。所以倘若邀请后，将致日本处于负破坏调解责任之地位者，反不如决定不邀之为愈。

日代表松冈声称，倘此次解决满案之重行努力又告失败，委员会似将建设〔议〕采用盟约第十五款第四节。但目下渠新奉训令，仅关于进行第十五条第三节。倘有援用第四节之动议，势须再向政府请训。

此间现信不论国联之趋向何若，日本必将待国联大会发表报告与建议后，再行决定其应否退出国联。然即使日本决定退出，亦须待发出通知两年后始生效力。其时将在日本对盟约上一切义务履行之后，而国联则虽接日人通知，仍能预闻中日争执如故。

此间虽有数人赞成十九国委员会去年十二月所草决议案不能再加讨论之说，但英人则声称，当时委员会给与主席希孟之训令有充分伸缩余地，可以准其重加考虑云。（十八日国民电）

〔日内瓦〕 今日十九国委员会举行会议，各界均极重视，再则国联方面之形势，今已至极紧张之地位。因国联方面所提出由日本暗中操纵之修改案，反对者不止中国一国，其他会员国亦多持异议也。

日内瓦方面对于日本代表松冈所送达之照会，均极淡漠，而对于日本之断然拒绝美俄之加入调解，尤为注意。现在各方所纷纷讨论者，为英外相西门氏究竟是否将主张召集国联大会特别会议通过李顿报告书一节。据观察家言，英国之举动，不过为表示对于日本举动之一种不满，但同时未必能依照列强之意见，使国联明白指出不承认"满洲国"之存在云。顷《巴黎晨报》载一天津电讯，内称，日本中村将军发表宣言称"日本为安全起见，或须占领北平及平绥路上之各要隘，以防止中国之继续动员"云。此处见此纪载尤多批评。（十八日国民电）

〔日内瓦〕 日方某重要发言人今日声称："吾人在此谋取妥协，而非抵牾。若十九特委会竟打销中日直接妥协之可能性，而将此变为国联与日本间之争议,是诚不可思议矣。吾人现并非未有挽回此不幸事件之希望"云。华人方面今抱取持重的希望之态度。郭泰祺对路透访员称,现有理由可信事实到底渐趋入正轨,日人将被迫自抑。郭氏又称,无论如何有赖于十九特委会办理,对于李顿报告书缮具报告之问题者尚多,中国久所望于国联之道德上与法律上裁判,似不在远云。(十九日路透电)

〔东京〕十九国委员会形势又复呈去年十二月二十日之原状。日外务省拟以如下方针,与国联进行交涉:(一)国联承认取消邀请美俄之件,为当然之事,日本颇以为满足;(二)但不能以此为交换条件,要求日本将受去年十二月二十日之旧决议案;(三)国联应以援助中日直接交涉为目的,组织与中日问题最有密接关系之英法意比四国委员会;(四)此委员会为明确其性质与权限起见,除去"调解"之名称,又不能无条件采用李顿报告书为其审议之基础;(五)决议案理由书改为议长宣言之形式,而删去否认"满洲国"之字样,又改修决议案中其他必要之各部分。(十九日日联社电)

〔日内瓦〕昨日十九国委员会曾向日本代表团提出问题,如将"邀请非国联会会员国参加调解委员会"一节删去,日本能否接受去岁十二月间所通过之决议草案。关于此项问题,日本代表团业已向东京政府请训。据日本人士宣称,直至日本覆文到达时为止,此间局势仍然混沌。但日本代表团中最负责人士以为,该国覆文若果使十九国委员会满意,实出彼等意料之外,彼等正在认真考虑。十九国委员会当有放弃调解程序,而采用国联会盟约第十五条第四项之必要。日本人士预料十九国委员会对于此种措置,即非全体一致,至少当可得大多数之赞成。遇有此种情事发生时,日本代表团将取何种态度,尚未可知,外间关于此事之消息,未免言之过早。日本最负责人士坚谓,即令十九国委员会主张采用第十五条第四节之程序,不经双方当事国同意而提出报告书于大会,并附以建议,日本亦不至立即退出国联会。日本代表团至少当留居日内瓦数日,俾以旁观人之资格,注视进展,藉知报告书之内容,然后乃离日内瓦而去,至少暂时不与国联会合作。是则日本不至与国联会决裂,绝裾而去,其所采取之态度,当与数年前阿根庭国对于国联会所取态度,大略相同云。(十九日哈瓦斯电)

〔东京〕日帝国政府对于十八日十九国委员会所决定之以十二月十五日决议草案,作为今后折冲之基础,以为仅撤回邀请非会员国,并不满足,其关于小委员会之构成权限及全部采择李顿报告书之第九、十两章,似将提出重要修正。因鉴于德鲁蒙案之旨趣，似于国联与日帝国政府要求修正间，尚可设法，惟最难点在理由书改作议长宣言，与撤回在末项之不承认"满洲国"之表明意思，但小国方面对之似始终固执原案。故最恶情形时，最大限度之一部份让步，似在考虑如下之妥协案：

（一）以理由书为议长宣言而减其效力；

（一）日代表部对该议长宣言应为反对宣言，而宣明承认"满洲国"之合理性及政治的意义等，该宣言应记载于议事录中。

（十九日电通电）

特委会昨日开会情形

〔日内瓦〕 十九特委会十八日午后四时集会，讨论三小时后，决定向日本提议：

取消邀请美俄参加

如取销邀请美俄加入调解一条，则日本应接受十二月二十日之草议案与理由说明书其他各条。于是日本现遇有愿否接受李顿报告书认为调解根据，抑或担负在原则上而非在法理问题上（如邀请非会员国参加事）与国联决裂之责任。

预料调解终必失败

国联方面观于今日之发展，预料十九特委会将于数日内向国联大会报告调解之失败。如日本不能依允收回其余反对诸点，则此举必不可免。就今日会议情形察之，十九特委会在作此决议时，已详细考虑一切，今日讨论之要点，在不于争论众所认为空影之事件时牺牲实质。盖美俄愿否参加调解，犹在未定之天，且过去数日中，华盛顿传来之消息，已表示史汀生远东政策之无期赓续。今日特委会集会时，旁听者较前为多。新闻记者对于会议之拖延，表示大不忍耐，

软硬两派短兵相接

并认此为主张调解者与主张强有力手腕者短刀相接之战争。特委会讨论日本之提议，历时颇久，终觉有数点莫可接受。同时亦研究中国修正文，觉日本修正文足以挫弱特委会决议案，而中国修正文则使此决议案愈形强硬。但特委

会以为先处理日本反对点,而后考虑中国提案较为适宜。主席希孟说明日本所持非会员国必不可加入之争点,并宣读各种草议案。

小国代表主持正义

爱尔兰代表勒斯特——即众视为小国之发言人者——起问日本所提出其他各点,其与中日争议之解决有必要之关系者,究达何种程度。瑞士代表摩太发言颇多,对于日本之反对非会员国之合作,不认其在法理上有良好理由。但谓渠不愿斤斤以法理争点而碍及此问题,盖保障议案中真正实质之效力,乃扼要之点也云。各发言人多表示日本决不准备接受草议案与理由说明书全文之意见,但议定推主席希孟向日代表松冈接洽,以期觅取日本之答覆。希孟当场允之,至是会议遂终止。

调解决裂日负责任

今日特委会之讨论,有时甚为激昂,但结果众情一致,虽爱尔兰代表勒斯特亦谓结果甚堪满意。特委会以为在劝令中代表①放弃其修正文,并依允不请美俄加入调解之际,当不致遭遇多大困难。一般意见以为特委会已采用一种敏捷的折衷办法,此举可使日本如不接受之,则负决裂之责,如接受之,则将如某特委所言,适暴露日本之大言欺人耳。

国联处处暴露弱点

闻有人提议如无他种变化,则理由说明书可作为主席宣言书。特委会对于此议,并不反对,因此举可予两造以提出保留之权,同时亦可缓和一般形势,但非至决议案之问题解决后,此事不能决定。众料今后数日内,时局将迅速进展,今之危局虽已展缓,但未挽回也。

十九特会发表公报

今晚八时十二分发出公报,其文如下:

"今日十九特委会研究今晨主席所接到之日政府提议,觉其提议与本会所赞成及送达两造之办法,在许多根本点上不相符合。日政府主要反对点之一,

---

① 编者按:原文误,应为"日代表"。

为非会员国代表之参加解决提交国联之争议。苟此点为日本对于议案原文之唯一反对,则特委会觉商诸两造以解决此争点,非不可能。故特委会认为有再觅取情报之必要,尤欲知如此项困难解决后,日本是否准备接受去年十二月特委会所缮具之草议案。特委会爱请主席偕国联秘书长在此点上与日代表团接洽,然后再进行对中国代表团之谈话,因特委会以为先须确知日代表团之答覆也。特委会下届会议定星期五日举行。"(十八日路透电)

受日人嗾使,伦敦魍魉现形,丁逆发伪宣言作反宣传,我驻英使署力斥其妄

〔伦敦〕 "满洲国"代表丁士源曾宣言,热河省系隶属满洲。此层现经伦敦中国人方面加以否认,谓热河始终列入中国版图,当满洲皇帝入据中国时,该省乃被占领。伦敦中国使馆宣言谓:"吾人决不能坐视国土沦亡,热河为中国领土之完整部分,吾人当起而防卫之。日军进攻热河,或因天气关系将延至三月间。如此则暂时休战,实于吾国有利,吾人当知所以自处。但此项休战纯属天时关系,则其不能持久,盖可知矣"云云。(十九日哈瓦斯电)

〔伦敦〕 伪满国代表丁士源行经莫斯科、华沙、柏林、日内瓦、巴黎后,现已抵伦敦,并发表宣言。兹按有闻必录之例,将所言各节,归纳于下,以备一说:

"余为前中国军官,现来欧洲,专为'满洲国'作辩护。关于此'新国'之传闻,常多不确。吾人未能随时正式更正,因至目前为止,仅日本一国承认'满洲国'之存在也。但吾人亦不急求承认之形式,吾人信任事实之力量,则以事实能为吾人辩护也。至就吾人所已实行者而论,则一九三〇年以后,各项外债业经保障付还。吾人第一批付款可达外债总数百分之五十五,其中百分之三十系于一九三一年付还,百分之二十五则于一九三二年付还,其余百分之四十五则分作二十年付还,并加利息三厘,此则中国从来所未有者也。又国家银行已将货币稳定,至一九三二年九月至一九三三年六月之预算,业已确定,仅海关制度维持原状,海关官员则已更换。中国对于'满洲国'货物另行课税,故吾人亦不得不用同样方法以谋对付。满洲军队最初有二十万人,现已裁减至十万人,此则为外间所未知,原因兵士按名发饷,故其名额仍见减少。吾人之兵现与日本军队共同作战,但并未如外间所传将进攻热河,盖仅谋防卫热河。该省自数世纪以来,即与奉天、吉林、黑龙江东北各省同为满洲之完整部分。热河在长城以外,几全属荒芜,在前清供皇帝行猎之用。在中国方面,该省无甚关

系,但在'满洲国'方面,从'国家'上观察则异是。吾人对于该省自当以全力争之,但张学良未必定即作战,盖战斗结果,足以毁灭其军队也,故战争一层可不必过虑。满洲一经恢复其原有之疆界,即认为满足,除他人挑衅以外,不再作超越长城之想。但长城方面,必须有一中立区域耳。'满洲国'系一独立国,而非日本之殖民地。'满洲国'有国旗,有国歌,其所给予日本者,乃日本已由条约从中国所取得者也。自二月十八日宣布独立后,即经人民自由复决赞成,满洲不过回复其三百年前在清朝统治中国本部以前所有之地位"云云。

丁士源在伦敦尚有一星期之勾留,将购置军舰一艘,以为练习海军人员之用。此后将往巴黎、比京及罗马等处,然后遄返长春。(十八日哈瓦斯电)

(《申报》,1933年1月20日,第三版)

94. 东北问题与国联(十五)

西班牙代表斥松冈

西班牙代表马大家(Madarieqa①)氏云:"余对捷克代表所表示之意见,完全同意。余意,日本代表对于行政院讨论事件之程序,或因缺少经验之故,乃有误会。日本代表希望会议不致久延,此固吾人之共同希望。"渠又称:"行政院会员如向调查团主席询问意见,则行政院之会期恐将延长。"又称:"依照调查团职务之规定,行政之指派调查团,为请其赴当地考察,并以考察所得报告于行政院,余因完全同意吾人应完全遵照此项职务之规定行事者也。惟日本代表所提出之一节言,本人亦曾端详研究,其中固绝未有行政院主席或会员不得向调查团询问其关于所造报告书之意见之规定也。吾人固已有调查团当地调查所得之报告书矣,然细察调查团职务之规定,并未特别指明任何一报告书。调查团以前固已有一初步报告矣,则在必要时,行政院且可请该团更作一报告,亦无不合。故余意行政院尽不妨询调查团在此间获聆双方意见之后,是否有更改其在当地调查之结果之报告之意。调查团之报告书极可赞美,然其证据虽

---

① 编者按:原文误,应为"Madariaqa"。

极充实,然调查团调查所得未必已尽入于报告书中,或者行政院会员仍须知悉此等事实,则自非面询调查团不可。乃事之完全合式,固无庸疑也。至于调查团之此时尚否存在一点,则余以为更无需多加研究。调查团为行政院所委派,而为其一机关,然同时调查团已成为国联大会机关之一。故余深信国联大会在考察报告书中包含之事实之前,必不愿该团之即解散也。是以调查团之仍为存在,仍得由行政院随时咨询,毫无疑义。且调查团之继续存在,乃予行政院以不少之机会,吾人若忽视此种机会,则诚不智甚矣。总之,调查团现仍继续存在,调查团之服务,仍得由行政院取用之,是以行政院如视为必要,尽可询问其关于任何一点之意见。若会议时间因此延长,亦属不得已。且本案之讨论,已延长逾一年,吾人即再将其延长一个月,亦未必即为含有最重大性之事也。"

德鲁蒙引证两先例

秘书长德鲁蒙(Drummons①)爵士云:"惯例,国际联合会所委派之调查团,均被请来日内瓦受行政院之指挥,绝无例外。如一九二五年希腊、保加利亚之争端发生后,即依盟约第十一条之规定向国联陈诉。国联所委派之调查团,以隆波德爵士为主席,亦于一九二五年十二月间出席行政院会议。查该团职务范围之规定之末一节称:

> 调查团有权在当地及相关两国政府京城所在地进行调查。两国政府应予调查团以一应助力,供给一切便利,并采取必要方法,使其完成工作。

关于此点,当行政院正在考虑报告书时,该案之提出者张伯伦爵士,即提议请问保加利亚及希腊政府有无意见发表。该议案通过后,张伯伦爵士又建议请调查团主席表示是否尚有增加意见之处,此为一例。此外又有一例,即关于摩索问题者。此事发生时,行政院亦委派一调查团,以赖登纳将军为主席,对于土耳其及伊拉克两国间之暂定国界问题,造一报告,送呈行政院。行政院开会时,赖登纳将军亦出席会议,随时就行政院之所需,表示任何增加意见。上述两调查团,均为极重要者,故从其进行手续,即可见行政院习例之一斑。此外尚有其他类似之例,行政院会员如需知悉,余当再一一提出也。"

---

① 编者按:原文误,应为"Drummond"。

英国代表发表意见

英国表代西门(Simon)爵士云:"主席请各位表示意见时,余殊未敢措词,因行政院出席诸君,尽多经验较深于余者也。余意吾人倾听捷克及西班牙两代表之言后,当均十分心折。盖两君对于行政院之议事程序,均有多年之经验也。且秘书长所提出之两先例,已足证明此项习例之确实不虚,无待余之多言。兹谨请就事实上一点言之。调查团之五位团员,在本星期中,事实上固已列席于行政院会议。渠等之在此,决非无因,决非徒为旁观或旁听,而实为由国联及国联之机关所延请至此,以作一种有用的工作者。试问此种工作,除如主席听提议请其帮助行政院之考虑外,尚有何耶?"

松冈辞穷改用书面

松冈 "余对此事,实不愿多所辩论。惟就秘书长所提出之两事观之,则吾人之意见,似尚有被误解者。吾人对调查团团员之对报告书任何一节,对行政院代表加以解释,或对报告书增加任何事项,并不反对,亦并未表示反对。惟吾人对调查团之认取行政院之考虑,并对行政院之考虑者表示意见,则在原则上而并非在程序上,不能不提出异议。盖行政院如有任何意见之表示,应完全出之于行政院,而不出之于任何其他机关也。调查团对报告书任何部分加以解释,或增加意见,吾人绝不反对。惟就主席之□称观之,则似有包括数日来吾人在此间所考虑者,及日本提出之声明书之意。此则为原则问题,而为吾人所反对者也。故余敬请主席与吾人一机会,将吾人之主张,用书面陈述之。"

主席 "余意此事之困难点,仅在问题之形式。此事一俟调查团主席来后,即可容易设法。日本代表于此,殆已满意乎?"

松冈 "是。"

主席 "余意行政院极愿得日本代表之书面意见,余个人亦极愿快得先睹。同时,对于请调查团会议考虑是否有对其报告书增减意见之一点,会众当已无异议乎?"(众无异议。)

二十五日下午之辩论

日反对调查团之公函

主席云:"余适得日本代表一公函,兹为行政院诸代表诵其内容如下:

主席阁下:余谨依照昨日行政院会议席上所获得之谅解,将日本代表团对于一九三一年十二月十日行政院议决案所指委之调查团之工作,及其在此次行政院会议席上之权限之意见,草成说帖,附陈于后,谨请察照。行政院日本代表松冈洋右启。

(一)行政院一九三一年十二月十日□指委之调查团之工作,从报告书送达行政院之日起,即□完毕。

(二)日本代表团对现在日内瓦之调查团团员,并不反对其集团的或单独的经请求后,对行政院供给关于报告书内容之解释。调查团如以为必要时,须对报告书加以增减,日本代表团亦不反对之。惟于此应认清者,即调查团提出之解释,应仅为对报告书中各节之不甚明白确定者而言,其所需或增或减者,亦仅得限于报告书本身之重行考虑或重行研究,及调查团在当地调查所得之资料,而不及其他。

(三)日本代表不能承认调查团团员有权对日本政府所提交行政院之声明书,或日本代表从上星期一开会日起在行政院席上所作之声明,表示意见或批评。

(四)主席之原提议,即请调查团考虑观于中日双方之表示该是否须更改其意见之一点,如被接受,则行政院日本代表,恐将不免向调查团团员加以质问,以便代表日本政府对国联辩护。此项质问一经开始,需时极久,此乃日本代表所极愿避免者。日本代表之对主席原提议之表示异议,亦即为此也。"

日本代表该项公函,行政院已经读悉,主席乃请调查团主席李顿爵士出席,并称:"余在请问行政院各代表是否对调查团团员【有】所询问前,请先问调查团主席,调查团是否对其报告书有需增减之处乎?"

李顿爵士之答词

李顿爵士起言云："主席、各位：余谨遵余同僚之请，对主席及中日双方代表对余等工作珍重之意，表示感激。吾人之报告书，若最后能证明对国联在考虑此项极为烦琐困难之事件上有所助力者，则吾人即有劳苦，亦为十分值得。除此之外，吾人殊无他点欲言矣。"

主席询各代表意见

主席云："行政院各代表已聆悉调查团主席之答词矣，各代表对于报告书中各节，亦有需向调查团有所询问者乎？（众无应者。）则是行政院代表，均无愿向调查团提出问题者乎？（众无应者。）然则行政院代表，亦有愿对报告书加以讨论或提出任何一点者乎？"

捷克代表表示意见

捷克代表班来士云："主席，余此时对行政院当前之问题或报告书本身，有所申说。当本案列入行政院议程中时，余即保留在行政院演说及解释余之意见之权。惟数日来，本案已有显著之开展，且从余之若干同侪之意见测之，似本案最简单之办法，即为将全案移交大会讨论。夫大会依照盟约第十五条之规定，固有权可以处理本问题之全部者，余意主席亦将提出此项建议。故余此时将对本案不加表示，以免在大会中发生重叠，惟大会开会时，余自当表示意见也。"

主席对双方之希望

主席云："行政院其他代表尚有愿发言者乎？（众无应者。）中日双方代表，对李顿报告书，均已表示意见。故行政院当前之问题，即为应否再延缓将此事提交特别大会，以符大会三月十一日议决案中所含之请求。查行政院于二月十九日通过议案，依照盟约第十五条第九节之规定，将本案提交大会办理，是以大会已获有本案之全部，而负有寻求一解决方案之直接责任矣。余在九月二十四日开会时，曾称吾人将本案移交大会，并不减少行政院自由决定应否讨论本报告书之权，盖此项报告书，依基于国联盟约另一条之规定者也。惟余以为行政院于聆悉中日双方意见之后，不再开始概括的讨论，则完全与行政院二月十九日将本案提交大会之决议案符合。吾人若有重要切实之考虑可为在行政院讨论之理由者,则吾人自不妨进行讨论。惟就目前事实论,则此种切实之虑,乃在彼不在此。故余信吾人均愿特别大会能在最早可能期内,即得讨论本案。行政院之代表,亦即为大会之代表,故将来在大会中,自有机会参加一切,并可在该负有解决本案责任之机关中发表意见。余本人对调查团之报告书,亦有意见发表。深信行政院其他代表之地位,亦正与余相同也。此案交付大会之后,吾人仍得有发表意见之机会。且依余所言之理由,吾人之意见若发表于大会会议中,实较现在发表于行政院会议中为更适宜允当也。抑余尤有不能已于言者,当余细聆中日代表之发言时,余与行政院其他会员同,最注意双方言辞之中,是否有可以使吾人信前途即有满意而迅速之解决办法之点。本案已经迁延颇久,自应及早解决,然观于双方之发言,则尚未足引起吾人之乐观也。日本政府在其声明书中,对调查团所建议之解决原则,除负面的'恢复原状并非解决方法'一语外,并未表示接受。中国代表团方面,则称保留将来提出其对解决条件之意见之权。目前仅称对调查团报告书中所列之十项原则,仅先赞同第三项,即'任何解决方法,应符合国联盟约、凯洛格非战公约及华盛顿九国条约之规定'是。观于以上种种,则似中日双方对报告书中之所建议者,尚未有任何同意之点,俾行政院可引为论据或建议以为特别大会决定解决方案时之切实助力者。余以行政院主席资格,殊觉不能不表示希望中日代表于过去数日间所发表之意见,并非代表中日两政府之最后的立场,此后如有供给一种对本悲剧的争议公正及永久之解决的可能之办法,则深望不致为中日双方所拒绝也。余信余现在所言者,非但可代表行政院,抑亦可代表全世界之公论。须知吾人现在所以有此国际联合会及其和平解决如吾人当前之争执之机关者,即受大战后世界公论痛恶战争之赐。以联盟两会员国其重要如中日两国者,一旦发生争执而竟不能充分利用联盟之力量,或则发生争执之两造之一方断不合作,致国联机关之进行发生阻力,则是不啻对世界公论加以蔑视,而决决不能容忍者也。是以余请代表行政院以最恳切之意,请双方代表在表示意见之后,转移其注意点于本案之切实方面,而端详诚意的考虑其如何佐助国联寻求一解决方式也可。"

松冈 "中国代表如愿先余致词者,则请先发言。"

顾代表 "余请随后发言。"

(《申报》,1933年1月20日,第八版)

95. 马占山代表昨招待报界，报告马占山入俄经过及黑军开抵热边情形

姜松年报告

调查团欲晤马

"当国联调查团到沪之时，马主席曾派余来沪，观察国人之态度，并密随其后，由京而平而沈阳。时余拟前往访谈，报告实况，终以日军警戒之严，遵友人劝告之诚，而作罢论。其后调查团赴哈尔滨，至时，余乃不顾一切，冒险往访，幸得某君之助，预为布置，终于五月十五日在某处晤面，倾谈二小时，将一切实情详为报告。时调查团员极愿会见马主席，余即与商洽日期地点。时马主席虽尚未入海伦，但为促成此事起见，故意以已到达告之，并语以旅途中除日飞机之危险外，愿负全责，更可令全数士兵排列铁路线，以为戒备。当时调查团员均有喜色。旋即告别，由某西人前导，由地室越入邻屋而出，即潜渡松花江北返。时海伦已传日军进袭，民众扶老携幼，络绎于途。翌日余更南行，赴海伦，再度会见调查团员，则已一变昨日之态度，不愿北行矣。余说之不动，此盖受日人之蛊惑，知不可强，即归。十九日晚，调查团亦离哈南返矣。其后，马主席于退出海伦之途中，晤《纽约泰晤士报》两美记者。彼等潜乘火车北来，旋即肩荷行筐，跋涉前来。初遇土匪，告以所往，未受害，反作前导，及至黑军前哨，即辞去。哨军始知为土匪，亦不追击。两记者往晤马主席时，余亦在座，为撰述实况，都一巨册。彼等告别时，马主席并遣车派兵护送。沿途民众热烈欢迎，甚有全城空巷出廓迎送者，人民之诚意，可以想见。彼等及返哈尔滨，为日方所悉，被逮，卒以没收一切文件，幸免于难。其一现已返国，其一尚留中国。余此来时，并曾晤及，更与倾谈一切"云。

（《申报》，1933年1月20日，第九版）

96. 国联一味迁就，日本不改倔强态度，覆文得寸进尺：谋使德鲁蒙案复活，要求不受国际公约约束反对邀请美俄，主张组织五国小委员会促成直接交涉，理由书改为宣言，李顿报告只可作参考，对否认伪满洲国之决议得发反对宣言；调解破裂日应负责任

〔日内瓦〕 十九国特委会因日本复文未到，展至明日下午开会。（二十日下午七时"日内瓦时间"中央社电）

〔日内瓦〕 日代表松冈洋右今日向十九国特委会送一非正式建议，特委会认为此系松冈拒绝谈判之试探的狡计，拒绝讨论云。（二十日下午七时四十分中央社电）

〔日内瓦〕 十九特委会定今日午后五时集议，预料届时东京覆电可以到达。众信日本覆文或不致直接拒绝，而将供献可成立协定之气象。虽讨论或将继续进行，但十九特委会拟请日本代表对于下述三点予以切实之说明：（一）日本将承认根据历史背景之李顿报告书乎？（二）日本将接受盟约第十五条为调解之根据乎？（三）日本将接受决议案中顾问委员会之指导乎？如十九特委会获有美满之答覆，则调解手续将继续进行，十九特委会中确有若干委员，对于采用盟约第十五条第四节之后果不无惶虑。彼等欲知报告之编制将发生何种结果，将以何种责任加诸国联，而在远东时局上将有若何反响。彼等之所以惶虑者，盖以未有把握，诚恐冒险出此，致起严重责任也。有此惶虑，进行调解手续之念乃愈坚。所谓德鲁蒙方案者创自何人，恐有争论，德鲁蒙亦否认出其手笔。闻德鲁蒙将于今日午后再发一文剖白之。据德鲁蒙自称，日人杉村以议案草稿就商，并询渠某种修正是否可被人接受云。惟闻昨夜日人方面以其所谓杉村与德鲁蒙间之谈片送达主席希孟。此种争辩，并非重要争议之性质，但仅涉及德鲁蒙之个人地位。报纸及特委会中若干委员皆抨击德鲁蒙，指为越权行事云。（二十日路透社电）

....

（《申报》，1933年1月21日，第三版）

97. 国联与日正面冲突：十九国特委会致东京哀的美敦书，限廿四小时内接受或拒绝草议案；日政府顽强到底竟置不理，一方面拟再提对案避免负决裂责任，中日案调解显告失败，着手草拟报告；我代表团发表宣言，主张调解委员会直接对国联大会负责，重申取消伪满国及邀美俄合作两要义

〔日内瓦〕 十九国特委会今晚开会，因对日本覆文难于接受，调解无从进行，决议立即着手起草按照盟约第十五条第四项之报告，下星期一提出讨论。但起草报告期间，苟能发见调解可能，仍将努力从事云。（中央社二十一日下午七时二十一分电）

〔南京〕 外息。十九委员会二十日以日覆训未到，延会至廿一日下午五时，调解似已绝望。俟下周初西门返日内瓦后，混沌局势必可判明。国联一味迁就日本，果能于绝境中觅得调解之途径乎，抑根据盟约十五条四项以草拟报告乎，咸于此时决之。至我国态度，始终抱定强硬政策，凡于我不利者，不论其为何项方式，一概拒绝云。（廿一日中央社电）

〔日内瓦〕 十九特委会今日午后集会，决定向日本发出哀的美敦书性质之文，限其于二十四小时接受或拒绝一月十八日之建议，即取销邀请美俄两国参加调解之议后，日本应接受十二月二十日草议案其余各项及理由说明书是也。（二十日路透电）

〔东京〕 十九特委会要求日政府对其星期三日之提议，予以切实之答覆。日政府置之不理，今日电谕驻日内瓦之日代表接受"德鲁蒙方案"，而删除邀请非会员国一条。日外务省希望此项办法可被接受，但讽示如特委会坚持一月十八日之提议，则日本唯有以"否"字答之耳。（二十一日路透电）

〔日内瓦〕 日代表团已接奉东京训令，定今晨集议考虑送交特委会主席希孟之覆文。一般人料日代表之覆文必有再提答案之性质，表示日本欲避免决裂，尤不欲抛弃调解手续之意。十九特委会对于日方此种答案将如何应付之，此乃众所猜测之事。但有必须承认者，一再延宕与无穷讨论，现渐引起不堪再忍之紧张空气。虽大国现亦赞成不再拖延，而进行第二步矣。（二十一日路透社电）

〔日内瓦〕 日本代表团所期待之训令,顷已奉到。日本政府对于十九国委员会提出之确切问题已另提一对案,由此可见日本不欲使谈判破裂。十九国委员会将于午后四时开会,以便正式接收日本对案。(二十一日哈瓦斯社电)

〔日内瓦〕 今晨国联大会议长希孟告记者:自接日本两复电后,时局已稍简单。惟不允切实说明时局简单化之趋向,亦不愿给予十九国委员会调解失败之印象。按东京两电今晨抵达日代表团后,立由松冈转送希孟与秘书长德鲁蒙。第一电系答复十九国委员会星期三之提议,第二电则完全赞成日代表于星期五送至十九国委员会之对案。查此项对案现尚未经委员会考虑。现消息灵通之国联中人,皆系倘东京对于十九国委员会提议之答复系属否定语调,则目下几可确定十九国委员会为将于今日午决定动议第十五款第四节。倘十九国委员会进行援用第四节,料先将推举小组委员会,考虑各项草案,最后复交十九国委员会讨论。英代表团现主张报告书内应(一)采用李顿报告、(二)切实声明国联会员国不能承认满洲之设立独立国,俾报告书内包含最近事实。目下赞成英人此种主张者似已甚众,但英人方面亦谓李顿报告未免已稍陈旧。因关于迩来中日冲突,连榆关事件在内,皆系调查团离远东后所发生。惟认国联大会对于此种事件,不能表示立场,因尚未得可靠而不偏袒之报告故也。(二十一日国民电)

············

(《申报》,1933年1月22日,第三版)

98. 日外相内田演说外交方针:竟谓卵翼伪国可致东方和平;我国巩固热防反妄指为侵略;诬我"赤化"企图淆乱世界视听

〔东京〕 贵族院今晨十一时开会,内田外相演说政府外交方针,其全文如下:

关于伪国事件

帝国政府根据于既定方针,于去年九月十五日与"满洲国政府"签订议定书,帝国政府以□承认"满洲国"为独立国家,同时规定"满洲国"尊重帝国及帝国臣民在该国内所有之条约上一切权益。日、"满"两国鉴于对于"满洲国"之一切，咸与帝国康宁有关。规定帝国军队驻扎"满洲国"内，以共同防卫国家。即签订该议定书之结果，拥护日本在满权益及确保"满洲国"对于内外胁威之基础已确立，而维持东方和平之有力保障实现矣。"满洲国"其后渐次发达，国内集团的兵匪亦渐溃灭，"国"内状势之改善显著，诚不胜庆幸之至。而此状态对于该"国"通商贸易及财政上与以最好影响者，固不待言。因此现在"满洲国"人及留满日侨与外侨一律蒙其庆福焉。此事实即实际上证明日本政府承认"新国家"为解决满洲问题、保全远东和平之唯一方法之见解者也。余鉴于如上所述，"满洲国"现在之良好状态与其庆福及于中外人之事实，深信国联及列国必致认识帝国所取态度为公正妥当者。余又不疑中国国民将来谅解中、日、"满"三国各以独立国之资格互相扶助之事，为确保远东和平之最善方法。

关于热河问题

关于热河问题，余所欲加一言者，为满蒙与中国以长城为境界。此事考查历史，则无议论余地。且热河省为"满洲国"之一部分，征之"满洲国"宣言亦可明白矣。然最近热河省内非独有扰乱治安者，又有张学良麾下之正规军越过国境侵入省内。"日满议定书"规定"满洲国"领土由两国共同负责维持治安，故所谓热河问题为"满洲国"内部之问题，同时日本因有条约上之义务，对于此问题抱有重大关心。

诬我政局混乱

中国政局仍然混乱，而排日运动未见缓和。据报，国民党中央委员去年十二月在南京开全体会议，提交关于北华边疆之军事行动、援助东北义勇军及排斥日货之三项积极抗日案。其后据由各方接到之各种情报，此项积极抗日案者，确实通过该会议。而近来不但中国军队在中国与"满洲国"国境附近集结，其一部分已经侵入热河省内。帝国政府现正衷心重视中国如此状态。关于或将由此事态招致之不幸的结果，余不得不督促中国政府及其国民唤起严重注意及其反省也。

关于李顿报告

关与中日问题有关系之所谓李顿报告书，于去年十月提交国联理事会，帝国政府对其意见书,亦于十一月提出理事会,两者均已经公表。日本意见书内容,由各方面观点详细说明帝国政府以承认"满洲国"而助成其健全发达,为确保远东和平唯一方法之基本的见解。政府于国联理事会或大会及其他与诸列国交涉之机会,恳切说明此意见书主旨。去年十二月宣告暂时休会之十九国委员会,业于本月十六日重开,继续讨论中日问题。日方决定今后每于该会议及国联其他诸会议开会之机会努力,彻底主张该意见书内之主张。帝国政府从来以诚实援助国联事业,并努力增进其权威;而对于国联为远东和平及其福祉之努力,亦有好意的协力之充分准备者,不赘多言。然帝国政府在意见书中所述当国联审议与中国有关系之问题时,应鉴于该国状态之复杂难涩性,及变则的特色空气之浓厚,使其所引用之国联盟约时使有充分伸缩性,为最必要。盖普通诸国家之间所实施之国际法上诸项原则及惯例,在中国则加以大变改施行之,故不能只以国联盟约为其例外。即以根据于该盟约在欧州实施之先例,欲在中国适用盟约,则其结果不能符同于实际事情,非独反使事态愈变恶化,且伤国联权威。此为世界和平极危险。欲保持远东和平,一方须要中、日、"满"三国之协力与提携,他方又要三国间之圆满协调也。

关于对俄外交

苏俄联邦政府自满军[案]发生以来,取极慎重之态度,迄今幸未与日本之间发生任何不愉快之事件,此不胜为日、"满"、俄三国额手称庆。中俄国交最近恢复,因此常闻远东全体之"赤化"运动更将活泼之说。此观察之是否正当,兹暂不论。唯既有共产党及共产军活动之长江沿岸及华南一带,如因中俄复交,增加"赤化"势力,则此事为远东和平上重大事件,帝国政府当然极注意其前途。至于日俄不侵犯之问题,为前年在北平成立之日俄基本条约之精神,又为两国均已签字之非战公约所规定,两国间实际上之关系,亦绝无侵犯之事。但对于此精神、规定及此实际关系,欲加以形式的不侵犯条约,则自然发生关于时期、方法等之种种见解。即去年春季俄政府提起此问题以来,各方面有种种议论。帝国政府鉴于本问题有如此种种议论,认为未到与俄政府商议或订立不侵犯条约之时期,故于去年底以此主旨答复苏俄政府。日政府虽对俄政府回答如此,然日本对于苏俄毫无侵略意图者,自不待言。余信在苏俄政府,亦决无误解此事也。

关于军缩会议

············

所谓政府见解

最后欲一言者,为帝国政府之见解。帝国外交之根本义存于确保远东和平及世界和平者,不赘多言。据帝国政府之所见,鉴于现下国际社会之实情,欲招致真实和平,则要承认以维持和平为目的之诸原则的普遍性。而当其运用,则应实际的事情,使之有适当之伸缩性,同时尊重世界各方面能实现维持和平之势力为最紧要。因此之故,日本认国联会章中规定地方的谅解为贤明之事,同时认识在远东方面之帝国建设的势力,为维持该方面和平之现实的支柱,而企图该方面和平之维持。帝国对于世界任何地方决无领土的野心,又不欲对世界任何国家酿成事件。帝国之所企图者,为根据于国防正义,确保帝国生命线,同时与邻接诸邦□力提携,确保远东康宁,以贡献维持世界和平,而在远东以其权威及实力欲达成此目的,此为日本国民之信念也。帝国外交自明治以来之根本精神,实存乎于此。对于前述满洲问题、日俄关系及国联之态度,均系根据于此精神者。又帝国对于军缩会议之提案,亦出于同一之精神者也。帝国政府在上述根本精神之下,拟各国间保持最亲善之关系,以图通商之圆滑与文化之融合,并期实现世界人类更高尚之理想也。(二十一日日联电)

(《申报》,1933年1月22日,第八版)

99. 调解手续显已绝望,国联会仍枯待转机:十九国会今晨续开讨论缮具报告方法,日本始终不变强硬态度以退盟作恫吓,特别大会有下月初召集说

〔日内瓦〕十九国委员会鉴于调解程序失败,决定依照盟约第十五条第四项规定,草拟报告书。此事系经昨日该委员会讨论两点半钟之久,始行决定。十九国委员会统一阵线维持到底,对上年十二月十五日所采之决议案,不愿加以变更。主席希孟审查中日两国最近之提案,觉日本对于星期三日十九

国委员会所提之办法，仅承认其与日本有利者。易言之，即不使非会员国参加是也。此外日本别有种种要求，与十二月十五日决议案之精神及文字相反。其特别重大者，为理由书以及决议本文以内，凡涉及"满洲国"之文字要求一概删去。又现行程序若果成功，则调解委员会之任务亦欲加以限制，此日本方面之主张也。至中国代表团所提要求，即不承认"满洲国"及邀请美俄参加讨论各点。双方主张相左如此。故十九国委员会不能不认其努力之失败，以后惟有不经双方当事国参加而自行起草建议之一法。惟调解程序之失败，惟国联特别大会有权可以正式证明之。十九国委员会以上云云，并非代大会作一决定也。十九国委员会定于星期一日开会，草拟第一报告书，以便将其努力所得之消极结果，报告于非常大会。一般人预料非常大会将于二月初召集，以便对十九国委员会之主张，作最后之决定。非常大会至第二次开会时，即将依照盟约第十五条之规定，审查十九国委员所草之建议案，此为该委员会之第二报告书。（二十二日哈瓦斯电）

〔日内瓦〕 国联秘书处发表十二月十五日送达中日两国代表团之决议草案两起及理由说明书之原文。（二十二日路透电）

承认调解失败，准备缮制报告书

〔日内瓦〕 十九特委会二十一日下午四时集议，至两小时又一刻之久。决定调解手续几已失败，并讨论关于盟约第十五条第四节所载缮具争议报告之手续。最后议定休会至星期一晨，再行讨论，同时将以此项报告之三种草分案，分送与十九特委会之委员，其内容现守秘密。特委会现尚未抛弃调解之可能性，如两造中之任何一造提出新案，可成立解决之基础者，则特委会将欢迎之。

英日妥协方案，特鲁蒙力自洗刷

今日特委会研究日本提议，咸以为有数点绝对不能接受，故一致决定向第二阶级进行。秘书长特鲁蒙出席，说明所谓特鲁蒙方案。特委会认特氏说明为满意，决定此事告一结束。特委会咸以中日双方意见相差太远，调解似已不成问题。

特会今晨续开，大会下月初召集

瑞士代表胡白声称，调解失败与否，唯国联大会始能决定之。故特委会决定在国联大会开会以前，留有调解之余地，同时则进行关于草拟报告之问题。

预料国联大会将于二月一日或二日集议。有一委员提出缮具报告应否商承国联大会之问题，但会众以为依照一九三二年三月十一日决议案所定之特委会职务，特委会可进行报告书之缮制工作。特委会继讨论方法，历时颇久，定星期一晨十时继续讨论之。报告内容之问题尚未议及，即在星期一日亦未必即讨论之。行政院原定下星期一日开会，兹因特委会是日开会，故行政院会议展至星期二日举行。

会场发表公报，欢迎双方新提案

今日会议后发出公报如下：特委会在今日午后会议时，从日代表对主席与秘书长所发之宣言得悉，十二月十五日之草议案纵删除邀请非会员国参加谈判一节，日政府亦不准备接受之。日代表团发表此宣言后，又告知主席，昨日日代表自动送交特委会之提议，已为日政府所核准。特委会于研究日政府此项新提议及中国对于草议案原文之修正文后，已通知双方，告以特委会仅可声明不能提出可为双方接受之议案耳。苟特委会同时必须依照日方提议，修改十二月十五日草议案之其他条件，则中国代表团以及特委会本身对于美俄两国参加解决谈判一节之重视，定将使此节决不能仅因日方之请求而加以删除。特委会又觉纵使议定将理由说明书改为特委会主席之宣言，俾双方可自由提出保留，然日政府亦必候十二月十五日草议案原文修改后，始可接受之。日政府在其最近提议中要求将特委会草议案原文加以重要修改，特委会对之认为莫可接受。特委会在此种环境下，觉向国联大会提议和解争议手续之努力，就特委会现所及者而言，已暂告失败。特委会乃不得不作国联大会下届开会时亦将有此同样结果之假定。故根据三月十一日决议案第五条第三段所载之特委会使命，决定着手编制盟约第十五条第四节所规定之草报告。至于盟约第十五条第三节下手续，非国联大会不能结束之，故特委会当然准备欢迎两造所愿提出之任何新建议云。

国联自堕声威，十四月工作无成

今日事态距解决犹远，较诸十四个月前依然无进步。会众固极愿结束此种劳而无功之一幕，但十九特委会委员中有数人连主张维护国联盟约最力者在内，现仍慎重其步骤，盖恐一失足便坠于危崖下也。此为破天荒之局势，前无成例，故特委会常发生费时而无结果之辩论。如今日所遇特委会有无资格宣布调解失败及着手编制报告一层之纷扰,即其证也。上述争点业已解决,其道有二:(一)决定使调解途径在名义上依然开放;(二)决定缮具报告,而请国联大会通过之。现谣诼蜂起,谓十九特委会中之个人或小团体欲提出彼此参差之草案。但各委员于私人访问时,皆以团结慎重,不为势难成就之举动为言。在此后数日之劳苦工作中,有可确言者:英国将主张就可能范围尽量采用李顿报告书,盖知和平之唯一希望,为中日两国酌就李顿报告书所示之方针,互相接近也。是以十九特委会之报告,必以李顿报告书为根据,而附以其性质与影响现尚无从推测之条陈云。(二十一日路透电)

....

(《申报》,1933年1月23日,第三版)

100. 国联特委会组织九人小组委会:根据盟约十五条四项着手起草报告;内容分三段,将尽量采用李顿报告书;推英法德意等九国为委员,德任主席;爱尔兰未列入,意代表态度模棱可异

〔日内瓦〕十九特委会今晨集议两小时,决定推举九人为草拟报告之委员。此起草委员会将以德、瑞士、英、法、捷克、比、意、瑞典与西班牙九国之代表各一人组成之,而以德代表为主席。今晨十九特委会之讨论,甚为激昂,集中于草拟中日争议报告之问题。此报告之初段,将论及此争议之历史上起源,会众对于此段[段]之如何着笔,主张颇不相同。英代表提议李顿报告书对于此层已有充分论列,应采用之,若图另起炉灶,则徒费时间耳。但讨论良久后,会众决定推举九人组织上述之小组委员会,集合各方面提出之意见,盖知欲立即获得关于草稿之决定为不可能也。众料九人小组委员会准备其报告书,至少须费一星期,目前仅办理历史部份,而十九特委会尚须集会,以议定报告书第□段应有之建议。本星期内有其他国际会议多起,故九人小组委员会下届集会何日举行,难以决定,但明日行政院开会后,或可集议也。十九特委会主席希孟今晚离此,但将时常以电话与起草委员九人接洽,而以起草会与特委会间之链环自任。九人小组委员会未列入爱尔兰代表,此间人士对之颇有批评。

盖以爱尔兰为行政院主席,并在日内瓦最近发展中有颇活动之动作也。十九特委会大约在本月底将再集议,届时将决定国联大会之召集日期。照国联之定章,大会须尽速召集,否则二月初亦须开会。若干小国欲此报告书对于日本历来之行为,为更详切之指责。意代表阿洛锡今日态度显然不落边际,实则在关于中日争议之日内瓦最近发展中,意国态度固常如是也。

会场公报

十九特委会今日散会后,发出公报如下:

"十九特委会今已举行其第一次之讨论,以研究报告书草稿所应有之方式。此种报告书乃特委会所可提交国联大会,俾大会履行其盟约第十五条第四节下之任务。今特委会已考虑应用何种方法,将特委会调解争议努力之失败报知国联大会,及应如何陈述此项争议之情势。特委会未曾议及国联大会所可建议认为最公允适当之解决办法问题,因此第一次讨论之结果,特委会决定推举起草委员会,以研究草拟报告书时所提出之各种问题。起草委员会将以工作之进程,报知十九特委会。起草委员会以十九特委会主席(比国希孟)及法、德、西班牙、瑞典、瑞士、英与捷克共九国代表组成之。十九特委会之其他会员,亦得将其所愿提出之任何建议,书面送交起草委员会。"

(二十三日路透社电)

〔日内瓦〕 今晨十九国委员会开会后,瑞典代表蓝治语记者云,委员会内大都坚持"必须李顿报告书站立在自己脚上",其意即谓报告书内应包含最近事实,不当仅就李顿所报告者而止。至今日会中讨论者,大部份属于进行方法。蓝氏并证实国联秘书厅提出之报告草案,即众称"德鲁蒙方式"者,虽经中国代表反对指为过于软弱,现将为起草委员会工作根据。

又据另一消息,今日会议时对于应否拟两种报告,讨论颇久。若干代表以为应有一报告,声明努力调解之失败,并释明其原委,另一报告则根据盟约第十五款第四节陈述事实与委员会建议。嗣会中对此问题,仍争议未决,乃移交草拟委员会自行决定。此外委员会对于报告书之性质,亦略有讨论。其主要问题,即在是否仅将李顿报告书首八章原文叙入,抑当根据此八章就重要事实重加叙述,俾可侧重于其中认为较重要之各节。旋亦以会中众议纷纭,决定移交起草委员会解决,并训令起草委员会对于各代表意见,应先加考虑。

再,数国代表尤其大国代表,主张由一并授权起草委员会,草拟十九国委员会之建议。但各小国代表由捷外长皮尼士领袖竭力反对,力主非俟将来十九国委员会再予方针后,不能草拟建议。争辩久之,卒从小国主张,训令起草委员会须俟十九国委员会再开会议,讨论国联对于满案之判断,并将此问题切实解决后,始行草拟建议。

现闻起草委员会将立即开始工作。至其主席一职,希孟与瑞士代表莫泰俱拒绝担任,故十九国委员会决定听起草委员会自行推举。至十九国委员会下届开会期,今日尚未决定,或者即在星期三或星期四,但须视起草委员会进行以为断。(二十三日国民电)

〔日内瓦〕今晨十九国委员会开会时,英外部次官艾登在会场极为活动,而其态度亦能使小国完全满意。更可注意者,在十九国委员会最近五次会议中,英代表莫不居为全场领袖,其他大国则法国似较少活动,德国更少贡献,意国则几常守静默。(二十三日国民电)

〔日内瓦〕今晨十九特委会所考虑之草报告,系秘书处所拟之稿。内分三段:(一)历史;(二)结论;(三)意见。建议问题留诸将来,以待十九特委会之指导。历史部分包括国联根据大会与行政院所通过决议案与闻此项争议,以及此项争议与欧洲方面有关的其他各点之事件。至于与远东方面有关者,则多取材于李顿报告书。英代表对此虽提出建议,以为采用李顿报告书原文较诸另起炉灶更觉适合实际。法代表玛锡格里赞成英代表此议,但会众卒赞成自撰报告。(二十三日路透电)

....

(《申报》,1933年1月24日,第三版)

101. 国联着手起草报告,九国小组会定今晨集议,倘于我不利决予拒绝,日本仍期待西门斡旋

〔日内瓦〕十九国委员会所推起草中日争执报告书之起草委员会,将于明晨十时十五分开会。惟会议时间未必能久,因世界经济会议组织委员会将于上午十一时半开会,□起草委员数人将往出席故。(二十四日国民社电)

〔日内瓦〕十九国委员任命德国代表开勒,为九国起草委员会委员长。(二十三日日联社电)

〔日内瓦〕 众信九人小组委员会在明晨以前未必能集议，因今日午后尚有他种会议也。同时国联秘书处刻正忙碌草拟报告书，以期将应着手之要点提交小组委员会会议。预料小组委员会将有剧烈争执，小国竭力主张报告书中应有一种切实的舆论表示，此数国如瑞典、瑞士、捷克、西班牙等皆反对仅仅赞成李顿报告书，其主因为李顿报告书未曾下判决语也。闻彼等在昨日会议时获有德国新任代表凯勒之援助。德代表之反对英法主张，殊为人注目。今晨行政院开会时，凯勒关于托管地事件对英法代表颇有责言，故预料在中日争议之日后发展中，德国将有一番活动也。（二十四日路透电）

〔南京〕 外交界息，国联十九委员会对中日问题调解失败，现已交德、英等九国起草报告书，约一周左右可草竣，先提十九委会讨论通过后，再□下月国联大会讨论。因该报告书由大会通过后，即须强制执行，故政府对报告书之内容颇注意。将来能为我方接受与否，现尚难断，但拒绝不利于我之方案，政府则始终不□此坚决政策云。（二十四日中央社电）

〔日内瓦〕 草报告之第二段为结论，载有许多要点，如：（一）满洲为中国之整个的一部份；（二）中国刻在过渡时期中，故未能确保政府职权之完全行使；（三）中国以排货为自卫工具；（四）日本军事行动超过合法自卫的必要范围之外；（五）"满洲国"非自然发生物，但原状之恢复为不可能；等事。第三段为一般意见，稍觉混乱，致引起颇多之修正建议。其所根据者，大都为未曾宣战而中国一大部份土地已被占据之见解。但此段将为九人起草会重行缮写，众料明日□将开始工作。会场中一般印象，以为虽拥护国联盟约最力者，现已稍和缓其态度，显然未有主张制裁，或对于此争议的道德加以裁判丝毫现象。对于日本表示良好希望者，觉目前局势中之唯一出路，将为实行李顿报告书关于和解之条文，并觉不致有恢复原有事态之问题，惟宜设法可否用□互的协定，觅使现局可为双方容受之方法。故此方面认主张采用李顿报告书中之建议者，实对于中日双方之利益有同样供献。虽日本能以武力利用目下时局，但中国抵抗力终久必生效力，如中国之收回山东即其一例。中国现以排货为工具，其效力确已显著云。（二十三日路透社电）

〔东京〕 日外部仍然期待西门英外长二十五日抵日内瓦后之为日本奔走。据日外部发言人谈云，十九国特委会已组成委员会，起草根据第十五条第四项之报告书。处此形势之下，就算英外长之势力，亦困难达到完全推翻前议。如能将第四项报告书文字中转移缓和点，对日之责难不过于严厉，就算满

足。闻驻英日使松本恒雄①此次曾跟随西门赴日内瓦,作为最后之哀求。(二十四日华联社电)

....

(《申报》,1933年1月25日,第三版)

102. 英报评论国联最近行动

〔伦敦〕 工党《每日驿报》与自由党《汇闻报》皆论国联草拟中日争议报告书工作之重要。《每日驿报》称,时事严重,故国联办理其工作,必须出以坚定勇敢,但非出以轻率。去年畏葸犹预,结果全无,此种教训现犹存在。今若仅仅赞成李顿报告书,而附以甚空泛之叙述,并作中日两国应根据李顿等所拟办法谋取协定之空洞建议,则直回避责任耳。国联大会不能以李顿调查团为屏障也。国联将进行抑应进行至何种程度乎?此为当以极冷静头脑加以决定之事件。惟吾人所属望于国联者,国际须有对于此事不愿洗手不问之切实与最后决心耳。凡国联所可为者,国联不可放弃之云。《汇闻报》称,日内瓦已向正当方面急转直下,国联今始有第一次之发动,听令两造自行理直,乃纵其开战、危及全球之谓也。任何战争或战争危机,乃与国联有关之事件,此为公认之主义。国联若抛弃此主义,则殊可悲已。直至昨日,吾人犹不敢信国联之不抛弃此主义也。今者已确定其立场,而英政府已明白昭示世界,英国为国联之友矣。吾人非欲其作战,非欲其封锁日本,但欲其宣布任何国家不许用世人所视为不堪忍受之方法达其目的耳云云。(二十四日路透电)

〔伦敦〕《泰晤士报》今日论满洲问题中之最后步骤,谓凡斥责国联犹预不决者,忘却随时转移有时乃各政策中之最佳政策也。《泰晤士报》引该报所载前相爱斯葵女公子一函,谓国联非太上国,但为消极的或积极的联合政策之机械云。《泰晤士报》又称,中日争议案中确未有为国联所必须动作之必要条件,故国联仅可草拟其所认为可能的及公允的解决之方法,而解决方法必须沿李顿报告书之轮廓而觅取之,惜日本已以完全不合情理之态度拒绝。以此报

① 编者按:原文误,应为松平恒雄。

告书为解决之根本,对于任何一会员加以道德上之裁判,此非国联会员团之职务。日本为国联重要会员之一,今若了解国联所处之困难地位,并担任遵守国联之建议,则日本方可希望恢复已失之同情。《泰晤士报》末称,必许多国内舆论坚强,使其政府准备牺牲生命、财物,作反对侵略国之动作,则此动作始能有效云。(二十四日路透电)

(《申报》,1933年1月25日,第八版)

103. 国联九国委员会报告起草工作艰难,报告草案仍出德鲁孟手笔

【南京】外交界息。国联对中日争端,已交九国委员会起草报告书,提下月初大会讨论。我国报定拒绝不利于我之任何办法之方针,必要时并将有更严重对付办法,刻已由外部训令各驻外代表,通知各国政府云。(二十六日中央社电)

起草委员会首次会议情形:英代表仍不愿宣布调解失败,委员会根据德鲁蒙草案进行

〔日内瓦〕九人委员会由十九特委会指派以草拟中日争议之报告者,今晨开第一次会议,约一小时余即休会。此次会议极不拘仪式,虽比国波昆为希孟代表,但主席竟虚无其人。其所谈者,为初步筹备工作,略言报告书所可有之内容,但未着手起草,亦未有关于报告内容之决议。旋因经济会议集议,此会遂中止,亦未决定下次开会日期。(二十五日路透电)

〔日内瓦〕今晨九人小组会所讨论者,为两个或一个报告之问题。如决定两个报告,则第一将纪录盟约第十五条第三节下调解之失败,第二将为根据第十五条第四节之报告与建议。如决定一个报告,则将仅声叙第三节下调解之手续之无效。据英人见解,调解失败之宣布,极不相宜;虽会众现尚未有何决定,但今晚闻秘会长德鲁蒙已筹出一种方案,拟使各方咸为满意,且可使手续简单。九人小组会定明日午后集议,然后再积极进行,因明日以后直至星期一日止,行政院将不续开会议也。九人小组会如属必要,将每日集议三次,工作繁重,于此可见。目前几已议定者,报告书不仅赞成李顿报告书,且将引用

李顿报告书大部分,使历史背景得臻完全。同时小组会亦将极端慎重,斟酌字句,故其讨论将甚为麻烦也。(二十五日路透电)

〔日内瓦〕 十九国委员会根据国联盟约第十五条第四项起草报告书,其指定之起草委员会为工作方法讨论外,有委员数人主张以两种报告书提交非常大会:其一,说明十九国委员会进行调解如何未能成功;其一,则列举结论及建议草案,瑞士代表即如是主张。尚有其他委员如英国代表等,则主张仅用一种报告书。起草委员会诸人对于第二种主张似有同意之倾向,但报告书虽为一种,而非常大会讨论时,则分为两部云。国联会日本代表团切实声明,日本并未在太平洋各岛内建筑海军根据地。(廿五日哈瓦斯电)

巴黎报载报告草案内容:草案仿照李顿报告书轮廓,并引用该报告书原文颇多

〔日内瓦〕 巴黎《各国新闻》载有该报指为真正草案之节略,其文颇长。其中要点之一,为满洲之占据与现有之条约不相适合。该报谓草案仿照李顿报告书之轮廓,引用报告书原文颇多,后附结论,认:(一)满洲为中国整个一部分;(二)中国刻在过渡状态中,未能行使政府完全权力;(三)中国用排货为自卫工具;(四)日本军事行动,逾出为合法自卫所必要者之外;(五)"满洲国"非自然产生之物,但原状之恢复将为不可能。该报又称,草案将认满洲事态与世界他处之事态不相适应,惟满洲究为中国土地,而由日军之武力夺据之,遂有脱离中国而独立之宣布云。(廿五路透电)

....

(《申报新闻报号外》,1933年1月27日,第一版)

104. 国联九国委员会报告内容决定,建议部分意见未一致

〔日内瓦〕 九人起草委员会今晨开会,决定缮制一个报告,内分四部份:(一)历史的背景;(二)九一八事变至现在;(三)理由;(四)解决本案之建议。第一、第二均尽量采用李顿报告书,第三今日下午即讨论,第四众认为最难着草,势需较长时间之考虑云。(二十七日中央社电)

〔日内瓦〕 九人起草委员会今日下午决定,报告书中声明东三省为中国国土,中国对争议事件不负责任。惟关于经济绝交及自卫方法二点,尚有疑问,待星期一继续讨论。(二十七日中央社电)

〔日内瓦〕 九人小组会今晚集议,有出人意外之迅速进步。除两点外,小组会已完成其报告书首三段之草稿,明日将作第二次之宣读。第一段为导言,文字极短,仅有一句说明此报告书耳。第二段言中日争议在日内瓦及远东之历史,除根据李顿报告书首八章对于中日争议之起源作连络的叙述外,并列入国联行政院与国联大会之决议案、国联文件及远东领事公文。第三段为结论,系国联秘书处所拟者,共有十二点,大都根据于李顿报告书之第九章及李顿报告书其他各章之若干文字,如"满洲国"及其非天然之产生是已。现有两点迄未获一致同意,此两点为排货及日本行动是否合法自卫。按秘书处所拟之原稿,声明排货施于施用武力之一国者,不能认为非法。但有若干人不主张对于排货原则,加以毫无限制之赞成。又有人谓日本行动是否出于合法自卫之问题,已发生若干法律点,须由法学专家予以特殊之调查云。关于建议一段,九人小组会未经讨论及之,大约须交十九特委会于下星期初研究之,秘书处方面主张以李顿报告书第九条十项原则为根据之提议。(二十七路透社电)

〔日内瓦〕 十九国委员会之起草委员会草拟报告书,首三章实际已可称完竣,仅余两大问题尚未决定:一为九月十八日日军在沈阳之行动;一为中国抵货之是否合法。据闻各委员对于日军九一八在沈阳所为是否纯粹自卫行动,意见各异,而对于抵货之合法与非合法,亦讨论甚久,未能决定。至目下所草之报告,闻系叙明国联一切调解努力之失败,接受李顿报告首八章,并叙述满案历史,至最近山海关冲突为止,一切结论皆根据于前述事实。惟其建议,尚待十九国委员会开会指示方针后,再行准备。至曾引起无数争辩之"满洲国"问题,闻仅轻描淡写,声明一九三一年九月十八日以后,日本承认"满洲国政府",但他国未有承认之者等数语以了之。(二十七日国民电)

〔南京〕 外交界息。九国起草委员会所草之报告,建议部分最难着手。小国代表则主张明白规定九一八事变乃日本有计划之侵略,宣布不承认伪组织,大国态度则仍灰色〔晦涩〕。大约再经数度商议,即可完全确定,俾提十九委员会通过后,再提下月初之国联大会讨论云。(二十八日中央社电)

(《申报新闻报号外》,1933年1月29日,第二版)

105. 国联小组会慎重缮具报告书结论,第三、第四两节尚待今日详细考虑,建议部份将以李顿十原则为依据,对排货问题之文字结构极为重视,法德两国远东策不致受政潮影响

〔日内瓦〕 九人起草委员已草成报告书之第一、第二两节及第三节之一部份,第三节中重行确言东三省为中国领土,及九一八事变中国不负其责。对于中国抵货运动是否合法,及日本所称之自卫行动为主动的抑为被动的,尚待下星期一详加考虑。此项报告书之性质,为正式表示国联自身之立场,与进行调解须得两造同意者迥异其趣。故此项报告书之根据,以李顿报告及国联秘书处之草案为主,而以瑞典等国草案为辅。其中最难着笔之建议部份,或亦将以李顿报告第九章之十个原则为依据云。(二十八日中央社电)

〔日内瓦〕 在星期一二日以前,九人小组会未必举行任何会议。同时秘书处将就昨日之讨论,准备新草稿,而将各种细则修正文列入。此项报告篇幅颇长,约有用打字机缮成之稿五六十页,而以李顿报告书为附件。草稿中逐字逐句将慎重斟酌,故小组会之工作甚为艰苦。据负责方面云,讨论进行顺利,迄未遇有任何重大反对。小组会之结论应如何缮具,此为须加以极端慎重之事,盖以事关若干原则,较诸中日争议中即将发生之问题,尤为重要也。如排货问题即其一端,此乃极难着笔者。此问题之潜能性,当然至为重大,故关于此点之文字结构,小组会现方予以最大之慎重也。但此层并非小组会意见参差之谓,此仅为斟酌适当字句之问题,其事困难,为众公认,不过秘书处固善于为此也。十九特委会下届会议何时举行,现尚未定,以意度之,大约星期三四日可望召集,届时草报告书难免再经增削。据现象观之,小组会亦将另缮一种草稿,以作此报告书最后一段,即建议之基础。一般空气视前较为乐观,盖觉真正进步现方进行,而其所沿以进行之方针,则将以明白无误之方式保持国联原则,此种方式,虽日本亦难反对之也。远东将有何种反动,目前当然无从推知。中日双方代表现方密切注视各种进展,而不置一词。东京来电已表明关于政友会态度之地位,众料东京方面暂时未必有重要发展。法国内阁政潮苟不持久,未必碍及国联讨论之进行,因法国将

仍以玛锡格里为代表也。不过关于原则之任何重要决议,势须暂时延搁耳。(二十八日路透电)

〔日内瓦〕 法、德两国政潮将使日内瓦刻待解决之各种问题,尤其是事关原则须待公决之问题,为之延缓。起草委员当然仍能照常工作,而十九特委会亦可继续集议。惟在政潮未了之时,国联大会将未能举行,而原定二月二日召集之军缩会总务委员会会议,亦将延缓开会。众料法、德阁员虽有变更,然其在日内瓦之政策大纲,将不随之俱变。法国新政府如属诸极端左翼党,则其对远东与军缩之态度,或将大变,但观目前事态,此种变化,未必实现也。德国亦有偏向右翼之趋势,似亦不致改变对于远东问题之态度,不过在他种事件上要求平等之态度,或将愈形坚强耳。(二十九日路透社电)

....

(《申报》,1933年1月30日,第三版)

106. 日代表团向政府请训,外务省非正式声明反对采用李顿报告

〔日内瓦〕 日代表团二十八日上、下午开重要会议,至下午七时半散会,即转电致本国政府请训,内容如次:(一)最先报告起草委员会及各国迄今日之态度,及由全般鸟瞰之最近形势;(二)日本欲在此种情势之下,将来仍与国联进行第十五条第三项规定之交涉,则应与国联合致之意见至如何范围为限;(三)本代表团拟尽全力至最后步骤为止,第四项报告书提交大会之时,本代表团应取手续如何;(四)报告书中对日劝告文之内容,如不能为日本所接收之时,日代表非但离开日内瓦,是否要退出国联;(五)电文不明。(二十九日日联社电)

〔东京〕 现由九国委员会起草之报告书草案内容,日外务省因未接公电,力避正式声明态度。然外务当局于二十八日发表非公式声明,略谓报告书内容不论其序[绪]论、结论或历史的记述之部分,如采用与李顿报告书同一意见,日本绝不能承服,尤其包含"否认'满洲国'现状、否认'满洲国'之自然发生、疑惑日军自卫权及经济绝交之正当化"之四点,则日本断不能默视之。如

国联定要制作此种劝告书而提交日本,日本政府即时发送反驳文,以澈底批判国联之谬见,同时断行退出国联。(二十九日日联电)

(《申报》,1933 年 1 月 30 日,第三版)

107. 时评:最后之一刻

(一) 国联之新形势

国联对中日争端之调解,事实上自日本强行占据东北、伪造"满洲国"以来,即已宣告失败。矧再加以山海关失陷,凌源、开鲁屡被轰炸,据此事实作证,中日问题已非折冲樽俎之间空言维持和平所能了结。不过国联尚欲凭藉历史的虚名支持其暂时场面,而徒空言和平、高倡调解。其所注意者又仅为日本一方面所谓之事实,此种事实完全为军事力量所造成,距离和平前途固甚遥远,即于英法各国所理想之均势,亦恰背道而驰。一年半以来,我国对国联未尝稍加蔑视,而主持国联之英法两大国,其对华好意何在,吾人迄今仍未能理解。虽细密思量,除就均分利得、欲打破日本在东亚独占之局以外,吾人殊难承认其有所谓公道、正义之存在。且日本军国主义者肆其铁腕,撕碎华盛顿九国公约、非战公约等国际条约,不顾国际信义,藐视人类公理,惟有依恃武力以遂行其所谓"东亚门罗主义",换言之即实行"大陆政策"是也。我国未能积极从事于铁血战争,固处于失败地位,而国际联盟一再迁就日本所谓事实,以为有调解希望,以情实而论,国联亦不免屈服于日本军国主义铁蹄之下,苟且求全。

盖前年十月二十四日国联理事会,尚能决议劝告日本撤退扰乱东北之日本军队,虽无力执行,但尚敢于正视东北事变之正体。今则惟有遇事敷衍,并华盛顿九国公约而抹杀之,以为回复东三省之原状为不可能。英国代表且以为"宣布调解失败为极不合宜之举",是故九国分科起草委员会并开会精神亦甚散漫,遑论裁制日本暴力侵略行动耶? 总而言之,欲以"和平劝告"说服疯狂达于极点之日本军阀,实等于"对牛弹琴",绝无是处。

所不幸者,厥为左右国联行动之大国,如英国者,纵未必如报纸所传与日本订有秘密协定,然至少于日本之同情多,于我国之善意少也。此种情势就目前而论，或为一时苟安之想，冀以敷衍暂时之和平。然而日本既独占东北，则各国在远东势力均衡已经打破，战争之突发，乃愈不可避免矣，列国所得者几何哉！

（二）日军侵略乃愈急剧

国联态度愈迁就，我国愈温和，则日本军国主义施行其"大陆政策"，对华侵略，且愈猛烈。内田康哉外相对其贵族院演说，竟公言热河为满洲伪国之领土"，日本将根据"日满议定书"，实行对华用兵。于国联盟约十五条第四项之适用与否，日本陆军当局，竟发出如下谈话：

> 国联轻视自己本来任务，而周旋于与远东问题无甚大关系之小国间（侧重其理想论）。此风如长，则日华纷争将益见扩大，益加恶化。至如不承认"满洲国"问题之决议，有招致破坏我（日本）根本方针之虞。如此至于最恶劣情势时，虽退出国联，亦毫不足惧，且亦无踌躇之必要。然吾人仍当继续努力……启发国联，并纠正其谬见……

日本用武之态度，已至明显，且在国联委任统治之马利亚纳及步琉二岛，建筑海军要塞。近又放出"纵退出国联，而代管之太平洋群岛可不交还"之空气。其意何居，亦不用吾人之解剖。其侵略之步骤，在目前固集中全力于东北，将来恐将次第及于南洋、印度、澳洲，未必不演成现时东北同样之事实也。辽远之将来，姑勿置论，今日之急，则不容不问。吾人已大祸临头，生死决于俄倾、安危定于转瞬之际，必须审度当前局势。日本军队已强占山海关、九门口，进而迫胁凌源、开鲁矣。热河幅员六十万方里，如我仍不起而作必死之斗争，恐将不免为辽吉黑第二。设再不幸而热河失守，则华北门户全被拆毁，敌方任何时期均可长驱直入矣。今后匪特收复东北渺不可期，而黄河流域且将陷于不可收拾之境矣。

时至今日，我国于一切和平方法，均不适用；呼求他人之帮助，亦敢决其毫不济事。惟一途径，即时奋起，以自己之血与铁，击破敌人轻蔑横暴之心理，唤起友邦之同情，振作自身之颓废。

（《申报》，1933年1月31日，第十版）

108. 国联报告草拟中，西门有袒日倾向，将反对不承认伪满组织，沪战时英日谅解愈征实，日阁召集紧急会议讨论回训

〔南京〕 据日外务省三十日接到日内瓦代表团公报，九国起草委员会大体下月四日以前草毕劝告案，六日左右通知中日两国，八日提出十九国委员会，将由特鲁蒙秘书长说明，而于十一日或十三日召开大会讨论此事。（三十日日联社电）

〔日内瓦〕 十九国委员会之起草委员会，定于星期二下午重行召集。逆料届时当可拟毕报告书，送交十九国委员会筹议。今日各秘书正用打字机誊录所拟草案首二章，同时根据起草委员会业已同意之修正与更改各节，加以修改。惟中国抵货与日本九一八行动两重要问题，现犹虚悬未拟，将待起草委员会明日讨论。预料起草委员会一经考虑此两事后，其工作即可迅速完竣。迨此两首章草成，则将进行第三章之论断；倘星期二时间充裕，则此第三章料亦可以拟毕，而十九国委员会则将于星期三讨论末章之建议。秘书厅人员现信第三章之论断，将大部份采用秘书厅所草拟者，而该厅原拟则密切依循李顿报告之结论。至起草委员会所将增加者，当有对于中日在争执中对盟约态度之论断。又关于"满洲国"，亦将加以论断云。（三十日国民电）

〔日内瓦〕 今日据国联中人言，国联大会可望于两星期内采用十九国委员会所拟满案报告书，至于该报告书，大约明日可以草竣。目下外间谣传有人反对加入不承认"满洲国"之建议，据称，英外相西门亦为反对之一份子，其理由以为或有数国欲承认"满洲国"。故对于此事，应使若辈得以自由表示意见。此间华人方面现称，英外相西门在国联大会之演说，大有征实外传上海议和时英人曾暗示倘日军退出上海，则将以更友谊目光考虑日人满洲计划等说之趋势。又外传中国代表团对于报告书语调，除关于承认一节外，其余尚觉差强人意云。（二十九日国民电）

〔东京〕 日内阁今日召开紧急会议，审议松冈代表之请求与英使之劝告。松冈请示文中曾提出要求日政府退让之点，英使亦积极劝告日本让步。然在阁议中，陆军之主张非常激烈，谓如再示弱促成和协委员会成立后，日本所处

地位更加困难,其势必扩大国内和平论者之势力,在目前不如一刀两断,坚持到底,准备与国联决一雌雄。因陆军表示过烈,日政府竟屈服其余威之下,采用强硬政策,图以最后之挣扎,并决议委任内田外长善处今后之局面。内田下午入宫报告日皇,嗣后再开部会议讨论回训内容。闻内田定明日赴兴津访元老西园寺,报告经过及政府之决心,求其谅解。(三十日华联电)

〔东京〕 外务省发言人今日评论报载外务省决议命日代表团勿图阻止国联盟约第十五条第四节可能的适用一节,谓外务省对于中日争议之最近发展,拟致日内瓦日代表之训令尚未拟就。按第四节规定:"倘争议不能如此解决,则行政院经全体或多数之表决,应缮发报告书,说明争议之事实,及行政院所认为公允适当之建议。"今小组委员会所从事草拟者,即第四节所述之报告书。外务省发言人不愿征实外传外务省决议不反对第四节之适用之说,但谓渠个人意见,殊欢迎此举,因不定之局面由此可终止也。发言人继称,渠意国联根据第四节提出之建议,如不合日本之意,则事殊简单,即日本与国联俱认彼此意见相左,于是日本可自由进行其政策,依照日、"满"签定之协定,恢复"满洲国"之治安,不再受人干涉云。(三十日路透电)

〔东京〕 据报纸消息,外务省电致日内瓦,略谓日本所坚持者,为"满洲国"现状之维持,苟此原则不受影响,则日代表团可自由进行谈判,但日政府对于国联之采用第十五条第四节与否,现漠不关心云。官场认报纸所载颇为正确。又闻日政府又训令其代表照会国联,如采用盟约第十五条第四节,则日本仍为会员与否之问题,将视国联建议之性质而定云。(三十日路透电)

(《申报》,1933年1月31日,第十版)

109. 英国袒日显著,国联报告难期公正;伪满组织倘竟容许承认,我国唯有出于退盟一途;草报告完成二读,建议部分未涉及,结论十二条大部采用李顿报告书

〔南京〕 九国起草之报告书前三章已告竣,其建议部份亦即可草竣。闻因英国袒日之结果,于关系重大之不承认伪组织一节,决不予规定。此不但与我国方针相反,且违背去年三月十一日之国联决议案。政府对此已决意拒绝,

且有有力方面主张,如国联采纳此种报告,实暴露不能主持正义公直之面目,我既无所期求,将断然退出国联云。(一日中央社电)

〔日内瓦〕 九人小组委员会尚未提议"满洲国"承认问题,但明日(星期三)讨论建议问题时,或将提议及此,然亦不过简略讨论而已,因知十九特委会对于此事须发训令致小组会也。十九特委会未必能于本周秒以前集会,因国联行政院及军缩会主干部等皆将于本周内开会之故。(三十一日路透社电)

〔日内瓦〕 十九国委员会任命之起草委员会,本日虽开会甚久,然准备提交国联非常大会之报告书,其第一部分尚未完全脱稿。起草委员会人数既多,起草工作又极烦琐,而委员人人皆欲参加,无论在内容上或形式上,时时有人提出新修正案,故该会任务甚感困难。出席该会之某要人对本社记者云,此项报告书日后脱稿时,恐难表示明确之见解,一如舆论之所期望也。起草委员会明晨重行开会,报告书最重要之一章,即包含建议之一部分,目下尚未开始讨论。(三十一日哈瓦斯电)

完成草报告二读

〔日内瓦〕 据今夜可恃消息,九人小组委员会已完成草报告之二读,所有各点,包括排货与自卫等难题在内,已完□议妥。小组会今日午后集议三小时半,初闻稍有进步,继知工作殆皆完成,草报告书逐条皆加以详细之研究。小组会决定明日即星期三日复行集议,以考虑南爱自由邦代表莱斯德所提出之草议,及其他次要详则,并将开始研究建议问题。小组会所议定者,当然须交十九特委会确认之,并交国联大会批准之。故现所拟就之草案,将来尚有修改之余地。就九人小组会而言,彼等责备排货,而亦不承认日本所提出之自卫主义。闻小组会今夜业已议妥各节如下:

草案首三段内容

首为序言,长约六行,报告国联工作移转于国联盟约第十五条第四节下之事由。报告书本文之第一段颇为错综,内含李顿报告书之首八章,附以领事报告书及时局事态发展截至今日之经过情形。第二段言一九三一年九月沈阳事变起中日争议之历史,其中穿插关于东三省之参考资料,意在使读者有正当之了解。第三段载结论十二条,大都采自李顿报告书:

(一)说明东三省与中国之关系,及东三省与日本之关系。

（二）确认东三省为中国之一部,但在事实上享有自治地位。

（三）言及近年来东三省中国人口之大增。

（四）说明日本在东三省亦有权利,如租借地及南满铁路是,并谓日本之特殊地位,在中国民族主义发展时,势必造成紧张事态。

（五）确认中国在过渡状态中需要外助,以便建设成功。

（六）言及排货,谓排货乃激怒的行动,为中日间紧张之一原因,但在九一八事变后,排货乃反对军事行动之报复性质。

（七）声明双方不接受公断之机会。

（八）言及自卫之困难问题,谓九一八夜之日人行动,不能认为合法自卫之性质,无论如何,自卫之说,不能使国家免除国际盟约第十二条下之义务,中国亦可以自卫为言,但中国始终遵守国联盟约之范围。观于此节,草报告书援引李顿报告书所称日人行动并非合法自卫一语。

（九）声明满洲之独立并非自然产生之运动,并谓日人军事活动中颇多政治成分。

（十）说明巨幅土地确为中国所有、毫无疑义者,已被强夺而与中国分离。

（十一）说明日本在李顿报告书缮成以后承认"满洲国"。

（十二）说明虽九一八事变以前之时局,双方皆负责任,但九一八以后所发生之事件,必不可归罪中国。

（三十一日路透社电）

建议部分未讨论

〔日内瓦〕 今日九人小组委员会之一小时会议,已将草报告书首三节之处理工作,告一结束。小组会未曾讨论建议,将此问题留交十九特委会下届会议办理。大约特委会可于星期五日集议,小组会今晨殊少必要工作,因数日前所提出之修正文草稿,其要旨已载入昨日草稿中,结论文字已切实定稿,即可付印而成具体之草案。但第一、第二两段[段]虽就九人小组会而言业已完成,但十九特委会集议时,或将与以最后之修改也。日内瓦居民患流行感冒病者占百分之二十,国联秘书处政治股要员维奇氏亦染此症,未能办公。渠为熟悉此案之专家,以致报告书之完成为之延缓,故报告书之首两段[段]载有此案之历史事件者,将以未经修饰之形式提交十九特委会。

南爱修正被摈弃

南爱代表莱斯德所提出之修正文,采用无多,因其中有若干条已包括于报告书中,其余若干条则被摈弃不用。首两段[段]之文字问题,不致发生重大争论,因此文字纯为叙述性质也。因维奇氏之病,十九特委会能否于星期五日或星期六日开会,现尚不能无疑,但众料特委会不妨星期五日讨论建议问题,而于星期六日再讨论全部报告书。今结论问题已得全体一致之同意,此乃进行之一重要步骤。惟最大之冲突点当然集中于建议,其尤甚者,为"满洲国"问题,此诚国联治事手腕之绝大事业也。

大国向小国压迫

各小国之目前趋向,仍极力主张切实声明不承认"满洲国"。德代表之态度,亦显然趋向于此方面,不过德人未公然承认之耳。小国之意见如此,而大国则愿以更合外交之手段处理此问题。以意度之,此事当可获一折中方案,因各方面皆以为不能有承认问题也。此举无异申斥日本承认"满洲国"之行为,纵词意隐而不显,然日政府能接受与否,犹未可知也。日内瓦一般意见预料日政府必可表示温和态度,而不欲对于此种措词稳健之不同意作暴烈之反动,致与国联决裂也。(一日①)

英驻日大使访日外相内田

〔东京〕 英使林德莱今日下午五时往访内田外长,询问日外部对国联之对策。内田外长除将训令松冈代表大纲手交英使托其代转英外长外,并表示如下意见:谓关于否认伪组织独立问题,最好希望国联能再让步,否则所谓和协手段当无从施展。至于援用会章第十五条第四项,日政府预备静候其报告内容,再定进退之策。不过该劝告内容于日本再不能接受者,日政府当毫不踌躇,坚决退出国联云。(一日华联社电)

英日秘密谅解,双方迄无否认表示

〔南京〕 上月初本社据美国方面来源,发表英日秘密谅解消息。驻京英

---

① 编者按:原文如此,未给出来源。

领馆最近致函质问来源,经本社函覆于叙述来源之次,复声明如英领馆能正式否认该项密约,本社当乐于发表。迟至今日,终未覆函否认,即英政府亦未加以否认。而日本电通社日内瓦特派员于一月二十九日电中,亦有"英外相必实践,如日本撤兵上海,英国关于满洲问题将采更友好的态度"之一语。足见英日密约说,确非无根,而十年来中英之亲善友谊,将受极大之影响云。(一日中央社电)

日政府训电松冈内容:反对伪组织之否认,坚持中日直接交涉

〔东京〕 日内阁既开紧急会议,外相内田复进觐日皇,日政府乃于今日发电致日内瓦代表团。据负责方面消息,日政府电谕其代表团,必须应用对于调解之最后努力,但同时必须坚持删除或修改理由说明书第九节关于承认"满洲国"之文字,并坚持调解委员会职权须以依照日本所抱关于中日直接谈判之已定政策为限。日政府又谕令其代表,如调解失败,不必反对盟约第十五条第四节之适用,但须注视依据第四节而拟定之建议文。闻日政府将先研究建议,而后决定其最后之步骤、众信建议过于强硬,则日本非退出国联,即仿德国在军缩会之举动,撤回其日内瓦代表团。(一日路透电)

〔东京〕 日内阁于取得西园寺及其他元老对于政府对国联政策之谅解后,今晨举行紧急会议,阁员全体出席。外相内田声称,西园寺极力赞成政府政策,内阁旋讨论并决定致日内瓦代表之最后训令。外相后以训令呈日皇审定,然后于五时交电局拍发。内田返外务省时语新闻记者:政府已经过发出最后训令之各种必要手续;日本态度既未减弱,亦未加强,日本以其已定政策向前进行,无论环境如何,政策决不改变,但渠甚愿续得国际之调解合作云。(一日路透电)

斋藤将亲访西园寺

〔东京〕 日元老西园寺昨日会见内田外长后,因日陆军主张蛮干到底,对日本前途特抱忧虑,今日特派其专属秘书原田男爵入京访斋藤首相,传西园寺对外交政策之主张,并闻政府之真意。日政府在今日中午紧急内阁会议席上,将审慎讨议元老西园寺之意见,阁议后斋藤首相将亲往兴津访元老西园寺,商议对付国联策略。(一日华联电)

准备起草反对宣言

〔东京〕 外务当局于适用盟约第十五条第四项之际,考究帝国政府所应取之处置。若国联作成劝告报告书付大会票决时,确定(一)该为仅系劝告而非命令,则一应置诸,如其内容系难能允诺时,由松冈全权于大会席上为反对宣言,而此拒绝当然有法律的根据,(二)对于报告书根据第十五条第五项之权利提出陈述书,逐一反驳,阐明日本之立场等二途。故基此方针,着手起草该反对宣言案陈述书案。(一日电通社电)

....

(《申报》,1933年2月2日,第三版)

110. 国联小组会草建议感困难,留待十九特委会考虑,日代表团作最后努力

〔南京〕 外交界息。九国委员会起草报告书前三章已竣,最后建议部份,因英袒日,主张不明定否认伪组织,已引起我国坚决反对。九国委员会因感困难,决定不起草建议,只将前三章交十九国委员会,由其根据报告再定建议部份之起草。十九国委员会曾定三日开会,将再试行调解,如仍不能得一能为各方满意之办法,即报告大会处理。大会至迟在十三日举行。(二日中央社电)

〔日内瓦〕 十九国委员会草拟报告书情形:据最近消息,起草委员会内对于报告书末章之建议,犹未能商得同意。西班牙代表马特利亚加顷向记者声称,渠对于建议之应作何种方式毫无意见。又质以外传日人正提出新妥协提议之说,马氏笑而不答。(二日国民电)

〔日内瓦〕 今日此间日代表团接到东京训令后,闻将作最后一分钟之努力,使十九特委会不放弃盟约第十五条第三节之调解手续。现悉日代表团将于今夜会商,以决定上述意见如何传达、何时传达及向何人传达。大约日代表松冈将于明日往晤临时代理主席波尔康氏。闻日本之提议注重两点:一为取销邀请非会员国参加中日争议之解决(此条国联业已有让步);二为修正(但非注销)理由说明书最后一段,因日本认此段文字之现有形式为此问题之障碍

也。上月十九特委会曾有在国联大会决定调解业已失败以前,第十五条第三节门户尚未关闭之决议。日本今提出此建议,即以此决议为根据也。国联方面对于日本提议之成功机会,纵日本目前不附条件接受十九特委会之决议案与理由说明书,然能否阻止特委会,使之不进行第十五条第四节,亦属疑问。盖人人似皆认定调解早已失败,今若留恋于调解手续,不过徒费时间耳。事有莫可否认者,照十九特委会之目前主张,现颇有一种趋势,欲将其十二月十五日所拟之草议案词句极为温和者,改为坚强,切实提出特委会本身加入中日代表合为调解委员会之建议。特委会欲使其建议较李顿报告书所有者更为露骨,此事似无可疑。现悉十九特委会未必于星期六晨以前集议,虽有人预料国联大会下星期可集议,但一般人不尽以为然。(一日路透电)

〔柏林〕 顷据此处《伏锡志报》日内瓦记者之通讯称,彼已探悉十九国委员会起草小组委员会所拟定报告书之内容。据该记者所称,该小组委员会所拟定之报告书草案,极不利于日本,对于日本在满洲之行动,加以严厉之谴责,并声明日本在满洲之军事行动,不能认为系出于合法之自卫;再则"满洲国"之建立,亦非出于中国东北人民之自动;处此种环境下,中国现行之排斥日货运动,应认为一种适当之报复行为云。《伏锡志报》记者复谓,倘此项报告通过于大会者,国联方面皆觉日本势必不能再安居国联之内云。(一日国民电)

(《申报》,1933年2月3日,第三版)

111. 时评:中国退出国联说

(一) 国联已证明无可信赖

国际联盟本身之性质如何,凡公正之学者与具有冷眼之人,皆能洞悉其为一二大国所操纵,十分明显。自九一八事变发生以来,我国政府一心求和,始终忍耐,希望在会议席上伸其冤抑。殊不料仅有三数小国,如捷克、瑞士、哀尔兰等寄我以同情,表示拥护国际之正义;而操有实际权力之大国,则皆不敢有所主张。日本之横暴且日甚一日,尤使吾国难于应付。辗转一年又五个月,日军已自辽吉延长以至于北满。我国每向国联呼吁一次,则多受一次压迫,更失陷一块土地，由锦州而山海关，而九门口，而朝阳寺，现且至于热河矣。

前年之呼吁求助，国联尚勉强敷衍，纵无实际的援助，而十三票对一票之决案，亦差足以自慰。"望梅止渴，画饼充饥"，虽至愚不可及，似尚可以偷暂时之安，存万一之望。去年三月以后，调查团东来，其所得事实，关于日军之扰乱东北，关于伪国之为日军所一手制造，尚能顾全事实，揭破日本军阀主义侵略之阴谋。惜其第九章之结论与第十章之建议，竟将引我国入于共管之境。往事回思，更增愤慨。我国此时似应宣告脱离国联，另谋所以更生之道。而乃荏苒迁延，静待杀人者手软而自止其暴力，无如局势愈变愈坏。李顿报告书发表而后，日本竟又大倡其"中日'满'亲善论"，英国亦认恢复九一八以前之旧状为不可能，甚至今日有合以朋分我华北之势，我国其能长期忍受乎？而信赖国联之结果，至此亦已可完全证明矣。犹忆去年九一八周年纪念日，中央党昭告国民之宣言云："有理可讲则讲理，无理可讲则角力。"现在岂但"有理"无可讲、无法讲，且已抛弃公"理"于不顾，舍"角力"外宁有他法哉？

（二）我退出国联又将何如

国联盟约第十五条第四项之适用，本已成为疑问，即使用之，亦不过如十三对一之往事，无实力足以裁制日本之继续施展其暴行。矧今日之显然助日者有人，则依十五条第四项之报告，亦仅外交上之敷衍而已。

最近南京传出消息，如国联真依随日本之主张而承认满洲（伪）国，我将"断然退出国联"。设此而确，则推论结果又将如何。

第一，如我国果退出国联者，则一切外交上、军事上转可获得充分自由，不受无谓拘束。纵使失败，最大亦不过战败求和，较之迁延于不和不战之间坐失三省为有意义。

第二，国际联盟本身并不健全，据金融座王〔王座〕、握世界经济牛耳之北美合众国，非国联会员；而新兴之苏联，乃与国联对立。彼皆能发挥其独特的立场，我何独不能发展国际联盟以外之外交，摆脱一切无理拘束而自立乎？

就弊害方面而论，第一，退出联盟而后，惧将孤立无援，更陷于苦境。然自一九三一年九月十八事变以来，美国内部正苦于经济恐慌，不能有实力援助。当时苏联与我本无国交，换言之即无所谓友谊，除此而外之所谓国联诸强国，其所助于我，能有几何？第二，我若一旦退出国联，"瓜分""共管"之祸，势将更迫。殊不知人之谋我，已非一日。日本威胁利诱之策略，苟完全成功，则瓜分之祸,亦非托庇于国联所能幸免;至于共管,则恐愈依托国联而其祸愈深。欲免除"瓜分",脱离"共管",其关键绝不在依随他人,而在于努力自救。

时至今日,已万不可再蹈已往之错误,应发最大决心,以应付危局。退出国联,实亦外交上寻求自主的一途径。

(《申报》,1933年2月3日,第十版)

112. 国联对中日争案强制调解无可避免,十九特委会今日重开讨论建议起草方式,松冈向德鲁蒙提示新修正案谋最后转圜,美国有拟召集非战公约签字国会议之说

〔南京〕外交界息。十九国委会因九国委员会不能负起草报告书中建议部分之责,定于四日晨十时开会,预料对起草办法不外两途:(一)十九国委会自动起草;(二)仍由九国委会起草,而十九国委会训示其范围。但勿论采何方式,苟不明白规定不承认伪组织,则严重僵局始终不能打开云。(三日中央社电)

〔日内瓦〕十九特委会及其他有关系之方面,现皆抱一种感想,以为趋向盟约第十五条第四项之步骤,现已不可避免,终必发表报告书,说明争议之事实及行政院所认为公允适当之建议。十九特委会将于明日集议,考虑星期三日日代表松冈提交国联秘书长德鲁蒙之日本新提案。现已确悉日本新提案对于理由说明书最后一节之词句,作最后之让步。但一般舆情依然悲观,咸信调和手续已告寿终,延长关于手续之讨论无补于事。据十九特委会中之某要人称,大约特委会将于星期一日讨论其建议,星期四日缮具已定之建议文,而后召集国联大会,二月十三日大会或可集会。惟熟悉此案情形之维奇氏,如病仍未愈,则此进程或须改变也。现有一种坚强印象,以为建议文不特赞成李顿报告书,且有判决性质之举动。刻有谣言,谓美国拟于此报告书成立时,召集非战公约签字国之会议,惟此间可恃方面则不遽信美国有此种计画。众料如十九特委会之报告书合于美国意见,则美国将赞成之,舍此而外,美国未必有何发动也。(三日路透电)

(《申报》,1933年2月4日,第三版)

113. 国联特委会昨开会拒绝接受日新提案，对日不恤迁就犹图作最后和解，起草建议问题讨论无些微结果，竟有人主张仍送回行政院办理

〔日内瓦〕 十九国委员会今晨开会，对于日本仓卒提出之不合时宜的新提议，即断然决定拒绝讨论。预料中日问题之解决，将以李顿报告书第九章中之十项原则为依据。至如何获得美俄之合作，及报告书公布后如何排除阻碍、见诸实施，则将于下星期一（六日）继续讨论。（四日中央社电）

〔日内瓦〕 十九国委员会今日虽已拒绝讨论日本之新提案，但仍令秘书长德鲁蒙转告日代表松冈，苟日本能接受十二月间之决议草案，调解仍属可能云。（四日中央社电）

〔日内瓦〕 十九特委会今晨十时三十分起集议两小时半，会众研究日本提议，费一小时，卒决定日本提议为不可接受，但亦决定向日代表松冈告以日本现尚可于两种修正下接受十二月间之决议。其所谓两种修正者，即（一）不请美俄参加，（二）理由说明书改为宣言，日本对此可提出保留是也。特委会旋从各点讨论其建议问题，其所议定者，为特委会应否作解决提议，抑仅作普通提议。会众各发言互相讨论，但一般意见似皆主张以李顿报告书第九章中之十点为建议之根据。特委会下届会议将于星期一日午前十时半举行，十九特委会之报告书现渐具切实形式，而其建议亦将结晶。至于前途如何，则会众之意见渐分两派：一派主张向两造提出报告，以示国联大会与此争议不复有直接关系，此问题当然须复归于国联行政院；其他一派则主张将此报告书提交国联全体会员国，而十九特委会或另一同样团体应维持存在，以监视建议之实行。查此第二主张所持之理由，为依照三月十一日之决议案。特委会在法律上有此权力，盖因该决议案含有国联大会职在阻止违反条约夺取土地之意义也。今日集议中所发现之重要事实，为调解门户今犹未闭，而十二月十五日向日本提出附以修正两条接受草决议案之贡献，今犹存在。众意日本不为理由说明书所束缚，而可提出保留，庶东京或可接受特委会此次最后供献也。特委会已□秘书长德鲁蒙与松冈接洽，以便讨论此问题。特委会旋讨论建议问题，

但会众言论颇涉散漫，对于应采之方针未有解决。有若干人赞成建议须具有解决此项争议的切实方法之意见。至于承认"满洲国"之问题，则似未议及。关于中国所请规定期限一节，会众咸以为此事应由国联大会决定之，故豫料大会可于本月中旬召集。会场中有若干人言及制裁办法，为报告书中一种天然推绎之可能性。此说未得一般之赞助，不过众所同意者，特委会之建议应以李顿报告书第九节之十点为根据耳。小国代表表示坚强情感，以□特委会之建议，应申斥日本破坏盟约之行为。但会众对于此种见解之讨论，仍无一定办法也。十九特委会之会议进行甚缓，报告书能否于星期四日脱稿，似属疑问。但众料起草问题仍将于下星期中提交九人小组会办理，盖小组会办事较为迅速也。

会场公报

散会后发出公报如下：十九特委会今日集议，由波尔康主席。特委会收到起草委员会交来之报告书第一段原文。此项报告书，特委会日后可根据盟约第十五条第四节提交国联大会。特委会又收到中政府请求加速进行手续并决定盟约第十二条下期限之来文，并收到日代表送来某种新提案。特委会于慎重考虑日本新提议后，固嘉尚日方作此建议之精神，但怅然断定日本建议在根本上与十二月十六日特委会之提议不相适合，即与修正之提议以迎合日政府之意思者，亦复相差甚远，故不能与盟约第十五条第三节下调解手续之美满根据，且鉴于调查委员团之建议，尤不能认为满意办法。特委会请秘书长将此意见转交日代表团，并向之说明特委会可有成功机会之唯一基础，厥在日政府之接受十二月十六日特委会提议，而附以已经表示之两种变更，即删除非会员国加入调解委员会一条，及依允两造有权对于主席代表十九特委会所提出之理由说明书提出保留是也。特委会并谕令秘书长向日代表说明盟约第十五条第三节之调解手续依然有效，至国联大会根据第十五条第四节通过报告书时而后止。但鉴于谈判时期已久，而特委会对于协定之谋取致力已多，故同时不得不进行报告书之起草工作。此项工作在比较的短少时期内即可完成，一俟脱稿，国联大会即可立即召集。特委会今已开始交换其对于此报告书及其建议之意见云。（四日路透社电）

……………

（《申报》，1933年2月5日，第三版）

114. 只求迎合日本意旨，国联迄无制暴决心，杉村、德鲁蒙交涉结果日方传成立新妥协案，十九特委会今日继续开会讨论建议原则

〔日内瓦〕 昨日十九国委员会开会时，曾议及盟约第十六条之制裁问题。当时有人指陈国联大会通过十九国委员会之报告及建议后，势将自动被迫进行盟约第十六款之制裁问题。于是有若干代表表示援用第十六款后，恐将发生严重结果。更有数国代表则谓，届时未必定有自动进行第十六款之必要，因该款仅适用于实际战争，不包含不宣而战之战事。□外复有数国代表询问，倘国联大会采用报告及建议后，日本又在热河军事行动，则国联将处何种地位。但闻会中对此问题，迄未有圆满之答复。至昨日，英国态度尚能始终强硬而明显，首先坚持松冈提议不合委员会拟定之条件，主张委员会应立即进行其建议。但闻各委员关于建议一层，目下仅交换初步意见，尚未有何具体草案。至对于调解企图，某委员曾声称，在日本坚持承认"满洲国"时，不复有重开之可能。现委员会定于星期一上午十时三十分再行开会。（五日国民电）

〔日内瓦〕 杉村事务次长根据松冈全权之依赖，与德鲁蒙秘书长继续折冲，为和解最后之努力。关于新方式之作成，讨论研究之结果，根据日本回训之趣旨，对于无实害之修正，承诺至最大限度。于是成立新妥协案，此案与十九国委员会之决议原案形式上无大差，于无实害之范围内表示最大之让步，将询诸十九国委员会继续考虑和解。又提出于十九国委员会之前，日本须先请训东京政府，求其同意，故目下仅将结果报告十九国委员会。委员会一面进行依第四项之豫定议事，一面俟东京回训到□，即提出十九国委员会，求其审议，为和解最后之努力。极堪重视之德鲁蒙、杉村交涉，于午后七时十五分完毕。（四日电通社电）

〔日内瓦〕 松冈代表四日会见十九国委员会代理主席特鲁蒙后，杉村事务次长继之访问，特提出日方所豫备之提案，努力折冲。两人会见内容虽未明了，然杉村即返代表部，出席日代表团首脑部会议进行协议。先是松冈代表于下午五时许，在松平大使居室召开首脑部会议，结果于四日晚十二时向东京政

府发请训电报。据闻该电请求政府承认代表团参酌特鲁蒙意见制作之新提案。本案之主要点大体如次：(一) 为与国联妥协起见，修改十二月决议案之字句后，接受本案；(二) 决议案第四项"根据于国联调查委员会报告书第九章之诸原则……"条文中，加添"与情势调和"之字句，而削除该报告书第十章之"提议"两字；(三) 理由书最后段，加以两三字句，而以引用之形式，采用李顿报告书。(五日日联电)

〔日内瓦〕 将于六日续开之十九国委员会审议之主要事项，为第十五条第四项报告书之第四部劝告原则。已经草成之报告书前之〔三〕部，似将彼〔被〕承认，因四日委员会关于本问题未见发生议论。(五日日联社电)

〔日内瓦〕 十九国委员会一致意见，决定将于二月中旬召开国联大会。(五日日联社电)

…………

(《申报》,1933年2月6日,第三版)

115. 国联十九特委会决定建议部份原则，由九人小组会继续起草工作，明白规定不承认伪组织，并觅取美俄同意与合作，主张组委员会监视实施；东京回训接受德鲁蒙折中案

〔日内瓦〕 十九国委员会今晨重行集议，断然决定采用李顿报告书第九章之十项原则，作建议基础。建议中将明白斥责"满洲国"之不合法，并宣布不与"满洲国"发生任何政治关系，并将通知美俄两国，请其一致行动。建议文明即可由九人起草委员会根据上述原则拟定。(六日中央社电)

〔日内瓦〕 我国代表团今日对于国联秘书长德鲁蒙最近与日代表松冈勾结之行为，提出抗议。(六日中央社电)

〔日内瓦〕 今晨十九特委会集议两小时，决定将依照今日会议所讨论者草拟各建议之工作，交九人小组委员会办理。今晨会议发现重要原则三条如下：(一) 对于"满洲国"之不承认，会众一致同意；(二) 会众主张将各建议案送达各邻邦及九国公约签字国，以期得其合作；(三) 会众主张成立小组委员会，俾可继续代表国联与远东时局相接触。十九特委会已谕九人小组会明日

开会,根据今晨会议之意见,缮具建议草案,而向十九特委会报告之。今晨会议时首先发言者为英外部次官艾登,主张提出决议案,声明不得承认"满洲国",因"满洲国"并未具有应得为人承认之资格也;并谓列强须为荣誉所束缚,不得有与此建议精神相反之行为,否则此项决议将毫无效力矣。艾登又谓会众对于应采之方针,意见相同,所难者在以相当词句表明之耳。法代表玛锡格里赞成此种见解,谓会众并应决定不得与"满洲国"合作。捷克代表皮尼士热切赞助英代表艾登之言论,并建议觅取美俄合作,以赞助国联建议案及"满洲国"不承认事之方案,谓国联建议须通知邻国(指苏俄言)及九国签字公约国①(指美国言),以期得其同意与合作。会众闻此建议,极端赞成,故此建议将载入草报告书中。瑞典代表恩登声称,在建议案通过后,宜有一种方法,以制止将来之发展,故渠建议组织一委员会,以监视建议案之实施。会众对此建议并不反对,但觉此举有许多困难,故决定将此计划留待将来讨论。今日各执委之意见完全一致,出人意外,凡热切拥护国联盟约者,对于英法代表之态度,今亦表示深切之欣感。(六日路透社电)

会场公报

十九国委员会发表简略公报如下:"十九国委员会顷于今晨开会,由瑙威代表兰奇主席。国联会秘书长德鲁蒙当向委员会报告履行任务情形,因渠曾受委托,向日本代表团通告十九国委员会对于日本最后建议之意见,及委员会所决定采用之程序故也。德鲁蒙谓彼曾于一月二十日通告中国代表团,谓委员会因欲迎合日本政府之愿望,正继续考虑将决议案及理由说明书加以修正;又谓现有理由可以相信日本代表团正准备提出他项建议云。十九国委员会嗣乃获得结论,以为国联会秘书长所提出之报告,对于原来局势毫未加以变更,因此决定继续讨论报告书所应包含之原则,俾调解程序最后失败时,得依照盟约第十五条第四项,将此项报告书提付大会。此层经十九国委员会,乃令起草委员会准备报告书最后一部份,听候取决。起草委员会定于明晨开会。"(六日哈瓦斯社电)

〔日内瓦〕 今日十九国委员会会议时,对于倘当事国一造拒绝接受建议后则盟约第十六条(规定制裁条款)是否即自动提出一层,亦曾略加讨论。但

---

① 编者按:原文如此,应为"九国公约签字国"。

大都同意于星期六秘书长德鲁蒙提出之解释，谓盟约各款彼此独立，必须分别解释。盖各代表多认此项解释为正确，可资依循，但又同意商定对于当事国不接受建议后之国联行动，不宜预先决定。西班牙代表马达利亚加曾声称，委员国不应于未抵桥时先作过桥之谋。又桑特勒提议，建议中应列入设置委员会监督建议之实施一项。德代表方凯勒反对此举，宣称盟约第十五款第四项既未有此项委员会之规定，吾辈以就条文范围内行动为宜。当时会场中亦多赞同此意，桑氏提议遂遭拒绝。此外又在实际上决定对于国联大会与对于中日两国之重要建议，应行列入委员会报告书一章之内。再经长时间讨论后，又决定请美俄两国道义的与积极的拥护国联大会所通过之建议，但委员会报告书内不明提美、俄国名，仅统称为"第三者"，并决定委员会在得国联大会通过以前，尚不能即时进行获得美俄合作之企图。英外务次官艾登与德代表方凯勒并劝起草委员会草拟建议应审慎而温和，力求其符合苏俄与美国所已表示之意旨。（六日国民社）

〔日内瓦〕 今日法代表马锡格里于讨论不承认原则时，曾明白指示此种声明，其意义即谓国联会员国与"满洲国"无论如何不能有合作情事，并郑重申述采用此项政策后，其意义即谓各会员国不能给予"满洲国"财政助力。法代表作此非当明确解释后，其他十五国代表皆默表同情，无一发言。

按日本虽坚决反对国联此举，曾屡次作退出国联之恫吓，但各国为维持国联地位计，卒不为日人恫吓所动。今晨除墨西哥、巴拿马与比利时三国未出席外，到会各代表无一作反对语者。同时委员会又议决接受李顿报告书中十项建议，为委员会向国联大会建议之基础。按今日之会，西班牙前代表马达利亚加亦偕现任代表苏路泰一同出席，颇引起外间之议论。盖前传马氏因去年十一月间在会场有逾越训令范围作过于反日之语情事，为政府所不满，以故退避贤路者也。（六日国民电）

………………

（《申报》，1933年2月7日，第三版）

116. 国联决定不承认原则后,日本仍竭全力图和解,杉村再向德鲁蒙求援手,九人起草会改今晨开会,美国表示远东政策不变,但声明不干涉国联工作

〔日内瓦〕 今日无任何会议,九人起草会改明晨开会。国联秘书长德鲁蒙徇副秘书长日人杉村之要求,故意予日本使用尝试政策之机会。日本虽对建议草案极端不满,但仍一再提出可笑之提议,企图阻挠延宕国联之进行。日人狡计之获售,显得德鲁蒙之助力不少云。(七日中央社电)

〔南京〕 外交界息。十九国委员会一致不承认伪组织,并不与合作。外交界对此认为极关重要,并未[且]表示满意。因国联如欲主持公道,必须如此规定也。但此项报告将来提出大会后,是否不生变化,尚难预断;即顺利通过,将来对日之无理反对,又将如何制裁,亦难推测。故不因此而抱乐观,仍随时注意时局之发展,坚持我固定之主张。(七日中央社电)

〔日内瓦〕 日本代表团经由国联会日本事务局长杉村,向国联会递送日本政府关于提付非常大会报告书之最后建议。此项建议当即转送十九国委员会,其内容与从前所提出者相差无几,系承自李顿报告书"恢复原状并非解决办法"各语,谓"局势以现状为起点,当可改善,而不致发生纠纷"云云。起草委员会原定本日开会,俾以十九国委员会昨日所决定之原则为基础,而开始起草最后建议案,现已决定延缓二十四小时。至延缓开会原因,仅由于国联会秘书处制作草案稿以为起草委员会工作之基础,迄今尚未竣事,别无其他理由。(七日哈瓦斯电)

〔日内瓦〕 九人小组会今日不集议,定明晨开会,故数方面所抱建议案起草工作今日可毕之希望,末[未]能实现,盖不独秘书处今日不及完成其草案,且有理由可信日本最近提议现方在幕后积极讨论中也。国联与日本之皆不愿决裂,于此可见。双方意见相差之度,在比较上并不甚远,故目前尚有觅取双方所可满意之方案,俾盟约第十五条第三节下调解手续得以进行之可能性。国联大会将于数日后开会,在今后数日内时局将见分晓。(七日路透电)

…………

(《申报》,1933年2月8日,第三版)

117. 时评：日本之狂暴

（一）国联愈敷衍，日本愈发狂

九一八事件提交国联公断以来，虽曾一再决议，其结果，所谓道德裁判、口头公道，亦仅捷克、瑞士、哀尔兰等小国所主张，其左右国际联盟实际行动之大国，并口惠而无之，事实则仅有延宕，任日本帝国主义之肆意扩大其侵略。每当我国提出一次新要求裁制日本之暴力时，国际联盟即敷衍一次，多一次不关痛痒、不足轻重之讨论。然而我国人民即因此更增加一重痛苦，失陷土地亦更见扩张，现且侵入山海关，延至热河矣。准此，非但所谓满洲傀儡既成事实，自山海关至于朝阳寺，又将成为新的另一事变。我国之土地有限，日本所欲制造之新事实无穷，蚕食之祸，岂祈祷公理之助力所能苟免？

十九国委员对中日纠纷之讨论，现又告一段落。"第一，将根据李顿报告书第九、第十两章（中国未有主权之名，而有断送东北之实），认回复满洲原状为不可能，但维持中国在满洲之主权；第二反对在法律上、在事实上承认'满洲国'；第三，严格遵守国联盟约、非战公约及九国公约等三项国际条约。"但沈阳事变迄今一年又五个月，李顿报告书发表亦四月有奇，中国主权依然为敌人铁骑所蹂躏，"满洲"原状果未回复。至于非战公约，已为日本军队在东北三省之暴行、上海之焚杀、榆关之轰炸等等事变所撕毁。国联盟约、九国公约，亦同为铁蹄下之废纸。

尤有甚者，日本政府竟公然强制国联承认其一手所制造之事实——"满洲（傀儡）国"，否则即以退出国联相威胁。吾人于愤慨自励之余，对于国联遇事迁就，不能不深致惋惜。对日本政府，犹可谓之为军部工具，当以军阀之意旨为规范，殊【不】知日本金融资本家乃与军阀行为如出一辙。东京金融、产业、商业界领袖群集，讨论如何应付日内瓦（国联）抑制日本问题，其间最滑稽者莫如横滨正金银行总理儿玉谦次发言，以为"无论何种建议，日人只说'知道了'答覆他，不必有什么切实行动……经济封锁不成问题。法日关系良好，不致于因为国联行动而起妨害。美国大概和从前一样，不致于有什么举动，以增加日美间问题的严重。美国的排日也不会发生，史汀生政策事实上不会有什么成就……"其狂态为何如乎？由此证明国际联盟愈迁就日本所谓之事实，而日本愈加狂暴，等国联于无物矣。

（二）经济封锁果不成问题乎

然则，日本果不畏经济封锁乎？日本号称大国，而其国内铁矿之埋藏仅及一万万吨，煤之埋藏不仅八十万万吨，煤、油埋藏，台湾在内亦仅十二万万樽〔吨〕。仅此区区，岂能支配亚东，雄飞世界？然自侵略东北以来，囊括三省富源，自以为从此可以支配中国，威胁英美，制霸太平洋也。殊不知实际事实固不如是简单，其国内之困难，亦因侵略之发展而扩大，一般社会亦因军事势力之膨胀而展开其矛盾现象焉。

吾人试举本年度预算不足填补公债而论。其岁收不足之填补公债六万万六千万日金，满洲事变公债一万万八千六百万日金，及其他如电话、震灾、道路，与夫朝鲜、台湾、关东、库页岛等特别会计所发公债，合计九万万八千八百万日金，加以去年度未发行之公债尚有九万万日金，总计日本公债额数在本年底当有八十万万。现时其财部透支及临时抵借约及六万万圆日金，是故日本国家负债算至本年年终，将在八十六万万圆日金以上，而外债在汇兑上之损失尚不在内。以此转嫁诸日本国民，每人平均将及一百五十圆，即令遍及于台湾、朝鲜，使殖民地民族同其负担，则每人所负国债之数亦不下百圆日金。再加以农村个人负债总数七十万万圆，日本人民其何以自活？

近数年来，日本发行公债逐年增加，且所谓国债之全部，皆为不生产之公债。在财政上，未来之日本将永劫陷于收入减少之一途，而无法可以自拔。今后利息支出亦达五万万圆日金，外债十四万万八千万圆日金，仅以额面而论，亦须支付利息八千万圆，再加汇兑低落之损耗，则又当增加八千万以至一万万圆矣。以租税全部支付公债利息犹恐不足，而军事费之急剧膨胀更使日本债台高筑也。据此区区一端公债增大之结果，日本能不畏经济封锁乎？我国人处此狂暴的侵略之下，值敌将自溃之际，其何以自救？

（《申报》，1933年2月8日，第十二版）

118. 特委会今晨集会，考虑日本新提方案；九人委员会昨开圆滑［桌］会议意在延宕，我断然反对国联迁就日本进行调解

〔日内瓦〕 九人起草委员会今晨虽曾集议，但仅对李顿十原则略加讨论，并未着手起草建议，意在消磨光阴，坐待日本新提议提出后之发展。日本之新提议极尽技巧能事，十九国特委会已允于明日加以考虑。特委会对中日两国待遇显不公平，其纵容日本之结果，仅助日军欺侮国联耳。（八日中央社电）

〔日内瓦〕 十九国委员会之起草委员会，今晨十时四十分在国联秘书长室开会，但仅讨论李顿报告第九章内十项建议之文字，仍未切实拟定草稿。现料倘十九国委员会明晨开会，决定日本最近提议不足以移转形势后，则起草委员会或将于明日下午再行集议，拟定一国联建议之草稿。据闻该委员会起草工作进行甚缓，其进步远比预料者为少。德委员方凯勒语人："若照目前进行情形，国联报告书非至下星期中间不能草竣。"西班牙代表苏路泰今晨回玛德里，其担任之起草委员职务，由玛达利亚加接任。（八日国民电）

〔日内瓦〕 九人小组会今晨集议两小时有零，草报告书已有若干进步，十二时三刻休会。秘书长德鲁蒙在今日集会时，宣布接到日方新提议，但未提交小组会，因副本业已送至各国代表之寓所也。十九特委会定明晨集议，以便透澈讨论日方提议。一般印象似以为日方提议虽或尚须修改，但可为谅解基础。在此情势之下，今晨讨论之未有结局，自无足异。秘书处所提出之建议案起草计画，今日大加修改，有数点未曾议定。九人小组会之某委员声称，至少尚须两次会议，方可获有同意云。今晨草稿系以李顿报告书十原则为根据，小组会各委员对于会议内客［容］极守机密，致引起种种猜测。今日所得之进步与报告书首先数段有关，至于建议案中发生困难之点，闻为日本在满特殊利益如铁路等，应如何承认之形式。（八日路透电）

〔日内瓦〕 今晨起草委员会散会后，当局郑重声称，委员会进行圆滑［桌］会议时绝对和协。各委员此时确犹未曾草拟不承认"满洲国"及国联会员国不当与之合作建议，但此点既经十九国委员会一致决定，料草拟时当不致生严重困难。（八日国民社电）

〔日内瓦〕 闻日人新提议系规定日本接受十九国委员会所草理由说明书之条件，十九国委员会现将立刻开始研究。查理由说明书内最后一节曾宣称：维持"满洲国"与恢复九一八前原状，俱非满意解决办法。闻目下日本对于接受此种声明，冀望委员会在于说明书内加入李顿报告中有利于日本之若干点，以为交换。故松冈曾声称，彼辈既欲日本接受李顿报告，渠殊未见在调解基础中，有不应列入李顿报告有利日本各点之理由，此乃绝对为日人最后之努力云云。皮尼士与艾登既接到松冈提议，遂立即密加商榷。至日本之坚持加入李顿报告内有利日本若干点，是否将足以消除其接受说明书内最后一节（即关于伪组织之声明）之效力，则尚无所闻。据英代表团发言人称，松冈建议须加以审慎研究。无论如何，十九国委员会或将感觉在完成其草拟国联对于中日争执建议以前，有加以考虑之必要。至日人提议内容，犹未完全发表，松冈在宣示其性质时，亦未肯明言，倘国联依循日本途径进行调停后，日本将取何种步骤。有若干观察时事者颇信一旦重开调解后，日本将再提一详细提议，列入彼所愿接受之满洲新地位。惟质诸松冈，则仍默不置答。（七日国民电）

我代表团致文起草委会：坚持反对削弱原案，待遇两造殊欠公允

〔南京〕 外交界息。十九国特委会虽已令九国委员会起草报告书之建议部份，但调解仍在进行。现由特鲁蒙与日接洽请接受去年十二月十五日之草案，而删去美俄参加一节；对不承认伪组织一节，且可予保留。我方对此断然反对，已由我代表团正式声明不能同意。盖进行调解必须向双方同时进行，此一味迁就日本之行动，自为我所难堪。再就调解本身而论，如不邀美俄参加，则力量单薄，保留不承认伪组织，则中日问题必长此迁延。故外交界认为果欲主持正义维持和平，必须毅然起草报告书，不应迁就日本云云。（八日中央社电）

〔日内瓦〕 中国代表团今晨以公文一件送交九人委员会，内称："一九三三年二月四日国联会秘书处所发表之公文中，有一宣言谓'国联会秘书长曾于一月二十日通告中国代表团云：十九国委员会准备将决议草案及理由说明书酌予修正，俾与日本政府之愿望相符合'云云。此项宣言或与中国首席代表颜惠庆与十九国委员会主席是日相会晤一事有关。此事有应注意者：当日颜惠庆氏仅据通知，谓有人拟将理由说明书改为主席宣言，并拟将邀请非会员国参加调解一节删去;颜氏并接获通知,谓日本对于此项宣言或将提出保留。又一九三三年一月二十一日秘书长所发表之公报,关于理由说明书亦仅谓'双方当事国得自由提出保留'。厥后二月五日所发表之公报,乃明白指出'十九国委员会对于双方当事国有意正式承认其提出保留之权利',实为前此所未闻。中国代表团及首席代表在一月二十日与十九国委员会主席及秘书长会晤时,并于是日所发表之宣言内,曾声明对于一切修正足以使决议草案原文力量因而减削者,均所反对;并坚持'满洲国'不继续存在之原则,须在决议草案明白声明,并由双方当事国予以承认,以为调解程序之根本原则。此外一月二十一日国联会秘书处所发表之公文,曾明白指示十九国委员会关于调解程序之企图已经失败,当决定依照盟约第十五条第四款即行草拟报告书。该公报又称,盟约第十五条第三款所规定之调解程序,惟大会有权将其结束,此际双方当事国若有新建议提出,十九国委员会当然准备接受"云云。(八日哈瓦斯电)

小国主持公道,认建议大纲差强人意,英代表仍有袒日之嫌

〔日内瓦〕 现有小国代表多人私向记者表示,不赞成重事进行调解手续,因认此次所草报告与商定之对于国联大会建议大纲,尚能差强人意,不愿见其前功尽弃也。维十九国委员对于公众则固皆谓其主要愿望,端在获得切实可行之妥协基础。英代表团发言人今日语报纸代表,谓日本最近提议距十九国委员会原草案,已比历次提议愈益接近,足征大国间犹存有调解希望。且闻英外务次官艾登已将日本提议于星期二夜间电告伦敦西门外相。惟英代表团在近数日中虽较形乐观,仍时露时局困难之虑。其发言人今日声称,中国既未尝接受日人不邀美俄之提议,仅此一点十九国委员会欲商得两国同意,必将遭遇困难无疑云。(八日国民社)

....

(《申报》,1933年2月9日,第三版)

119. 日内瓦展开新局面：十九特委会透澈审议后，认日本新提案语气含混，所谓"现有局势"适与李顿原则相背驰，函质日代表团两问题，满洲主权及停止攻热，"是"或"否"要求明白答覆

〔日内瓦〕 十九国特委会今晨开会，认日本之新提议满纸遁词，不可捉摸，决函日代表团，请明白答覆下列两问题：（一）日本是否承认中国在满洲之主权；（二）日本能否停止攻热军事运动。前一问题必须用书面答覆。（九日中央社电）

〔日内瓦〕 九人起草委员会今日下午继续讨论建议草案。（九日中央社电）

〔日内瓦〕 今晨十九国委员会举行会议，对于日本新提议，认为不甚确切，因于讨论之后，决定向日本代表团提出两项问题，要求用书面答覆：其一即"日本是否承认中国在满洲之主权"；其二系口头提出，即"日本为表示妥协精神起见，是否准备停止进攻热河之军事行动"。一般人推想，日本代表团对于此两问题，当有征求日本政府意见之必要。十九国委员会顷已决定，延会至下午五时。（九日哈瓦斯社电）

〔日内瓦〕 今晨十九特委会考虑日本提议，费两小时。特委会认此似可为了解基础，但觉有含混之处，恐李顿报告书中第七项原则之价值，即关于中国主权者，将被其蒙蔽，故决定函致日代表松冈，询其是否对于其所已承认为"独立国"之满洲政局，不认为一种解决方法，请其给予"是"或"否"之明白答覆。如日代表答覆为"是"，则十九特委会准备接受日本保留案，而依照国联盟约第十五条第三节进行调解；如日代表答覆为"否"，则特委会将进行第四节。同时特委会训令秘书长德鲁蒙向日代表口头讨论热河省一带局势，并向日代表陈说侵犯热河扩大事态之严重影响，告以如有此举，则调解当然为不可能。有委员数人欲将此层载明于致松冈之函中，但卒决定口头陈说，亦属充分。特委会认日本提议乃向前进行之一大步骤，惟提议中两处一再言及"现有局势"，故特委会未能遽视此为可获解决之美满基础，此点可视为与不承认"满洲国"

之原则相背。特委会乃决定明白规定李顿报告书第七项原则必须有完全保障,会场中舆情以为必不可再事拖宕,故谕令九人起草委员会继续缮具建议案。今日午后在军缩会主干部集议后,如有时间,则小组会或须集议。

〔日内瓦〕 今晨十九国委员会开会后,记者访西班牙代表玛达利亚加。据其表示,渠信十九国委员会之决定不能接受日本最近提议,为期当不在远。现委员会对于谋日本之接受妥协显已失望,其最近致日代表函,即系重申李顿报告第九章十项建议中第七项询问日本能否接受,而此举意义即等于询问日本能否承认中国在满洲名义上之主权也。今晨十九国委员会系十一时〇七分在秘书厅开会,闻曾对于日人准备侵犯热河军事行动所造成之时局第一次加以严重讨论,惟此乃中日争执中最新局面,其考虑当非一时间所能卒事。但各委员在初次讨论时,已直率表示对于热河今后事态之发展极为关切。至日本最近提议能否接受为调解基础一层,则在接到东京对于委员会书面及口头所询各项之答复以前,尚不欲轻予决定。但据玛达利亚加表示,委员会一俟接到日本答复后,将决定不再滞延。今日会议至下午一时休会,演说者计有秘书长德鲁蒙、捷克外长皮尼士、英外次官艾登、德代表方凯勒、瑞士代表莫泰、土代表胡什努等。(九日国民电)

会场公报

今晨十九特委会集议后,发出公报如下:"今晨十九特委会考虑日代表团所提出之新提案,此乃对于十二月十五日特委会提交两造视为可能的调解基础之草议案与主席宣言而提出者。查此新建议之切实范围,引起若干疑问;特委会为消除任何误会起见,决定函致日代表团,请其作更明白之答覆,以说明其对于李顿报告书第九章第七项原则之地位。该第七项原则之文如下:'满洲政府应加以变更,俾其在适合中国主权及行政完整之范围内,获得足以适应该三省地方情形与特性之高度自治权、新民政机关之组织与管理,务须满足良好政府之要件。'同时特委会请秘书长口头促请日代表团注意于日方继续军事准备与行动之消息。特委会认此种举动可使时局愈加严重,纵不破坏,亦将危及调解之努力。起草委员会今日下午于军缩会主干部集议后,将开会继续讨论提交十九特委会之报告书"云。(九日路透社电)

·············

(《申报》,1933年2月10日,第三版)

120. 时评：国联调解中日纠纷，结果如何

(一) 山穷水尽之"讲理"

我国自九一八事变以来，即隐忍屈从，以将就所谓和平、公理。吾人为和平所出之代价不可谓不大，为公理而支付之牺牲不能谓不多。东北三省延至榆关，论地积至少有三百七十八万方里，论人口则在三千万以上；因日军暴行而损失之生命不下三十万，财产损失（以我国官方向乏统计）估其概数当超过百亿圆。据此，我国为和平、为公理之诚意不可谓为不充分。然而荏苒迄今，所得者如何耶？尤[犹]忆去年十二月国联大会时捷克、瑞典、爱尔兰、西班牙四国之提议，对公道正义具确切认识，于今铁拳横行时代，洵为空谷足音也。本月六日十九国委员会对非常大会所提之建议草案，最重要之点系在事实上、法律【上】均反对承认"满洲国"，但同时为顾全日本起见，又以为回复九一八事变以前原状为不可能。此种提议就平面观察似乎于我有利，"公理、和平"似已得纸上之胜利，然吾人于此殊不能认为满足，且为国联过事迁就日本所谓之事实，深致惋惜。殊不知更有甚者，六日□已讨论告一段落、渐归一致之点，至于八日竟未着手起草，而会场空气亦极消沉，坐待日本新提议提出后之发展。置当前东北三省之被蹂躏，山海关之流血，以至热河之将遭兵燹于不论，而所谓新提议者，撮其主要内容，约有以下三点：

第一，根据李顿报告书之精神，力求调解；

第二，调解之基础，须先承认"满洲（傀儡）国"——（日本甚至高唱"日支满和协"怪论）；

第三，调解手续须以德鲁蒙—杉村案为本据。否则日本即将诉诸"世界民众"之前，以求"公判"云云。

呜呼！日本之所谓"民众"，其日本军阀心目中之贵族阀阅耶？抑已受日本军国主义完全麻醉之盲目者耶？非然者，世界上恐再无衷心赞成帝国主义之独占侵略，而助以残酷杀人者也。然则国联盟约明载不得以"战争"牵动国际和平，非战公约亦谓任何国际纠纷皆不能以"战争"为"解决"之手段，而日本之侵略东北，扰乱上海，强夺榆关，轰炸热边，何一而非"战争"？何一而不逞其

陆海军之暴力？国际联盟于此，竟充耳不闻，【非】有目不见者何耶？徒以英法两大国过于顾忌对日友好，重视其眼前之利得，而忘却我国被侵略之事实也。

（二）大兵压境，空言公道何益

国际联盟中主张以公道抑制暴力之诸友邦，如捷克，如瑞典，如爱尔兰等，吾人均深致敬意。然彼皆国小力微，且又道远莫及，纵令国联大会容纳其主张，恐亦无法可以制止日本军国主义者之武力侵略也。矧国联原为英法两大国所运用之工具，本与公理、正义、和平无多大关联，是故自始对中日纠纷之和平解决，即为一种"敷衍场面之和平"。一言以蔽之曰："并无裁制日本决心。"虽然国际联盟诚曲意迁就，尽和事老之能事矣，而日本所报答国联者则何如？一则曰：国联者，欧洲之国际联盟也。上自握政治实权之军部，下至金融资本阀【阅】，以至御用学者，皆同此意，乃大倡其大亚细亚门罗主义。再则曰满洲之于日本有特殊关系，国联未常[尝]理解及此。于是沈阳事变蔓延至于北满，近且祸及热河，牵动平津矣。长此以往，日本势非完全吞并中国不止。是故吾人则曰：国际联盟各大国因利益关系，致无抑制日本暴行之决心；而日本军阀又复明悉世界趋势，不肯一口鲸吞中国，而为逐步之蚕食，遂有欺骗世界、玩弄国联之企图。盖日本之真意，非必欲国际联盟承认其一手制造之"满洲（傀儡）国"也，其所大欲者，乃事实上之延宕，俾便展布其侵略网耳。国联会员各国其勿为日本军国主义者所口头倡导之"门户开放、机会均等"所迷，须防备数年之后东北三省真为日本所兼并，远东均势之局悉为日本所破毁。

我国处此"百难"当前，已往之失败无可讳言，纵欲舍弃一切以祈求不可捉摸之和平亦不得。矧日本调集大兵，如第八师团、十师团、十四师团、二十师团、十九师团，骑兵第一旅团，以及其他各特种部队，甚至"初年兵"皆征调赴热河边境，估计人数不下十万，其欲乘机一逞，昭然若揭。此种蛮横举动，岂远在日内瓦湖边之国际联盟一纸决议书所能阻遏，我国又何所取于"空言自慰"？今日祸已迫于眉睫，万难偷安，岂容苟活？目今为我民族生存计，惟有背城借一，作最后之决斗。

（《申报》，1933年2月10日，第十版）

121. 对质问两要点国联静待日本解答，日内阁召集紧急会议慎重考虑，九人会继续起草工作拟具建议

〔日内瓦〕 今日中日问题似不致有何发展，因军缩会主干部现亟欲进行其工作，今晚未必及早休会，致而使九人小组会有复开会议之时间也。（十日路透电）

〔日内瓦〕 起草委员会拟于星期一日将其所缮关于满洲争议之报告书提交十九特委会全体会议，以便下星期国联大会开会讨论之。（十日路透电）

〔日内瓦〕 九人起草委会今晚会议，对解决中日争议前途任何可能的方案之法律点及专门点，从各方面详细讨论之。各委员对此咸觉如在国联记录上创一先例，则各委本身责任极为重大，故均主慎重考虑。（九日中央社电）

〔日内瓦〕 日本之新提案，据日本方面所称已是该国最后之建议，今日十九国委员会之秘密辩论会曾加以讨论。据平常极可靠方面之传述，会议中对于日本之承认李顿报告书中第十章所述之十点，颇表示满意。但日本之解释仍与委员会所明了者有重要不同之点，即如满洲土地主权一节，据委员会所决定系应属诸中国，而日本则反是。故委员会现已拟定一确定之问题，使日本解答该问题，即为日本究竟能否在原则上承认中国在满洲之主权，而将来之发展，胥视乎日本解答之如何。若答文属于"否"字方面者，则急剧之冲突实不可避免之结果，而国联势必与日本破裂也。现闻幕后颇有人用言词婉劝日本从速撤兵，弗再武力侵略中国，未知能否有效也。（九日国民电）

日内瓦将有惊人发展

〔日内瓦〕 此间现有惊人进展不久或将发生之感想。国联已请日本明白切实答覆满洲现行制度不是解决法之理论。日代表松冈对于国联之提出此问题，表示惊异，盖渠以为日本立场业已说明也。松冈现正在缮覆中，而再请示于东京。日本代表团之其他人员亦与松冈同一意见，谓日本立场已屡次向国联说明，故明白答覆"是"或"否"之请求，完全非必要。至于热河问题，闻日方拟声明其和平意思，而指中国军队为扰乱原素，故将要求华军之撤退。今时局

之重心集于日方,此后如何发展,将视日本对于今日重要问话之答语而定。

预测日本必答否

闻日本覆文在两三日以前未必发出。虽一般舆情豫料日本覆文必为否认性质,但有数方面相信日本将作最后努力,而不舍去调解地位也。调解失败后之唯一办法,厥为国联发表其认为公允适当之报告与建议。但日本若令国联根据盟约第十五条第四项而行动,则与日本有何利益,日本必熟虑之也。

两条路任日采择

假定日本不与国联完全决裂,则日本究以在第十五条第三项下抑在第四项下为有利乎,此乃现为人讨论之问题。在第三项下日本须接受十二月十五日之决议案,而有对于理由说明书提出保留之权。再,邀请美俄两国参加一节,亦可取销。若在第四项下,则十二月十五日决议案之条款行将加重,美俄两国既须邀请参加,而全盘地位亦将愈臻严重。

退出将自陷孤立

倘日本退出国联,果如东京来讯所云,则日本将牺牲其在国联中之有力〔利〕地位,使中国独占阵地,并使列强遇有欧战以还最扰人之难题。以上所述,悉为今夜一般人讨论资料。

日与伪国难区别

今晚九人小组会集会时,有委员数人言及小组会建议经济抵制与撤回"满洲国"领事之可能性,若干人之心理由此可见。会场中并有人以日本与"满洲国"之间无从区别为言。虽大国代表未有承认潜能性者,但此问题现将入于前途茫茫之境,而种种不愉快之可能性或将随之发生,此固为人所公认也。

起草会最困难工作

调解失败后,势须设立一种机关,代国联行事,以监视建议案之实施。此种机关有何职权,如何组织,负何责任,小组委员会□讨论及之。小组会集议两小时,未有切实解决而散,惟对此问题发表意见者,殊不乏人。小组会拟明日再议,如未有时间,则定星期六午前集会。事有可注意者,今日军缩会开会两小时，旋即停议，以便九人小组会得以及时开会。其重视中日问题，于此可见一斑。

监视机关缜密讨论

小组会晚间七时半集议，其所讨论者，几专为设立监视机关之问题。此事恐将为起草委员会极难着手之一事，大约须提交十九特委会，请其予以指导也。此事最困难点，集中于委员会资格问题。一般意见，似以为委员会有无此权，须由行政院决定之，但此委员会之权限如何，前无成例以指导之，此亦为人所共谅者。故若两造允开谈判，则此委员会之职权，究何在乎？委员会应与两造会商乎？抑从旁视察乎？抑于必要时予以劝告乎？抑有权以命令形式布告办法乎？抑仅属顾问性质乎？抑有公断及解释国联议案之权乎？如两造不愿开谈判，则此委员会有权提出如经济抵制或撤回领事等之计画乎？小组会集议时，对此数点曾加以讨论，而其所讨论之见解，大都纯为推论性质，盖以前无成例可资遵循，而各委员咸了解其决议之严重也。邀请美俄两国加入一层，亦属困难事件，因委员会邀请非会员国参加实质上之国联机关，是否有妥善的法律根据，抑委员会仅请非会员国以顾问资格出席，此皆可疑问者也。今夜有一种坚强感想，以为日内瓦即将有惊人发展云。（九日路透电）

东京极度紧张：日阁召开紧急会议，对国联质问书慎重考虑覆牒，急电松冈静候回训

〔东京〕 日政府因国联形势愈益恶化，于今日下午一时在院内开紧急阁议，当时由内田外相报告国联之经过后，协议该对策。惟日内瓦日本代表部络绎有重要训电抵京，故决定准备任何时均可开阁议。明日之纪元节，或将召开临时阁议。（十日电通社电）

〔东京〕 日内阁在院内开临时内阁会议，内田外长报告昨日国联十九国委员会经过，谓松冈根据八日之训电，对国联提出新调解案，但十九国委员会不接受日案，反问日政府是否承认中国在满洲之主权，须以文书明答。国联明知日本已承认"满洲国"为"独立国家"，受日皇批准，互相交换议定书。国联此种态度，实欲使日本国策发生摇动，满洲陷入不可收拾地步，故不能再退让。关于答覆内容，与日本前途关系甚大，不能任代表酌量自答，由外交部拟定覆牒，电令松冈提出。闻各阁僚已决定一任内田外长善处今后局面。阁议后内

田再召开部会,审议覆牒内容。闻日外部已预先电令松冈代表不得私自答覆国联云。(十日华联社电)

〔东京〕 日外部接到松冈报告后,今日开部会审议覆牒,内田外长、有田外次、谷亚细亚司长及白鸟情报部长等均到,决定酌量军部意见,拟定牒文,电训松冈提交国联。部会后某司长代内田外长对日记者团谈云:照昨日会议空气估量,第三项之调解工作已告完结,十九国委员会或从此入第四项工作;第四项之劝告与第三项之调解比较,内容更不利于日本甚明,但虽以第四项劝告对付日本,亦不必立即退出国联,退出问题视国联动作能使我国策摇动与否而定;日本已承日皇敕许,正式承认"满洲国",此种事实与政府责任甚重大,若国联强欲抹削此事,则不容迟疑退出国联。(十日华联社电)

〔东京〕 昨日之十九国委员会仅举日新提案中之暧昧文字,质问日本政府,求其明答。日外部竟认为侮辱大国面子,诋毁日本之大陆政策太甚,遂接二连三开部会议,讨论应付方法。据东报载称,今日下午四时起至六时止,外交部司长会议结果,决定电命松冈洋右将所拟覆文草案送交外部,如与外部意见相差不远,则加笔修改,否则从新拟稿。各司认报纸所传之代表部覆文甚消极,取守势解释日本之主张,大势如此,不如取积极进攻,从全面否认十九国之质问书剖明日本国策,力倡调解失败责任须由国联担负等。六时电命松冈将代表部之草案送交外交部。(十日华联社电)

〔东京〕 据东报所传,日外部覆牒内容共有三点,以日本立场主张满洲独立为解决一切中日纷争之基本原则,其大纲如左:(一)满洲独立系出于三千万华人之自动,根据民族自决之精神,日本为独立国家,承认其独立,不受第三国之干涉;(二)满洲归无组织无秩序之中国统治,不但三千万民众之不幸,中日纷争永久不能解决;(三)无论受何压迫,断不能取消"满洲国",或变更对满政策。闻日外部之覆文,在十三日以后发出。(十日华联社电)

〔日内瓦〕 日本代表团某负责发言人向报界发表宣言如下:"此际因日本有新让步之故,调解程序即将告成。而十九国委员会乃认为应当采取一种足以妨害全局之动议,日本政府自必为之诧异。盖十九国委员会直至最后一分钟,乃提出两项问题要求答覆,其一问题并须用书面答覆。此种难以索解之举动,或系故弄狡狯,亦未可知;但十九国委员会中多有明达之士,何以弄此显而易见之狡狯?今姑置第二问题于不论,第一问题实亦不能成立。缘自数月以来,十九国委员会及世界舆论,业已了解东京政府对于满洲之观点。今乃要求吾人用书面承认中国在满洲之主权,此无异强令吾人放弃'满洲国'之承认。而此'满洲国'之存在,固吾人认为远东和平所不可少之条件。十九国委员会于明悉吾人坚定不移之志愿以后,乃欲吾人否认原来政策,此非吾人所能了解。吾人本可立即答覆十九国委员会,并不必向本国政府请训,但吾人宁愿平心静气,起草覆文,并将覆文请示政府,以待其核准。顷有人欲以调解程序最后失败之责诿诸日本,吾人殊不愿堕其术中。实则十九国委员会如果坚持其态度,则调解程序之最后失败,实将无可避免也"云云。一般人以为日本代表团答覆十九国委员会之文,在明日以前未必即能提出。(十日哈瓦斯社电)

············

(《申报》,1933年2月11日,第三版)

122. 日本覆文未到前,国联努力完成建议:先谋直接谅解次及经济制裁,邀请美俄参加亦在讨论之列

〔日内瓦〕 九人起草委会今晚继续讨论在盟约第十五条意义之内,草定确明有力之建议书,使中日双方均能接受,尤注意于防止将来同样事件之发生。讨论尚无结果,定明日(十一)再开会继续研究。(十日中央社电)

〔日内瓦〕 今夜起草委员会散会时所拟十九国委员会之建议,已草成六页。闻尚拟再草三页,其中一页料将包含邀请美俄拥护报告书与建议一层。此间观察时事者闻所草建议内将包含邀请美俄建议消息,多信委员会之意,现欲继续工作,不顾日本最近提议。盖照目前情势,只有日本承认满洲之中国主权后,始能变更起草委员会原定计划。此时各方虽皆鹄候日人答复,但罕有料东京政府将对此让步者。(十日国民电)

〔日内瓦〕 国联秘书处今晨颇忙,将修正草建议案,印送各委员。九人小组会定今日午后三时半再行集议,会议时间似将延长,因目前尚未有觅得新方法,以处理组织谈判委员会一问题之气象也。小组会各委员深知彼等不特造史,且亦造有潜能性的国际公法,是以彼等欲其所议定之解决方法,亦可适用于任何事件,庶将来世界各处可用以沟通国联盟约第十五与第十六两条。昨日小组会散会时,各委员暂时无结果而散之事态,当可因各委员在餐案上与他

处非正式交换意见而得进步，在国联法律家亦复潜心研究缮具草案之工作。故昨日之事态，可望转佳，是以今日小组会会议或可发现一种稳健的、共同的基础，而使进步愈见迅速，目前且有在今日长时间集会中工作或可完成之气象。（十一日路透电）

〔日内瓦〕 今日美联社从某方面探悉，起草委员会业已同意之建议纲要：（一）引盟约第十款、非战公约第一款及九国公约关于领土完整部份条文之原文，宣称所有此等原则必须遵守之；（二）引国联大会三月十一日决议案原文，删除其中现已不适用之数点，重行申明此项决议案必须遵守；（三）引李顿报告第九章十项原则本文，其第十原则末尾有引语符号内为"如故孙中山博士所建议者"一语，并宣称国联大会采用此项原则，作为所定之圆满解决条件；（四）建议内规定设一谈判委员会，但其组织、性质、人选及权力仍未决定，并称谈判委员会最要职责，在谈判设立一满洲统治机关，既能不抵触中国主权，又可保证维持秩序，保护日本权利及□□利益，再，谈判委员会又一任务，将在按照李顿报告十原则内第八原则，调节监督满洲之撤兵。其末节则劝国联会员国拒绝承认"满洲国"，不与其合作，并谓国联决议将通知非会员国，请其采取同样态度。

又闻起草委员会在星期五已实际决定谈判委员会应由国联行政院委派，并应授权委派非会员国之代表，其意盖指美国与苏俄也。又谈判委员会主要工作将在远东，其任务将须二三年，故颇趋向于主张由列强在远东外交与领事代表组织，俾限制在远东无利益之国家不能参加。倘中日双方有一方不欲派代表加入谈判委员会，则闻起草委员已决定可以自动宣告该国不遵从建议。如双方俱愿加入，则起草委员对于将来万一谈判决裂后，决定应负责任国家之方法有两种主张：一派以为应授权谈判委员会自为决议，补充国联大会之建议，假定关于撤兵日期陷入僵局，则该委员会可为最后决定，如有一造不从此决定，应自动认为不遵从国联大会建议；另一派以为倘授予该委员会如此广大权力，不啻授以作补充建议之权，日本将可合法反对，要求仅国联大会有权提出建议，且遇有非会员国加入该委员会时，自法律点观察，日本之反对更有正确理由。因日本可诉告以非会员国草拟规章违背国联盟约之故。

更有若干委员提议，倘遇谈判委员会陷入僵局时，则所争问题应请国联大会决定。但亦有认此种手续，定致时常请求国联解决，使国联成为世界笑柄。今日起草委员会于下午三时三十八分，在秘书长室会议继续起草。（十一日国民电）

〔日内瓦〕 九人起草委员会今晚集议两小时，但讨论未有结果，定明日午后再议。同时秘书处奉有训令，着手编制决议案第九项之新草稿，将对于会同两造进行谈判及监视建议案实施之机关，规定其权限。今晚所讨论者，大都为法律性质，以国联盟约各条文为根据。瑞士代表摩太博士发言颇多，主张强迫公断。瑞典代表甚赞助此议，但结果尚未定。今晚会议为小组会第三次无结果会议。散会后，某起草委员语人曰，"吾人现不设法调解中日，但设法调解九人委员会耳"云，法律上已发生困难。今日障碍之一，为决定建议案实施期限之法律问题。有数人发言，谓国联盟约规定建议案实施之期限为三个月，如任何一造在此期限之杪未能依议履行，则认为破坏盟约云。某数委员在其他法律点上，亦表示极端援用盟约，以作更有力之行动之趋向，但其理论未曾获有任何协定之结果，而会议遂延至明日续开。据东京消息，日政府刻正考虑国联最近一函之复文。此讯已引起若干希望，以为日方在调解问题上现尚有最后一语。熟悉国联事件之某专家，持论最为温和者，表示意见，谓若日本拒绝国联最近贡献，则后事当如下说。关于谈判委员会组织法之建议，既经通过后，谈判委员会即将设法使两造在建议案范围内，谋取直接之谅解。谈判委员会之职权，今尚未定，但大约须在三个月内报告其斡旋努力之成败。如届时报告斡旋失败，则国联势必认定两造之一破坏建议案，换言之，亦即破坏盟约。国联盟约既遭破坏，则盟约第十六条即规定制裁者，迟早必须采用。今各国之立场，既皆以"满洲国"之不承认，为莫可避免之事，则反对制裁者届时亦唯有会同其他各国实施制裁而已。（十日路透电）

············

（《申报》，1933年2月12日，第三版）

123. 国联报告书草竣，今日交特委会审议，大会定二十日举行，建议案明白否认伪国并邀请美俄参加；日无悔悟意，对伪满承认表示坚不让步

〔日内瓦〕九人起草委员会工作业已完竣，报告书已完成脱稿，拟于星期一提交十九国委员会，下星期末提交非常大会，并决定向大会建议，请美国及苏俄派代表参加。预料十九国委员会开会将有两日之久，非常大会亦须经三

四日讨论。(十一日哈瓦斯电)

〔日内瓦〕 九人起草委员会十一日晚已将报告书草案全部草就,交星期一(十三日)十九国特委会审议后,再提大会通过。大会将于本月二十日举行,草案建议部份要点如下:(一)国联盟约、非战公约、九国公约及国联决议案均须严格遵守。(二)李顿报告书第九章之十原则,应视作国联本身所定之原则。(三)设立谈判委员会从事斡旋,设谈判不成,则所争问题提请国联大会公判,不必两当事国之参加即可决定。(四)谈判委员会之最要任务为谈判:甲、设立新统治机关,而以满洲主权交还中国;乙、日军撤退至铁路区域等。(五)谈判委员会将以四大国、四小国及美俄与两当事国组织之。(十一日中央社电)

结论全文

〔日内瓦〕 九人小组委员会报告之结论全文,共分十节如下:

(一)提交国联大会之中日争议,起于满洲。满洲者,乃中国亦外国所认为中国之一部,在中政府主权之下者也。

日政府在其对于调查团报告书之意见书中,提出争点,以为中国前给予俄国后由日本所得之权利,在极有限制之区域,即所谓南满铁路区域内者,实与中国主权抵触。

实则此项权利,由于中国主权而产生,中国前给予俄国、后给予日本之权利,在事实上产生于中国之主权。

中政府在一九〇五年《北京条约》下,依允俄国根据《朴资茅【斯】条约》将各种权利给予日本之转让;一九〇五年日本径向中国请求其在满权利之扩张,并于一九一五年五月二十五日与中政府缔结关于南满与东内蒙之条约。

日本在华府会议中放弃其在南满与东内蒙若干主要权利,声明其所以有此决议,实为公允与温和之观念所导成,日本固始终顾及中国之主权与均等机会之原则也。

九国公约适用于满洲,与适用于中国他处同。

最后,在目前争议之初幕中,日本从未辩称满洲不是中国整个的一部分,日本甚至主张应由有关系之两造即中日两国解决此项争议。

(二)国联大会于纪录此种事实时,未尝忘却满洲自治之习惯。在一极端事件之习惯,已使自治为可能。例如张作霖以中国自治东三省之名义,于一九二四年九月二十日与俄国缔结关于中东铁路、航务及边疆划界等事之协定是也。

但就此协定之条文观之,显见东三省之政府,并未自视为脱离中国关系的之一政府,但自信其可与及应与俄国谈判关系中国在东三省内的利益之问题,盖鉴于中央政府曾于数月前亦与俄国缔结关于上述某种问题之协定也。

满洲此项自治权,又可于行政中见之。张作霖历次宣布之独立,从未作渠自己或满洲人民愿与中国分离之解。

满洲虽经过历次战事及独立时代,而始终为中国整个的一部分。且自一九二八年起,张学良亦承认中华国民政府之权力。

(三)在一九三一年九月以前之二十五年中,满洲与中国之政治及经济的维系,愈臻坚固,而日人在满洲之利益亦继续发展。东三省在中华民国之下,门户大开,以容纳各省之华人;而华人因置有土地,乃以许多方法使满洲成为长城以南的中国一种简单的开拓。

在数约三千万之人民中,估计华人或同化的满人占二千八百万人。

在张作霖与张学良治权之下,中国人民与利益在发展满洲经济利源中,较前更为重要。

(四)日本在此时期内,亦取得或要求满洲境内之权利。此种权利以非常之状态与非常之程度,限制中国主权之实施,因关东政府在实际上所行施者,等于完全的主权也。

日本沿南满铁路管理铁路区域,中有数镇及如沈阳与长春繁庶城邑之重要部分,日本在此种地方管辖警务、捐税、教育与公用事业。日本在东三省若干部分驻有武装军队,租借地有关东军,铁路区域有护路队,各处尚有领署警察队。

如双方皆自愿有之或接受之,而有密切经济与政治合作的政策,则此种事态未尝不可赓续,而不酿成纠纷及无穷之争议,否则势必酿成相互误会与冲突也。双方权利之互相连接,法律地位之不定,及日人之所抱特殊地位的观念与华人所抱民族主义的主张之日臻抵触,复为各种事端与争议之源。

在一九三一年九月十八日前,双方皆有合法的不满意:日本利用其有疑问的权利,中国阻挠无疑问的权利之实施。在九一八事变方作以前,曾作以外交和平方法解决悬案之努力,而此努力犹未穷尽,但紧张增甚,日本主张如有必要,作武力之解决。

（五）目前为中国之过渡与国家建设的时期，虽有一中央政府，及不少的进步，但势难免引起政治波澜，而需国际合作政策之采用。

此种政策结果之一，将为国联继续以中国所将请求之技术上的辅助给予中国，以革新其制度，俾华人改造与巩固其国家。

华府会议所发起之国际合作政策，迟迟未得充分之谅解，其所以致此者，尤为中国随时所施排外宣传之暴烈。而经济排斥之需用，与学校中排外之教育，亦助成目前争议发生之空气。顾华府会议之指导的原则，在今日仍属必要也。

（六）九一八以前之抵制，以表示对于某种事件之愤懑，或援助某种要求者，亦不免增重业已紧张之时局；九一八以后之抵制，归于报复之一类。

尚有不得不言者，就国际关系上之一般的观察而言，暴烈之计画，势必引□对抗的暴烈计画。

（七）国联盟约关于解决争议之条文，其正确目的，在阻止国家间之紧张，不使之变为似不可免之决裂。

调查委员团查觉每项争端，皆可以公断解决之，因争端积压愈多，则紧张愈甚。是以自以为受损害之国，遇外交谈判延宕过久之时，其责任在促请国联注意于此种局势，国联盟约第十二条固载有关于和平解决争议之正式义务也。

（八）包括九一八夜日本军官或自信其所行动系合法的防卫之可能性在内，是夜沈阳与满洲他处之日军所采行之军事行动，终不能认为自卫之计画；即在争议进程中所发展之整个的日本军事的计画，亦不能视为出于自卫也。尤有进者，合法自卫计画之采行，并不使一国免除盟约第十二条下之义务。

（九）九一八以后日本军事当局在民政、军政事件上之活动，乃为真正政治理由所策动。

逐步的军事占领，已使所有重要城邑脱离中国管辖，而民政即于占据后加以改组。

日本文武官员之集团计画、组织，并在满洲实施一种独立运动，以此为九一八事变后所有满洲时局之解决方法。职是之故，乃利用若干有名华人、少数人民及当地不满意于中国行政的团体之名义与活动。

此项运动由日本陆军参谋部辅助而指导之，仅因日军之在场而得实现，不能视为自然产生与其真正独立运动也。

（十）因上述运动而产生之"满洲国政府"，其所有之主要政权，现皆操于日本官员与顾问之掌握中,彼等处处可切实支配行政之地位。

以一般言,满洲华人占满洲人民之绝大多数,并不拥护此种"政府",而视之为日人掌握中之傀儡。自调查委员团完成其报告书后,"满洲国"虽为日本所承认,然未为任何他国所承认,此当注意者也。(十二日路透社电)

建议案内容

〔日内瓦〕 据非式①方面而可相信之消息,九人起草委员会所制定之建议书草案,共有三章。

第一章 第一节申述国联盟约、非战公约及华盛顿九国条约关于中国领土完整之条文,并谓凡此原则均当遵守。第二节申述一九三二年三月十一日国联会特别大会之决议案,并谓此项决议案亦应遵守。第三节申述李顿报告书第九章十项原则,此项原则业经大会予以通过,认为满意解决之必要条件。

第二章 第一节建议设立一"谈判委员会",俾按照中国在满洲之主权,设立一自治政府,维持秩序,并保障日本之合法利益。第二节建议该委员会应首先处理日本军队撤退至南满铁路区域以内事宜。第三节建议实施李顿报告书第九章其他各项原则。第四节规定谈判委员会应促进中日两国直接谈判,至遇有困难时,该委员会应即报告大会,决定办法。至该委员会之职权、组织及管辖范围一问题,曾由起草委员会热烈辩论,最后决定赋以解决中日关系整个问题之职权,规定谈判委员会应由非常大会指派之各国代表组织成之,并主张向大会建议,就华盛顿九国条约签字各国暨十九国委员会会员中,指定代表,又决定邀请苏联政府参加。谈判委员会如是组成之后,尚须加入中日两国代表,于以见该委员会并无仲裁之权力。该委员会之使命何时完成,并定有期限,其职务直至向大会提出报告书时,始乃完毕。

第三章 向国联会全体会员国建议,请勿承认"满洲国",并勿出以妨害谈判委员会工作之行动。即非国联会会员国,亦将请其采取同一态度云。(十二日哈瓦斯电)

〔日内瓦〕 十九特委会之九人小组会十一日集议三小时,以满场一致之同意,完成其重要之报告书,此乃数月前人所未能轻信者也。其犹待最后修饰

---

① 编者按:原文误,应作"非公式"或"非正式"。

者,仅关于谈判委员会之数点耳,起草委员会午后三时半开会,历三小时休会。建议案亦已完成,将于星期一日提交十九特委会之全体会议。

建议案根据盟约精神

建议案所采用之根据,为国联盟约、非战公约、九国公约、一九三一年十二月十日已故法总理白里安之宣言、一九三二年三月十一日国联大会之决议案及李顿报告书。建议案特别言及李顿报告书第九章第七项原则,即满洲新民政制度应适合中国行政与土地主权,及日本在该处特殊利益而组织之是也。

组织委员会督促谈判

建议案劝两造开始谈判,以期以国联大会所指定委员会之襄助,谋取争议之解决。而在此委员会中,非会员国及非战公约与九国公约签字国(即美俄两国),亦可被请加入谈判。委员会如遇僵局,得向国联大会报告之。国联会员国依允不作与此建议案不相适合之行动,并依允须继续不承认满洲现有之制度。谈判委员会在此报告书通过后一个月内,由国联秘书长组织之。以上为建议案之要点。

制裁条款获一般了解

但九人小组会亦已讨论其他许多各点,而尤注意于如任何一造拒绝建议案,则将如何应付之一点。闻小组会已议定国①国联盟约□规定三个月之犹豫期,应从【国】联大会通过此报告书之日算起。瑞士代表摩太博士提出强迫公断之问题,但未有决议;而十九特委会赓继[续]与否之问题,亦未有决定。谈判委员会人数几何,将由国联决定之,但预料未必多逾十二人。参加者为在远东最有关系之国,大约将以各国驻华代表充之。虽一般人雅不愿言及采用国联盟约第十六章制裁条文之可能性,然了解未可将此问题置之不顾,盖防谈判之失败也。报告书其余各点,与已见电传者相同。

报告书全部共分四段

报书首为序文,述调解失败,不得不援用国联盟约第十五条第四节缮具报

---

① 编者按:原文多一"国"字。

告书之经过情形。第一段追述远东所发生之往事,并引用李顿报告书首八章之全文,指此为中日争议背景之公允的完全的纪载。第二段言日内瓦事,及其余远东之历史上的关系,以便说明行政院与大会屡次通过决议案之理由,并征引关于上海事件之领署报告,补叙李顿报告书编成后所发生之事件;而对于山海关之事件,及日本拟占热河之消息,亦略有陈述。第三段为结论文。第四段为建议案。(十一日路透电)

日本决与国联作战,表示宁不顾代价,对伪满坚不放弃,覆文十三日晚发出

〔东京〕 据今日此间可悸消息,日本答覆十九特委会询问之文,将以严峻明白之词句,向全世界宣布其不顾代价,必维持"满洲国"独立之决心。又闻日本将豫先声明不愿因国联建议案而受束缚,或改变其此种政策云。(十二日路透电)

〔东京〕 日外部下午召开陆军与外交部连[联]席会议,决定覆文原则。由谷亚洲司长负责起草,明晨再开部会修改,然后提出临时阁议取决,经日皇批准,预定十三日傍晚发出训电。其所传之大纲如次:(一)日新提案并不是接受李顿报告书第九章之各原则,仅同意以该报告为参考;(二)日本正式承认"满洲国"之独立,为既成之事实,日政府决不能撤消此种事实,或取消"满洲国",故李顿报告书第九章十原则中之第七项不能承认;(三)承认"满洲国"为独立国家,系日本之国策,在此三个月来日代表累次声明在前,各国当已了解,不用多说;(四)十九国之质问书,其宗旨在使日本国策发生动摇,日本断不能承认,故其责任由国联负担。(十二日华联电)

日人震惊不宁

〔日内瓦〕 众认起草委员会所草建议,无异明白斥责日本在满侵略政策。此次十九国委员会具有坚决主张,及起草委员会内各列强连英法在内,显似赞成国联对日取较强态度,已使此间日人为之惊震不宁。照目前形势,大会似可接受委员会之建议,果尔,则料日本将不免立即退出国联,即至少亦将撤回其出席国联与军缩会议之代表。(十九日国民社电)

············

(《申报》,1933年2月13日,第三版)

124. 十九国委会通过报告书首三段初读，仅字句略有修改，建议部分留待续议；松冈口头答覆侵热在必行，秘书长总［德］鲁蒙向会场报告；东京覆文昨晚电日内瓦，声明反对撤销伪国承认

〔日内瓦〕 十九国特委会今晨十时三十五分在秘书长室开会，瑞典代表蓝治主席，对于报告书草案首三段（即第一段追述远东所发生之往事，第二段言日内瓦事，第三段结论）仅字句间略有修正，第四章建议案明晨续议。（十三日中央社电）

〔日内瓦〕 十九特委会今晨十时半举行重要会议，历两小时，至十二时半休会至明日。特委会先聆秘书长德鲁蒙之报告后，通过小组委员会报告书之首三段。德鲁蒙所报告者，为渠与日总代表松冈关于热河事之谈话。据谓松冈告以热河乃满洲之一部分，张学良军队集于边界，数达十五万人，危及满洲；日本为条约所束缚，须以兵力援助"满洲国"而抵抗中国使热河脱离"满洲国"之谋。但日代表又声明，如华军不进攻，则日本不欲破坏和局云云。特委员会旋讨论起草委员会之报告书，对于第一、第二两段稍加以口头之修正。因起草委员会决定将建议案中所言及之行政会决议案与白里安宣言移转于第二段中，因是他处亦稍有修改。舍此而外，报告书照原文通过，结论文未经更改。建议案之英文稿尚未发出，众信英文稿今日午后可缮成，以便提交明日十九特委会讨论之。今日会场中各事进行极为和蔼而迅速。松冈关于热河之言论，已引起深切印象，而日本立场亦可由此确知之，但会场中并未讨论及此。秘书长德鲁蒙函致日代表，询问日本是否承认其所认为"独立国"之满洲政治制度不为解决争议之方法一节，日本迄未答覆，与会诸人表示失望。但闻日内阁讨论此事，费时甚久，以致答覆稽迟云。（十三日路透电）

发表公报

十九特委会今晨集议后，旋于午后发表公报如下：

"今日十九特委会初读通过报告书之首三段，附以若干修改。此报告书将

提交国联大会,俾于调解不可能时根据国联盟约第十五条第四节通过之。十九特委会定明晨续行集议,以审议所加之修正文,并开始研究起草委员会所提出报告书第四段之建议案。今晨开会时,秘书长向委员会声称,渠于星期四日午后遵照是晨特委会所授予之训令,往晤日代表,促其注意于不断的军事准备与军队调动之情报。因特委会认此将增加时局之严重,且纵不破坏调解之努力,亦将危及之也。松冈乃详述热河之局势,谓'满洲国'视热河为其土地之一部。松冈请特殊注意中国军队之集中于热河,并请注意于'日满协定'中日本所负协助维持'满洲国'安全之义务。松冈又谓在此种情势下,渠未能以关于将来之任何质言给予特委会,第中国军队如退出热河省,则局势显可改变也。"(十三日路透电)

〔日内瓦〕 特委会休会后,据德代表方凯勒与西代表玛达利亚加语记者:今晨所修改者,无一足以变更报告书之根本主张。据闻各委员对于报告书首三章曾逐行细阅,嗣因爱尔兰代表李斯德要求某项历史叙述之措辞应略为锋锐,遂于字句上修改五六处。但闻李氏之提议,仅关于历史部份,未涉建议。(十三日国民电)

〔日内瓦〕 十九国委员会现希望于明晨通过所拟报告书中之建议,但据西班牙代表玛达利亚加今晨语记者,或将再须开会两次,方能对于报告书获得最后同意。因此逆料国联大会或将展至下星期一举行,亦未可知。(十三日国民电)

对国联质询日本公然否答:东京覆文昨晚发出,声明不能取销伪国承认,反称不负和解失败责任,对建议案准备提出驳斥

〔东京〕 日外部对松冈代表之训电内容,今晨已拟定,并在部会通过,定今日午后提交阁议通过后,今晚六时发出。(十三日华联电)

〔东京〕 日内阁今日下午二时半在首相官邸召开紧急内阁会议,由内田外长申述回训内容,荒木与大角两军部大臣质问甚烈。经二小时讨论结果,始承认外部之训电案,一任内田外长处理,下午四时二十分散会。(十三日华联社电)

〔东京〕 日外务省答覆国联特委会询问之文,闻其内容如下:(一)声明日本认"满洲国"之存在,为远东和平之最好担保,故不能撤销对"满洲国"之承认;(二)声明国联盟约第十五条第三节下调解之失败,咎在国联;(三)表示日本意见,如中日争议适用盟约第十五条第四节,则日本将根据第五节提出说明书,以驳斥不利于日本之责言。(十三日路透电)

〔东京〕 外务省发言人对于外传日本致国联覆文之内容，既不欲征实之，亦不欲否认之；仅谓文内对国联之询问，予以切实的否定答覆。覆文乃依据日内瓦日总代表松冈电东京之草稿拟成。该发言人对于日本是否将因国联依盟约第十五条第四节提出建议而退出国联一节，虽不愿作答，但曾表示其个人意见，谓日本之退出国联，可为豫定的结论云。（十三日路透电）

〔东京〕 外务省赶急制作反驳国联报告书之第十五条第五项之陈述书，闻其最努力主张之点为如下数项：（一）国联逸出盟约之范围，设立特殊机关，日本政府绝对不认此种独擅的措置。（二）邀请美俄等非会员国出席该机关，日政府断然反对之。（三）此种机关虽告成立，日本不许其干涉关于日本之问题。如美俄两国欲参加该委员会，则日本将直接对该两国提出抗议。（四）报告书指日本在满洲之军事行动超越自卫权之范围，尤属不当，盖自卫权之解释，应完全依于当事国独自之解释，第三者滥判自卫之正否，极为危险。此事美政府亦有表示意见。（五）日本承认"满洲国"，为推进远东和平之唯一途径，故日本断不能取消此事实。（六）国联制作如此无责任之空漠报告书，因此或将来惹起之国际政局上大纷乱，应由国联负其责任。（十三日日联电）

············

（《申报》，1933年2月14日，第三版）

125. 国联更进一步考虑对日本施压力，各国将根据九国约与非战约采一致行动，英政府训令艾登对报告书勿作任何保留，美国加入合作须待新选总统正式就职后，日本牒文送达国联避免明确答覆，对伪国承认不让步，反提中日直接交涉，报告书草案全部通过十九特委会

〔日内瓦〕 国联秘书长德鲁蒙奉十九国特委会谕，今日访日总代表松冈洋右，提出警告，谓日本对热河之任何军事行动，均足使气息仅属之调解努力感觉困难，务请日本政府予以严重注意。（十五日晨三时半中央社电）

〔日内瓦〕 刻闻英外部次官艾登在星期六起草委员会通过报告书与建议

之前，曾表示将向政府请训。顷艾登已接英政府训令，命在今日下午十九国委员会内勿提保留。现各国代表已公开坦直讨论日本拒绝建议案后之应取手续，均认届时第一步当咨询美俄，确悉英对于压迫东京使接受建议一层所愿合作之程度。此项咨询系根据建议中最后一节邀请非会员团协同行动之规定办理，惟必须迟至美国新总统罗斯福就任以后也。国联领袖人物预料施于东京之压力，将可依据于九国公约第一款或凯洛格非战公约第二款或国联盟约第十款及第十一款，但宁以依据九国公约与非战公约为愈，藉免有请美国协助施行盟约之必要。又可注意者，国联虽力避提及盟约第十六款，但承认十六款内所规定之一切制裁行动不必提出，该款亦几可完全实行。一般谙悉时局内幕者，则多料日本初时纵拒绝国联建议，将来施以压力后，将可迫日本逐渐接受建议，允开谈判。因此众觉起草委员会几经周折而后商定之谈判委员会，将来俟日本稍受经济压力后，当可实现云。（十四日国民社电）

〔日内瓦〕 日本之覆文今晨已送交秘书长德鲁蒙。果如所料，覆文对于国联之询问并未有切实答覆，惟重伸前言，谓不反对将李顿报告书第九章所载原则列入草议案中，而附以适用此原则时须顾虑时事实际发展之谅解。覆文又言及日本之温和的立场，谓日政府深信维持"满洲国"独立之承认乃远东和平之唯一担保，全部问题须以此为根据，而由中日两国解决之云。（十四日路透社电）

〔日内瓦〕 十九特委会今日午后三时三十分集议时，即将讨论日本关于特委会所询"满洲国"承认事之覆文，并将决定予以何种之答覆。有数委员对于热河事表示憾忱，大约此种情感将于至日覆文中见之，预料致日覆文措词较诸秘书长德鲁蒙、松冈谈话时所用者更为严峻。（十四路透）

〔日内瓦〕 十九特委会今日已告成满案之报告书，众料日本与国联将因此书实行决裂。闻日本总代表松冈曾通告国联秘书长德鲁蒙，谓日本不欲停止对热河之军事行动，"满洲国政府"准备协同日军肃清热河省所有之华军云。（十三日国民社电）

〔日内瓦〕 日本十九特委会之覆文关于中国在满主权之询问者，今日已到日内瓦，大约明日可送交秘书长德鲁蒙。闻覆文重述日本之立场，对于特委会所发之问语，并未切实答覆。故特委会或将于明日午后完成其报告书之讨论而通过建议案，并召集国联大会于星期一日开会，届时大会定可通过此报告书与建议案也。虽有数方面意谓在大会未有决议时，调解门户依然开放，但众觉关于特委会目前之态度，调解门户现复关闭，因日本覆文对于特委会所询问者，现未与以切实答覆也。据特委会许多委员之意见，如日本果接受十二月十五日决议案之原议，而删去邀请非会员国加入一节，并附以理由说明书第五节下之保留，则国联反将处于进退维谷之窘困地位。今日本既拒绝此决议案，一般人咸料日本必不接受此建议案。但后事之趋向如何，则舆论各执一说。据研究国联盟约负责方面谓，此报告书通过日起三个月后，如日军仍在中国境内，则当然为破坏盟约之举动，中国可请求实施盟约第十六条下之制裁。无论如何，下星期一日国联大会之会议，定当有惊人发展。（十三日路透电）

建议案节略：盟约公约须遵守，谈判先促日撤兵，邀美俄加入合作，不承认伪满组织

〔日内瓦〕 九人小组会草报告书之第三段［段］结论文发表后，其第四段［段］之建议案，今日亦以最后之方式分送十九特委会各委员。一般舆论以为，十九特委会明日集议时，此建议案未必有何变更。建议案全文尚未公布，但其全文之节略如下，原文共分三大段［段］，每段［段］各分若干节。

第一段

甲　解决必须依照国联盟约、非战公约及九国公约。

乙　解决必须与三月十一日决议案第一、第二两节相适合。

丙　解决亦必须与一九三一年十二月十日白里安所宣布之原则相适合。

丁　国联会员国必不可承认违反国联盟约与非战公约而造成之局势。

戊　解决必不可于军事压力下寻之。

己　本节申述李顿报告书、国联盟约第十条（会员国担任尊重并保持各会员国之领土完整及现有政治独立，以防外来侵犯）、非战公约、九国公约各条之原则，并声明解决办法必须与此相适合。

第二段第一节建议

甲　满洲新民政机关之设立，此机关须具自治性质，但在中国主权之下。

乙　铁路区域外各处日兵之撤退。

丙　中日间其他悬案之解决。

丁　两造间之谈判，以期适合上述建议案。

第二段第二节

谈判须在国联大会所指定之委员会监视下行之,此委员会将请美俄两国参加之。

第二段第三节

此委员会须缮具关于新民政机关成立及撤兵进行之报告,此项报告须送交国联会员国美国及俄国。

第二段第四节

此委员会须将其职权解释之各种问题提交国联大会。

第三段

国联会员国须继续不在法律上或事实上承认满洲现有之政局,并允对于满洲局势不得有任何单独行动;又允继续彼此一致并在可能范围内,与有关系之非会员国共同行动。

以下证引九国公约第七条原文,以提醒该约签字国,内称:"缔约各国协定遇有任何情形发生,缔约国中任何一国认为牵涉本条约规定之适用问题时,则有关系之缔约国应互相商榷。"(十二日路透社电)

日本覆文内容

〔日内瓦〕今日上午十时,松冈洋右以日本代表团名义,向国联会秘书长德鲁蒙送达正式覆文如下:"准二月九日来照,述及十九国委员会所采取之决议案及主席宣言草案,兹特予以答覆。阁下所提之点,乃系日本屡经明白宣言各项事实之一,即余本人亦曾向十九国委员会主席或向行政会或向大会详细说明,且用书面说明。'满洲国'之独立,若果成为讨论之目标,则日本政府不能接受。但满洲时局系属忠实而具有不可变更之性质,在充分时期之内,必能为全世界所明了。阁下谓十九国委员会各委员对于余等谈话之内容业已完全知悉,对于日本态度不致有所误会。兹有请阁下加以注意者,即十九国委员会应允取销决议草案及主席宣言草案关于邀请非国联会会员国参加调解一节,而以日本政府承认其他各事为条件。十九国委员会主席及阁下曾于一月十八日向余提议,谓日本政府得发表一宣言或提出保留,俾说明日本对于主席宣言草案最后一节之态度。当时一般人相信,十九国委员会对于日本上项措置,不致提出异议。余深信上项提议若非十九国委员会对于时局有所认识,自必不致提出。日本代表团此种看法,已经二月四日之公报加以征实。日本政府对于决议案及主席宣言,列入李顿报告书第九章各项原则一层,并无异议。但第九章各项原则,当顾及事变在目前之发展状况,及真正调解所应有之原则。盖真正调解,必须以不偏不倚,而不预先断定未来时局为其原则也。日本政府采取此种妥协态度,以为十九国委员会业已明了日本对于此项问题之态度,即继续承认'满洲国'之独立,实为远东和平唯一保障,而中日两国间一切问题,均当以此为基础,予以解决是也。日本政府对于此点,以为当等待调解委员会从容讨论,一如讨论其他各点,然且深信调解委员会终必信赖日本之正义精神及其在道义上之势力。此覆文余望其可使阁下完全明了日本观点,至十九国委员会及阁下在本事件中所完成之各项努力,实为日本代表团所深知"云云。(十四日哈瓦斯电)

自卫政策不容丝毫放松,国联主持正义系应有举动,我政府对报告书暂守缄默

〔南京〕 外交界息。十九委员会十三日开会通过报告书之前三章,因爱尔兰代表之提议,于文字上修正五六处之多,均于我较为有利。十四日继续开会,讨论第四章建议部份,原则上将不致有何变更,惟文字上或将略加修正。如十四日会议不能完毕,十五日仍将续开会,因此大会会期将展至下星期一(二十日)举行。现日方对报告书已决定反对,但国联态度亦极强硬,故日与国联或将发生正面冲突。我政府方面现决暂守缄默,因将来国联大会是否顺利通过尚难逆料,即使顺利通过,亦不过国联主持正义公道应有之举动。我虽道德上获得胜利,但谓东三省失地即可藉此收复,则未免奢望过甚,故对自卫政策仍不能丝毫放松云。(十四日中央社电)

报告草书案全部通过十九国会,大会廿一日召集说

〔日内瓦〕 十九特委会今晚已将报告书草案全部通过,提出下星期二(二十一日)国联大会,作最后之核准。报告书之缺点,在未限期令两当事国接受,日本正可利用此点故意置之不理也。(十四日中央社电)

…………

(《申报》,1933年2月15日,第三版)

126. 自由谈：惊人发展

十一日报载日内瓦电讯，国联处理中日争端将有"惊人发展"云云。哦！国联要主持"公道"了么？我们恪遵"长期抵抗"的宪训的人民逖听之下，当真是感激万分！

然而我们细考这将有的惊人发展的来由，却原来是为了日本要"独吞"满洲，而国联则根据李顿报告书的建议部分要"共管"满洲。在独吞的局面下，东北非我所有，但在共管的形式下，东北亦未必为我所实有。主人公的我们在日内瓦"惊人发展"以后，依然是被掠夺而已！

李顿报告书发表以后，我们曾经听得一些"学者名流"赞扬之为"公平"。学者名流虽然是中华民国的人民，但他们在赞扬李顿报告书为"公平"这点上，确已成为"第三种人"。现在国联抖擞精神要采用李顿报告书的建议，并且准备"觅取实施的途径"，这在我们贵国的"第三种人"看来，当然是公平之上又加了公平，真所谓"国联有灵，不负苦心人"！

可是学者名流也许还不肯自承为"第三种人"，他们要申明他们的爱国之道。他们会有这样的高论：自家的力量总是不能从强盗手中取回失物的了，何如慷慨一下，让强邻共管，做一个顺水人情，况且我们还落得一个拥有"主权"的虚名？

这样聪明的逻辑，自然是学者名流拿手的好戏。只可惜李顿报告书的建议部分不但想共管东北，还暗示了共管全中国的"公正"提议。这一点，聪明的学者名流虽然装作不懂，而愚笨的小百姓却不肯忘记。

等着罢！日内瓦在眼前这"惊人发展"以后，还有一次更惊人的发展呢！那时候，李顿调查团功德圆满，全中国都成了共管下的太平世界；那时候，国难当真结束，而"长期抵抗"的意想不到的效力于是乎显著！

然而最讨厌的是不懂礼貌、只晓得要饭吃的四万万中国老百姓，却未必那样好说话！

（《申报》，1933年2月15日，第十八版）

127. 国联大会廿一日召集，报告书可望顺利通过，全文明后日广播世界，建议案未定接受期限我认为缺憾，美国处处表示愿与国联密切合作

〔南京〕 外交界息。十九国委员会十四日会议已将报告书建议部分完全通过，除对日军撤退期限加以缩短外，别无修改。十五日将全部加以整理，十六日付印，并分送各委员国。大会决延迟一日，至下星期二(二十一日)举行，俾各会员国代表得作充分之研究。据外交界观察，大会对报告书可望顺利通过，原则上将不致有何变更。大会会期约四五日，至周末闭幕云。(十五日中央社电)

国联大会日程：二十一日由主席报告，联盟极力调解，因日不退让，条约及公理之调解遂成失败。松冈洋右当日并不发言，中间曾停止两天研究劝告案，预定二十四日及二十五日续开大会，采决劝告案。日代表将在二十四日大会席上发言，反对国联援用十五条第四项云。(十四日华联社电)

〔日内瓦〕 轰传一时之十九特委会，于签定其说明中日争议调解失败缘由及规定将来如何办法之历史上报告书后，所谓调解显已寿终正寝。十九特委会之建议案，以九人小组会所提出之原文为依归，该文已于本星期中公布于众。建议案要点为国联大会应指派襄助中日谈判之委员会、设立中国主权下之满洲自治新政治机关及日军撤回南满铁路区域三项。(十五日路透社电)

〔日内瓦〕 报告书草案并未规定日军撤退之期限。大约撤退之期限，须由华盛顿九国条约签字诸国加以德俄两国组织小委员会议决之。(十四日国民电)

〔日内瓦〕 十九国委员中之英法两国代表对邀请美俄两国事，非常注意。昨日会议时，英国代表艾登曾谓，如□可使此劝告有实行能力，愿闻意见云云。故国联方面似将于大会前确定美俄两国之意向。然美俄尤以美国之参加与否，决定国联之能力云。(十五日电通社电)

〔日内瓦〕 国联刻正对于实施十九国委员会之建议，切实计算美国方面之合作。据闻十九国委员会星期二会议时，曾提出美国禁运军火备忘录，其半

小时之讨论，亦大部份专议美国对于国联报告书与建议之态度。至此项备忘录，系美国在日内瓦军缩代表于星期日急电国务院索取，美政府遂立即电复，始得由国联秘书厅提出昨日之十九国委员会。各委员既详细研究该备忘录与美国其他正式公文，遂决定国联当可获得美国之合作。据闻星期二夜间已将十九国委员会通过建议消息非正式详告美代表，而美国务院亦已接到建议之全部撮要，并附一国联秘书厅非正式建议，请美国务院于国联大会最后通过报告书与建议以前，私人的非正式表示是否赞成该报告书与建议而愿与国联合作。国联中人固不期望美政府于获见报告书与建议全文以前，非正式表示美国态度，闻已将报告书二份交明日离社尔部尔之白莱门轮船寄往美国。现闻十九国委员会之决定将国联大会真正工作之会议，展缓至二月二十四日，其主要原因之一即欲予美政府以表示态度之时间也。又闻十九国委员会各委员对于史汀生之禁运军火备忘录内声称"经广大范围之调查与咨询后，或将发生一局势：必须所有合作国家切实决定此方或彼方究竟孰为侵略者"等语，曾发生深刻印象，认为此语可以直接适用于中日争执。现国联拟于星期五、星期六由无线电台播送报告书全文。闻国联秘书厅正请美国务院届时准备收音，同时并将请南京东京及其他有关系各国京城准备接收，盖报告与建议共长一万五千字，此举大可节省电费不少也。（十五日国民电）

特委会再牒松冈，拒绝日方覆文，但仍留大会前转圜余地，东京表示决置不理

〔日内瓦〕 十九特委会今日函覆日本，原文如下：

"接奉二月十四来函，承示贵政府对于'满洲国'之态度，甚感。来件说明日代表团于接受调查团报告书第九章所载十项原则□结论视为解决争议之基础时，欲将贵代表团所建议之数语，适用此原则与结论于业已发生的事件者，修改第七项原则之范围。本委员会得悉即使调解委员会成立，参加调解□之日代表，亦必不准备接受调查团报告书中所称'维持及承认满洲之现有组织不能为满洲问题之美满解决办法'一语为调解会工作之一部份基础。既然如此，本委员会对于二月八日之日本提议，惟有认为未曾给予可使人接受的调解手续之根据耳。此乃本委员会深为致憾者也。本委员会对于来函所载各点已予以详细之考虑，但在此情势下，未觉讨论此数点可导成任何有益的结果也。在国联大会最后会议以前，如贵政府愿再提出任何提议，本委员会固当愿以极大

慎重加以研究。惟本委员会深信贵代表当能了解现有局势之任何加剧，纵不破坏调解新努力，亦必使调解新努力愈难着手也"云。（十四日路透电）

〔东京〕 十九国委员会对日第二次通牒十五日晨到东京外务省，然外务省当局决定默杀，不发任何答文。（十五日日联电）

退出问题日政府尚犹豫，松冈准备月杪转美返国

〔东京〕 日外务省发言人今日不愿评论日本退出国联之可能性，但谓如日本果最后决定退出国联，亦当俟国联大会通过报告书及日本发表答覆之宣言后，始实行退出云。（十五日路透电）

〔东京〕 据报载消息，日本对国联满案之决议暂不取新步骤。俟国联大会通过之建议案全文传达东京时，于是日政府将开紧急会议决定应取之态度，然后外相内田将奏报日皇；同时首相斋藤将访元老西园寺，于是继以元老会议而决定对国联之最后态度。（十五日路透电）

〔东京〕 内田外长今日接到松冈洋右来电，谓："国联妥协案已绝望，惟待大会宣布后，投票反对。本人定二十八日动身，经美返日。"闻内田外长已于今日傍晚电覆松冈，准其所请，为期任其自定。惟实际上之退出国联，将待松冈返国报告经过以后始能决定。（十五日华联电）

日政府拟召集重臣会议，最后决定国联对策

〔东京〕 国联拟将第十五条第四项报告书提交日本，政府临此决定重大外交方针之严重时期，慎重研究处理该报告书之方法。结果决定方针，将于接到报告书后，即时召开紧急阁议，决定政府之态度。乃由斋藤首相亲往会见西园寺元老请求谅解，同时奏请日皇召开重臣会议，说明政府对国联方针。今次拟开重臣会议，因有明白区别宫中与府中之必要，限定其参加人物为：陆军参谋总长闲元宫①、海军参谋总长伏见宫、元帅梨本宫三皇族，及东乡、上原两元帅，山本权兵卫、清浦奎吾两伯爵，民政党领袖若槻礼次郎，大藏大臣高桥是清，枢密院正议长仓富勇三郎。而宫中重臣牧野内府、一木宫相及铃木侍从长三人决不招待。（十五日日联社电）

〔东京〕 政府为讨论国联对策，传有开重臣会议之说，谓日本于加入国联

---

① 编者按：应作"闲院宫"。

之前,曾开重臣会议,故退出亦须开同样之会议云云。然依政府方面之消息,日代表之自日内瓦撤回已经决定,惟退出国联则尚未实行,因此重臣会议之开会亦未决定云。(十五日通电社电)

热河日军活动我代表报告国联

〔日内瓦〕 此间时局自日本有退出国联恫吓后,已极紧张。今日又因中国代表发表日本正集中军队于锦朝铁路,显以北票为目的,并通知国联秘书厅,日人在义县设置子弹库,致时局更见紧张。(十五日国民社电)

〔伦敦〕 今晚中国使馆发表公报,内称中国军队准备抵抗日军,将在北票及朝阳一带激战,各该处日后定与欧战时佛郎特地齐名,同垂青史。公报并称:日本军队继续集中,多数居民均向山中逃避;日军即日进攻之目标,系热河阵线中心点朝阳城云。(十四日哈瓦斯社电)

下转第八版

十九特委会前日开会详情

〔日内瓦〕 今日(十四)十九特委会之会议,有满场一致之特色,先讨论日本来函,继乃草拟覆函,会众旋讨论热河问题,决定通知日代表,告以时局之任何加剧将使调解新努力为之破坏。会众后通过建议案,稍加以不重要之修正,并补充谈判委员会人选一节,决定谈判委员会应以下列代表组成之:

(一)十九特委中自愿加入之委员。关于此节加以说明,因谈判或将在远东举行,凡愿参加者,必须准备前往远东办事。

(二)九国公约签字国与苏俄。

决定大会期,调解告结束

会众又决定星期二日国联大会之会议,须讨论并决定调解一幕之结束,缓三日再开第二次会议,讨论此报告书。大约国联大会尚须于星期六日开第三次即最后之会议。

建议案缺点:期限未规定

今日集议时,爱尔兰代表莱斯特询问:如两造之一拒绝建议,则将如何办理?秘书长德鲁蒙答称,渠以为须有三个月之犹豫期,期满后向国联大会提出新报告。但爱尔兰所提出之点殊不明了，职是之故，建议案中未曾言及犹豫期一节云。

比代表波尔康谓渠在集会前曾与中代表颜惠庆博士谈话，颜博士认建议案中尚有缺点，即未曾规定期限是。颜博士请人注意于期限之需要云。

日不理劝告将如何应付

众以为建议文尚未送交两造，故其意见当然不能即予以考虑，但觉爱尔兰代表莱斯特已指出弱点，盖国联盟约关于此点殊属含混也。此处诚可谓有一严重罅隙，如日本置建议案于不理，则将何以应付之。国联盟约第十二条仅谓会员国非俟国联大会提出报告书三个月后，不得从事战争耳。虽十九特委会之多数委员皆以为国联不能洗手不问，但按诸盟约究应有何种步骤，则无人能言之也。

组织谈判会，请书已发出

众意如谈判竟不实现，则国联所指派监视双方谈判之委员会，亦将为注视时局发展之机关。闻请书将于今夜送交十九特委员会之各委员及荷兰、美、俄三国，以便早得其答覆，庶可于下星期二日组织谈判委员会。众信十九特委未必皆接受请书，因预料谈判地点将在远东也。虽在星期二日以前调解门户尚未封闭，但众认日本未必改变其态度。

松冈在大会将大放厥词

今日日方发言人讽示国联大会举行公开会议时，松冈将作重要之姿势，宣布日本退出国联。但一般人咸以为日本必不遽作此积极行动，日本或将静待发展，然后再决定切实行动。惟星期二日国联大会开会时，中日代表难免发表重要言论。上次国联大会开会时，松冈因不承认"满洲国"问题，曾大发议论。今建议案明白规定不承认"满洲国"，或将再使松冈大放厥词也。

会场公报

今晚国联方面发表公报，全文如下：

"今日午后十九特委会集议，首先考虑日总代表松冈致特委会关于二月九日所询问题之覆函，议定由秘书长代表函覆。特委会旋宣读并审议昨所提出之修正文初稿，后通过报告书首三段。如调解失败，则此报告书即将根据盟约第十五条第四节提交国联大会。特委会继乃进行报告书第四段，即建议文之初读，稍予修饰亦即通过之。大会决定于下星期二召集。国联大会报告书全文一俟印成后，大约在本星期杪即将分送国联各会员，同时将由国联电台发出无线电及有线电，分达各国政府电台或电局。"（十四日路透电）

....

（《申报》，1933年2月16日，第三版转第八版）

128. 时评：严重时期已至——国人猛省

国际联盟近忽一变其踌躇不定之态度，而毅然主持公理。十九特委会已通过报告书全部草案，不可谓非日本外交上之大失败。然吾人于此，若欣喜外交上助我有人，而稍自宽懈，暗堕其奋斗之精神；或则利用国联与日本决裂之机会，以为我可躲避一隅，以坐收渔人之利；或又以为日本不胜国联之压迫，而终将屈服就范，我国难可从此稍纾。果尔，则大误特误。

国联今日虽已通过报告书于十九特委会，但将来在大会上有无变化，尚未可知；即使一无变化，亦能如十九特委会顺利通过。然通过之后，而不进一步以盟约第十六条制裁方法压迫日本，则报告书之效力亦等于零。目前在国联方面之空气，虽若甚形激昂，然其对于第十六条之援用，尚在设法避免。盖于其自身之利害，关系切，纠纷多，绝无毅然施行之勇气。据昨报外电，国联领袖人物预料施于日方之压力，将依据九国公约与非战公约，而不依据国联盟约。在表面言之，此固可以避免邀请美俄协助施行压力之形迹，然国联究处于解决中日争案之主要地位，而反不援用盟约，亦属令人难以索解。近日有人怀疑国联，谓十九特委会以此报告书提送大会，大会于通过后宣布世界，或即藉以结束，以为国联做到如此，业已智尽能索，从此告一阶段。果如是者，国联特藉此主持公理之空言，敷衍面子以求下台耳，而我国则失地依然未复。即使将来能依据报告，谈判委员会组成，而又无一定期限，委蛇延宕，非特仍旧不了，反多枝节，日本则进行侵略如故。此种险象，绝非出于意外，我国人亟应预为计及者也。

　　日本方面虽经国联重大压迫，而其态度绝不稍变，对于进兵热河一事，尤坚不放松。松冈答覆德鲁蒙之劝告，谓日本不欲停止对热之军事行动，"满洲国"准备协同日军，肃清热河省所有之华军云云。其对于国联毫不在心目中，已显然可见。故今日无论其应付国联之态度若何，而与伪组织协力以攻取热河，乃为目前即将实现之事。脱退国联固必攻热，即不脱退国联，亦必攻热。迫以国联盟约非所惧，即加迫以九国公约、非战公约及一切国际公法，亦非所顾。近其对于热河所以按兵不动者，以尚欲观察国际联盟之形势，利用其勾结与挑拨之手段，冀获得若干效果，助其声威，以满足其更大之欲望耳。今于国际联盟，既已无望，则惟有索性束置其纵横捭阖之外交策略，而一意从事于武力，一切任我自由行动。一年半以来国际间外交之副剧既终，即武力之正幕，从之开始。试问我国人在此武剧中，为剧烈斗争之主角者何人，与之对手争斗者又为何人？倘不舍命相搏，又有何人能为我助，失败之后，我又将自居何等？此皆为我国人所当猛然反省者也。

　　吾人昨论国联盟约十五条第四项进行以后，已勖勉我国人以今后应有之努力。今所以复再哓哓者，因一般人尚以此国际联盟之新形势为有利于我，而自欣幸、自宽慰，偷安旦夕之念复生。殊不知在此新形势之下，非特不能偷安，且当努力奋起；非特国难并未稍纾，且益迫于严重关头。政府严密整饬军备，各将领一致团结，集中力量，以抗此暴横之强敌者，在此时期；我全国人奋其所有之人力、财力、物力，一致动员，以争我民族存亡一线之关头者，亦在此时。今日《字林西报》评论此事，谓中国人自助之机会已至，国联之主张公理，不过道德上之胜利，而成功则须由全中国人自起奋斗。友邦希望我之舆论尚且如此，我国人奈何反自处于旁观，而不急求所以自救耶？热河之形势，今已危急万分，国人其速醒。

　　　　　　　　　　　　　　　　（《申报》，1933年2月16日，第九版）

129. 建议案全文

〔日内瓦〕 九人小组委员会之建议案,今日以最后方式分送十九特委会。现所发表之文,与本月十二日电传于外之节略,仅在字句排列上稍有不同,不过全文甚多引证文耳。除引证外,全文大致如下:

第一章

引证国联盟约第十条、非战公约第二条及九国公约第一条,并声称"国联大会通过十二月十日白里安所宣布之原则",又称"行政院十二委员会于一九三二年二月十六日援引此项原则,劝告日政府,声明任何国联会员国土地完整之破坏及政治独立之变更,因蔑视国联盟条【约】第十条而造成者,不得为国联各委员所承认"。

建议案至此乃声明为根据上述国际约定成立中日间永久谅解起见,中日冲突之解决必须依照调查团之下列条件,即李顿报告书中十项原则:(一)适合中日双方之利益;(二)考虑苏俄利益;(三)遵守现有各方面之条约;(四)承认日本在满洲之利益;(五)成立中日间之新条约关系;(六)切实规定解决将来纠纷之办法;(七)满洲自治;(八)内部之秩序,与免于外来侵略之安全;(九)奖励中日间之经济协调;(十)以国际合作促进中国之建设。

第二章

第一节 满洲主权属于中国,故国联大会建议在适当时期内在满洲设立一种机关,隶属于中国主权之下,并适合中国行政之完整,赋有广大之自治权,应合法律条件,并顾虑日本之特殊权利,现有之多方面条约,第三方面之权利及第一章所载之一般原则与条件。中国中央政府与地方当局彼此权限与关系之决定,由中政府宣布之,而有国际担任之效力。

第二节 日军之驻于南满铁路区域之外,与解决争议所必须遵守之法律上原则相抵触,故国联大会建议此项军队之撤退。

本文此后所建议之谈判,其第一旨趣应为办理此项撤兵事,并决定撤兵之条件阶段及期限。

第三节　除上述两建议案所处理之问题外，调查团之报告书言及若干其他问题，妨害为远东和平所系之中日间良好谅解者，故国联大会建议双方应根据调查团所载之上述原则与条件，解决此项问题。

第四节　为实行以上各建议案所必要之谈判，应见诸实施，而双方之任何一方不能提出与上述各建议不相适合之条件，故国联大会建议双方依照以下归[规]定之方法开始谈判。

请两造各通知秘书长，是否在对方亦接受此项解决之唯一条件下，接受国联大会所建议之解决办法。谈判将以国联大会按照下述而组成的委员会之襄助举行之。

组成此委员会者，为九国公约之签字国及十九特委声明自愿加入之任何会员。一俟秘书长声称两造接受国联大会之建议后，即行指派各代表。

秘书长并须照会美俄两国，告以两造之接受建议，并请其派员加入此委员会。秘书长于接到两造接受建议之通知后，一个月内须采行各种相当步骤，以便开始谈判。为使国联会员国于谈判开始后判断双方之任何一方是否依照建议行事起见：（甲）此委员会应报告谈判进行之状态，尤其是关于上述第一节、第二节建议案实施之谈判，并无论如何须于谈判开始三个月内报告关于第二节建议案之进行，凡此项报告须由秘书长送交国联；（乙）此委员会可将关于第二章解释之问题，提交国联大会。

国联大会须以本报告书依照国联盟约第十五条第十节而成立之同样的条件，加以解释。

第三章

现所建议之解决办法，异于一九三一年九月以前原状之仅仅恢复，亦不许满洲现状之维持与承认，因此种维持与承认不适合现有国际义务之基本原则，并抵触为远东和平所系之中日两国间良好谅解也。

国联会员国于通过本报告书之际，显然对于满洲现局不得作可碍及本报告书建议案实施或延缓其适用之任何行为。会员国将继续不在法律上或事实上承认满洲此种现状。

会员国对于满洲时局不欲作任何单独行为，并欲彼此提携行事，并于可能时会同有关系之非会员国共同行动。此外国联会员国之为九国公约签字国者，已允无论何时如发生一种时局，而此时局据任何签字国之意见，涉及九国公约条文之适用，并使此种适用之讨论为适宜者，则有关系之签字国间须有充分、坦直之接洽。

为就可能范围内依照本报告书之结论在远东成立一种局势起见，爰谕令秘书长将本报告书副本分送非为国联会员但为九国公约或非战公约签字国之各国，告以国联大会之希望，愿其赞助本报告书所表示之见解，并于必要时与国联会员国采取同样之行为与态度。（十五日路透电）

（《申报》，1933年2月16日，第九版）

130. 报告书全文今日电播世界，远东波长三八.六四米，外部已饬真茹电台收音

〔日内瓦〕 十九特委会因事属重要，昨日命将报告书全文由无线电传达全世界，国联宣布现暂定自十七日午后四时起（上海时间十八日上午一时）用英文传出，每分钟发五十字，东方各国之电浪度为三八.六四米突。（十六日路透电）

〔南京〕 国联十九国委员会报告书全部通过，并定十七日下午五时公布全文，用电码广播全世界。闻外部已请交部饬真茹电台收音，再转电外部翻译，二十日可译竣公布，并拟印单行本发售。现日内瓦空气渐沉寂，静候下星期二之大会开幕。（十六日中央社电）

〔南京〕 政府已将明日接受日内瓦广播十九特委会通过之报告书全文之准备，办理完毕。该报告书之最重要部份即建议案，已送达外交部。故明日所广播者，大部份为国联所引证之历史事实，字数在一万五千字左右。外交部不但接收报告书之全文，且欲将该报告书译为中文。经外交部与交通部磋商之结果，明日真茹之国际无线电台将用最迅速准确之自动收音机，接收日内瓦之广播，然后即由国际无线电台放送至南京外交部之电台。外交部立即将该项文件译为中文，中央通讯社已决定将外交部之译文广播全国。该报告书系在星期五夜广播，星期六日外交部始能从事翻译，故中文报纸须在星期日或下星期一始能登载云。（十六日路透社电）

（《申报》，1933年2月17日，第三版）

131. 伍朝枢谈内政外交：对于国联报告书意见，国民参政会起草完毕

中委伍朝枢博士，昨对往访之新声社记者发表关于国联报告书意见及参政会起草工作完毕之谈话如下：

日已老羞成怒

伍氏首先答记者之问，表示国联十九国委员会现所拟就之报告书，如其得以通过时，亦只能在世界舆论方面发生效力。其次，如各国果能一致依照报告书所规定者实行做去，则可使日本不继续承认其满洲伪国。但在中国目前，则感受其影响，日本必因而积极向我进攻。伍氏解释其所以有此影响者，谓系日本因于外交方面无办法，故更致力于军事方面之行动，此即所谓"老羞成怒"是也。因此之故，我国在此种情形之下，更有积极准备与敌应战之必要矣。"国联态度每强硬一次，则日必向我进攻一次，同时我国亦必先吃一次眼前亏。但余此语，并非谓国联态度不可强硬，不过谓我国应及时准备耳。"

我须实际抵抗

记者继询以前日日本股票大跌，是否受国联态度强硬之影响。伍氏表示，此层不甚明了，但认为日本之经济与金融为其重大之弱点。我国对日问题之取胜，结果必在此，但仍须借军事抵抗之力，影响其经济，是故我国之所以必须作长期之抵抗也。惟长期抵抗非如口头上所说之长期抵抗，须有具体与实际的长期抵抗，方能获最后之胜利。

不评陈氏主张

关于国联拟具报告书之谈判委员会事，伍氏答记者问，谓："其性质或与以前中日停战会相同，但国联以前无此先例，故无由悬揣，须视其将来之决定如何，方可明了。至前任外交部长陈友仁到沪后，本人曾与之会晤，对渠所始终主张之对日绝交，不欲加以任何之批评。"

参政人选已定

伍氏最后谈及入京参加国民参政会之起草工作,谓已竣事,刻正将所草就者,呈由中政会审查及讨论中。将来究竟如何决定,须看该会之处置。在中政会未有相当决定之前,本人未便发表。但关于其中人数一层,可略言之。总数规定约一百五十人,其中聘任者占最少数,约为全数六分之一,其余六分之五为民选。将来民选时所用之方法,大致定为用团体选举法,而以各省为单位,规定每省应选之定额,从事于选举,其职权对于立法院略如上下两院焉。

(《申报》,1933年2月17日,第十版)

132. 日本紧急阁议决定拒绝国联建议,大会时将发表声明投反对票,松冈暂留欧洲静待局势发表,日通信社放退出国联空气忽又收回

〔南京〕 外交界息。十九国委员会之报告书,下周之国联大会势将通过。闻日方对报告书极力反对,将首先撤回出席国联会议之代表团,俟松冈等一行返国后,再考虑退出国联问题。据外交界观察,日本所宣传之退出问题,仍含有恫吓作用。即使日方果然声明退出,则十九国委员会之报告书经大会通过后,仍然有效。盖按照国联盟约规定会员国欲退出国联者,须预先通告国联,在声明退出之二年中,仍须履行国际义务及盟约所负之义务。再,此次报告书规定不必当事国之同意亦可生效,故日本如果真退出国联,亦不能阻止报告书之实行云。(十七日中央社电)

〔东京〕 今午后日内阁开紧急会议,闻对于国联建议案与报告书,已有下述之决议:(一)拒绝国联建议案;(二)维持日本对李顿报告书之意见书所采态度,尤不放弃承认"满洲国"及对华直接谈判不受外来干涉两点;(三)如国联大会通过建议案,则日本将根据盟约第十五条第五节发表答覆之言论;(四)日代表将投票反对报告书,如国联大会通过此报告书,则日代表松冈将退往伦敦或巴黎,而待将来之发展。(十七日路透电)

报告书昨公布，大会通过后即组谈判会

〔南京〕 国联报告书定十七日下午五时正式公布，广播全球，现正静候二十一日大会开幕，将正式宣布调解绝望，而于二十四日会议通过报告书。政府对报告书大体满意，惟尚有数点已令代表团提请修正，但不十分重要。大会通过报告书后，即着手组谈判委员会，于三个月内将谈判经过，报告大会执行。（十七日中央社电）

〔伦敦〕 十九特委会报告书长一万五千字，定今日午后二时（格林威治时间）在国联无线电台播音，作两次传出：一每分钟发七十五字，一每分钟发二十五字。（七日路透社电）

〔日内瓦〕 国联十九特委会之报告书，今日午后三时①发表。报告书为书籍式，字迹甚密，共二十七页，每页辄有直接或间接指摘九一八以后日本行为之言论，此报告书可为李顿报告书胜利之证明。盖此次报告书之首段，已在文字上含括李顿报告书首八章，并援引李顿报告书第九章之十项原则，以此为谈判委员会办事之南针也。其中结论与建议两段，业已电详。其述及历史之部分，叙述往事及国联努力，备极详细，屡次决议案及三大公约之条文，皆有证引，以此为解决争议之必要根据。最后叙及秘书长德鲁蒙向中日接洽之情形，并重申十二月之决议案。最近二月十四日秘书长致日本之函，亦列入报告书，查此函拒绝日本对"满洲国"之态度，并附以现有时局如更臻严重则将使调解新努力愈难着手之警告。（十七日路透社电）

东京译文发表

〔东京〕 日外务省定今晚发表国联解决满洲建议案之译文。（十七日路透社电）

国联大会二十一日召集，通知书已发出

〔日内瓦〕 国联大会定二十一日下午三时三十分开幕（上海时间下午十

---

① 编者按：此处"午后三时"若为日内瓦当地时间，则与上文伦敦路透社电"午后二时（格林威治时间）"吻合，但与上文南京中央社电"十七日下午五时"时间不相符。为原报道彼此有出入。

时三十分),闻希孟已预定十九日抵日内瓦。(十七日华联社电)

〔日内瓦〕 国联秘书处决定于二十一日下午三时半开大会,审议十九国委员会采择之报告书,秘书处于十六日晚通知各国代表团。(十七日日联社电)

〔日内瓦〕 国联大会星期二日集议之议程,第一为中日冲突,第二为南森国际难民救济局主任胡伯辞职,推举继任者事。查第二事项需时甚短,大约开会时将首先处理之,庶会众可聚精会神处理远东问题。(十七日路透电)

日阁慎重考虑应付国联对策,日通信社预放决定脱退空气,但又来电声明更正

〔东京〕 日政府本日午后四时开临时阁议,协议对国联策之结果,正式决定退出国联。(十七日电通社电)

日本电通社更正 "径启者:前电系属误传,因退出国联事,尚须经明日阁议讨论。特此奉告。"

〔东京〕 日临时紧急阁议今日下午四时四十五分在紧张空气之下开会,斋藤首相、内田外长、荒木陆长、大角海长、高桥财长外各阁僚全部出席。首先由内田外长分布国联十九国委员会劝告文一部至四部之印刷刊物,并详细报告国联经过与各国政府之对国联态度;其次进入审议,其间经过大角海相①、鸠山文相、中岛商相对外交上之详细责问;最后荒木陆相具体说明热河军事形势与日本应取方策。审议经二小时十五分,下午七时散会。因事态关系重大,明日继续开会。预定正式决定后,另开重臣会议慎重讨议后发表云。

又讯。临时阁议后,斋藤首相、大角海相、内田外相继续留在首相官邸,讨论退出国联后之一切方略,及军缩代表之同时退出与否问题。(十七日华联社电)

〔东京〕 日政府断念国联之态度,卒决心退出者,其根本理由如下:

(一)不过在各国家间为单纯组合之现在国联,俨然采超国家的裁判机关之态度,乃完全变质的,不能容许;

---

① 编者按:同段上文又作"大角海长",为原文写法不统一。"荒木陆长/陆相"等亦然。

（一）国联为威尔逊相互保障之原【则】及克里满梭势力均衡之原则两者之混合物，以不公正之领土分配为基础，蔑视人种平等之原则而成立者，成立当初已有欧洲国联化之观，日本不过从尊重和平之精神参加而已；

（一）国联之政治能力范围，仅及于欧洲局部的事情，还元于欧洲国联，乃为当然；

（一）因远东问题与日本有密接关系之美俄两国，既未加入，仅日本参加，绝无效果；

（一）国联规约不备且不彻底，关于自卫权行使与排货既无明确规定，又对于与美国同样有特殊事情之远东，又不规定适用门罗主义，日本认为无再留在国联之必要。

（十七日电通社电）

....

（《申报》，1933年2月18日，第三版）

133. 国联大会星期二开幕，与日正面冲突不免，主席希孟宣告调解失败进行第四项下手续，日内阁决定先召回日内瓦代表再考虑退会，美对国联建议暂时不作正式表示

〔日内瓦〕 希孟主席今日宣布国联大会定星期二日开会，同时发表正式文告，谓调解中日争议之一切努力已告失败，故大会现须进行盟约第十五条第四节下之职责，并讨论第十六条下规定之制裁问题。是日将先由中日代表发言，预料星期五日可作最后之表决，中日代表均无投票权。

据东京传来消息观之，日本与国联之决裂仅为时日问题，或恐为时间问题。国联方面并不为之骇异，盖迩日已预料满案必有此结果也。今日之问题为国联与军缩会议是否能受此震动而安然存在，盖日本既退出国联，恐亦将撤回其军缩会议之代表也。众觉今当设法增高国联日见衰落之威望，第方策纷歧，莫知适从，因除满案外，某某数国间之罅隙，今亦日见阔大也。（十八日国民电）

〔日内瓦〕 国联大会定下星期二日开会，考虑十九特委会关于中日争议

之报告书。其议程性质之见解，现渐具形体。其重要事务，为正式纪录国联盟约第十五条第三节至第四节之条文，大约不致投票表决，而由主席希孟发言说明全局，并征实向日本提出之建议业经拒绝，故调解手续已告失败，于是大约将问中日代表有何意见发表。现信中代表已备就宣言，惟日方之意志今犹未明。闻大会会员数人曾反对将星期二日之大会展期至星期五日举行，按照会议手续条例，至少须在两日前通知，始能召集下届会议，故目下之程序并不更变。十九特委员之职责，今已依法终止，若再请其继续服务，实于组织法上有可指摘处。闻瑞士代表已声明不愿再在十九特委员会中服务云。代理主席现议依据国联盟约第三条举派新委员会，但此间法学家对于此举愿否需一致之赞成，复为怀疑。闻希孟将于本周杪由比京来此。（十八日路透电）

报告书全文今日公布，外部日夜赶译忙，共两万余字，将印成专册

〔南京〕　十九国委员会报告书十七日下午由日内瓦广播全世界，我国真茹国际电台随收随转外部。外部十七日夜三时至十八日晨六时止，全部收完，计八十五页、一万五千余字。同时中央社及路透社亦接沪发来全文。外部十七日澈夜工作，将电文整理，至十八日晨八时即开始由情报、亚洲两司翻译，由情报司长李迪俊主持，至下午五时全部译竣，共二万余字。罗外长、徐次长亲自核阅，至八时开始缮写，即晚十二时可全部公布。至英文原稿亦油印公布，并由中央社总社将译文广播全国。外部俟国联大会通过该报告书后，将再加整理，印成一册云。（十八日中央社电）

〔南京〕　日内瓦电台放播之国联十九国委员会总报告书，已由真茹电台收齐，转电到京。外部于十八日十一时收到，当用英文打字，共九十余页，即于下午调派人员，加紧翻译，当晚可以竣事。十九上午即油印公布，同时分送林主席、蒋委员长及各院部会长官，并将印中、英文单行本，以供各界阅览。（十八日专电）

〔日内瓦〕　十九特委会之报告书全文业已发表，国联中人尤特别注意其末段，内有国联诸大国保留于日后彼此协商及与非会员国协商后继续作一致行动之权等语。说者谓其意乃国联将不顾日本之抗议，而主张觅取美俄对此事之意见云。（十八日国民电）

对国联报告书美国认为满意，内容与胡佛主义相吻合，俟罗斯福登台将作有力表示

〔华盛顿〕 今日美政府已接到十九国委员会满案报告书及建议全文，国务院刻正加以考虑，默无表示。闻报告书内容与胡佛总统向来秉循之政策，在实际上各方面无不吻合，而承认中国在满基本主权之建议与关于维持条约一节，尤与美国态度相同。惟因美政府更迭在即，而美官吏亦欲使世界舆论完全受该报告书之影响，而再以他种意见夹杂其间，使世人分心而益增其复杂，故暂时不欲作任何评论。至非正式评论，则多称该报告书是[适]以代表世界意见，实一有希望之征象，可望最后获得满案之圆满解决。现此报告书将钞送当选总统罗斯福审阅，纵其在大体上与罗氏所表示之意旨相吻合，逆料美政府将待罗氏表示意见后，始发表正式评论，且唯有在罗斯福与史汀生商榷之后，始有发表正式声明之可能。至罗氏对于满案向未加以直接评论，仅谓条约之神圣必须加以维持而已。目下一般人正纷纷揣测罗氏在三月四日之就职演说中，将否述及此事。参议院外交委员会主席波拉声称，此报告书之内容，乃全世界有权所期望者，但渠信日本将不愿国联取任何行动，仍贯澈其业已发表之计划。目下美国朝野正鹄候国联对于此报告书之最后行动。（十七日国民电）

〔华盛顿〕 国务部今日表示，美国参加国联中日争议调解委员会与否，将听罗斯福就总统职后决之。又参议员克劳德有任参院外交委员会新主任之说。今日据称，国联报告书过于缜密，未能遽加批评，且不待新总统之决议，亦未便宣布对满政策云。（十八日路透电）

【世界社译《密勒评论报》云】 行将登台之罗斯福政府对于远东危局，将如何处置，自非俟新总统实行登台并选任一新国务卿后，不能预知。直至现在，新政府诸领袖仅宣称其政策将无根本之变更，将持续胡佛、史汀生不承认日本依于破坏条约而取得土地之政策。有一熟知华府政情之某君近致函本报，兹录其言如下："美国之对华政策，非共和党或民主党之政策之问题，乃是一种传统的政策，每一政府皆承袭之，而无任何实质的变更者。但有须知者，目下胡佛与罗斯福对于各问题，意见不一。新政府登台后，或将摘前政府之规，自在意中。两党于选举运动中，对于凯洛格非战公约之态度，□多少相同者。罗斯福对于日本问题，迄今尚未表示意见。此间人颇憾日人利用罗氏于

一九二二年华会之后所写之一文,以作宣传。须知自写此文后十年以来,时势已大大变迁矣。在大体上,民主党对国联较为友睦,但依此点而作任何预言,则为早计。就民主党之为一党而论,较少采用可以引起战争之任何政策之勇气。有人预料罗斯福对中国或将比胡佛较为友善,盖胡佛因拳乱时适在天津,故不免有偏见也。目下有一国之民主党要人于罗斯福指导之下,正在从事远东时局之严重而非正式的研究,以备新总统上台后之运用。内政及经济问题、战债与国际经济会议,势将占在满洲问题之先。民主党间与共和党间相同,现有一种时常表示之希望,即日本最后于经济上崩溃,如是免列强取任何强厉的行动,而致引起危险的事态也"云。

〔华盛顿〕 美国法律专家研究十九国委员会建议后,今日声称,国联大会关于满案所将采取之行动,美国参加与否,大半将视能否设置美满机关,保护中国主权及日本合法利益以为断。此辈专家对于报告书内所称日本利益皆属事实不能漠视一节,似欲加以同意。但一方面既须保护此种利益,而同时又须坚持完全遵守有关此项争执之各条约,乃一最纠结之问题,国务院必须先行解决,而后能声明美国之立场。现美政府在国联对于报告书有最后行动以前,固未必有正式表示。但参议员业已纷纷讨论报告书,显似有一大部份将反对美国参加向日本施以压力之运动,并有多数参议员言日本将自行充分让步,俾谈判有开始之可能。顷间又闻当选总统罗斯福因与纽约民主党领袖有宿约在先,将俟数日后始能有研究十九国委员会建议之机会。(十七日国民社电)

李顿重要表示：反对作战以保障和平,制裁方式应由政府决定

〔伦敦〕 李顿勋爵今日在孟却斯德之阿尔培特厅演说,言及上星期二夜渠在伦敦日本学生联合会宴会时所发表之言论,谓:"星期二日余对日本学生会而发之演词,有一部份为伦敦若干报纸所披露,今余对此愿稍有陈述。是夜之宴会为私人集会,未有新闻记者在场。余虽不反对公布余之言论,因余所言者,皆可使世人共闻者,惟所用转述余言论之方式,使人对余所言发生不正确之印象。当宴会时,有人以种种问题相询,余一一答覆之。乃发表余言者,将余对于种种问语之答词,连串一气,使读者误认此为一篇互相联贯之演词;而当时对余而发之问话,则删去不录。余非责备他人以余所未言者而谓余言之,但此消息所造成之印象,为余曾表示如国联大会报告书为人蔑视,则国联将不复能采行其他行动之意见。实则此非余之意见,此余所以欲藉此机会以纠正此印象者也。如两造之任何一造拒绝接受国联所贡献之襄助,而竟以违反盟约之方式行事,则国联所可援用之处固未竭尽也。余确曾表示不认作战以保障和平为救济法之意见;余确曾谓截断日本各种输出物之全世界经济封锁,将使受罚者为无辜平民,而非为跋扈的政府,故未免严酷,且恐将激成真正战争状态。但此外尚有可以行使之许多压迫方法,如对于违约国禁止军火出售,或拒绝财政扶助,或撤回外交代表是也。余现非谓上述任何步骤目前或在任何时期应予施行,因行使此压力之时期与方式,必须由负责政府决定之也。余仅欲说明者,余非谓上述办法非为必要时所可采行之办法耳。"(十七日路透电)

日外部电松冈:取道西比利亚返国

〔东京〕 据日外部讯,日政府准备退出国联手续已完备。昨日紧急阁议闭会后,除电令日代表部松冈、长冈、佐藤三代表在二十五日大会上作最后强硬之绝缘演说外,并令松冈洋右在大会演说后,赶快经由西伯利亚返国,以便在重臣会议席上作经过报告,决定正式退出国联。(十八日华联电)

(《申报》,1933年2月19日,第三版)

134. 英报评报告书

〔伦敦〕《泰晤士报》今日社论,指十九特委会之报告书为温和、公允且熟经考虑者,谓如任何一方面以强暴行为造成新局势,则国联行政院日后或须重行考虑全部地位。报告书建议一种广大的自治权,此举明明欲为日本保留更大权利,甚于其前在原有状况下所享受者,此报告书当然可为国联大会所通过。国联会员国在此案通过后,当不致作何行动,致妨碍或延缓其建议案之实施,并将继续不在法律上或事实上承认满洲之现状。虽有关系各国不必始终为任何特别政策所拘束,但各国必须以国联报告书为起点,而进行同样政策。苟稍有变更,亦必出以一致同意而后可云。(十八日路透电)

〔伦敦〕 著名周刊《旁观人》今日社论,谓国联决议案必可为美国所赞同,而苏俄亦或可赞助之。果尔,则其影响将为世界无一国政府可承认"满洲国",亦无一国金融市场可承借"满洲国"债款,同时日本朝野财力所可借与"满洲国"者,其可能性殊为微细。于此亦可见国联尚未讨论积极制裁而仅采此工具之价值矣。同时国联显然不能以投票通过十九特委会决议案为已尽其责任,而遂洗手不问也。今后尚有两大目的须达到者:(一)根据中日与国联间之协定,而不借日本兵力之援助,在满洲设立一种行政机关;(二)恢复日本与国联间寻常友好之关系。该报又谓暂时日本或退出国联,而兵力或遍及于满洲与热河,但事有不能幸免者,日本终不能如愿以偿。目前尚望各国一致禁止对日输出军火云。(十七日路透电)

(《申报》,1933年2月19日,第七版)

135. 国联报告书草案全文[①]

〔南京〕 国联十九国委员会所草拟之报告书全文,外部十八日晚已译竣发表,原文如次。

国联大会报告书草案

大会按照盟约第十五条第三款所为之种种努力期使依据该条第九款所提交大会讨论之争议得有解决者,既不幸失败,兹爰依照同条第四款之规定,通过下列之报告书,以载明是项争议之事实及认为公允适当之建议。

第一部 远东之事变

国联调查团报告书首八章之采用及本报告书之计划

中日争端之根本原因甚为复杂。行政院所派遣就地研究之调查团,曾称"本项争端中所包含之各种问题,并不如恒常所说之简单。盖此案极为复杂,惟有对于一切事实之内容及其历史背景,有深切之知识者,始能对于此案表示切实之意见"。调查团报告书前八章,对于中日争端之历史背景及有关满洲之

---

① 编者按:该篇原文多有文字、层级错误与断句不确处,本次整理参考《大公报》等刊载版本予以校改。

重要事实，均有公正而详细之叙述。该报告书已另刊印，于此若再节要或重述，自为事实之不可能，且亦未免多事。大会于研究中日两国政府所送致之意见书后，即采用调查团报告书前八章之意见，作为本报告书之一部份。但为使调查团报告书之陈述完备起见，则将关于本争端各方面行政院及大会所采取之种种办法，以及调查团报告书内所未曾叙载之某某事实，为［如］一九三二年初上海战事之起源，特为叙述，自属必要。关于此等事件，本大会则采用各国领事调查团送致本大会之报告（此项报告已另刊印），以作本报告书之一部份。又自一九三二年九月初满洲各事件之详情，亦有重述之必要，因调查团报告书并未追溯至该日以前也。本争端发展之简单历史的叙述，将载于本报告书之第二章，并须同时参阅调查团报告书中之事实的纪述。第三章中申述本争端之重要特征，及大会根据主要之事实而拟之结论。第四章则载明大会对于本案所认为公允而适当之建议。

第二部　中日争端在国联方面之进展

一　事端发展之简述

自此案提交国联后，行政院及大会屡次之决议，均视本案在远东情势之变迁而定。发［当］中日争端发生之初，中国政府根据盟约第十一条将本案提请国联处理时，事变之范围，不过仅及于沈阳及东三省若干之其他地点而已。行政院时并屡获日本保证，谓日本在满洲并无领土野心，只须日侨生命财产得有安全之保证，则日本即可将军队撤退至南满区域以内。此即系一九三二［一］年九月三十日决议及十月廿四日决议草案之旨趣。后者除日本外，为行政院全体所同意，故能使行政院向日本代表团再行求取承诺。在日本代表拒绝上项草案后，因日本复坚持须解决中日各根本问题，遂使行政院方面于无碍九月三十日决议案如承诺之实施的范围内，更行提出办法，以期使两国之各问题得有最后之根本解决。

一九三二［一］年十二月十日，行政院接受日本之提议，决议组织一"调查团"赴当地调查，并将"任何情形影响国际关系，而有扰乱中日两国和平或和平所维系之谅解之虞者"具报于行政院。在十二月与三月之间，远东情势甚形恶化，日本军队完全占入南满并开始侵占北满。在满洲以外，中日正式军队剧烈之冲突已在上海开始，且进行未已。同时在被日本军队占据之区域内，为行政机关改组，形成独立国之建设，名"满洲国"，否认中国之统治权。嗣后中国申请行政院，除按照盟约第十一条外，并依据第十条及第十五条处理此项争执。

一九三二年二月十九日，因中国依照第十五条第九节规定请求之结果，行政院将争执事件提交大会。调查团报告书为详细审查争执之实质所必要，故从一月起，在未接到调查团报告书以前，行政院及以后大会之主要任务，在尽其力之所及，以停止敌对行为，并制止情势之更形扩大；同时保持当事国之权利及盟约之原则，俾不受任何"既成事实"之不良影响。并与[于]三月十一日之议决案，明白表示联合会对于争执事件之态度，声言在未遵照盟约解决以前，联合会会员国应不予承认任何情势、任何条约或协定其造成之方法违反盟约或巴黎公约者。上海敌对行为告终，但在东三省，日本军队或"满洲国"政府军队继续与中国非正式军队作战。

一九三二年九月，于调查团报告书在北平签字后之数日，日本政府态度又有根本之改变，即日本政府承认"满洲国"政府是也。调查团报告书之□达日内瓦，不能在九月底以前，即六个月期限届满之前。此项期限，系盟约内规定依照第十五条致送报告书于大会者。故大会经当事国之同意，于七月一日决定展缓必须[需]之期限。但了解此种展期，不得视为先例。调查团因此遂能当地完成报告书，当事国遂能致送报告书之意见，而行政院与大会亦能审查所以如此获得之材料。此种材料之审查及与当事国意见之交换，自一九三二年十一月起，直至一九三三年二月初，继续不断。经行政院讨论以后，大会根据调查团报告书所载之材料及结论，依照第十五条第三节，以当事国谈判之方法，设法解决争端，但无效果，以致大会依照该条第四节通过此次之报告书。

二 争执提出国联之起因

一九三一年九月十八至十九日在南满发生之事件，行政院最初之讨论

中国之请求行政院，由于日本军队于一九三一年九月十八夜在满洲所取之举动。因一事件①发生于附近沈阳，为日军所护之南满铁路地带，日本军事长官遂以军事上之防范必要为词，派兵至地带外，特别至地带相毗连之中国城市及在沈阳终止之铁路线。中国城市如沈阳、长春、安东、营口及他处，遂被占入，中国军队被驱散或缴械。九月二十一日，中国依照盟约第十一条申请行政

---

① 编者按：原文误，应为"因事件"或"因此事件"。

院立即采取步骤,制止情势之再有变化,以致危害国际之和平,并回复事变以前之状态,及确定中华民国应得赔偿之情质与数目。九月二十二日,行政院授权行政院主席(即西班牙代表勒乐),致紧急申请书于两国政府,制止任何行动足以使形势扩大或有碍和平解决此项问题者,并劝两国政府可立即进行撤退其军队,而不危及其人民之生命与财产。九月二十八日,行政院主席根据自两当事国所得之报告,向当时大会例会解释情形,声言日本军队撤退至南满铁路地带以内一节,正在进行之中;并谓九月二十八日日本代表已在行政院宣称进行撤兵,除沈阳及吉林二处在铁路地带以外,驻有日本少数队伍者,仅新民、郑家屯,为保护日本侨民免受中国兵士及土匪之侵击,因此种士兵及土匪正在扰乱上述之地方。当九月三十日行政院通过下列议决案时(参观一九三一年十二月《国联公报》第二三零七页),其情形如此,决议案如下:

(一)行政院知悉中日政府对于行政院主席所为紧急声请之答覆,及为应付此种声请所取之步骤。

(二)行政院对于日本政府之声明谓对于东省并无图谋领土之意,认为重要。

(三)行政院知悉日代表之声明,谓日本军队业经开始撤退,日本政府当以日本人民生命财产之安全得有切实之保证为比例,仍继续将其军队从速撤退至铁路区域以内,并希望从速完全实行此项意愿。

(四)行政院知悉中国代表之声明,谓中国政府对于该区域以外日侨生命财产之安全,在日军继续撤退、中国地方官吏及警察再行恢复时,当负责任。

(五)行政院深信双方政府均极欲避免采取任何行动足以扰乱两国间之和平及谅解者,并知悉中日代表已保证各该国政府采取一切必要步骤,以防止事变范围之扩大,或情势之愈加严重。

(六)行政院请求当事两方,尽力所能速行恢复两国间通常之关系,并为求达到此项目的,继续并从速完成上述保证之实行。

(七)行政院请求当事两方,随时将关于情势发展之消息,充分供给于行政院。

(八)行政院决定如无意外事件发生有即时开会之必要者,则于十月十日在日内瓦再行开会,以考量彼时之情势。

(九)行政院授权于其主席,经向各同僚尤其两关系国代表咨询后,认为根据从当事国或从其他各会员方面所得关于情势进展之消息,无须再行开会时,得取消本院十月十四日之会议。

行政院之愿望未得实现

十月十日,中国代表团为日军继续积极进攻,用飞机轰炸临时省政府所在地之锦州,要求行政院召开紧急会议。行政院在九月开会时,曾决定将该院之会议录及关于中日纠纷之文件,送致美国政府。同时美国政府亦表示与国联态度十分同情。

十月十六日,行政院决定继续与美国政府合作,并邀请美国政府派遣代表列席行政院,以便商讨巴黎非战公约条文与满洲不幸现状之关系,及观察行政院关于该问题之其他一切讨论,美国政府送致同样照会于中日两国政府。

十月二十二日,行政院主席(法国代表白里安)提出一决议草案,该草案除当事国外一致同意。该决议草案于申述中日两国政府,按照前月三十日决议案所承允之约束,及日本代表所称日本在满决无领土企图之宣言后,即请日本政府立即开始将日军撤退至铁路区域以内,于下次开会以前全数撤尽,并请中国政府准备接收日军撤退区域之办法,以保证日侨生命财产之安全。该草案为实行起见,且将详细办法亦略加规定。该决议草案复向中日两国政府建议,日军撤尽后,两国应立即开始直接交涉谈判中日间一切悬案,尤其关于最近事件及关于由东省铁路情形所发生之纠纷。为达上项目的,行政院建议两当事国应组织调解委员会或类似之永久机关。最后提议行政院应于十一月十六日再行集会。

十二月十三日①,中国代表接受该项决议草案,视为最低限度;日本代表则提一对案,说明日本政府鉴于满洲局势之紧张及情形,不能预定日军撤尽之确切日期。日本政府认定恢复较宁静之心理状态为绝对必要,因此决定原则数点为中日两国间经常关系之基础,但日本代表无权将此种原则列入决议案中,亦无权在行政院会议席上详细讨论,以为此种原则只应为两当事国直接谈判之基本条件。行政院认为既不知悉"原则"之内容,当然不能在决议草案内提及该决议草案。因日本代表之反对,十月二十四日未曾通过行政院,延会至十一月十八日。

中国代表于十月二十四日会议后,曾代表中国政府向行政院主席发表下列之宣言:中国与其他国联会员国同样受盟约之约束,谨慎遵守一切条约上之

---

① 编者按:原文误,应为"十月二十三日"。

义务；中国政府矢志尽盟约上所规定之一切义务，为证明此种意志，关于条约解释方面，与日本之一切争执，极愿依照盟约第十三条之规定，用公断或交法庭解决之；为实行此种意志，中国政府愿与日本订立公断条约，一如中美新近订立之公断条约，或近年国联各会员国间所订之多数公断条约然。

三 日本军事行动在北满之进展

行政院十月开会以后，日军在满洲洮昂铁路之嫩江桥附近，复从事攻击。嫩江桥于十月间被黑龙江省主席马占山军队所毁，以阻止张海鹏军队之前进，盖据中国方面称，张海鹏系受日军之主使而取攻势者也。为辩护干涉嫩江桥之修理为合理，日本政府单[曾]向中国政府声称，谓洮昂路系依据合同由南满铁路株式会社建筑，中国方面尚未偿还债务，且不愿将此债改为借款，故此路可认为属于南满铁路株式会社，该社对于保护该路财产及维持该路交通，自属极为关心云。十一月二日，日本政府声明，因南满及洮昂铁路局之请求，爰于是日派遣工兵一队，由步炮及空军保护，前往修理铁路桥。日军当即与拒绝退让之华军冲突，而将其击退。十一月中，日本军队遂开到且越过中东铁路而取得昂昂溪，嗣并于十一月十九日取得齐齐哈尔。

四 改组满洲民政机关之办法

当军事上行动如此向满进展时，民政机关之改组亦复同时进行。就沈阳言之，在九一八事变发生政局解组以后，当地政府首即交由日本上校土肥原负责，嗣于十月二十日，则由在东京帝国大学毕业之法律博士华人赵欣伯充任"市长"。时辽宁前省政府已迁往锦州，因又组织一"辽宁省政府"以资对抗。九月二十四日所组织之"地方维持委员会"，十月间改为"辽宁省自治公署"；十一月七日"自治公署"复又改为"代理辽宁省政府"，宣告与从前之东北政府及南京国民政府脱离关系。同时复成立最高指导部，其职权之一部，即为指导并监督"省政府"及鼓励地方自治。凡此种种新机关以及发行纸币之银行，均派有日本顾问，此项顾问则大半为南满路具有势力之职员。中国代表则坚称沈阳、吉林及其他日军占据之地点，所有种种新机关之成立与维持，均应由日军负责，以为此种种机关，均系日军之傀儡、日军之产生物。日代表则答复以为，日本当局除鼓励华人自行组织团体维持秩序外，别无他法。此等团体果能克尽其职责，则将使日本政府屡次所正式表示之愿望，亦谓从速撤兵一节，较易实现。不第此也,一九三一年十一月间,中国代表团曾将盐务稽核会办克利夫兰德博士(Dr. Fudrich A. Clefuland①)之迭次报告,送交行政院。据该项报告,则日本陆军当局彼时正以武力夺取满洲各地之盐税。而据日本公文之所述,则谓日本陆军当局将中国盐税机关之余款,另行移转于他一中国机关(当地之地方维持委员会),不能谓为不当。

五 一九三一年十一、十二月间之行政院会议——调查团之组织

是时行政院正于十一月十六日在巴黎集会。十一月二十一日,日本方面提议派遣调查团至远东调查,并谓"日本政府依照九月三十日之决议案,从速撤兵至南满铁路区域之真诚的愿望,决不因此项调查团之产生与派遣而有所变更"。该项提议经考虑后,十二月十日行政院乃通过下列之决议:

(一)行政院重申九月三十日一致通过之决议,该决议经中日两方声明,各受其庄严约束。故行政院要求中日政府采取必要步骤,实行该项决议,俾日军依照该决议内所开条件,尽请[快]撤退至铁路区域内。

(二)政府院②认为自十一月二十四日会议后,事态更为严重,知悉两方担任采取必要办法防止情势之再行扩大,并避免任何行动,致再令发生战争及丧失生命之事。

(三)行政院请两方继续将情势之发展,随时通知行政院。

(四)行政院请其他会员国,将各该国代表就地所得之消息,随时供给行政院。

(五)行政院鉴于本案之特殊情形,欲协力促进两国政府,谋两国政府间各项问题之最后根本解决,故并不妨示上述办法之实行,决定派遣一委员会。该委员会以五人组织之,就地研究任何情形影响国际关系,而有扰乱中日两国和平或和平所维系之谅解之虞者,并报告于行政院。中日两国政府各得派参加委员一人,襄助该委员会。两国政府对于该委员会,应予以一切便利,俾该委员会所需之任何消息,均可得到了解。如两方开始任何商议,该项商议不在该委员会职务范围之内。又该委员会对于任何一方之军事办法,无干涉之权。该委员会之委派及其考虑,对于日本政府在九月三十日决议内所为日军撤退

---

① 编者按:原文误,应为"Dr. Frederic A. Cleveland"。
② 编者按:原文误,应为"行政院"。

之铁路区域内之保证,无任何防[妨]碍。

(六)在现在及一月二十五日举行下次常会之间,行政院仍在受理本问题中。请主席注意本问题,并于必要时,再行召集会议。(行政院主席法国代表白理安于提出是项决议案时,曾郑重声明行政院对于九月三十日之决议案及其自身之确信,以为两国政府将充分履行该决议之约言各节,均极端重视,并称双方均避免任何足以更致战事或使事态扩大之行动,实为必要而急切。上项决议案通过时,美国政府曾表示欣快,实已有确切进步。)

六　日军攻击锦州——南满方面中国残余行政权之摧灭

当行政院从事草拟上项决议案时,中日双方均曾请行政院对于延及满洲西南部之军事行动的危险予以注意。因而有一种努力,即设法在日军与锦州张学良之军队间设立中立区域。惟是此种努力,不幸失败。日本代表当该决议案通过时,关于该决议之第二节曾声明接受。惟须了解该节之用意,并非阻止日军因直接保护日侨生命财产以免满洲各地土匪或不法份子之蹂躏所必须采取之行动。该项行动,实系一种例外之办法,基于东北之特殊情形。将来该地常状一经恢复,则此种办法之必要性自亦归于消灭。十二月二十三日,日军即开始向锦州方面进攻,而于一九三二年一月三日实行占领,日军当更进至长城,而与驻扎长城南山海关之日军连[联]络。此种军事行动之结果,即为南满方面中国行政权之完全摧灭。

七　在上海之敌对行为——敌对行为之起源

一九三二年一月以后,满洲以外各地情形日益险恶,上海亦然。关于上海事变,国联前后从于二月初间在上海当地组织成立之领事团委员会,共收报告四件,叙述事变之经过,自开始之日起,至三月五日为止。其后之事件,均载在调查团报告书内。按该调查团之组织,已于上文解释,系成立于一九三二年一月,于三月十四日到达上海。先是,在朝鲜曾发生严重之排华暴动,一如调查团报告书所述,是项暴动引起一九三一年六月以后,在上海及中国其他各埠之抵制日货。日本军队之占领满洲,使抵货益见急张。现某数事件中,中国政府及官方组织且有积极之协助,日本商务受重大之损失,两国人民间之紧张情感益趋锐化,严重事变随即发生。因是上海日侨遂请本国政府派遣军队战舰,制止排日运动。其后日本总领事即向中国上海市市长提出五项条件。上海市长于一月廿一日声明,对于其中两项条件,碍难照办(即充分制止排日运动,解散一切挑拨恶感、煽动排日暴动风潮之排日团体)。同日,日本海军司令公布,倘中国市长答复不能满意,为保护日人利权起见,决议取必要步骤。一月廿四日,日本海军增援军队到达上海,谣传华界闸北区中国驻军亦在增兵。一月二十七日,日本总领事要求中国方面在次日早晨六时以前,对于所提条件给予满意之答复。上海市长曾向各国代表表示意旨,将尽量让步,以求避免冲突。一月二十七日至二十八日之晚间,遂停止抗日会,其他抗日机关亦经中国警察分别封闭。一月二十八日晨,日本海军司令通知各国驻军司令,倘中国方面无满意之答复,决于次晨采取行动。公共租界工部局开会,决定当日下午四时起,宣布戒严。至下午四时,日本总领事通知领团,谓业经收到中国答复接受日本一切条件,该项答复,可谓完全满意,暂时不采若何行动。同时公共租界防务委员会为适应当时之紧急情形,将租界划分区域,指定各国驻军,分别担任防务。防务委员会所指定之日本防区,不仅租界之一部份,并连带突出界外之地段:西至淞沪铁路,日本海军司令部位在该突出地段之极北端;属工部局之两路——北四川路及狄思威尔路,平时向有日本海军陆战队驻所。午后十一时,日本海军司令宣称,鉴于目前之紧急状态,帝国海军对于有多数日本侨民居住之闸北一带情形极为关怀,已决派遣军队前往该处,希望中国驻闸北之军队迅速向铁路以西撤退。一句钟后,日本陆战队及武装平民向铁路进发,其最后一队,企图由入租界及防守地段之河南路栅门侵入车站,经驻守该段之上海义勇队加以阻止。该义勇队奉有严格命令,其原则为防守军队之职责,限于防御不能进攻,遵照防守计划。派至闸北一段之日本军队,与中国军队相接触。据领团委会第一次报告书所称,该项中国军队即使情愿撤退,亦为时间所不许。

八 在上海之敌对行为——行政院根据盟约第十条之讨论——大会依照第十五条之第一次讨论——上海敌对行为之终止

上海战事因此遂即开始。当时正在日内瓦开会之行政院,及在上海有特殊利益之各国,曾屡次致力制止。上述严重事变发生后,中国遂于一月二十九日,要求将争执事件依据第十条及第十五条处理之。二月十六日,行政院各会员国,除中国及日本外,向日本政府提出紧急申请书,请注意盟约第十条。按照该条之意义,"凡忽视该条规定,损害联合会会员国领土之完整,及变更其政治之独立者,联合会各会员国均不应认为有效"。二月十九日,行政院因中国之请求,将本争执事件提交大会。大会于三月三日召集开会。行政院在大会开会之前,曾作最后一度之努力,以图停止战事,于二月二十九日提议在上海组织圆桌会议,惟其举行,须待就地已订有停止敌对行为之办法。行政院之提议未曾实行,因战事仍然继续。三月三日,大会于听取双方代表声说之后,于三月四日通过决议案如下:

"大会于申述行政院二月二十九日所议决之提议,并声明不妨害提议中所包含之其他方法之后:

(一)中日请政府①立即采取必要之方法,使两方军事当局所发停战之命令,得以有效。

(二)请求在上海有特别利益关系之列强,以前项办法实行之状态,报告大会。

(三)劝告中日代表,以上述列强文武官宪之协助,开始磋商订立办法。此项办法须确定停止敌对行为,并规定日军之撤退。务请上述列强随时磋商情形,向大会报告。(三月五日,美国政府表示已经训令上海该国军事长官通力合作。)"

经各方所提议之会商,于三月十四日在上海开始进行大会所组织之十九国委员会。因中国之请求,曾两次从中斡旋,将各种困难设法排除,卒于五月五日在上海签订停战协定。同月六日,日本军队开始撤退。至五月三十一日由日本派至上海各师团,均已再行登船。各该师团中,惟第十四师团经改派前往满洲。七月一日,大会接到报告称,仅有极少数之日本陆战队,依照五月五日协定,暂时留住少数处所,与租界及越界所筑各路线相邻近,嗣后各该队伍亦已撤退。中国方面认日本在上海之干涉致中国兵士人民死亡损伤及失踪者,达二万四千人,物质上之损失,估计约值十五万万余元。

九 日本在满洲占领之进展——行政组织之进行——"满洲国"之宪法

当上海事件正在发展之时,满洲之时局亦在进展之中。二月五日哈尔滨为日本军队所占领,嗣后数个月内,日本军队继续向中国军队残部暨"义勇军"、土匪及其他各种"非正式军队"作军事行动。小规模之战斗蔓延于满洲一极大部份之地面,同时行政上之改组,亦在进行之中。其最初各时期,已于上

---

① 编者按:原文如此,应为"请中日政府"。

文述及。一九三二年二月十七日,有一最高行政会议为满洲全部而成立。二月十八日,该会议发表独立宣言。二月十九日,日本代表于日内瓦行政院会议中,说明在满洲地方"独立"之意义与"自治"之意义相同。日本对此种独立之成功,曾以赞成之态度视之。三月九日,各地方行政机关遂于[行]合并为一"独立国家",名为"满洲国"。该"国"执政一席,由前清宣统皇帝溥仪君承受之。中国政府曾于一九三一年十一月十七日,声称该逊帝为日人自天津日本租界勒绑押送至沈阳,其目的在建立一傀儡政府,以该逊帝为皇帝。中国政府对该号称"国家"之建立,屡次诋为非法。而该号称"国家"自成立伊始,以及其后发展过程中所有创立维持,均系由驻满日军指使协助。

十 大会之讨论——三月十一日之决议关于依据盟约第十五条拟具报告书期限之决定

同时大会继续在日内瓦研讨该项争执事件,于一九三二年三月十一日经详细讨论之后,通过下列决议案。

第一节 大会鉴于盟约所载各项规定,对于此次争执完全实[适]用,尤以关于:

(一)严格尊重条约之原则。

(二)联合会会员担任遵[尊]重并保持所有联合会之会员领土之完整及现有政治上之独立以防御外来侵犯之诺言。

(三)将彼此间所有一切争执之义务,采用一九三一年十二月十日行政院主席白里安宣言中所奠立之原则。

回溯行政院十二会员于一九三二年二月十六日致日本政府声请书中,曾重申此项原则宣言:"凡轻视盟约第十条之规定,蹂躏联合会会员【处理】领土之完整及变更其政治之独立者,联合会各会员国均不能认为有效。"鉴于上述规定,联合会会员国际关系及和平解决一切争执之原则,与巴黎公约完全相符,而该公约实为世界和平机关之基石。其第二条规定:"缔约各国互允各国间设有争端,不论如何性质,因何发端,只可用和平方法解之决①。"在本会尚未采取最后步骤以解决受理之争执时,特宣告上述原则及规定负有一种必须遵守之性质并声明,凡用违反联合会盟约及巴黎公约之方法,所取得之地位条

---

① 编者按:原文误,"解之决"应作"解决之"。

约及协定,联合会会员均不能承认之。

第二节 大会郑重申说,如由任何一方用武力压迫,以觅取中日争执之解决,实与盟约精神相违背。回溯一九三一年九月二十日及十二月十日经当事双方同意之行政院所通过之决议,并回溯一九三二年三月四日经当事双方同意之关于切实停战及日军撤退事项,大会本身所通过之决议,知悉联合会会员在上海租界有特殊利益之国家,对于此项目的,准备充分协助,并请求各该国于必要时,通力合作,以维持撤退区域之治安。

第三节 大会缘一月二十九日中国政府之请求,将联合盟约第十五条之手续,适用于此次之争执;缘二月十二日中国政府之请求,将此次争执,依照盟约第十五条第九节之规定,提交大会;并缘二月十九日行政院之决定,鉴于本会接受处理中国政府请求中所指争执之全部,应负有适用盟约第十五条第三节所规定"调解"手续之义务,并于必要时,应负有适用同意第四节所规定"说明建议"手续之义务。爰决定组织一十九会员之委员会,即以大会主席为该委员会之主席,连同当事国以外之行政院会员,及用秘密投票选出之其他会员国代表组织之。该委员会代表大会执行职务,并受大会之监督,应:

(一)从速报告关于依照一九二三年三月四日大会之决议停止战事及缔结协定,使上海战事切实停止,并规定日军撤退各事项。

(二)注意一九三一年九月三十日及十二月十日行政院通过决议之实行。

(三)经当事双方之同意,并依照盟约第十五条第三节之规定,从事预备解决争执之办法,并拟具声明提交大会。

(四)于必要时,得向大会提议,向国际审判法庭提出,请其发抒意见之声请。

(五)于必要时,从事预备第十五条第四节所规定之报告书草案。

(六)建议一切似属必要之紧急办法。

(七)于最早时期内向大会提出第一次报告书,最迟不得过一九三二年五月一日。

大会请求行政院,将一切视为应行转送大会之文件或附带意见,转致委员会。大会并不闭会,主席视为必要时,得召集之。

三月十二日,美国政府宣称国联大会之措施,实足使非战公约暨国联盟约所赖为基础之安宁与正谊之原则,成为国际公法。英[美]国政府尤为欣慰者,世界各国,兹以联合一致采取一种政策,即对于因违反各该条约所护之结果,不承认为有效,此于国际公法诚为一特殊之贡献,而亦为和平建设之切实基础也。一九三二年五月一日,国联大会接据报告调查团之报告书不能于九月前撰拟完竣。大会得当事双方同意之后,决定就确属必须之范围内,将国联盟约所规定六个月拟具报告书之期限予以延展,国联大会书之期限,予以延展。①国联大会主席于六月二十四日函致中日代表,提议延展盟约所规定之期限时曾称:"本主席职责所在,用进一言。本主席深信,当事双方将恪遵其在行政院中所为不扩大局势之诺言,该项诺言固曾以明文载诸九月三十日暨十月十日(一九三一年)决议案中,而该项决议案仍有充分之执行效力者也。此项决议案在六个月限满后,行将延展之期限中,将继续有充分之效力。贵代表定与本主席同此意见。"兹一并提请注意者,即三月十一日国联大会所通过之决议案,对该两决议案曾重予申述。国联大会主席于大会通过延展期限一事之后,曾述及其函中此节,并称:"此事既然如此,大会所采取之决定授权本主席,声明当事国双方必不得有任何行动,足以危及调查团工作之成功,或国联为促成解决办法所尽之努力。"

十一 "满洲国"之组织

日本承认"满洲国",同时组织"满洲国"之手续继续进行。该"政府"则设一"中央银行",并接办盐税行政(声明愿继续偿付外债所需款项之平衡的部分,该项外债以盐税收入为担保)故[和]关税行政(关于以关税为担保之债务及赔款,作同样之声明),以及邮务行政等事务。

"满洲国"军队之造成,出诸被聘为顾问之日方官吏之助力。日本政府于一九二三年四月八日通知书中宣称,目前以友好之精神,予"满洲国"军队以援助,以应其维持治安、恢复秩序之需要。依据日本政府一九三二年十一月十八日之意见书,日本驻军东省,于二三年内可将最主要之股匪予以肃清。日本与新组织之关系,自派遣武藤将军驻"满洲国国都"长春后,亦经确定。武藤于八月八日受命如[为]关东军总司令,同时兼任有特别使命之特命全权大使及关东总督统辖领馆事务。关于租借地之行政以及在东省所有之日军,此次新任大使并未呈递国书,仅日本一方面曾有此项任命。九月十五日,武藤将军与"满洲国国务总理"签订"日满议定书"内,有下列之规定:

---

① 编者按:原文如此,"国联大会书之期限,予以延展"疑为衍文。

兹因日本国确认"满洲国"统[根]据其住民之意思,自由成立而成一独立国家之事实,并因"满洲国"宣言中华民国所有之国际条约,以其应得适用于"满洲国"者为限,概应尊重之,日本国政府及满洲国政府为永远巩固日、"满"两国间善后之关系、互相尊重其领土权且确保东亚和平之起见,为协定如左:

(一)"满洲国"于将来日、"满"两国间未另订相反的协定之前,在"满洲国"领域内日本国或日本国臣民依据既存之日华两方之条约协定、其他约款及公私契约所有之一切权利利益,概应确认尊重之。

(二)日本国及"满洲国"确认于缔约国一方之领土及治安之一切威胁,同时亦为对于缔约国他方之安宁及存立之威胁,相约两国合作,以维持彼此国家之安全,为此目的所需要。

(三)日本国军队应扎驻于"满洲国"内。

本议定书自签订日起即生效力。

"满洲国"遂得日方正式承认。中国政府对于此项承认曾提抗议,并说明日本援用其对朝鲜之先例,实际上置东省于"保护国家"之列,以为合并之初步。

十二　行政院对于调查团报告书之讨论

该项报告书于一九三二年九月四日在北京签字,并于十月一日分别送达两当事国及其他盟约国。日本政府曾要求至少六星期之期间,以南[便]草送意见书。行政院因于九月廿四日决定,至迟于上年十一月廿一日开始讨论。当场行政院主席爱尔兰自由邦之代表凡勒拉君表示遗憾,以国联调查团报告书公布之前,日方不仅承认所谓"满洲国政府",且与之签订条约,其所取之步骤,不得不认为于争端之解决有碍,国联特别委员会于十月一日召开会议时,亦表示同一之遗憾。凡勒拉君又谓在过去一年间行政院以团体之资格,与组成行政院之各国政府,但[对]于此项严重争端之是非曲直始终谨慎,未轻发一字之批评。因已组织调查团,对于关系之症结予以考察,而在调查团制成报告书以前,以及国联讨论报告书以前,此整个之问题仍只能认为留待判决之案件。一九三二年【十】一月二十一日至二十八日,行政院开会讨论调查团报告书及两当事国之意见书。对于主席所问之问题,李顿爵士以调查团名义答称:

"本团同人对报告书不愿有所增加。"关于报告书中所包含之建议,行政院认为在中日代表之声明中,不能觅得两当事国有任何协调之可能,足以使其有益的进行讨论及贡献意见,或建议于大会者。在此情形之下,行政院只可将调查团报告两当事国之意见书及会议纪录递交大会而已。

十三 大会讨论调查团报告书——试行商议解决办法

大会于一九三二年十二月六日开会,经一番讨论后,即于十二月九日通过下列决议案:大会现接到调查团报告书——该调查团系依据一九三二年十二月十日行政院通过之决议案所组织者——及两当事国之意见书,与一九三二年十一月二十日至二十八日行政院会议记录,于一九三二年十二月六日至九日

下转第十二版

大会之讨论。爰请根据一九三二年三月十一日大会决议案所指派之特别委员会:一、研究调查团报告书及两当事国之意见书,与在大会中以任何形式所发表之意见后提出之建议;二、起草提案,以图解决依照一九三二年二月十九日行政院决议案所提交大会之争执;三、在可能的极早时间内,将上述提案提交大会十九国特别委员会,拟就决议草案二号及声明书,指明该委员会照此根据,认为可继续其图谋解决此争端之努力。

决议草案第一

兹决议草案国联大会认为依据盟约第十五条所定之条文,首要之义务,原为力谋争端之解决。故目前大会之职责,并不在于草拟报告、陈述争端之事实,以及对于该项争端提出建议。以为一九三二年三月十一日之大会决议案,已订立原则,将国联对于解决争端之态度予以决定,确认于该项解决办法中,国联盟约、非战公约及九国公约规定之条文必须予以尊重。决定组织一委员会,其任务为根据国联调查团报告书第九章所申述之原则,并注意及该报告书第十章所为之建议,会同两当事国,进行商议,以求解决。指派国联会员国之在十九国特别委员会者,组织一特别委员会,以为美国及苏联如能应允加入谈判,最为合宜。付予该上述委员会以邀请美俄两政府参加是项谈判之责,授权该会得因欲使任务执行之顺利而攘取各种必要办法,申请该委员会于一九三三年三月一日前报告该会之工作情形。该委员会应有征求双方同意而订定一九三二年七月一日大会议决案所提之期限之权,如双方不能同意于该项期限

时,该委员会应即呈报,并同时将关于该案之建议呈送大会。大会应暂时停开,但该会议主席仍得因必要而立即召集会议。

决议草案第二

(大会对于依照行政院一九三一年十二月十日决议案委派之调查团所给予之厚助,表示感谢,并宣言该团之报告书为一种忠实公正工作之模范。)

意见书如下:

大会于一九三二年十二月九日决议,请该会之特委会:(一)研究调查团之报告书暨双方之意见书,以及各方在大会中所发表之一切意见及提议;(二)根据行政院一九三二年二月十九日将该案交办之决议,草拟关于解决该项争执之建议;(三)该项建议应于最短期间送呈大会,如该委员会以为须将事实及系[情]与[势]之大概报告大会时,则在调查团报告书之前[八]章中,可以得到该项陈述所必需之材料。因该委员会以为报告书之该部分中关于各项之主要事实,已予以一种平衡公允与完整之口述矣。但该项陈述尚非其时,因依照国联盟约第十五条第三项之规定,关于争执之解决,大会应先尽力调解。设调解而成功,则该会应即制作一种关于是项事实之适当报告;若调解而失败,则应依据同条款第四节之规定,使[作]该项争执事实经过之报告及关于该案之建议。在根据第十五条第三项继续努力。调解之时,大会受盟约对于临时发生事件所赋予之责任,自应特别审慎。所以本委员会于本日提出大会之决议草案,仅限于关于调解之建议。经三月十一日大会之决议,特委会奉令拟一双方可以同意之解决争执办法,并以为美俄如能参与协助双方代表之努力,尤为相宜,均提议应邀请该两国政府参加谈判。为避免该[误]会起见,兹声明现时所拟与非国联会员国合作者,纯系办理以调解求解决之谈判。为此,本特委会提议,本委员会应视为办理此项谈判之一新委员会,应受有邀请美俄两政府参加该会会议之权,该谈判委员会因执行任务,于必要时得便宜行事,且该会可以咨询专家;并该会如认为适当时,可以将其职权之一部分,交一个或较多之小组委员会,或一个或较多资望素孚之人员办理之。关于法律事项,该谈判委员会会员,应以大会一九三二年三月十一十八决议案之一、二两项为根据。关于事实经过,应依据调查团报告书前八章中之记述。至于考虑解决办法,则应依照调查团报告书第九章中所立之原则办理,并应注意该报告书第十章之建议。十九国委员会因该项争执情形并[之]特殊,认为如仅恢复一九三一年九月前之情形,不能作为永久之解决,而维持与永认满洲之现有政体,亦不能认为解决之办法。十二月十三日曾将两决议之草案及意见书,送达双方,并经中日代表提出修改。嗣本委员会委员长及秘书长奉令与双方进行谈话。十二月二十日委员会议决闭会,并规定最迟须于一九三三年一月十六日再行开会,俾谈话得以继续进行。

十四　日本在山海关长城内之军事行动

一九三三年一月初,山海关发生严重事变。该关位于长城之终点,据北平、辽宁之中心,在军事上所占重要,适当为自满洲进犯者所欲深入现所称河北省之街[冲]道,并从河北省为入日本认为系"满洲国"一部分之热河省之捷径。据日方消息,张学良将军将大批军队自河北省北部运入热河。惟据中国方面消息,则谓日本军队对于热河已决定取大规模之军事行动。一九三二年十二月十九日,据日方报告,在前数日间,中国军队之集中为抵抗热河,已昭然若揭。日本代表并于一九三三年一月四日声称,驻北平日本当局曾极力劝告张学良停止军事行动无效,遂在此紧张不安状态之中,于一月一日至二日之夜间发生山海关事件。本日日本关东军军队越过长城,攻击榆城,旋于一月三日占领之。中国政府确知此役华人民众被杀者不下数千,当以日本非法利用条约上之特权,于一月十一日向一九零一年和约签字各国提出抗议,并声明中国军队因防护【正】当权利而抵抗日军侵略所发生之情形,中国政府不负任何责任。

十五　协商调解之失败

九名[国]委员会复于一九三三年一月十六日集议,说明关于议决案草案及附加理由说明书,维仍与有关各代表继续谈判。惟除中国代表团于十二月间所提之修正案外,并未接到新提案。但据日本代表团称,新提案尚在与本国政府接洽中,当国[可]于四十八小时内提出之。一月十八日,委员会接到此项提案,得悉其内容,与委员十二月十日送交内[两]当事国者,有数要点根本不同。日本代表团既于新提案时,特别注意对于指派之调解机关仅能包括国联会员国一项,则九国委员会以为日本政府倘对于决议草案不过反对此节,尚不难与关系各方磋商解决者[此]问题。是以委员对于此点要求补充说明,是否日本政府如此项困难足以解除,即预备接受十二月十五日之决议草案第一号。委员会以为与中国代表团继续谈判以前,尚须等候日本对于此点之答覆,因中国代表团之提案,尚不如日本提案之于决议草案持根本之异议。

一月二十一日，委员会说明日代表致委员会主席及秘书长之说明书，其要旨谓即使草案内删除邀请非会员国参加调解之规定，日本政府亦不预备接受决议草案第一号。日本代表团分致此说明书时，曾以本国政府名义提出新提案，委员会经将此项提案（附件一）连同中国代表团对于十二月十五草案原文（附件二）之修正案一共［并］审查后，以为除声明无法制定一双方可接受之草案外，不能更有何办法。且中国代表团及委员会自身，均以邀请美俄两国参加调解认为重要，如果委员会须照日本提案之意义，同时修改草案中其他规定，则殊难因日本一国之请求即删除邀请各该国之规定。委员会又以即使将理由说明书改为宣言，由主席以委员会名义宣言关系各方并可自由提出保留，日本政府亦不能接受十二月十五日委员会所定之原草案，而必以新提案对于原文要求重要修正，而为委员会所不能接受者。因此情形，九国委员会以为业经努力预备求得双方赞同之调解，以符其受托之责任后，但仍似不能向大会提出此种建议。是以委员会为实行一九三二年三月十一日议决案第三段第五节所受托之责务起见，已按照盟约第十一条第四节拟具报告书草案。本决定开始拟具此项报告书草案时，委员会不得不提案［明］调解失败后惟大会有利权实施第十五条第四节之条文，惟委员会仍可提取双方所拟提出之任何其他提案。

至二月八日，日本代表曾将对于二月十五日原文之另一修正案，提交委员会。二月九日，委员会考虑此项修正案后，认为国联将有关该案者询问日代表，尤以日本政府是否能接受调查团报告书第九章之第七项原则，即关于在满设立广义之自治机关并承认中国主权行政之完整，作可预定调查基础之一，并将此问题于同日备函送交日本代表团（附件四）。二月十四日，日政府覆文内称，确信维持与承认"满洲国"之独立为远东和平之唯一保障，而此主体问题或由中日两国依此基础解决之（附件五）。委员会于答复此函中深表婉［惋］惜，只得认二月八日之日本提案为绝未给予可资接受之调解基础，并复以在大会末次会期以前，委员会自仍愿对于日政府拟另提之提案加以审查。但日本代表团当确知若加重现有状态，定使一再努力调解之责务即不失败，亦必更困难。

第三部　争议之主要特性

由此纪述，可见行政院或大会继续试觅中日争议之解决方法，已逾十六月，并已根据盟约各条及其他国际公约通过中日议决案。凡事变之历史背景，其情形之复杂，与日本在中国境内行使广大权利之满洲特殊情形，以及在满洲数处中日当局间事实上决［现］有关系之错误［综］复杂，均证明国联之长期尽力于协商及调查确为必要。然行政院及大会所抱希望，以期由各方之声明及其参加通过之议决案而促现状之进步，则已失败，而现状反趋于日更恶劣。在满洲或在国联会员国之一之其他地方，其军事行动诚为调查团所称为"变相的战事"者也，犹日进不已。大会将争执之特要各点详加考虑后，得如下之结论，并知悉下列各项事实：

（一）提交国联大会之中日争执，发生于满洲。中国以及列强始终皆认满洲为中国之一部，其主权属于中国。日本政府于其对调查团报告书之意见书内辩驳，在范围极小之南满铁路区域内，中国前给俄国嗣转让于日本之权利，与中国主权冲突之说，谓其实此项权利系由中国主权而来，中国始给俄国，嗣给日本之权利，均起原于中国之主权。按照一九零五年之《北京条约》，"中国皇室政府应允俄国按《朴资茅斯条约》对于日本之一切让予"。一九一五年，日本展长其在满洲权利之要求，系向中国政府提出。其后同年五月二十五日，关于南满及内蒙东部之条约，亦系由日本与中华民国政府所缔结。华盛顿会议时，一九二二年二月二日，日本代表团声明，日本放弃南满及内蒙东部之某项优先特权，并云日本之所以决定放弃者，系基于一种公平、温和之精神，始终注意中国之主权以及机会均等之原则云云。华盛顿会议所签结之九国公约，适用于满洲，自与中国其他各部无之[二]。即在此次冲突之初期，日本对于满洲为中国之一部之说，亦从未持异议。

（二）就已经[往]之经验而言，从前支配满洲之当局，对于中国其他各部之事务，至少在华北方面，均具有相当之势力；在军事上、政治上处于有利地位，尤无疑义。若强将该省与中国他部削开，势将造成一严重之未收回领土问题，而危及和平。国联大会提出上述事实，非不注意及满洲过去之自治历史。举其极端之例，在中国中央政府权力极弱之时代，张作霖之全权代表竟代[以]中华民国东三省自治政府之名义，于一九二四年九月二十日与苏联缔结关于中东铁路、航行、划界以及其他问题之协定。惟该协定之条文，显然表示东三省自治政府并未自谋为对中国独立的国家之政府。盖该政府仅信关于中国在东三省之权益，东三省政府亦可自行与苏联谈判，虽则数月前中央政府已与苏联缔结关于上述问题之协议。

（三）①东省之自治，亦可于以前之张作霖及以后之张学良为民政及军事

---

① 编者按：原文无第（三）。今校改。

领袖,与夫藉其所属之军队及官吏在三省内行使权力各节窥见之。但张作霖迭次宣告之独立,从未表示张氏本人或东三省人民有欲脱离中国之愿望。张氏军队之侵入关内,仅系加入内争,而并非视中国如外国。故在东省屡次战争及独立期间,东三省仍为中国之一部份。且自一九二八年以来,张学良已承认国民政府之权威矣。

(四)在一九三一年九月以前之二十五年,中国与东三省之政治经济关系日增密切,同时日本在东三省之利益亦继续发展。在中华民国时代,东三省所组成之满洲已为中国他省移民完全开放。此项移民取得土地后,已有[于]种种方面使东省成为中国本部在长城以北之延长部分。东三省人口约三千万,其中汉人及与汉族同化之满人占二千八百万。且于张作霖父子时代,中国人民以及中国人之利益对于发展及组织东三省经济利源较前尤为重要。同时日本在满洲所获取或要求之权利,其影响所及,足以限制中国主权之行使。此项限制之情形及程度,殊属逾越常轨。例如日本之治理辽东租借地,公然行使与完全主权相等之权利。又日本以南满铁路为中国管理联路地①,必包括多数之城市,以友[及]人烟稠密之要镇在内,增[例]如沈阳、长春等地。日本在此数处,管理警政、税收、教育以及公用事业,并在各处驻扎军队,如辽东租借地内之关东军、铁路地带内之路警,以及各处领馆之警察。此种状态,如系双方澈底了解之密切经济及政治合作之表现,或可长久继续,不致发生纠纷后[及]不断之争执。但因无上述条件,此种状态终必引起双方误会及冲突。两方权利之相互关系、法律状况之有时不能确定,以及日本特殊地位之观念与中国国家思想之益形对峙,又为许多争执后[及]纠纷之源也。

(五)在一九三一年九月十八日以前,每一方在东省对于对方均有正当之不平理由。因日本利用有疑问之权利,而中国则阻碍无疑问的权利之行使。在九一八事件发生以前之最近期内,中日两方曾竭力以外交谈判之通常方法与和平手段解决两方悬案。此项手段并未用尽,但中日间在东省紧张之情势日见增加,且日方意见主张必要时以武力解决一切悬案。

(六)在中国目前所处之过渡及建设时期以内,虽有中央政府之努力以及已经领得②之极大进步,然政治上的骚乱,社会上的不安,以及分裂之趋势,实为过

---

① 编者按:原文如此。
② 编者按:原文如此,应作"获得"或"取得"。

渡情形所必不能免，此所以必须运用国际合作之政策也。此项政策之一种方法，即在中国民[为]使其在改造及巩固其国家而请求之关于巩固新制度之承认上帮助，悉由国联继续依给之。华盛顿会议席上所表之国际合作政策，其原则今仍有效。然迄未能实行者，要皆由于中国不时有激烈之排外宣传也。由经济抵制及学校之排外教育两方面，此项宣传之发展，已造成使此次争执爆发之空气。

（七）"九一八"前中国为表示对某事之愤慨或图援助某项要求而实行之抵货运动，足使已形紧张之局势更趋紧张。九一八事件后之抵制日货，则属国际报复之举。

（八）国联盟约对于解决争取[议]之规定，其目的系在制止足使国家与国家不免决裂之紧张局势。国联调查团认为中日间之一切争执，均可用公断程序解决。但中日争执之汇集的增加，已使两国间关系更形紧张。因此自觉取[受]损之国家，于外交谈判过分延长之时，有不得不唤起国联对于此次局势之注意。且国联盟约第十二条所载："一、联合会会员约定，倘联合会会员间发生争议，势将决裂者，当将此事提出公断，或依法律手续解决，或交行政院审查，并约定无论如何，非俟公断员裁决，或法庭判决，或行政院报告后三个月届满以前，不得从事战争；二、在本条内，无论何案，公断员之裁决或法许庭之判决，应于相当时间发表，而行政院之报告，应自争议移付之日起六个月成立。"

（九）自一九三一年九月十八日夜至翌日为止，当地日军官或许自信其行动出于自卫，此种可能不必断定其为必无。但日军是夜在沈阳以[及]东省他处之军事行动，国联大会不能认为自卫手段，即日本嗣后在争执进行中所采取之全部军事行动，亦不能认为自卫手段。且一国之采取自卫手段，并不免除其遵守盟约第十二条之义务。

（十）自九一八后，日军当局之行政后[及]军事之活动，于基本上系受政治理由所驱使。日方在东省继续前进之军事的占领，使东省一切重要城镇均脱离中国当局之支配，并于每次占领之后，行政机关必经一度之改组。日本军政官宪筹组施行满洲之独立行动，藉谋解决九一八后满洲之状况，并利用某某中国之名义及行动，以及素来不满于中国当局之某某少数份子与地方团体，以期达到此项目的。此种运动，系受日本参谋部之援助与指导，其所以能实行者，端赖日军之存在，不能认为自动后[及]真实之独立运动。

（一）①前段所述运动所当[产]生之"满洲国政府"，其主要政治及行政权均操诸日本官宪及日籍顾问之手中。彼辈所居地位，足使其实在的指挥及支配东省行政。在东省占人口大多数之中国人，大抵均不拥护此种"政府"，并视为日人之工具。满洲一"国"于调查团完成报告书后，尚未经行政院大会讨论以前，得日本之承认，惟尚未得其他任何一国之承认。国联盟约国特别认为此项承认，与一九三二年三月十一日决议案之精神不合；引起九一八事件之情形，实具有一种特殊之色彩。随后因日本军事动作之进展，"满洲国政府"之产生及日本对该"政府"之承认，情势更形扩大。此案既非此国对于彼国不先利用国联盟约所定调解之机会而遽行宣战之事件，亦非此一邻国以武力侵犯彼一邻国边界之一简单案件，殆无疑义。因就上述情形而言，东省具有许多特点，外[非]世界其他各地所能确切比拟者也。然日本军队未经宣战，将中国领土之一大部份强行侵领，且使其与中国分离，宣布独立，则又为不争之事实。国联行政院于其一九三一年九月三十日决议案中提及日方声明，谓日本军队业经开始撤退，日本当以日本人民生命财产之安全有切确之保证，为此增明继续将其军队从速撤退至铁路区域以内，并希望从速完全实行此项旨愿。又于一九三一年十二月十日决议案中，重申九月三十日之决议，提及当事两方承诺采取必要办法防止情势之再行扩大，并遏制任何行动致再令发生战争及丧失性命之事。关于此案应请注意者，国联盟约第十条曾规定，会员国应遵[尊]重其他会员国之领土完整及政治之独立。又盟约第十三条曾规定，会员国同意，凡会员国间遇有事端足以引起彼此决裂者，愿将争端提交公断，或依法律解决，或由行政院予以调查。在九一八事变以前，原来之紧张状况，其责任在当事两方；但九一八事变后，中国不负任何责任。

第四部　建议之叙述

本部系各机关于此次争执事件，大会所视为公允通令之建议。

第一节

大会之建议系注意本案异常特殊之情形，并以下列各项原则条件及观念为基础：

---

① 编者按：原文如此，应为（十一）。

甲 本争执事件解决之办法,须遵守国联盟约、非战公约及华盛顿九国条约之规定。查盟约第十条规定联合会会员担任尊重并保持所有联合会各会员国之领土完全,及现有之政治上独立,以防御外来之此种侵犯之任何威吓或危险之虞时,行政院请筹履行此项义务之方法。【依】照非战公约第二条,缔约各国互允各国间设有争端,不论如何性质,因何发端,只可用和平方法解决之。依照华会九国条约第一条,除中国外,缔约各国协定:

(甲)尊重中国之主权与独立,及领土与行政之完整。①

乙 本争执事件之解决办法,须遵守一九三二年三月十一日大会决议案第一、第二两节,该议决案条款已见本报告书中。大会在上述决议案内,认此约所载各项,详悉对于此次争执完全适用,尤以关于:(一)严格尊重条约之原则;(二)国联各会员国间所成立之尊重并保持所有联合会会员国领土之完整、须[现]有政治上之独立,以防御外来侵犯之保证;(三)国联各会员国间所负将一切争执用和平方法,以大会曾采用一九三一年十二月十日彼时在职之行政院主席宣言中所定之原则,并回溯行政院十二月[十二会员]于一九三二年二月十六日致日本政府之声请书中,曾重申此项原则,宣言凡及轻视盟约第十条之规定,蹂躏国联会员国领土之完整,及变更其政治独立者,国联各会员国均不能认为有效。

大会曾声明意见,以为上述处理国际关系之原则,及上述以和平方法解决各会员国间所发生争执之原则,实于非战公约完全符合。大会于尚未采取最后步骤以解决此项司[交]其处理之争执事件以前,曾宣告上述原则规定足有一种必须遵守之性质,并声明凡用违反国联盟约及巴黎公约之方法所取得之地位条约或协定,国联会员国均应不予承认。最后大会郑重申说,如由任何一方用武力压迫以觅取中日争执之解决,实与盟约精神相违背。并回溯一九三二年九月卅日及十二月十日经当时双方同意之行政院所通过之决议,并谓使中日两国间得以尊重上述各国际义务为基础,树立一种能垂诸久远之规则起见,解决争执并[之]办法,须遵照李顿报告书中所定之十项原则,即:

(一)适合中日双方之利益

双方均为国联会员国,均有要求国联同样考虑之权利,某种解决苟双方均不能获得利益前,此种解决必无补于和平之前途。

---

① 编者按:原文各国协定只有(甲)部分。

（二）考虑苏俄利益

倘仅促进相邻二国间之和平，而忽略第三国之利益，则匪特不智，更非求和平之道。

（三）遵守现行之多方面条约

任何解决必须遵守国联盟约、非战公约及华盛顿九国公约之规定。

（四）承认日本在满洲之利益

日本在满洲之权利及利益，为不容漠视之事实。凡不承认此点，或忽略日本与该地历史上关系之解决，不能认为满意。

（五）树立中日间之新条约关系

中日两国如欲防止其未来冲突，及回复其相互信赖与合作，必须另订新约，将中日两国之权利、利益与责任重加声叙。此项条约，应为双方所同意之解决纠纷办法之一部分。

（六）切实规定解决将来纠纷之办法

为补充上开办法，以图【便】利赶速解决随时发生之轻微纠纷起见，有特订办法之必要。

（七）满洲自治

满洲政府加以变更，俾其在中国主权及行政完整之范围内，获得高度之自治权，以适应该三省地方情形与特性。新民政机关之组织与整理，务须满足良好政治之要件。

（八）内部之秩序与对于外来侵略之保障

已失之内部秩序，应以有效的地方宪警维持之。至对于外来侵略之保障，则须将宪警以外之军队扫数撤退，并须由关系各国订立互不侵犯条约。

（九）中日间之经济协调

远[欲]达到均权，中日两国宜订新通商条约。此项条约应有之目的，为将两国间之商业关系发于公平基础之上，并令其与两国业经改善之政治关系相适合。

（十）以国际合作促进中国之建设

现时中国政局之不稳，为中日友好之障碍，并谓[为]其他各国所关怀。远东和平之维持，【为】国际间所关怀之事件，而上述条件又非待中国真[具]有强有力之中央政府时，不能满足。故其圆满解决之最终要件，厥惟依据孙中山博士之建议，以暂时的国际合作，促进中国之内步[部]建设。

第二节

本节所载各项规定，系构成大会根据盟约第十五条第四节所作之建议。大会既确定解决本争执事件应予适用之原则条件及观念，爰建议如下：

（一）兹因满洲主权既系属诸中国，鉴于日军进驻南满铁路区域以外及其在铁路区域以外之动作，既与解决本争执事件应予遵守之合法原则不相适合，而在极早期间成立一种与各该原则互相吻合之局势又在所必要，大会建议此项军队应予撤退。鉴于本案件之情况，嗣后建议会商之第一目的，为从事组织上述撤兵之决定，其方法、步骤及期限，及鉴于日本在该处特殊之权利、利益，以及第三国之权利、利益，大会建议于一合理期间内在满洲成立之一种组织。该项组织属于中国主权之下，与中国行政完整不相违背，并应具有甚大范围之自治，与当地情形相适合。同时应注意各方面所缔订之各种现行有效条约，日本之特殊权利利益，第三国之权利利益。就概括论，第一节丙项所述之各项原则及条件，至中央与地方政府权限之确定，暨中央与地方政府之关系，由中国政府以宣言方式行之。该项宣言自有一种国际承诺之效力。

（二）兹因除上述报告书所讨论各问题外，调查报告书在上述第一节两项所定解决本争执事件之原则及条件中，既提及某某其他各种问题，□该员□[①]涉及中日双方良好之了解，此种当事国业已接受大会建议一事，通知美国及苏俄。各该国如愿意指派委员会委员，并应请其各派一秘书长。在大会当事国业经接受大会建议后一个月内，应采取一切适当步骤开始会商。为使各委员国于开会后得评判当时［事］各方是否遵照大会建议起见，由委员会讨论何时如视为适当，对于会商情形得缮具报告书，以关于实施上述甲、乙两项建议之情形为尤要。关于甲项之建议，委员会评［无］论如何，在开始会商一个月内，应缮具报告书。各该报告书并应由秘书长分送会员国，及在委员会中派有代表之非会员国，委员会得将与解释报告书第四部份第二节有关之一切问题，提出于大会。大会应依照盟约第十五条第十节并已通过本报告书之相同情【形】，予以解释。

第三节

鉴于本案件特殊之情形，故所作之建议，并非仅从事恢复一九三一年九月以前存在之原状，亦非维持并承认满洲现在之制度。盖维持与现存国际义务之

---

① 编者按：此处原文如此，有缺字框□。

基本原则及两国良好之了解，不相符合，而不良好之了解①，实为远东和平所维系。国联会员国之通过本报告书，意在遏制采取任何行动，性质近于妨碍或延宕本报告书所建议之实行，而以对于满洲现行制度一事为尤甚。无论在法律上或事实上，各该国均应继续不承认此种制度。各该国对于满洲之时局，意在遏制采取任何单独行为，在各会员国及本事件有关系之非会员国间应积极采取一致动作。至关于签字九国公约之国联会员国，应回忆依照该条约之规定，"无论何时遇有某种情形发生时，缔约国中之任何一国认为牵涉本条约规定之适用问题，而该项适用宜付诸讨论者，有关系之缔约各国应完全坦白解释，为远东和平所维系"。大会建议当事两方应以各该原则与条件为基础，将各该问题解决之。

（三）兹因实务上建议之会商，即应由适当机关进行之。大会建议当事两方依照后开方法，开始会商之。该当事各方向秘书长通知，就关于其本国方面舆论是否以对方亦应接受为惟一之条件，接受大会之建议。当时［事］双方进行会商时，应由大会照复开方法所组织之委员会辅助之。大会兹邀请每一国政府，一俟接到秘书长通知当事国业已接受大会建议，应即派定委员会委员一人秘书长，并应互相通知。为极力便利在远东成立一种与本报告书建设［议］相符合之局势起见，兹训令秘书长将该项报告书草本分送签字非战公约或九国公约之非国联会员国，并向各该国声明大会希望各该国赞同报告书之见解，在必要时并与会员国采取一致之行动及态度。

（《申报》，1933年2月19日，第十一版转第十二版）

136. 国联报告书公布后全世界一致拥护，二十四日大会定可通过，国联中人注视热局发展；日代表团着手草陈述书，一般料日本未必遽出会

〔南京〕外交界息。国联大会已定二十一日开幕，对中日争端，二十一日之会议将正式宣布调解绝望。然后休会二日，至二十四日继续开幕，正式讨论报告书。现报告书全文业经公布，全世界各国除日本外，均一致拥护赞助。故

---

① 编者按：原文误，应为"而良好之了解"。

国联大会决可通过,并将努力实行云。(十九日中央社电)

〔伦敦〕 十九特委会之报告书已发表矣,日本将否退出国联之问题,乃愈为人所注意。据日内瓦最近消息,日本代表团现颇忙碌缮具一文,松冈将于星期二日或星期五日在国联大会宣读之,说明日本对"满洲国"及对特委会报告书之态度,然后松冈或将退出国联。但以目前而言,日内瓦一般人士料日本未必遽即正式发出脱离国联之通知也。据东京消息,日政府已训令松冈本月底返日,以备在政府最后决定出会问题以前,讨论手续问题。查国联盟约规定,出会者须早两年通知,日本如果退出,将在今后两年内仍为国联会员,而有尊重盟约及遵守国联任何建议之义务。(十八日路透电)

〔日内瓦〕 热河仍为日内瓦人士注意之集中点,该处事件人皆慎重研究之,因众信热河事态之发展,在最近将来全部局势之关系中,有绝大之可能性也。本地报纸今日以大字登载张学良、宋子文已抵热河,及中国代表团以张学良来电送交国联秘书处声明决计抗日之消息。(十九日路透电)

....

(《申报》,1933年2月20日,第三版)

137. 时评:公然之战与不宣之战——举国之战与一隅之战

中日纠纷,历一年五个月,梦想徒劳之调解,至今日而达水尽山穷之阶段。何以言之?报告书经十九国特委通过之后,大会之通过殆已不成问题。今后之国联,将欲保持条约之尊严,对日本施以经济压迫乎?则远东大战之开始,自属无可置疑之结论。将仍为一纸空文,藉此下场欤?则中国今后对日之方策,自亦不能不改途易辙,而采取较坚决之手段。而日人近来之秣马砺兵①,咄咄逼人,不问其为对国联之恫吓,抑为对我国之示威,攻取热河,要均为其势在必行之一着。故战争之续发,殆为无可避免也。

清社之屋也,非为满汉种族之争,而实为权贵媚外误国之结果。尔后北洋

---

① 编者按:今作"秣马厉兵"。"砺"旧通"厉"。

军阀之覆亡,几亦尽由于外交之失败。辛亥革命,原为中国发奋图强之时会,然终以念余年来迭起内争,斲伤元气,致九一八事变猝发,朝夕之间,沦亡三省。警耗传来,束手无策。穷源[原]竟委,则今日朝野名流,胥与有责。而默察既往,警惕来兹;殷鉴不远,覆辙匪遥。贻误于前者,亦更不能容其再误于后。当兹敌寇日深、民情腾沸之际,忍辱言和,固将受人民之裁判;而按师不发,迟徊却顾,以回避抗敌之责任者,亦将为举国所不容。自全之道,救国之方,舍破釜沉舟,不顾一切,毅然决然以与暴日作战外,要亦更无他道也。

何以为战?曰:公然之战而非不宣之战,此一义也。何以言之?其一,则中日之战,为次殖民地反帝国主义之斗争。其制胜之道,非为军力之较量,而有赖于民族群众一致之抗争。而欲民众之奋起抗争,则非有一公然之战,无以激发人民之情绪,无以掀起斗争之高潮。其次,即退而言军力之较量,次殖民地对帝国主义之抗争,所恃者非为精良之利器,而为奋不顾身之肉搏。此种奋不顾身之勇气,亦有赖于当局者以严辞正义鼓舞于上,人民以战死魂归策励于下,左右挟持,乃能坚持于不懈。示以义无反顾之决心,晓以非战即亡之形势。背水而阵,乃能死地以求生;师直为壮,乃能愈显其重要性。倘战而又不敢公然以言战,是为战而不决,在上者或自谓慎重以将事,在下者必认为预留余地以希冀妥洽。牺牲之意义未明,则直而壮之气势必将挫减,以此与强敌周旋,成败即难逆料矣。复其次,则目下政见之纷歧,为无可讳言之事实。政见之所以纷歧,即因对外无断然之政策。为今之计,欲求众口之噜然,亦唯有公然言战,以释疑解惑。惟事实为最雄辨[辩]。有宋之亡也,人民主战,而重臣主和,将士回旋于两者之间,感无可适从之苦,犹豫趑趄,其气先馁。战争为群众行动之一,众志成城,则山岳震撼;首鼠两端,则溃败立至。历史之陈迹昭然,吾人当知所以自处矣。

曰:举国之战而非一隅之役,此又一义也。何以言之?远之则清代对外之战,如中英之役、中法之役、中日之役、联军之役,均为一隅之战。伊藤博文告日皇之言,谓彼以举国之力,当我一隅之师,制胜可操左券。实为知己知彼之名言。一隅之战实为败亡之道,殆已显然。近之则一•二八淞沪之役,一方有喋血之苦战,一方有觥筹之交欢。设有举国之战,则海防即不足道,长江中流以上,何能容敌舰之存留?凡诸矛盾,贻误戎机,其祸犹小;而启人民之误解,懈战士之斗气,其祸乃大。要之,苟且偷安,为自私自利之心理;安民保境,亦军阀割据之饰辞。两者相交为用,乃成此各不相谋、各不相救之一隅之战,其结果殆无异自动支解庞大之民族躯体,以供敌人之鱼肉。

以故,所谓不宣之战者,为帝国主义攻略弱小民族最便利之方式。其攻略也,既无任何理由之可资假借,复无法律约章之可资援引。如其公然宣战,将适以自暴其罪恶,则何如默尔而战,以取事实上之胜利。而彼日帝国主义者,既有其坚强之军力,更无待于以宣战为鼓励士气之工具,诚可谓有百利而无一害者焉。再则,所谓一隅之战者,为渺小国家并吞庞大民族最合宜之方法,以武力取其一隅,而以威逼利诱之手段,压令他隅之勿动。假以时日,以俟汉奸队伍训练之完成,则以子之手,攻子之足,彼可坐享其成焉。东北沦亡,于今年余,而长城以南固仍为日帝国主义之优美市场。一面以贸易掠取中国本部人民之汗血,移以供养东北之汉奸队伍;一面更以东北之汉奸队伍,逐步侵略中国之本部。计无善于此者,国人而犹以不宣之战与一隅之战为有利乎?吾恐其徒为日人之工具而已。

总括上文,吾人认今日之战:其一,对外即避去国际法上绝交宣战之名辞,而对内必须有公然作战之坚决表示;其二,必须置全国于战时状态之下,使全国枪口一齐向外,维持安宁,仅能认为战时巩固后防之一种副行动。

(《申报》,1933年2月20日,第六版)

138. 辽案临最后关头,国联大会今日开幕,中日代表均将发言,开会期预定为三日,报告书倘通过大会,日本决意退出国联,美国立场大会将有非正式报告,小国决请国联始终负解决责任

〔南京〕 国联大会定二十一日开幕,对中日争端首由十九国委员会报告调解及起草报告经过,继由主席正式宣布调解失败后,由中日代表演说,对报告草案则于二十四日会议通过之。据外交界观察,大会对报告书决不再作文字之修正,原则上亦不致有何变更。(二十日中央社电)

〔日内瓦〕 明日为国联大会之第一日,将先由主席希孟报告调解失败之经过,如时间允许,我国颜代表即继主席发言。其演词除临时决定者外,将包括下列三点:(一)声明调解失败中国不负其责;(二)请主席毅然宣布日军应

无条件撤离东三省;(三)对十九国委员会之辛勤努力,表示感忱。(二十日中央社电)

〔日内瓦〕顷悉星期二国联大会开会时,将有一非正式报告,略述美国对于十九国委员会报告与建议的反应,在大会发表。至其内容是否表示美国将参加国联对付满案之未来行动,则遍询各国代表,皆称不知。照国联规定计划,国联大会将于星期二起接续开会三日。第一日会议,先由主席希孟报告调解失败之经过,至中日代表是否将于第一日演说,则闻此时犹未确定,但已商妥若两国间有一国演说,则其他一国必将立即答辩。再,希孟报告之后,无论如何当由日代表松冈说明日本对于调解所以失败之意见,其后逆料希孟将声明日本曾拒绝任何重要让步,然后再由中代表颜惠庆说明中国方面意见。后此,即由大会开始考虑十九国委员会报告与建议,预定星期四可以讨论完毕。至美国反应之非正式报告,不论其内容若何,料将不致影响国联大会对于建议之表决。且据各报纪载,美国亦将待国联最后决定之后,方能切实表示国联政策是否与美国政策相吻合云。(二十日国民社电)

〔日内瓦〕国联空气注重热河军事情形,日本退出与否问题并不介意。倘日本实行退出,亦应两年履行国联会章之义务。十五条第四项劝告案虽被拒绝,但国联亦不能放松责任。闻将继续努力援用十三条第三项及第十一条会章,坚持到底。(十九日华联社电)

小国草决议案:报告书一经大会采用,请国联仍负解决责任

〔日内瓦〕顷闻若干小国代表刻正草拟一决议案,准备俟国联大会采用十九国委员会所草报告书后立即提出,俾国联继续处理中日争执。该决议案内将宣称,日本拒绝报告书后,远东发生一严重时局。故国联大会仍当正式担负解决争执责任,并授权十九国委员会遇必要时立即开会。且不论美俄参加国际委员会与否,十九国委员会仍有咨询美俄两国之权。就目前种种表示,日本虽有俟国联大会采用报告后即将正式退出之恫吓,各会员国绝不为其所动。今日某小国代表私告记者,渠意盟约第十六款(即制裁条文)即将于六个月提出。(二十日国民社电)

日阁议决定退出国联，时期在大会通过报告书后，但尚须经枢密院批准手续，训电松冈发反对宣言并赶由西比利亚返国

〔东京〕 今晨日政府在首相邸召集紧急阁议，一致决定倘国联大会采用十九国委员会报告书，日本即行退出国联，稍缓并将发一正式声明书。十一时二十分阁议散会后，斋藤首相即偕内田外相于十一时三十分进宫奏知日皇，内田随于正午训令出席国联代表松冈：（一）国联大会采用十九国委员会报告后，即在大会声明反对；（二）对于建议投反对票，并声明嗣后不再参加大会十九国委员会之讨论；（三）立即依照国联盟约第十五款第五节，向国联提出声请（按该节规定，联合会任何会员出席于行政院者，亦得将争议之事实及其本国之议决，以说明书公布之）；（四）致文秘书长德鲁蒙，声明不能容纳其接受建议之劝告；（五）国联大会闭会后，各代表立离日内瓦，松冈立即取道西伯利亚回国，佐藤、长冈等各返本任；（六）日政府正式决定退出国联后，即行正式通知国联；（七）此后除军缩会议外，日本不再参加国联任何会议，至军缩代表，再派二年。（二十日国民社电）

〔东京〕 斋藤首相今晨邀请财长高桥是清及内长山本达雄，提早到官邸。高桥于今晨九时，山本亦于九时十分均到。斋藤乃报告昨日见西园寺经过，谓西园寺谓事态已迫切如此，不退出则恐发生国内大变动，为维持政府已定方针，两长均表示同意。九时五十分起继开临时内阁会议，斋藤重述与西园寺会谈内容，提出议题两条：（一）退出国联与否；（二）若果决定退出，是否要开重臣会议。讨论历一小时四十分，诸大臣均顾及陆军主张过于强硬，倘不同意，恐发生内乱，遂决定退出国联。（二十日华联社电）

〔东京〕 今晨日内阁紧急会议，已一致决议十九国报告书如在国联大会通过，即实行断然退出国联。惟正式退出手续，只须经过枢密院会议批准，不另召开重臣会议。故此间众料枢密院之召开，当在二十二日。盖二十一日之国联大会开幕后，当可断定国联之对日态度也。（二十日华联社电）

反对宣言书，极尽诋毁我国能事

〔东京〕 外务省十九日虽系星期，仍由谷亚细局长、守岛第一课长、河厚岸田事务官等，整理在大会中所发反对宣言之外务省案，其内容要旨大抵如下：

（一）中国为无组织之国家，中日事件历史的、地理的有特殊关系，于与此种国家之各种纷争，欲完全依文字适用国联规约为不可能，且无效果；

（一）"满洲国"既已独立，日本既已承认，所有问题之解决，须以此种现地之实情为基础而考虑之；

（一）日政府断不撤回承认"满洲国"之既成事实，依中日交涉谋和平解决，乃日政府之根本方针；

（一）劝告附报告书仅依据李顿报告书，而蔑视日本意见书及承认"满洲国"之日本国策，为不能实行之案，日政府绝对反对；

（一）讨伐热河系根据"满洲国"主权之警察行为，日本不过根据"日满议定书"援助之而已，决非事态之扩大与发展。

（二十日电通电）

....

（《申报》，1933年2月21日，第三版）

139. 国联十九特委会报告书草案传递迅捷，先由无线电、后由有线电传达首都

国联特委会报告书全文计长一万五千余字，字数之多实破电信界之纪录。业经外交部译成华文公布，原文详载日昨本报。查该电于十七日午夜十一点五十分起，由上海国际电台陆续抄送上海福州路有线电报局，直至十八日上午八点五十分，始将全电抄送完毕。该局用每分钟□百余字之高速度韦斯登电报机，发至首都有线电报局，随到随转，并无片刻停留。即于同日上午九时余，全部完竣，首都电局当时用二十余人加紧缮抄。该长电经上海局发毕，不一小时，即已送达外交部。闻上海与南京两局间，装用是项高速度电机有二十余架之多。

（《申报》，1933年2月21日，第十一版）

140. 日军大举犯热声中，国联大会昨日开幕：主席希孟正式宣布调解失败经过，延会至星期五讨论报告书，俾各国政府得有充分研究；十九特委会继大会开会，着手组织十国谈判委会

〔日内瓦〕 国联大会今日下午三时三刻开会，主席希孟报告中日纠纷之发展及十九国委员会调解之失败后，大会即延会至星期五（二十四日）再开，讨论报告书草案，俾各国政府得有充分时间研究报告书后，将应取态度训令其在日内瓦之代表。（二十一日中央社电）

〔日内瓦〕 今日国联大会，主席希孟致辞，明言调解失败由于日本之不示让步。希孟致辞毕即散会，中日代表均未有机会发言。日本一再扬言退盟，据此间观察，以为日本现尚在徘徊却顾中，不致即宣告退出。（二十一日中央社电）

〔日内瓦〕 近来国联开会讨论中日冲突时，旁观席中辄无虚位，今日午后亦复如是。在国联大会未开会时，新闻记者及一般注意远东时局者皆早已入场觅隙而坐。主席希孟宣布开会时，全场肃然无声。会场中人除抱国联现制造历史之感想外，尚有不少烦虑：第一，众觉十九特委会之报告书并未应付各种可能的事变，故希望从会场中获取可弥补此罅隙之办法；第二，众觉现仍有大规模战事之可能，今晨日方来文，作热河及他处大战或将爆发之警告，此尤人人所难忘怀者。开会以前，会场颇似电影摄影场，开末拉等摄影机置于四隅，以摄取登场人物之照片。大会于午后三时三刻开幕。摄影既毕，铃声即作，会议从此开始。

议程之第一事项，为推举南森国际难民救济会主任之问题，继讨论中日问题。希孟追述十二月九日国联大会所给予之训令，及十九特委会所缮具之草议案及理由说明书。渠以为国联大会既须有全场一致连有关系之两造在内之表决，若未先得中日两国政府之同意，遽以草案提交大会，实与事无益。希孟继称："两国代表对此草议案皆提议修正，日本且建议根本上之改变，因是十九特委会欲提出可得满场一致同意之草议案，将大感困难。惟特委会欲对于两

造,尤其对于日本,予以必要时间,以研究此问题并提出新建议,乃决定休会至一月十六日,以便继续商榷。虽在一月初旬日本占据山海关,并有进占热河之说,时局乃愈臻严重,然特委会犹决计稍待,而不欲遽认上月之努力已归失败。一月十八日日本之提议不独为中国所不能承认,亦为特委会所不能接受,但特委会仍与日本开始新谈话,而以日本新提议为根据。希望如日本所反对者仅为非国联会员国之加入调解委员会,则特委员当商诸两造,而谋解决此问题"云。

希孟至此乃追述此后对日之谈判及对中国所提修正案之研究,谓:"经此谈判与研究后,特委会断定中国与特委会对于邀请美俄两国之重视,决不许特委会依照日本提议之意旨,于修改草议案其他条款后再将邀请美俄一条删去。特委会后遂草拟此报告书,盖以唯国联大会始有援用盟约第十五条第四节之资格也。特委会鉴于日本对于特委会所询'满洲国'现状不为解决法一问之覆文性质,乃不得已认为特委会已竭尽其调解之可能的努力,此为国联今日所遇之事态。调解努力进行已十七个月矣。当事变之初,日本曾向行政院保障日军已开始撤退至铁路区域,一俟日人生命财产之安全有保障时,即迅速撤尽。今日东三省已被占据矣,日军已越长城而攻击榆关矣,进攻热河之军事准备亦在进行中矣。依照盟约第十五条第四节,调解手续非至国联通过报告书后不能结束。惟余不愿遽作志在调解之请求,因此种请求不独须有国联所可接受之新提议,且须有时局之不可增重、新军事行动不能进行之保障而后可。余现不欲提议吾人应于今日即研究此报告书,因在此重要关键,吾人必不可作草率行事之形式也。余因各国政府必须有充分时间以其训令发至日内瓦,故提议展至二月二十四日开始讨论此报告书。"主席此议为众所接受,国联大会乃休会至星期五日。

大会散会后,十九特委会立即开会,以便征集愿参加谈判委员会者之同意,俾可将其国名列入报告书中。旋议定此项委员会以十会员国组成之,即德、意、法、英、西班牙、爱尔兰、捷克、加拿大、葡萄牙、荷兰是也。特委会决定星期四日再行集议讨论手续问题,并决定关于报告书之通过,不宜发何议论,希望如是可于星期五日晚间完成国联大会之手续。(二十一日路透电)

〔日内瓦〕据种种征象观之,国联大会之[此]次会议,将在手续与结果上有类似革命之举动,因此次只有行为而无言论,与以前国联会议迥不相同也。明日会议将仅仅听取十九特委会主席希孟关于特委会办事经过之报告,此外未必有人演说,一俟会众举定南森国际救济难民局主任以继胡白职后,大会即将休会,俾会众得详细研究此报告书。希孟所须言者,多已见于报告书之历史数章中,故希孟大约费二三十分钟即可毕其词。希孟定将言及谈判,说明调解如何失败,虽如何措词今尚未悉,但料希孟所举调解失败之理由将不止一端。调解之门今犹开启,俟大会切实通过报告书后,此门始闭。在星期五日之国联大会中,松冈与颜惠庆定将各发言论,他国代表在最后时期或亦有发言者。但在目前,则除中日两国总代表外,迄未有人表示愿发言也。关于代表国联大会监视时局特别委员会之组织,今尚无甚进行,如两造之一不接受,而谈判委员会不能召集,则此特别委员会即须组成之。如中国不再进一步请求援用盟约第十六章,则此报告书将有天然寿终之可能性乎?抑国联大会仍自然与闻此争议乎?此乃待商法学家之事件。召集谈判委员会之机关或将稍有变更,以期谈判委员会于谈判未能实现时集会讨论,此亦非不可能事也。(二十日路透社电)

〔日内瓦〕今日各代表间已开始一种运动,其目的在限制星期二国联大会中之演说,俾国联之通过十九国委员会建议可以更显效力。目下已有八委员国同意限制其演说,只陈述事实,且必力求简短。盖认国联大会若能立刻采用建议,毫无评论,将可表示各国站在一条阵线也。关于十九国委员会之继续问题,今日小国方面答辩数大国之结束主张,以为国联盟约中既无禁止委派团体对于任何争执观察事变之明文,故委派十九国委员会完全合法,而十九国委员会之继续存在,亦完全合法。

今日已商定国联大会中发表主席宣言之后,即当畀中日代表立□发言之机会。昨有某小国代表逆料六个月内即将对日援用盟约第十六款,但今日遍叩各代表意见,则赞同此语者绝少。大多数代表即对于究否将援用第十六款,亦不欲予以保证。(二十一日国民电)

八小国代表秘密会至深夜,主张特委会仍继续存在,英代表向本国政府请训

〔日内瓦〕八小国代表由西班牙玛达利亚加领袖,昨夜九时三十分在布格旅馆开秘密会议,讨论中日争执,直至午夜以后始散。据闻曾一致决定国联于票决采用十九国委员会报告与建议后,必须继续开会,并须授权十九国委员会观察今后之事态,因满洲时局尤其热河时局之进展,有立加注意之必要故也。当八国代表会议至十一时,曾邀国联大会主席希孟前往出席。逆料希氏受八代表论辩之影响,在今日下午发表之主席宣言中,极有劝大会及十九国委员会继续缜密观察中日争执之可能。(二十一日国民电)

〔日内瓦〕 关于小国力谋国联大会采用报告与建议后暂不解散十九国委员会一举,闻英外次艾登将商诸本国政府。(二十一日国民电)

〔日内瓦〕 今日日代表团致国联一文,附以地图,详言热河与华北之华军集中点,指此为甚大危险,并谓日本有援助"满洲国"以御外侮之义务。查热河境内有华兵十四万四千人,长城之南又有兵三十三万人,一旦开战,日本不愿进兵于长城之南,除非华军动作迫令日军为战略理由致有此举云云。(二十一日路透电)

(《申报》,1933年2月22日,第三版)

141. 松冈改途返国,将努力游说英美,防召开九国会议

〔日内瓦〕 顷悉东京政府已准日代表松冈取道美国回国。松冈现希望三月一日自英国苏桑浦敦乘奥林匹克轮船赴美,在华盛顿与纽约稍事勾留后,即于三月二十三日乘龙田丸返日本。倘为情势所许可,则拟再在伦敦勾留一星期,改缓赴美日期,而于四月十三日在旧金山乘浅间丸返日。(二十一日国民社电)

〔东京〕 日外部昨夜召开部会议,结果电命日代表松冈洋右取道英美返国,并历访九国条约签字国,要求各国政府对侵华外交之谅解,提防召开九国会议,尤其注重英美两国。闻日本此次外交之失败,原因在排斥白色人种,计划独霸亚洲。故松冈此次访问九国政府,特为解释所谓远东门罗主义云。(二十一日华联社电)

〔东京〕 日本各报载称,日政府决议一面退出国联,一面与英、美、法、意、德、俄等国分别进行一种协和政策,以代以国联为中心点之抽象的国际合作。日政府依此原则规定外交政策,而希望成立远东之门罗主义,由中、日、"满"缔结一安全协定,或可名为远东之《洛迦诺协定》云。(二十一日路透电)

(《申报》,1933年2月22日,第三版)

142. 李顿批评日本，针针见血：人民政治观念不合现代潮流，军阀横行跋扈行见动摇国基，武力造成伪国防俄反促"赤祸"

〔巴黎〕 李顿勋爵今日在巴黎和平俱乐部作惊人演说，谓日本似未与西方政治思想或政治行为之最近发展同时并进。日本虽已设立一种民治政体，但其海陆军仍组织于封建基础之上，而其海陆军领袖虽有阁员名义，然属独立，而仅对政府负责。其效能固无疑问，但其参谋部之态度，乃一八七〇年至一九一四年普鲁士邦参谋部之态度。观于过去十八个月之日人行为，日人在满之现有态度，似为一八九五年在南非发起著名哲木生袭攻①者之态度。最近十年来，欧洲政治思想已大改变，几与一八六〇年至一九〇〇年日本之改变相似。国际关系现为国联盟约与非战公约所支配，一国不复可任意施行专谋本国利益之举动。各国参谋部今日不独须受本国政府之节制，且须服从国际条约所载之义务。此种事项，似日本尚未充分了解之。日本既未了解之，于乃造成远东今日危局云。李顿继言及不②中国，谓目前最扼要问题，为如何扶助中国乎，及中国何时即能设立有力的中央政府乎？渠观于中国绝大人力，感触极深，中国前途似系于如何、何时及何人对于如此伟大人力予以国家意识的统一力量之问题。日内瓦乎？抑莫斯科乎？东方与西方，今皆在此大问题之影下。中国现倾向于日内瓦，但若日本坚持其现行政策，而日内瓦失败，则中国纵非所愿，亦将变其倾向矣。日本恐俄国共产主义传至朝鲜，且见中国南方共产潮流渐起，为之焦虑。南京本可欢迎日本之扶助，以拒共产潮流，但日本不予之助，而竟择用武力，欲在满洲一手创造缓冲国，要知此徒增加其所欲防范之危险耳云。李顿勋爵最后声明曰："余用'日本'一名词，未可误会。日本人民始终忠实拥护国联，但暂时操纵日本政府之参谋部，则自信可同时抵抗莫斯科与日内瓦，此路决不能通至和平也"云。

(《申报》，1933年2月22日，第三版)

---

① 编者按：系指1895年詹姆森袭击事件。1895年末南非公司职员詹姆森率领一支部队袭击德兰士瓦，终被击溃。

② 编者按：原文多一"不"字。

143. 时评：日本退出国联之推测

(一) 日本对国际现势之谬见

日本乘世界经济恐慌达于极点、欧美各国亟于自救之际，借口特殊利益及防止"赤化"，不岁朝间，袭占辽、吉，延至北满，西及锦、义。英、法各国初亦偏听日方之饰词。我国则仅空言抵抗，未尝实际用兵。是以公理仍属公理，而事实仍归事实。

今年正月元日榆关事变发生，守土将领似皆抛弃已往"不抵抗"主义而从事于奋战，列国亦渐明悉日帝国主义者侵略之野心与独占中国市场之企图。故十九国委员会乃起草报告书，宣告对中日纠纷调解失败，而进行盟约第十五条之第四项。此事虽尚未经过国联大会通过，即令通过，其实行力究竟何如，目前亦不必多事推究。惟国际间对日本表示应遵[尊]重公约，已可概见，而日本之军国主义者对世界现势之观察，则殊与常人异趣：

"第一，日本认国联绝无实力，最大限度亦仅能起于和解、止于劝告。盖以为资本主义各国利害观念各自不同，安能以英、法指挥下之国联染指远东，干涉彼拥有强大海陆军之日本。

第二，劝告案纵使成立，日本为当事国之一，尽可置之不理。英、法各国实际利害既各不同，则欲运用盟约第十六条，以经济封锁日本，势不可能。

第三，彼积一年半以来之经验与其历史上之教训，中国正当内纷未已之际，'勇私怯公'，殆已成为民族惯性，抵抗亦徒托空言。

第四，英美对立形势并未减轻，战债问题即为其当前之癌肿，况市场争夺、投资竞赛，均具不可避免冲突之性质。"

以上四者，日本皆视为制胜之点，其中尤认英美对立、中国懦弱为给予日本进行侵略之绝好机缘。是以国联一旦略持正义，日本即大肆咆哮，高倡退出国联，开始自由用兵，大举侵热。

(二) 日本退出国联后之难关

彼日本帝国主义既已逞其暴力，不顾一切，则一旦退出国际联盟之后，必将更加蛮横于兼并东北三省。强占榆关之外,更进攻热河,袭击滦东,甚至爆击平津,亦未可知。然则我国将何如,世界各国将何如,而日本又将何如?

第一,我国处此,已万难再行忍耐,虽欲勉强屈就求和而不可得。况日本既退出国联,则匪但有理"不可讲",且亦将无处讲理,无法讲理矣。今后惟有发动我广大群众,作殊死战斗,以求民族出路。彼赌其全国国力,拼"全日本化为焦土,以保持满洲",我则"奋整个民族四万万大众之赤血,尽所有蕴藏之富,誓死以收回东北三省"。此一战争,虽延至五十年、一百年,亦未可知。战争果开始,则所谓排货等小问题必将自然解决,彼日本者匪特对华贸易一笔勾消,即其对欧美贸易,亦将感受莫大影响。

第二,国际如通过劝告案,道德的裁制即随之成立。盟约第十六条虽未必立即实行,然中日战争果真开始者,则英、美、法各国为顾全自己利益,为保持其在中国固有市场起见,势不能不协力对日"经济封锁",未必不成为对日手段之一。

第三,世界经济恐慌愈加深刻。现时资本主义各国用以克服经济恐慌之方策,其收效极微。即以日本而论,自实行停止金本位制、采用通货膨胀政策以来,暂时的好市面,似有到来之象征。然自今年月余以来,生丝、棉纱等皆逐渐下跌,大有重见去年夏期"不景气"之象。设使战端勃发,军事费用陡然增加,国内一般购买能力愈见缩小,海外市场势且丧失,其反映于世界经济固甚严重,而日本帝国主义者更难幸免于崩溃。

第四,日本国内一般社会情势之险恶,尽人皆知。其军阀且故意张大,以便借用军权以支配政治,根本推翻其所谓宪政。倘更欲盲目颠顸,独占中国,则其国力之疲弊,必将十百倍于今日。

吾国人际此时会,岂能甘心束手待毙,坐受宰割?东北三省现虽失陷于敌人之手,但东北确为一猛烈之爆药库。我国人如能誓死奋战,绝不畏败,败更死战,则最后胜利,必终归于我国之手。

(《申报》,1933年2月23日,第六版)

144. 国联明日大会投票表决报告书,两当事国代表均将发言,热河问题亦将提出讨论

〔日内瓦〕 顷据国联秘书厅职员言,星期五上午国联大会开会后,苟非日代表松冈坚持欲在表决十九国委员会所拟报告书与建议前演说,则照目前计划,主席希孟致简短说明后,并即举行投票表决报告书与建议,然后再畀日代表松冈说明反对理由与中代表颜惠庆声明接受之机会。俟双方说明后,国联大会即将进行表决,授权十九国委员会观察事变,并咨询美俄考虑国联第二步行动之提议,预料此项提议当亦可以通过。此后即料中代表颜惠庆将提出热河时局,询问国联有何处置。此项问题既竟提出,料会中必将加以讨论,而国联大会亦将被迫于星期六再行开会。顷正式发表,明晨之十九国委员会议改于下午五时十五分举行。(二十二日国民电)

〔南京〕 国联大会定二十四日上午续开,除中日代表发言外,其余多不发言,以示全体意见之一致。报告书草案是日可望通过,如时间不及,至迟二十五日必可通过。(二十二日中央社电)

〔日内瓦〕 国联接到东北热河后援协会北平来电后,极为注意。惟以为现在中日双方并未断绝外交关系,故中国方面欲援用盟约第十六条,尚非适宜。(二十二日中央社电)

〔日内瓦〕 十九国委员会二十一日继大会开会,秘书长德鲁蒙对各会员国之愿加入及不愿加入将来之谈判委员会者,作一简短报告,至向俄美两国应否发出请书问题,亦经研究。众意既已照会俄美两政府,告以十九特委会建议案之最后判决,及国联大会所抱俄美两国可赞成报告书中意见,并于必要时与国联会员国一致行动之希望,则此局势所须要者,已充分包括于此照会文中矣。又会中对热河情况曾交换意见。星期五大会议事手续亦加讨论。(二十二日中央社电)

特委会前日开会情形:进行组织谈判委员会,已有十九国接受请书

〔日内瓦〕 十九特委会二十一日晚于讨论谈判委员会之组织后,又考虑

报告书通过后国联大会应否继续开会问题,会众赞成国联大会应继续开会。尚有一问题亦为会众所讨论者,为中国现欲提出热河问题应有何种办法一事。此事将于星期四日再行研究,现暂时议定星期五日不作关于报告书之任何议论,但星期四日须通过关于手续之最后决定。瑞士代表极愿发表长篇演词,对于远东争议中之变化表示痛惜,但会众力劝其勿发。今晚某方面传出一种消息,谓英外相西门将来日内瓦作关于调解之最后请愿,但此说查无根据。他国代表星期五日发言之可能性,当然有之。众信星期五日国联大会之两次集会,定可完毕关于报告书之讨论。果尔,则报告书当可于是晚通过。国联盟约第十五条明白规定报告书得以除两造外之多数通过之,故此次报告书之通过,不致发生合法与否之问题。(二十一日路透社电)

发表公报

十九国委员会集议后,旋即发表公报如下:

"国联会秘书长遵照十九国委员会训令,曾向各国说明照十九国委员会呈递非常大会之报告书,应组织一种谈判委员会,各国对此项委员会是否有意参加。此项问题提出后,声明愿参加谈判委员者,有德、意、比、英、法、西班牙、爱尔兰、荷兰、葡萄牙、捷克、土耳其、哥仑比亚、瓜达马拉、匈牙利、墨西哥、挪威、巴拿马、瑞典、瑞士等国,波兰复文尚未送到。秘书长并宣言华府九国条约签字国,有加拿大、澳州[洲]、新西兰、南菲洲联邦及印度在内,此层不知各国政府是否虑及。渠认为应使十九国委员会注意此点,以便对此等会员国发出请柬,邀其参加谈判委员会之工作。十九国委员会经秘书长提及之后,当认为此种请柬应予发出,并命秘书长照办。十九国委员会旋对于星期五非常大会开会程序之若干点加以研究,并对热河时局之消息简略交换意见。非常大会定于星期五午前十时开会,十九国委员会则乘非常大会开会之前,于星期四日下午再行开会一次。"(二十一日哈瓦斯电)

(《申报》,1933年2月23日,第六版)

145. 对国联报告日本提反驳意见书，内容分十点，语极荒谬，谓九一八后事件日政府不负责任，决维持伪国根本推翻李顿十原则，反对撤兵及美俄参加谈判委员会

〔日内瓦〕 日本答十九特委会之文今日发表，内分十点：

（一）覆文称报告书中关于事实之说明多不能为日本所承认，但对于此种事实加以辩论，亦属无益。

（二）日本本不愿见满洲脱离中国主权，但一九三一年九月十八日以后发生之事件，国联实负多少责任。因在争议之初期，国联遽躁急斥责日本，并集合西方言论以不利于日本。

（三）满洲日军事行为，乃中国情形所逼成之自卫计画。

（四）日本确信如国联盟约、非战公约、九国公约之原则不依时局之实际而适用之，则此问题之根本解决不能实现。

（五）"满洲国政府"已有稳健之进步，仅热河境内尚有有组织的反对。

（六）匪众与张学良军队为国联态度所鼓励，现集中其武力，日本为保障"满洲国"安全条约所束缚，不能始终沉默。

（七）李顿报告书所建议及十九特委会报告书所赞成之解决原则十项，苟中国未有强有力之中央政府，什九不能履行。在满日军撤至南满铁路区域之提议，似以为"满洲国"之安全可以当地宪兵维持之，此说荒谬而不可行。日本仍保持其谈判委员会容俄美两国参加入[之]反对国联提议如欲束缚会员国与非会员国，使之不承认另一国家，国联此举实超出其权力范围之外。

（八）十九特委会之报告书鼓励中国拒绝和议，闪避解决。

（九）日本负有维持远东和平之责，准备与任何友邦合作以达此目的。

（十）覆文极言远东时局之复杂，谓此种时局存在之时期尚短，故虽李顿调查团亦不能说明之，是以日本请求国联大会再思而后决定之。

（二十一日路透社电）

（《申报》，1933年2月23日，第六版）

146. 国联大会今日重开，中日代表发言后报告书即付表决，日政府训令松冈宣言反对国联建议，特委会有继续存在行使职权之必要

〔日内瓦〕 十九国特委会今日下午开会，决定明日大会议程：首由主席报告，次日代表、三小国代表及中国代表相继发言，最后乃将报告书付表决。特委会除决定大会议程外，并讨论其他困难问题。各委员金以为特委会有继续存在行使职权之必要。（二十四日晨三时半中央社电）

〔日内瓦〕 国联大会定明日考虑十九特委会之报告书与建议案，但其议程之地位时时变更，非至今日特委会开会后不能预定。赞成明日开正式会议时不发议论之主张者，现实繁有徒。明晨希孟致词后，中日代表皆将相继发言，然后此报告书须送交国联政治委员会。此种手续系研究形式者顷□发明，该政治委员会依去年国联大会非常会议最初数次集议所树之前例，或将与国联大会本身无甚出入。无论如何，该会可使愿意发言者有发言之机会，而后政治委员会即将改□大会，以便作最后之通过。此种手续之影响，或将使会议延至星期五日以外。（廿三日路透电）

〔南京〕 外交界息。国联大会二十四日续开会。报告书除日本外，将一致赞成。依法，报告书无须当事国之同意即可生效，故日本纵投反对票亦无济。大会不闭幕，便必要时召集。特委会是否存在，抑速组谈判委会，二十五日大会可决定。我对热河问题俟报告书通过后即提出，并请对日之侵略行为作有效之制止。（二十三日中央社电）

〔日内瓦〕 十九特委在完成其提交国联大会之中日争议报告书时，以为其职务业已终了，但在明日开会时，将见其责任与困难犹未告终也。星期四日特委会集议之际，有数难点或将发生。如国联大会议程之决定，谈判委员会组织之完成，热河战事发作时国联应有何种举动之讨论，以及如何保持国联大会，使之接洽报告书通过后种种发展之决议，皆为特委会明日所须处理之事件。特委会现行使法院职务，既已于秘密会议中拟就其判决书，现遵循主席希孟之指导，不特宣布判词，且将受理集议时所发生之各种事件。希孟以主席资

格应付各事,众论翕服,同事诸人甚钦佩之,认为领导该会工作,非此君莫属也。中国总代表颜惠庆博士将于报告书通过以前发言,其大意业已拟就,但如何措词,将取决于明日特委会集议时渠所得的满意之程度。颜博士发言后,非特委会会员如加拿大等数国,或将稍有陈说,但日代表松冈则大约须俟报告书通过后始发言也。度松冈所言者,其词意将不出日代表团昨日所发言论之范围,无非拒绝撤销对"满洲国"之承认,声明热河事件为"满洲国"内政,并指国联应负目前局势之一部份责任而已。

十九特委对于如何与时局继续接触之方法,意见稍有不同。有人建议国联大会应继续在开会时期中,随时得由国联秘书长德鲁蒙召集之;又有人主张应另组织一机关,如十九特委会者然;同时更有人主张报告书之结构应稍改变,务使谈判委员会得尽速集会,不问两造皆否接受此报告书。赞成以上第三说者颇有其人,因觉如此办法,可在今后时局中即人人所认为中日冲突发作以还最为严重之一幕者,获得俄美两国之合作也。(二十二日路透社电)

我国代表大会演词要点

〔日内瓦〕 明日国联大会我国颜代表之演说要点,除已详前电者外,将再阐明重行确定中国在满之主权,即所以巩固国际条约及国联之基石之义,并声明中政府愿接受报告书,且欢迎美俄参加谈判。颜代表演说后,顾代表或将发言,说明热河形势严重,请国联尽速设法阻止事态扩大。(二十三日中央社电)

日政府最后决定应付国联步骤,训电松冈坚拒劝告

〔东京〕 日外部今日召开首脑部会议,对二十四日续开之国联大会决定最后步骤,其电令日代表部内容如次:(一)对二十四日之希孟议长演说,松冈须以绝对强硬态度加以回答,不能丝毫放松;(二)报告书在大会表决时,用最大力量反对,最后投反对票,发表不协力宣言;(三)坚持十五条第五项之进行,同时代表部退出日内瓦,准备归国;(四)最后说明日本与国联断绝原因,预备三月一日正式通告退出国联。(二十三日华联社电)

〔东京〕 日内阁今日下午在首相官邸开阁议,荒木陆相报告热河战情,内田外长提出训令案三项:(一)不接受劝告案之陈述书;(二)松冈代表在大会之宣言案;(三)劝告案成立后,提绝国联提案应取某种形式,经审慎讨议后,均承认外部原案。阁议后,内田外长入宫奏请日皇批准,今夜发训电给松冈洋

右,在明日大会照办。闻其内容大纲如下:(一)日本在过去十三年间,为维持世界和平起见,每次与国联协力,国联应注意此点;(二)远东之国际纷争不在日本之侵略,实在中国内政不修明,欲解决远东问题,须待中国内政统一;(三)东三省文化与欧洲不同,不能援用欧洲之政治哲学,惟有承认"满洲国"能维持远东和平;(四)国联劝告案日本断不能接受,若国联通过劝告案,日本将来不能再与国联协力;(五)劝告案通过后,于世界和平上所发生之事案,日本不能负其责任。(二十三日华联社电)

〔日内瓦〕 松冈代表决定于二十五日由日内瓦出发赴海牙及伦敦,三月十日左右由英渡美,逗留两三星期,豫定搭浅间丸,四月下旬到横滨。长冈、佐藤两代表亦于二十五六日离开日内瓦,二十七日以后只有情报长横山、坂本及本野三人留居日内瓦,整理残务。(二十三日日联电)

日退国联在徘徊却顾中

〔东京〕 日本将否退出国联之问题,仍在两可之间。但闻日内阁已决定令日内瓦日代表退至伦敦或巴黎,以待国联通过十九特委会报告书后之发展。有一事似可无疑者:日本必拒绝建议案,而投票反对报告书。日本全国虽对于退出国联一节意见不一,然对于报告书则一致反对之。据日人意见,日本在一年之前,或可赞成满洲自治而中国在表面上永有主权之建议,但"满洲国"之建议可否为满案之美满解决办法,初或有疑义,自去年九月协定成立后,则此疑义业已消灭云。至于日本退出国联与否之问题,舆情显然大相歧异。据现象察之,纵决定退出,然亦必待至报告书通过后若干星期或若干月始能实现。其所以不即退出者,盖欲避免有为一时意气所冲动之形象也,且欲以友好精神与国联告别耳。(二十三日路透电)

(《申报》,1933年2月24日,第五版)

147. 四十二对一票，国联报告书通过大会：日代表单独投反对票、暹代表弃权，根据盟约三个月内不得从事战争；松冈表演戏剧式的姿势，大会未毕率员废然离场

〔日内瓦〕 今日国联大会业以四十二对一票，通过十九国委员会提出之报告与建议。声明反对者仅日代表松冈一人，惟当事国照例不计，故主席宣称此案已一致通过。

今晨国联大会系十时四十九分开会，欧洲四大国代表：法由总理彭古亲自出席，英为外次艾登，德为方凯勒，意为阿乐锡。

当开会时，外交坛坫上中日两国代表几居席数之过半，盖两国代表团中人悉数到会也。再，美俄虽非会员国，亦有代表旁听。

主席比外相希孟宣读业已接受邀请参加谈判委员会之国名后，即声称此项报告足以代表十九国委员本于良心之努力，今日各委员已不欲再有演说，并声明十九委员会详尽考虑日本意见后，对于报告不欲有所更改。

斯时日本总代表松冈则侧其首，以一指支头，微露奇异之容，倾听希孟之言。中国总代表颜惠庆则始终庄重静聆。

最后希孟声称，颜博士之声明已有草稿分送，将不再译为法语，但各代表及新闻记者应之曰"否"，希孟遂命传译者译成法语。

松冈声称，颜博士所辩论者，日代表毋庸置答，因皆已于意见书中答复故也。

颜氏演说声称，渠起立致辞时，已有一种沉冤获伸之感想，因我辈今日乃来判定一重要会员国违犯盟约之罪，可有一种感激之心；因吾国之政策业已受人维持而大白于天下，敝国人民前十七个月中所遭人类文明史中空前之横暴侵略，亦并非虚受云云。

迨松冈继起演说，读毕预先准备之演说稿后，即大呼日本将反对国际共管满洲之任何企图，并发狂妄之言，竟谓在权利上满洲属于日本，因系日人向俄国夺得，今日之满洲乃日人所造成等语。最后竟称，为远东和平计与全世界和平计，请诸君勿采用报告云云。

加拿大代表李台尔继起演说,谓此报告乃一志切保持世界和平而消息详确、宅心公正之委员会,经审慎考虑后一致之判断。加拿大曾尽力赞助获得和平解决之种种努力,对此争议未尝有所偏袒。加政府深信在报告书之建议内将能觅得远东和平发展之巩固基础云云。

委内瑞拉代表苏梅泰声称,自一九三一年以来,远东及远西俱有冲突,一若未有国联盟约之存在者。委内瑞拉在参加表决此报告,甚致〔至〕不愿间接叙述任何先例之可容许延长太平洋两岸违犯盟约状态之继续不止者。

希孟嗣在表决前,先宣读盟约第十五款第四、五、六、七及十项,说明此次表决之重要,尤请会众注意第六项。又谓日本之否决行为,将为全世界所严重考虑;报告书中之建议,乃合作解决争执之一种贡献,今为当事国一方所拒绝,该国已决定继续施行其自己政策,不顾国联其他会员国之意见。最后并请各国继续努力,觅得一种人类进步上所必要之解决办法。

嗣以报告书连建议付表决。当逐一点名询问赞成或反对时,有十三国缺席或不答覆,独暹逻答称"放弃表决权"。当询至日本时,松冈答"不赞成",语气明白而坚定。中国颜代表则答曰"赞成",语气不若松冈之郑重。表决结果,希孟遂宣告一致通过。

表决之后,主席希孟即声称:"此案在法律上之重要性,毋待赘述。吾辈竭诚希望当事国双方目下弗犯一无可补救之行为。总之,国际解决必须实行,吾辈之解决办法必须公平而公正,国联必继续实行草创公约者所定之工作"云云。主席宣言毕,大会即于下午一时四十八分散会。

大会休会后,秘书长德鲁蒙立即签发致美俄两政府公函,请其尽速答覆愿否参加谈判委员会之工作。(二十四日国民电)

旁听席满坑满谷

〔日内瓦〕 今晨国联大会开会时,旁听席中无一虚位,摄制电影者复列于会场之前、会场两廊,其活动之象,实为前所罕见,人人皆谈论日代表将作何戏剧的姿势。当主席希孟就席时,会场中人皆作耳语,其如雪之皓首,自其座后玻璃窗中可以睹之。

松冈姗姗其来迟

日总代表松冈在最迟到会数人之列,于十时四十五分步入会场,后随多数人员,举止从容,在会场中似为最镇静之一组。

主席宣读开会词

十时五十分,希孟振铃开会。首先宣布报告书之略加修正,规定谈判委员会实举之人数,继曰:"自上届会议后,余曾接中日两国代表团来文数件,内有日本最近之意见书。诸文业经各会员尤其为十九特委会审查考虑,兹大会命余作下述之宣言:'十九特委会各委员审慎考量日本之意见书后,兹特宣布报告书业经一致秉公通过,其辞句无更改之理由,故十九特委会决定不复再有所云。'"

希孟于是请中国总代表颜惠庆博士发表意见。

颜代表首先发言,表示接受报告书

颜博士即起称,中国之政策已为国联所维护,渠深为忻慰。国联以勇敢之精神,对于一极重要之会员国下一判词,不直其在人类文明历史中最为狂妄之侵略行为,国联今已变为更有力而有生气之机关。至于特委会之报告书中有若干遗漏,此乃可为扼腕者。中国并非对于报告书之各项细则完全同意,但吾人为两造之一,未便于此强伸其见解也。查李顿调查团系根据盟约第十一条而组织者,中国后虽请援用第十条与十五条,调查团依然根据一九三一年十二月十日之决议案,解释其本身使命,是以调查团所偏重者,不在判定已往行为之责任,但在觅取避免复有此种行为之方法。今调解努力既告失败,李顿报告书必须以新眼光读之。特委会报告书之第二章正确而有历史价值,如环境所许者然,渠颇为满意云。颜博士继言及报告书第三章,证引原文若干节,加以称赞,并略予批评。旋评论日本所僭夺之权力,谓日本以南满铁路为政府中之另一政府,破坏中国之主权与条约,国联在中国过渡时期中对于中国表示同情,渠深为感谢。中国愿意公断,与日本解决关于条约释义之争执,而日本则拒绝接受盟约第十二条下之义务,双方态度实相反焉。报告书中关于九一八事件之审定,及对于"满洲国"地位切实而正确之结论,渠对之表示满意。国联因此结论,不得不考虑方法以履行盟约第十一条下之义务。报告书认九一八以后之事件,中国不负其责,此种结语,乃对于日本黩武主义及日本政策负责者加以可怖但公允的谶语云。颜博士对于中国中央政府与东三省地方当道划分权限之宣言,应由中政府于日军撤退之办法商妥后宣布之一节,表示同意。

颜博士并欢迎美俄加入合作，末称，中国愿投票赞成此报告书，不加保留，但若日本不接受之，则中国遵照盟约第十五条第六节之权利，不受丝毫影响云。

松冈狂妄致词：诬蔑我国极尽能事，力倡列强实施共管

颜博士之言论，和缓安闲。松冈继起发言，则论调强硬，令人愤懑。松冈谓："日政府已慎重考虑此报告书，决定不能接受之。李顿调查团曾言中国为危害世界和平之问题，日本处中国与广大的俄国之侧，比较的甚小，二十年来，其邻国之状况常令日本深忧而不安。吾人瞻望黑暗之前途，实无一线可令此心复安之真正光明。十九特委会不了解远东局势与日本在空前环境中之地位及促成日本行为之最后目的。中国革命二十年，使其人民备遭祸害，死于战争、虐政、匪乱、水灾、旱荒者，不知几千万人，其所受之痛苦，有非普通西人所能想像者。中国在国际责任中，久已放弃其主权国之义务，日本于此受害最深。革命以来，全国破裂，满洲朝代下所谓中华帝国领土，皆不复存于民国，今满洲已去，而成立独立邦矣。日本欲与中国合作，使满洲成和平而有秩序之区域，但中国对于日本此种努力，时常阻挠之。日本自信将始终为远东和平秩序与进步之柱石，故在满洲采行坚决之立场。国联在最初时期，曾忠实秉公谋取解决，但其行为继续鼓励中国采行反抗态度。武装兵士多于他国之一国如中国者，实非一国家。凡动辄破坏国际担任之和平国，非尊重原则之一国。李顿报告书徒有皮相，而关于满洲人民之性质，尤未有深切之研究。至于十九特委会之报告书，认中国为无罪；而对于日本多年艰苦之努力，以保持和平、增进治安、为满洲人民谋福利者，则不置一词。试与中国他处相较，满洲现状究竟如何？日本固为维持文明巩固秩序之大力量也。国联试考虑李顿报告书最后原则（此节言中国建设中之国际合作），岂仅仅遣派专门委员襄助一颓唐政府，即可使中国改变乎？事有迥不若是之简单者，恐无一大国或数国愿担任此种工作也。"渠要求中代表说明中政府愿否接受国际共管，渠请颜博士在投票以前，对于此点有所声明。国际之真正努力，适增加时局之纠纷，热河即其一例。日本绝不烦虑此次冲突之结果，但不愿见将来无谓之流血。国联报告书今影响将使中国发生一种印象，以为可继续反抗日本而告无罪，渠敢问美国可允巴拿马运河为国际共管乎？抑英国可依国际共管埃及乎？日本欲与中国合作，以植立东亚之和平云。松冈最后数语曰："余虔请诸君依吾人之条件，处分吾人，并信任吾人。若不顾吾人之请求，则将铸成大错。余请诸君勿通过此报告书"云。

中日代表发言时，会众皆静听之。松冈发言后，尚有代表三人，曾签名欲在会场发言。会众乃商榷可否在午餐以前，听取其议论，并表决此报告书。卒决定请三代表发言，于是加拿大、委内瑞拉与立陶宛三国代表相发表简短继议论。

加拿大代表李台尔继起发言，谓加拿大政府承认调解之努力既穷，则十九特委会责当草拟盟约第十五条第四节下之报告书。今提交大会之报告书，实为热心维持世界和平之博闻公允委员会一致而郑重的谳词。加拿大政府自参加争议之讨论后，即竭力赞助以和平方法，觅取解决之努力，慎避可危及和平解决希望之言行，且对于争议之事实与性质，不轻下断语。盖信漫加评论，或发之过早，转足妨碍恢复远东和平所系的中日良好谅解之共同努力，而使不能奏功。加拿大政府今于接受此报告书，愿对十九特委会之工作表示感慰，为维持国际条约之完整而施最后有效的之制裁①，当基于世界之公论。世界公论曾注视特委会作种种之努力，以求获一和平解决之可能性，今不得不承认特委会之努力掷诸虚牝。加拿大政府今信报告书中之建议案，可为远东和平发展结实之基础。渠切望争议之两造终能接受此项建议案中所列之制度，就人力之所能，以和解彼此抵触之主张。今无庸赘述决议之严重，国联会员国必须于今日作之，要知世界对和平解决可能性之信任今已摇动，如惨澹经营之安全的构造容人破坏，则庄敬尊重国

下转第九版

联盟约之基础，行将摧毁。李氏结语曰："此种构造已露力不能支之象矣。减轻世界军备之希望，已受危害矣；成立国际经济合【作】之工作，已扩大矣。为此数原因，吾人今必须投票通过特委会之报告书"云云。

委内瑞拉代表苏梅泰继起发言，谓国联机关每次忠实、勇敢的置诸运用时，辄发生有效的结果，但若背离盟约，则将妨害永久解决之可能性。今西方与东方皆有血战，一若盟约不存在者然。观此冲突之发展，觉盟约有修正之必要。而加紧国际管辖、国联监视下之调解，固属需要，但任何手续可使一九三一年以后强暴状态存在而增甚者，则不许之。延期非成就和平之最善办法，

---

① 编者按：原文如此。

此种手续殊为危险云。最后,

立陶宛代表柴尼额斯发言,劝国联大会继续努力,毋稍弛懈,并谓调解手续既已竭尽,此后宜采适当必要计画,无论如何,报告书一经通过,必不可成为具文云。

表决结果全场通过

主席希孟旋宣布决定投票表决,并宣读盟约条文,说明所谓满场一致者,系指行政院全体理事(争议国除外)外加国联大会多数会员而言。至是乃用点名表决法,赞成者四十二国,反对者仅日本一国,暹罗未投票,有数国缺席。希孟于表决后宣布:报告书已为满场一致所通过,

依据盟约停止战争

并宣读盟约第十五条第六节,声明会员国协定不得向遵从报告书建议之一造从事战争;并宣读盟约第十二条,规定非俟报告后三个月届满后,不得从事战争。希孟又谓渠希望两造可接受调解之努力,两造皆不作不可收拾之行为,致延长争议,国联当不断的谋取解决办法,并继续盟约所赋与之工作云。

松冈洋右二次发言

松冈于是乃第二次发言,对于国联之通过此报告书表示失望,谓日本曾参加编制国联盟约之工作,并与世界各大国联合办事,以期达到可使人类团结之最高尚目的,日本甚以此为荣,日本政策在根本上为保障远东和平并扶助全世界和平之一念所造成。渠对于目前事态,甚为叹息。关于中日争执事,日本现已达到愿与国联合作之限度,但日本仍愿参加有助于世界和平之工作云。

日代表团相率离场

松冈发言既毕,日代表团人员相率退出。但其时会议已终,会场中有人离座而起,故日代表团退出会场之影响,不甚显著。但日代表团之姿势,则为人明白了解,凡知其关系者,咸发生一种深切印象。

松冈面无人色先行

松冈面容惨白,但仍有坚决气概。松冈先行,其他日代表紧随其后,而出

席军缩会议之日代表七八人,亦尾随之而行。会场门口群众拥挤,日代表团穿人丛中向前直行,不作左右顾。会场中独留于后之日人,厥为杉村,其人乃国联秘书也。察日代表言论之意,日本究竟与国联断绝关系与否,尚有疑问。但众料日政府将有行动表明之,大约将以其意见直接通知秘书处也。

大会延会下午续开

希孟宣布大会延会时声称,下午五时继续开会,将讨论报告书中所提述之某点(大约为设立谈判委员会事),并接受一种文告。报告书全文将正式送致驻日内瓦之美俄两国代表,而请其尽速会同国联作一致之行动。(二十四日路透社电)

(《申报》,1933 年 2 月 25 日,第三版转第九版)

148. 时评:国际形势与中日纠纷

欧美列国对于远东问题有深切之关系与直接行动之可能者,为英、美、法、苏四国。英国之对华关系,除巨数之贸易投资外,与其最重要之殖民地印度复属比邻,马来群岛亦仅一水之隔。大不列颠帝国之基础,既建树于殖民地之上,则英人之于中国,自不能不有卧榻之旁之观感。美国自工业资本极度澎涨,南北两美渐感于无以展其骥足,剩余商品之销售,不能不远涉重洋以求出路。斐律宾之经营,已肇门罗主义崩溃之端;欧洲大战之参与,及尔后在欧洲金融势力之施展所谓门罗主义者,复并骸骨而化乌有。当其挟金圆势力以东进之际,大好之亚洲大陆,讵能忘情;而对华贸易,一跃而居首位,更足与美人以重大之鼓励,旦夕滋长,方兴未艾,美国有焉。法国自大战以还,以战胜国之地位,一面挟《凡尔塞和约》刮削德、奥人民之汗血,以造成其优越之金融势力;一面复运用其金融势力,以收复新兴之小国,钩心斗角。其要旨在保持欧陆盟主之地位,太平洋之争霸,目下似不能有此野心。惟因殖民地安南之毗连滇、粤,不能不结纳一在太平洋有雄厚势力之与国,庶进可因人成事,以求分我杯羹,退则当欧洲有事之际,亦可藉以保障安南之治权,其对远东之态度,遂处于若即若离之局。以言苏俄,则殖民地之经营既根本为共产主义所不容,其最有利之态度,殆莫如巩固国基,以坐待资本主义国家之自然崩溃。惟日人在满之势力倘伸张过甚,则东南边境将受威吓,而满洲白俄麇集,亦属隐忧,于是对于远东事态之演变,乃不能不予以深切之注意矣。

就世界经济情形以观察,非掀起一国际之斗争,诚不足以解救资本主义国家当前之恐慌。所谓世界大战者,资本主义之列强恐无人不愿其实现,徒以国内社会骚动,参加战事,或不免蹈帝俄覆辙,乃徘徊瞻顾而未发耳。以欧美列强之利害而言,俟他人之作战而坐收渔人之利,策之上者也;集欧美列强之力量,于短时间内战胜日本,以分割其拥有之市场,策之中者也。远东之前哨战方兴,英法之军械输出已露蓬勃之象,谓旁观为上策,讵曰不宜。惟人同此心,则主力之战必无由爆发,乃不能不舍而求其次。此则国际间对于远东事件之处置,不能不结合英法而同时牵入美俄者也。

倘日人而得志于中国也,太平洋之霸权固永非英美之所能希冀,英美在东太平洋之殖民地恐亦将渐归不保。故美之对日,固决无妥洽之望,即英之对日,亦不能不视为大敌。印度及马来群岛日货之侵入,已启英人之危惧;日本纺绩业之压倒兰开夏,尤足使英人动魄惊心。愚昧之英国保守党,或犹欲以长城为界,与日人分割中国之利益。见闻较近者,自将觉其为与虎谋皮。与日人势力无直接之冲突而可能妥洽者,殆惟法国耳。年余以还,国际间最重要之运动,厥为谋英、美、法对日态度之一致,只以尔诈我虞,矛盾迭出,致远东问题反徒成列强间解决别种纠纷之工具。匝月以还,因罗斯福氏对战债问题之表示让步,英、美、法之关系渐趋接近。复以国社党执权以后,德意联盟甚嚣尘上,转促英、法之结合;而历年仇视之俄、法,亦以法人无暇远图,竟签订不侵公约,使苏俄得以全力应付东陲,于是在外交上日本乃忽陷于孤立无援之境。

虽然,所谓一致云者、孤立云者,尚仅限于纸上空谈之外交态度耳。设一旦而欲进一步作实际上之行动,固犹不能不因尔诈我虞而经过再一度之徘徊瞻顾也。吾人欲以此口惠而实不至之外交上优势,以解救当前之国难乎?则恐亦梦想徒劳而已耳。

(《申报》,1933年2月25日,第八版)

149. 大会通过组织顾问委会，继续处理中日纠纷，邀请美俄参加工作，大会不闭随时召集

〔日内瓦〕 今晚国联大会继续开会，我国顾代表发言，对热河严重形势有详细陈述。大会已通过组织一顾问委员会，襄助大会继续处理中日纠纷。顾问委员会以原有十九国特委会委员及加拿大、荷兰之代表组织之，并邀请美俄参加工作。大会仍不闭会，主席认为必要得随时召集之。（二十六晨二时半中央社电）

〔日内瓦〕 主席希孟提出草决议案如下：

国联大会根据盟约第三条第三节，可在其会议时处理妨碍世界和平之任何事件，故对于中日争议之发展，不能熟视无睹。依照国联大会根据盟约第十五条第四节所通过报告书第三章第十七段之规定，国联会员国对于满洲局势，须不采行单独行动，并须继续彼此间及与有关系的非会员国一致行动。为便利在远东成立一种适合报告书中建议案之情势起见，秘书长现奉命将此报告书副本送交非会员国之签字于非战公约及九国公约者，告以国联大会所抱之希望。即各该国对于报告书意见可予以赞同，并于必要时，与国联会员国采行一致行动与态度。

国联大会决定组织顾问委员会，注视时局并襄助国联大会执行其盟约第三条第三节下之责任，而以赞助会员国彼此间及与非会员间作一致行动以与其态度相适合为目的。

顾问委员会以十九特委会委员与加拿大、荷兰之代表组成之。

顾问委员会请美俄两国政府参加其工作，并将于认为适要时提出报告及建议，且将其报告书通知参加工作之非会员国政府。国联大会将□在开会期中，其主席与顾问委员会商榷后，得于其认为适当时召集之。（二十四日路透电）

（《申报》，1933年2月25日，第九版）

150. 时评：四十二对一

（一）国联之威信

日本蛮横，伪国奇丑，凡审知中日冲突之内容者，莫不叹为历史的怪剧。而内田康哉以怂动九一八事变之主角入任外交总长，由和平的橡皮"玩偶"进而为军部御用之钢铁傀儡。其强硬无理，真不愧为日本军国主义之忠实代表。其轻蔑公理，蹂躏东北三省，以为现世界皆应日本一国独步，必杀尽中国人以顾全其所谓生命线。我国虽始终退让，然而世界各国已大为不平，国际形势已大转变。

十九国委员会草竣报告书之后，日本帝国主义进攻热河，窥伺滦东，扰乱华北之阴谋，益加显露。在我国被害已深，万难再事隐忍，起而争战，自在意中，奋力抵抗，尤为公理中之公理。而英、法各国，无论为国联之威信，为国际间之均衡，皆不能再事迁延，任日本铁蹄踏碎东亚也。是故本月二十四日之国际联盟大会，经再度审慎考量、熟权利害之后，乃不畏日本退出国联以威胁，以四十二票对一票通过十九委员所草拟之报告。与会各国乃无一人公然赞助日本之主张，亦无一国是认日本之所谓"王道"亡［之］道。此次大会，至少为世界各国明白认识日本之真面目，同时宣告满洲傀儡国确为日本军阀所捏造，今后再不得以和平面具欺骗世界。中国因反抗暴力之蹂躏而对日公然作战，亦必因全世界道德上之援助，而气势为之一振。

（二）盟约第十六条之运用

日本所以毁弃一切、横行到底者，一则欺中国懦弱，势难抵抗；再则利用英美对立，英苏不和，必无实力足以制限日本；三则欺国联仅为一道德机关，只凭口说，别无能耐。是故前年十月二十四日十三票对一票之决议，以日本单独反对，匪特决议未能成立，日兵依旧盘据［踞］辽、吉，且事态扩大至于吉、黑、锦、义，近且又占据榆关，飞炸热边矣。

虽然，国联以和平号召世界，而经济恐慌正苦未得出路，各国为自身计，为国际均衡计，皆不能用兵。而日本违约背信，事实昭然，今且退出国联，大举进攻热河，则国联手无寸铁，乌足以制止日军之狂进，何能期其议案之必行？纵令北美合众国与苏联皆欣然参与谈判，恐犹未必能抑制日本之横暴。然非无术也，国联盟约第十六条明明规定：

"联合会员如不顾本约第十二条、十三条、十五条之规定而从事战争者，则据此事实，应即视为对于所有联盟其他会员国有战争行为，其他各会员国担任立即与之断绝各种'商业上'或'财政上'之关系，禁止其人民与破坏盟约国人民往来……"

"遇此情形，国联行政院应负责向关系各政府建议……各会员国各出海陆空之实力，组成军队，以维护国联盟约之实行。"

此举是否能见诸实施，固不待智者而后知之也。然实施之权与能，不在远处西欧之国联本部，而在身受奇祸之中华民国。

（三）公理是否能战胜强权

我国自沈变发生以来，即祈求"公理"。现在公理既已求得，而执行此"公理"之手段，似难责望于国联。盖日本退出国联而后，即不受盟约拘束，更不管国联裁决，只凭其陆海军实力到处纵横。试看彼国陆军征调初年兵上战场，海军则借大演习示威，其欲爆炸满洲火药库，昭然若揭，其有挑动战争之意识，亦甚明显。有人喻我为欧洲战初之比利时，其实非也。盖我国既得"公理"之扶助，而负有实施此公理之责，以自身利害关系而论，尤应奋其全力，以铁拳驱逐盗贼，以赤血维护"公理"。

当东北事变之初，日本帝国主义者借口防止赤俄南下，以拉拢英吉利，以鼓惑法兰西。彼乃坐收实利，席卷三省，着着为战争之准备。至于压抑我国民族革命运动，亦属烟幕弹之一。迄今年余，列国已悟日本之诡诈，察觉其借此以发展"大陆政策"，独占中国市场之阴谋，远甚与其所谓防备"赤化"、御制苏联也。且自《法苏互不侵犯条约》成立以来，欧洲形势大异往昔，东亚风云急于星火，此国际联盟所以全体一致通过否认"满洲国"，确认日本军事行动超出于自卫范围也。

然而日本居心颠顶，一意妄动，绝不能服之以公理。惟有用实力施以铁血之教训，方可保持人类和平，全我国民生命安全。而今日世界真能护持国联盟约、握教训日本之铁拳者，舍我中国，岂有他哉！

(《申报》，1933年2月26日，第七版)

151. 某要员谈国联处理中日案经过：英法突然转变态度之原因，国人今后应具更坚强决心

〔日内瓦〕 我国代表团某要员谈：十九委员会之报告书，卒于昨日经大会认为公正不偏，全部通过，实为三个月前梦想所不及。我方之艰苦忍耐，不为徒然。所惜在中日争端发生之始，国联未能当机立断，致事势转恶，中国所受损失极巨耳。当中国提出本案于行政院时，各国态度多不著[着]边际。即在十一月特别大会开会时，小国及大国间之意见亦大见参差。其时袒日方面以西门为领袖，形势恶劣，然卒因日本之固执及虚伪，致引起十九委员之不满，态度突转强硬，而国联亦不得不决定对日本加以谴责。又，促成此项报告书之通过者，如上述形势以外，尚有中俄之复交，美国对国联之同心合作，乃[及]欧洲政治形态之危险的开展，等等。如宣传一时之德意密约，使英法两国大感不安，而深觉拥护盟约以增厚国联声势之必要，实亦为促进国联决心之一重大原因。现在全世界已是中国而非日本，吾人自亦当对全世界表示一种最坚强之决心，证明中国不特对侵略者能予以抵抗，并有力逐之出境。吾人如不努力，则国土之恢复绝少希望。牺牲愈大，所得亦愈厚，反是则亦反是。能自助者，人亦助之。日本之为全世界唾弃，即我国人奋斗自强之最大机会也。(二十五日中央社电)

(《申报号外》，1933年2月26日，第一版)

152. 时评：最后之决心

迩近由于华盛顿方面之表示愿意开始谈判战债，以及英日在华北利益发生冲突，欧美间之关系显然渐趋接近，纵横捭阖之国际政局，亦显然渐次转捩其方向。在此种转捩之下，国际联盟乃亦转变其两年来维持"日本远东政策"

之态度，于本月二十四日毅然以"四十二对一"通过十九委会所草拟之报告，予日本以严正之指摘，予满洲伪国以正式之否认。此种坚决严正之态度，诚足以使世人之耳目为之焕然一新。

国际联盟对日态度之改变，其根本原因，仍在于列强相互间之利益冲突。换言之，国际政治之种种形相，实即为"帝国主义内在矛盾"之显示。故吾人于当前之国际局势，既不能误认为"公理今已战胜强权"，尤不能误认为"列强今皆助我"。但使吾人而果真有为民族生存而斗争之决心，则当前之国际局势，实即为我国以最大之决心实际总动员自救之绝好机会也。

热河方面之悲壮争斗，今已开始；沿海、沿江各地，都机桯〔陧〕不安，随时有被袭击扰乱之可能。我政府在当前情势之下，应出其最后、最大之决心，昭示全国以一贯之方针，而后全国人民乃得集中力量，以为政府后盾。犹记甲午战后，外人谓此战非"中国一国"对日本作战，而为"直隶一省"对日作战；非为直隶一省对日作战，直为"李鸿章个人"对日作战。吾人鉴此覆辙，则又深惧热河方面之悲壮斗争，终将在敌人"各个击破"之一策略下归于悲壮失败，终将为一·二八淞沪血战之续。

此次代行政院长宋子文氏偕张学良氏亲往热河视察前线，并激励士气。据电讯所传，前敌将士及人民气势为之一振，可征今日我国之人民，实非亡国之人民，徒以以前政府举棋莫定，战和莫决，故欲救国而莫由自效。宋氏在热河欢迎会中演说，有曰"政府决不放弃东北，决不放弃热河"，复言"强盗临门，惟一的生路，即为武力自卫"。果宋氏此种坚决之表示而真可以代表政府之态度，则吾人敢请蒋委员长目前暂委其江西方面之责任于其他大员，立时亲临前线，抚巡策勉。盖此不仅更足以激励士气，坚其抗日之决心，抑且全国人民在此种坚决行动之下，亦皆将仰望旌旗，欢呼踊跃，以共赴民族革命斗争。

虽然，国危至此，为存为亡，已间不容发，我人民固亦不能长此因循坐待也。在当前情势之下，吾人已坚决认定：非斗争不足以遏止日帝国主义者之侵略；非斗争不足以维护自身之生存；非实行反日帝国主义之民族革命战争，不能求得我民族生存之出路。则我人民今日即应一致动员，以大众之力量，坚强政府之后盾，并以坚定政府之意志，同时更以大众之力量，充实民族争斗之战线。去岁一·二八月余血战，虽极光荣悲壮，然而此战中强横之主要人物，则终赖韩人之一击，予以有力之膺惩。意者惟亡国遗民，身膺剧痛，而其反抗之意志乃愈坚决，而行动乃愈壮烈乎？吾人切盼国人，趁此国尚未亡，急起挽救，毋待国既亡欲挽救而莫由。今日之事,斗争而已。政府其觉醒,国人其觉醒!

(《申报》,1933年2月27日,第五版)

153. 李顿勋爵登高再呼:制裁日本时期成熟,国联不能宽恕日本横行,希望英国履行条约义务

〔伦敦〕 李顿勋爵今日在戈达明地方演说,言及中日争议,谓国联如宣告适用盟约第十六条所载制裁方法之时期,现已成熟,则渠希望英国可准备履行其条约下之义务。渠深信渠所建议之解决法,乃适合事实之唯一办法。吾人必须使日本了解国联不能宽恕违背规则之行动,尤重要者,吾人须使日本了解吾人欲在规则内觅取解决之诚意云。(二十四路透电)

〔日内瓦〕 英国发起禁止与远东之军械贸易,众皆视为日内瓦方面中日争议中甚有关系之发展。至所以迟迟不设小组委员会研究此事者,专因欲候美俄答覆邀其参加调解工作之请书。(二十五路透电)

〔伦敦〕 英外相西门料将在星期一国会下院总辩论远东问题时,说明政府态度。现闻反对派或将要求禁运军火往中日两国。(二十六日国民电)

(《申报》,1933年2月27日,第六版)

154. 京市各界电慰李顿:不仅为中国好友,亦正义之保障者

〔南京〕 京市各界一日电李顿,略云:"东省事件,先生力斥日军阀狂大〔暴〕,暴〔大〕义凛然。世界人士,对先生不畏强御之精神,公正严明之态度,莫不敬佩。先生不仅为中国好友,且为世界和平及人道正义之保障者。谨代表京市七十万民众,敬致慰念之忱,并祝康健。"(一日中央社电)

(《申报》,1933年3月2日,第九版)

155. 李顿勋爵论日本退出国联：国联不能因此展缓其行动，应作外交接洽对日用压力

〔伦敦〕 李顿勋爵在《旁观报》登载一文，谓：日本之退出国联，必不可为国联展缓其行动之理由。如日本果退出国联，则应在拥护国联盟约方面立即作外交之接洽，而此种接洽须以逐渐有效的压迫方式辅助之，如禁止对日放款及供给借款是。最后宜以与盟约不相抵触及可为人民所接受之有效的政府给予满洲。惟此事苟不得日本赞助，则莫能实现，故加诸日本迫其承认国联公断之压力，必须与国联所预备给予之另一办法同时并进云。（十日路透电）

（《申报》，1933年3月11日，第七版）

156. 日本实行退出国联，正式通告退出，仍谓与国联合作；日内瓦并不惊异，伦敦表示惋惜；郭泰祺赴日内瓦，台维斯赴伦敦

〔东京〕 枢密院已于今晨通过日本退出国联通告书之原文，斋藤首相于下午三时入宫请求日皇批准，然后即可将该通告书电致国联并日本驻外各大使云。又电，日本已将退出国联通告书电致国联矣。（二十七日路透电）

〔东京〕 与日本退出国联通告书全文同时发表之日皇谕旨，谓日本虽退出国联，但仍将继续与国联合作维持和平云。（二十七日路透电）

〔日内瓦〕 此间闻日本退出国联之通知书已由枢密院核准并由日皇署名消息，殊为关切，但并不惊异，因皆料日本终必出此也。现一般人士之目光，咸注于日本受委代管旧属德国之南洋诸岛，盖日本虽退出国联，而仍欲据有之也。（二十七日国民电）

〔伦敦〕 日本之决计退出国联，早为众所共知。故日本正式通告出会之消息，今日并未引起许多批评，报纸不过对此决议再作惋惜之表示耳。日内瓦之活动，即将随日本之正式通告而起。驻英中国公使郭泰祺今日已起程赴日

内瓦,中国驻俄大使颜惠庆博士亦将往日内瓦。美代表台维斯本星期内亦可到伦敦而往日内瓦,俾出席于办理中日争议之顾问委员会。伦敦华人方面未表示中国代表团将否在日内瓦有特殊行动,但中国人士显仍认有根据盟约第十六条作最后请愿之可能性,不过未必此时议定此种积极行为耳。大约中国代表团暂将注视顾问委员会开会后事态之趋势而定办法。(二十七日路透电)

〔南京〕 日退出国联正确消息,此间尚未到。如果退出,德领南洋各岛委任日本代管,日既退出国联,德国尽可向索其旧有领土。国联在大会通过报告时,原料到日本有退出国联之表示,今将按照预定计划,一致对付日本政府。但日本宣布退出国联事,拟发表一种声明,并令颜、顾、郭三代表通知国联秘书处及各会员,请其注意会员国退出国联后应负之责任。该声明闻已拟就,日内即可发布。(二十七专电)

〔东京〕 斋藤首相今日午后发表文告,重述日本所以决议退出国联之情由。文内切言此举之重要,故日皇已有敕旨命其人民当在此国难时期中各尽其责。又谓列强必能明觉日本现正进行志在保障和平之政策。末言日、"满"、华合作之关系,日本全国今当竭力合作,实行御定之政策云云。(二十七日路透电)

通告书全文

〔东京〕 日政府于今日下午三时十分,由内田外相根据盟约第一条第三项,将下列之退出国联通告,电达日内瓦之国联德鲁蒙秘书长,其全文如下:

"帝国政府认帝国确保远东和平以致贡献世界和平之国是,与各国企图和平安宁之国联使命,在于同一精神。帝国于过去十三年间以国联常任理事国之资格,协力连[达]成此高尚目的,实不胜欣幸也。日本时常以热诚参加国联事业,不后于他国,为确实之事。帝国政府鉴于现下国际社会之情势,深信维持世界诸地方和平,必要即于此等各地方现实之事态,运用国联盟约则,始能完全达到国联之使命。昭和六年九月中日事件提交国联后,帝国政府根据于此,确信在国联诸会议及其他机会,主张国联须应认识中国现实之事态,而运用适当之规约,以增进远东和平,显扬国联威信。帝国尤力说中国非完全之统一国家,其国内事情、国际关系极形复杂,而富于变相例外之特别性,故为一般国际关系基本之国际诸原则及惯例应加以变更,然后始适用于中国。然国联于过去十七月之审议会,多数国联会员国不但未能认识远东现实之事态,至于国联会草[章]及其他诸条约国际法上诸原则之适用尤其解释,日本与国联之间时有重大意见之冲突。其结果,于本年二月二十四日临时大会决定之报告书,不顾帝国欲确保远东和平之精神,且于认定事实上陷于甚大之误谬,即断定九一八当时及其后日军行动非出于自卫权之发动,又未重视满案发生以前之紧张状态及事件后中国对于恶化事态之责任,又于一方蔑视'满洲国'成立之真相,否认日本承认'满洲国'之立场。国联此种行为,实造成远东政局之新纠纷,而破坏远东安定之基础。报告书中所揭各条件,对于远东和平之确保毫无贡献者,帝国政府于本年二月二十五日之陈述书中已述及矣。总之,多数国联会员国,当其处理中日事件,以为尊重不能适用之法则,比确保现实和平更为重要,又以拥护架空的理论,比除去将来祸根更合基调,因此国联与日本发生重大意见之不同。于是帝国政府确认确立远东和平之根本方针,与国联之所信完全相反。帝国政府现信今后再无与国联合作之余地,故根基于国联盟约第一条第五项,通告退出国联也。"(二十七日日联电)

日皇之诏书

〔东京〕 日皇于今日发出退出国联通告后,并赐全日民众之诏书如下:

"朕惟曩世界和平克复,国际联盟成立,皇考命帝国参加。朕亦承继遗绪,苟不怠,前后十有三年,始终协力。此次'满洲国'新兴之际,帝国尊重其独立,促健全之发达,以除东亚之祸根,而保世界之和平,然不幸与国联之所见背驰。朕命政府慎重审议,遂至脱离国联之措置。虽然,国际和平之确立,为朕恒所求之不已,因是和平各般之企图,即向后亦应协力不渝。今则与国联分手,是从帝国之所信,虽偏东亚,而友邦之谊,固不疏也。厚于国际,显扬大义于宇内,为朕夙夜所念者也。方今列国遭遇稀有之世变,帝国又值非常之时艰,为举国振张之秋也。尔臣民克体朕意,文武互○○(电文不明)职守,庶众各淬励其业务,向正而行,执中协力迈往,以处此世局,进而翼成皇祖考之○○(电文不明),期贡献人类之福祉。御玺。昭和八年三月二十七日,各大臣副署。"(二十七日电通电)

斋藤声明书

〔东京〕 帝国政府发出退出国联通告后,日皇亦颁发诏书,以示国民今后之所向。斋藤首相乃发表如下之声明书,以所信向天下阐明,而促国民之觉悟。日政府声明书全文如下:

"兹帝国政府通告退出国联之际，日皇亦颁发大诏，以明帝国所择，而示进路，实不胜恐惧感激圣虑之高远也。惟国际联盟之使命，在于企图世界之和平与安宁，故帝国赞同其旨趣。创设以来，十有三年，始终诚意协力。然中日问题交付后之审议经过，与大会采决之报告书，国联不根据正义公道，参照现实之事态，轻视确保远东和平外无他意之帝国之态度，且明了于确立远东和平之根本方针。帝国与多数会员国，其所信各异。兹鉴于确立远东和平之日本使命，与促进满洲独立、健全、发达之日本责任，更应熟虑国运之将来，遂确信不得不断然退出。虽然，贡献于国际和平之增进与世界文化之发达，为日本传统的且不动之国策也。即今后于以人类安宁福祉为目的之国际事业，亦依然协力参与不变，而非踞蹐于远东为满足也。以正义公道，期宣布于世界，固不待言。又帝国所取既定之根本方针，为增进世界和平唯一之道，而确信自觉而不疑。帝国直对东亚复杂之政局，协力于'满洲国'建设事业之完成，更开中、日、'满'三国和协之基，而负确立远东恒宁之重任，其责任固甚重大也。古来我国民每遭遇艰难，辄转祸为福，以收成果。我官民务铭感圣旨，举国一致，皆精励本务，大张纪纲，毋捉固陋之偏见，毋感矫激之思想，以质实刚健、自力更生之道，勇往迈进于帝国之使命。则明治天皇之伟业，于昭和之圣代，更得加较进一段之恢宏，以之寄与乎人类之幸福，用副圣旨，为本大臣所深望于公民者也。昭和八年三月二十七日，内阁总理大臣斋藤实。"（二十七日电通电）

军阀之气焰

〔东京〕 荒木陆相对三十万常备军训词，内云：为远东和平与国联决绝，势所难免；政府已通告退盟之后，今日国军须一致团结，负起护国重责，奋勇起来，扶成明治大帝之大业，国运前途全在军人身上。又大角海相谈云：处此国际风云紧张时期，须振起大无畏精神，为国家将来努力，抱一大决心与非常时之觉悟；对外则谨慎言动，表示大国民态度，充实武力，保持海军传统精神，为国负重，以待一旦有事之准备云。（二十七日华联电）

············

（《申报》，1933年3月28日，第三版）

157. 国联将制裁日本乎？——顾问委员会将集议答覆日本，取销代管岛与撤回驻日公使，经济封锁与禁运军火之趋势

....

日本更孤立

〔南京〕 外交界息。日政府已决于二十七日退出国联，由外务省通知国联及各国政府。此全由于在国联外交全盘失败，故不得不挺而走险，对我并无若何影响。盖日在退出之二年内，仍有履行一切国际公约及国联盟约之义务。今后国联如对日有何举动，日除仍须接受外，并狡辩之机会亦不可得矣。国联为保持其尊严计，对日政府此种倔强行动，预料必不能坐视不顾；而德国之要求收回南洋各地之统治权，尤使日政府添一劲敌。日方今后外交殆已完全处于孤立地位。日政府虽仍企图向英、美、法、俄各国单独勾结，但此种计划失败于退出国联之前者，必不能收效于退出国联之后云。（二十七日中央社电）

....

（《申报》，1933年3月28日，第三版）

158. 时评：日本退出国联

日本之退出国联，外以维持其强硬到底之面目，内以镇定其怀疑不定之人心，而其对我侵略之一贯政策依然如故，绝不因此而稍有变更。顾我国人闻此消息，必有两种心理表现。其愚无识者，必以为日既退出国联，即不受国联拘束，对我将益肆暴横。殊不知日人在未退出国联时，何尝稍受国联之拘束？夺我辽吉黑，侵我热河，摇动我平津，任意侵略，何尝稍有所顾忌？自由行动已至尽头，今即退出国联，亦不过尽情侵略而止，其暴横亦焉能更甚于前？我既存抵抗之决心，惟有尽我力以与抵抗，不必以日人之退出国联为忧也。其存希冀

之念者，以为日本退出国联，国际间将益陷于孤立，列强对日必将益加严厉。殊不知国联是国联，列强是列强，日虽退出国联，而与列强修好，如日本今日所发通告所言者，亦未始【为】不可能之事。或因退出国联，而各个修好，更为顺利，亦未可知。故以日本之退出国联为乐观者，亦误也。更有人以为日退出国联而后，南洋群岛之代管权即将发生问题，德国既起而索还，美国利害关系更切，不能不继起过问，则德、美与日之冲突，势不能免，而我国即可因利乘便，至少亦可稍纾国难。为是说者，亦即不知世界情势者也。微论德、美两国以路远皆有鞭长莫及之苦，而美以金融潮流尚未稳定，德以镇压内乱尚未平静之际，亦岂肯轻于启衅？日亦早有成算，彼岂不知退出国联之后，委任权即随以发生问题，其所以敢毅然退出者，必已预有把握者也。是则希望于本日退联而后，借美、德之力以压迫日本、纾我国难者，亦误。

总之，在今日情势之下，日本之退出国联与否，不足轻重。国联之能力，只能以道义制裁而止。列强中之与日有旧交者，交情亦依然犹在，即与日本有极大之利害冲突者，亦以在此经济恐慌之狂潮中，自顾国内之不暇，决不肯轻用其武力。日人认清此点，故一面对国联声明退出，一面对列强仍声明和好，其词婉而用意甚深。吾国人于此，不谋所以自救之方法，而犹望国联之能为我出力乎？犹望列强与日本利害冲突，以坐收渔人之利乎？是真所谓迷而不知返矣。

日本退出国联之后，吾不惧其利用国人惧战之心理而更以武力迫胁我也，吾惧其利用国人依赖国联之心理以诱惑我。彼以为日既退出国联，国联不能再管此事，中国人即不能再依赖国联，非与日直接交涉不可。倘日人存此意，作种种簧鼓之词以向我国人引诱者，其毒甚于以武力迫胁，国人亟应严切拒绝。

（《申报》，1933年3月28日，第六版）

159. 罗外长发表宣言：日本虽脱离国联仍须履行公约一切义务，国联将以更迅速有效方法处理中日问题，彼黩武横行之侵略者必受其应得之果报

〔南京〕 外交部罗部长今日发表关于日本宣告退出国联宣言云：

"日本政府不顾国际条约之尊严、国际联合会之决议，实行以武力占据东三省，进攻上海，并侵入热河，今复更进一步正式宣告，退出以促进国际合作、确保国际和平与安全为职志之国际组织。当兹国联积极努力解决中日问题之时，日本政府采取此项步骤，不啻故意设法损害大战后维持世界和平之组织，且无异明白宣言拒绝以和平方法解决此极重大之国际争执，并强迫中国接受日本欲提出之任何条件。日本政府所陈述之脱离国联之理由，现无再行申辨〔辨〕之必要，良以此种谬论，屡经中国政府及国联之迭次决议与大会报告书予以澈底之驳诉也。

惟有必须指明者，即日本退出国联之宣告，并未免除其实际脱离国联前所必须履行之种种义务。查国联盟约第一条第二项明白规定：凡联合会会员经两年前预先通告后，得退出联合会，但须于退出之时，将其所有国际义务及为本盟约所负之一切义务履行完竣。今试将此项规定适用于日本之宣告退出，其意义显谓自国联受理中日争议以来，所有行政院及大会所通过之决议案，对于日本均有仍效①，并在日本之退出能视为法律上之事实以前，所有国联方面关于此案所可采用通过之一切决定或决议，亦将对于日本同等有效。不仅如是，凡各项国际条约经国联宣告为解决本争议之原则者，其规定之义务，在日本尚未完全履行之，则日本亦不能享有退出之权利。简言之，即日本如欲享有退出国联之权利，更须在通告退出后之两年期间内，实行非战公约、九国条约及国联盟约所规定之一切义务，否则日本将仍为国联之一员，且将与其他之国联会员国同等受国联之管辖。

以此种种，中日争议在国际联盟下之公允处置，毫不因日本现所采取之步

---

① 编者按：原文如此，应作"对于日本仍均有效"。

骤而受有任何不良之影响。自他方面言之,日本宣告退出国联,不仅不足以损及国联之威信,如日本私心所希冀者,且适足以促使国联以更迅速、有效之方法处理中日问题。盖日本出席国联之代表曾一再以退出国联相恫吓,而国联毅然不顾,以一致之决议通过大会报告书,足见其欲以国联之原则解决中日问题,早具决心。唯其如是,故彼一意孤行、屡违国联盟约及国联决议之日本,一旦宣告脱离,反足减少国联执行其艰巨任务时之牵制。中国政府深信国联地位必将益形巩固,且将采取紧急有效之方法,以应付日本宣告退出国联后之新局势。日本宣告退出国联之后,势将招致全世界一致之反对,盖世界各国固均热烈拥护国联盟约及和平正义者也。中国政府深信国联所代表之原则终必战胜,中日问题终必得公平之解决;而彼黩武横行之侵略者,终必受其应得之果报也。"(二十八日专电)

(《申报》,1933 年 3 月 29 日,第三版)

160. 德鲁孟广播演说:尚望日本重行考虑,日本退出使国联势力稍弱,但国联在精神上愈形坚强

〔伦敦〕 国联秘书长德鲁蒙今日广播演说,谓国联虽因日本之退出势力稍弱,但因毅然应付其前所未有之最艰难时局,而精神上愈形坚强。日本若早日服从国联盟约,而将其困难陈述于国联之前,则定可得同情之听取,而获有充分保障其在满利益之适当办法。惜日本所采行之政策,与国联所主张之原则背道而驰。尚望日本重行考虑其决定,而依允李顿调查团维持远东和平,在对华友好,而非对华战争之主张。日本对于东方可大有贡献,国联始终准备愿在盟约范围内襄助日本云。(五日路透电)

(《申报号外》,1933 年 4 月 6 日,第一版)

161. 松冈洋右怀日本刀返国，痛责李顿待日人如印人，妥协目的未达抱憾终身

〔东京〕 日本代表松冈洋右今日下午三时零五分抵东京，十二时四十五分曾在船中播音，略谓："本人因力薄，未能胜任而返国，殊对全国民众抱歉。在此时，不敢多说是非。日本欲与国联妥协，而派本人到日内瓦，结果因目的不达，遂坚决与国联决绝，本人空然返国。因退出国联，在远东已造成一种新形势，日人须加倍团结，完成新使命。本人所最痛恨者为李顿。李为印度总督之子，生于印度，为印度英官，轻视印人，不愿平等待我亚洲民族，且视日人与英人〔印人〕平比，每站在高台审判亚洲民族，本人深为英人惜之。为冲破目前之难局，须与军部会成一气"云云。

按松冈出国前，曾受其母赠送大和民族之日本刀，此次返国居然原物带回，且将该刀归还其母。于是一般批评松冈还不失明哲君子，凡事能知进退云。（二十七日华联电）

（《申报》，1933年4月28日，第四版）

索 引

A

爱文诺　50,76,101,102,109,195

B

巴黎　45,46,63,65,72,89,154,158,161,169,170,187,190,197,201,202,223,287,297,301,305,317,331,339

柏林　65,107,108,113,161,174,175,201,236

北满　7,28,42,43,154,171,236,254,296,300,332

C

长城　118,160,201,202,212,263,302,311,314,323,328,330,347

长春　8,16,26,131,141,154,202,263,297,307,314

长冈[长冈春一]①　41,118,151,154,157,158,180,294,325,339

D

德鲁蒙（德雷蒙、德鲁孟、特鲁蒙、德拉蒙）　5,40,56,73,74,76,80,102,109,115,117,121,124,149-153,157,175-177,179,180,183-190,192,193,195-197,199,203,209-211,215,218,222,229,238,239,241-245,248,249,251-253,268,270,271,273,279,282,288,325,334,338,341,355,361

抵货（抵制日货、排货、排斥日货）　13,16,19,26,27,32,33,58,70,71,82,84,87,91,94,95,99,102-104,147,161,178,212,220,223-225,229,231,232,236,290,302,315,333

E

"二十一条"（二十一条件、"廿一条"）　31,33,142,155,160

---

① 编者按：本册所编文献，原文未出其人全名者，全名以"[ ]"附于索引词条后。

F

凡勒拉　1,5,13,36-40,45,48,49,
　　56,62,63,66,308

非战公约(凯洛格非战公约、巴黎非
　　战公约、非战条约)　2,3,10,
　　14,15,17,18,30,32,48,55,57,
　　68,70,71,77,78,85,96,98,
　　100,103,104,111,112,119,
　　125-130,133,135,164,168,
　　169,172,177,191,207,213,
　　227,238,246,253,260,262,
　　265,266,270,271,272,281-
　　283,285,292,299,306,309,
　　317,318,320,331,336,348,360

G

顾维钧(顾代表、顾博士)　1,3,5,8,
　　12,13,15-18,22,24,25,27,
　　28,35,36,38,39,42,45,46,51,
　　52,57,59,64,68,69,82,121,
　　125,152,161,170,174,176,
　　182,195,207,338,348

郭泰祺(郭代表、郭氏)　82,91,102-
　　105,121,166,174,176,195,198,
　　354

国联大会(国际联盟大会)　1,5,7,
　　13,14,17,25,31,38-40,44-
　　46,48-50,56,59,62,66-69,
　　72,75-77,80-82,84-86,89-
　　91,93,95,97-99,101-104,
　　108-112,114-119,121,122,
　　124,127,128,133,134,137,
　　144,145,149,150,152,153,
　　166,169-171,174,176,183,
　　185,186,188,193-197,199,
　　203,210,211,215-218,220,
　　221,224,226,229,231,236,
　　238-242,244,245,250,253-
　　255,260,262,266,269,271,
　　274,276-281,283-285,287,
　　291,293-295,306,307,309,
　　313,315,320,321,323-325,
　　327-330,332,334-338,340,
　　341,345,348,349

国联调查团报告书(调查团报告书、
　　李顿报告书、李顿报告)　1,2,
　　4-18,21,22,24,25,29,30,32,
　　34,35,37,38,41,43-53,55,
　　56,58,59,61,62,66-70,75-
　　78,80,81,83-88,90,91,93-
　　103,105,108,110-117,121-
　　123,125-130,132-135,140,
　　144,146,147,149,150,152,
　　156,158,159,161,162,166,
　　170-172,174-186,188,190,
　　191,193,194,197-199,206,
　　207,209,211,212,217-226,
　　229-232,236-240,242,244-
　　246,248,249,251-253,255,
　　260,262,265-267,271,272,
　　274,275,277,283,287,288,

295-297,302,308-310,312,313,317,326,336,342,343

国联理事会 4,5,11,13,25,35,37,41,42,47,63,65,66,72,73,93,169,173,191,212,213,227

国联盟约(盟约、国联会章、国联规约) 3-5,7,9,14,16,17,24,25,28,30,34,41,45,46,48,49,51-57,59,62,66,68,70,71,73,76-78,80-88,91,93-100,102-104,106,108,110-112,117,119-122,124,125,127-130,133-135,137,138,140,147,148,152,153,156,157,159,169,172-180,183-186,190-195,197,198,203,206,207,209,210,213-218,220,222,223,228-232,234,235,237,238,240,241,243-246,250,251,253,256,259-262,264-266,269-272,280-284,287,290,291,294-297,299,303,305-310,312,315-319,321,324-326,328,329,331-336,340-345,348-351,353-356,358,360,361

国联秘书厅(国联秘书处) 1,4,11,35,38,57,64,67,69,82,110,118,122,124,136,190,195,215,218,220,224,225,229,232,252,259,277,279,289,321,334,355

国联行政院(国联行政会) 1-5,7,8,10,12-17,22,24-26,35-42,44-46,48-50,53,54,56,57,59,62,65-67,69,75-79,82-86,89,92,95,97,101-104,110,119-122,125,126,129,133,136,140,148,149,158,162,165,170-172,174,175,179-182,193,195,202-207,216-220,222,224,230,231,238,239,257,260,267,283,294-310,312,313,315-317,325,328,345,350-352,360

H

哈尔滨 131,141,146,208,304

赫礼欧 51,64,65,67,69,73,75,89,151

胡白(胡贝) 114,115,149,152,157,215,329

华盛顿(华府) 1,9,25,50,51,93,102,107,116,123,124,129,139,167,199,207,227,265,276,292,293,317,318,330,335,351

华盛顿会议(华府会议、华会) 21,57,159,162,262,264,293,313,315,317

荒木[荒木贞夫] 143,145,269,

289,338,357

J

吉林　16,131,201,298,300

蒋介石(蒋委员长)　1,57,82,139,162,174,291,352

锦州　16,70,76,154,155,168,237,299,300,302

九国公约(九国条约、华盛顿条约、华盛顿九国公约、华盛顿九国条约)　3,10,14,18,20,30,33,45,46,48,54,55,57,68,70,71,77,78,80,85,87,99,103,111,112,125,127-130,133,135,139,140,143,149,153,159,168,169,172,177,191,207,227,242,243,246,260,262,265,266,270-273,276,279,281-285,309,313,317,318,320,330,335,336,348,360

九人起草委员会(九国起草委员会)　219,223,224,229,242,248,251,252,260-262,265

九一八事变(九一八事件、九一八祸变、满洲事变、满洲事件、满案、辽案)　1,4,19,26-28,33,52,54,63,65,71,73,75,78,79,82,90,91,96,102,104,111,128,135,137,138,149,156,158,161,162,164,165,168,175,176,186,197,219,223-225,229,232,236,246,247,253,263,264,271,278,290,292,293,300,314-316,322-324,339,342,349,356

K

克考台(克罗特、克罗德、克劳待)　1,73,120

L

李维诺夫　108,116,136,171

辽宁　26,300,311

路透社(路透)　1,3,5,6,9,10,12-17,24,25,35,36,38,41,44,48-50,56,58,59,64,66-68,71,76,78,80,82-84,88-90,92,93,95-98,100,102,105,107-110,114-116,118,123,127-131,134-137,145,149,150,152,157,166,172,173,175,176,180,183,188,189,194,196-198,201,209-211,215,217-224,226,230-232,234,236,238,240,243,245,248,252,255,257,260,261,265,267-273,276,278,285,287-289,291,292,294,295,321,328-330,335-339,346,348,353-355,361

伦敦　11,12,14,40,48,49,72,89,95,102,108,110,118,124,127,

137,151,166,168,180,201,
202,221,250,279,287,288,
293,294,321,330,339,353 -
355,361

罗文干(罗外长) 27,41,112,291,
360

M

马达利加(马达里加、马大家、马德利
亚、马特利亚加、玛达利加、玛达
里亚迦、玛达利亚加) 40,49,
63,72,76,82,83,102,114,115,
144,188,202,235,248,252,
269,329

马柯迪 1,120

玛锡格里(马锡格里) 114,115,
195,219,226,243,244

麦考益(麦燨) 1,7,49,120

麦唐纳(麦克唐纳尔) 41,51,64,
69,75,80,89,166,195

满蒙 60,139,142,143,155,157,
212

莫斯科(俄京) 93,102,108,201,
331

N

南满 16,19,142,155,164,262,
296,297,300,302,313

南满铁路(南满铁道、南满线) 148,
188,232,262,263,265,276,
283,297,298,300,301,313,

314,319,336,342

内田康哉(内田) 74,117,135,145,
151,169,190,211,228,230,
233,234,257,258,269,278,
289,324,338,349,355

牛赖资 6,13,75,82,96,97,102

P

彭古 14,64,73,81,82,84,102,340

皮尼士(皮尼斯、皮尼秀、彭纳斯、裴
纳秀、班来士) 39,40,63,72,
79,80,85,86,94,114,115,144,
188,206,218,243,249,252

R

热河 137,154 - 156,188,201,212,
228,237,241,246,251 - 255,
267 - 271,279,282,289,295,
311,321,324,326 - 330,333 -
338,343,348 - 350,352,358,
360

S

山海关(榆关) 118,155,175,176,
178,180,185,188,195,211,
224,227,228,237,246,253,
267,302,311,328,332,333,349

杉村[杉村阳太郎] 41,151,175 -
177,180,183,184,189,192,
193,195,196,209,241,245,
253,346

上海（沪）　1，8，22，32，42，53，58，67，69，75，76，79，87，102，103，108，109，119，132，146－148，154，155，158，161，162，168，169，176，178，179，208，229，234，246，253，285，286，288，291，296，297，302－304，306，322，326，352，360

沈阳　2，16，54，55，126，139，141，142，146，154，155，169，208，224，231，246，254，263，264，296－298，300，305，314，315

十九国特别委员会、(十九国委员会、十九人委员会、十九委员会、十九国特委会、十九特委会)　1，4，5，13，14，24，37，38，44，48－51，56，59－62，64，65，67，69，73，76，77，80，81，83，87，90－93，95－102，105，107－111，114－116，118，120，122，123，127－131，133－136，144，145，149－153，156－158，161，169－176，178－180，183－187，189－201，209－211，213－220，222－226，229，231－233，235，236，238－243，245，248－253，255，257－259，261，262，265－274，276－281，283，285－287，289－295，304，309，310，321，323－330，332，334－340，342－344，348，349，351

史汀生　44，50，68，159，168，169，199，246，277，292

松冈洋右(松冈)　1－5，12－15，17，18，24－27，35－42，46－48，51，54，56－58，60，64－69，71，73－75，78－82，84，89，90，95，98－100，102，103，105，107，117，118，122，124，130，133，135，145，150，151，154，157，158，161，170，174－177，180－182，187，188，190，196，197，200，202，204，205，207，209，211，229，233－235，238，239，241，242，249，251，255，257，258，268－271，273，276－278，280，282，287，294，321，324，325，329，330，334，337－341，343－345，362

松平恒雄(松平)　41，65，124，125，151，221，241

宋子文　7，8，41，134，321，352

T

台维斯(台维司)　5，51，65，74，109，354，355

《泰晤士报》　95，102，221，222，294

W

外务省　4，8，11，14，18，37，58，60，61，68，81，93，109，117，131，184，185，191，198，210，226，

229,230,234,269,270,278,288,325,358

汪精卫(汪院长) 174,175,177

五国起草委员会(五人小组委员会) 114,115,118,122,123,129,134,135,144,149,150,153,180,217-219,222-224,226,227,229,231,235,240,243-245,248,252,255,257,259,260,265-271

伍朝枢 136,286

X

西园寺 230,234,278,325

希孟 4,44,49,50,56,60,67,68,72,75,76,82,97,99,101,102,107,109,110,145,152,157,176,180,183-185,187-190,192,193,195-197,200,209-211,214,217-219,222,289-291,323,324,327-330,334,337,338,340-342,345,346,348

Y

颜惠庆(颜代表、颜博士) 5,8,9,42,56,59,60,69,71,75-78,82,109,110,121,128,133,134,136,157,158,169-171,174,176,180,187-190,192,193,196,249,280,323,324,329,334,338,340-343,355

一·二八事变(上海事件、沪案) 4,16,22,31,58,67,79,83,146,169,178,179,267,304,322,352

义勇军 28,32,43,70,75,102,103,155,161,212,304

Z

斋藤实(斋藤) 234,278,289,324,325,354-357

张学良 3,55,106,139,163,164,202,212,263,268,302,311,313,314,321,336,352

佐藤[佐藤尚武] 41,102,123,139,151,154,157,158,180,294,325,339

图书在版编目(CIP)数据

《申报》报道与评论. 下 / 宋书强, 万秋阳, 孙绪芹编. — 南京：南京大学出版社, 2019.12
(李顿调查团档案文献集 / 张生主编)
ISBN 978-7-305-07985-6

Ⅰ.①申… Ⅱ.①宋… ②万… ③孙… Ⅲ.①中国历史—史料—民国 Ⅳ.①K258.06

中国版本图书馆 CIP 数据核字(2019)第 208184 号

项目统筹　杨金荣
装帧设计　清　早
印制监督　郭　欣

出版发行　南京大学出版社
社　　址　南京市汉口路 22 号　　邮　编　210093
出 版 人　金鑫荣

丛 书 名　李顿调查团档案文献集
丛书主编　张　生
书　　名　《申报》报道与评论(下)
编　　者　宋书强　万秋阳　孙绪芹
责任编辑　黄隽翀
助理编辑　郑晓宾

照　　排　南京南琳图文制作有限公司
印　　刷　南京爱德印刷有限公司
开　　本　718×1000　1/16　印张 25　字数 409 千
版　　次　2019 年 12 月第 1 版　2019 年 12 月第 1 次印刷
ISBN 978-7-305-07985-6
定　　价　150.00 元

网址：http://www.njupco.com
官方微博：http://weibo.com/njupco
官方微信号：njupress
销售咨询热线：(025) 83594756

---

* 版权所有，侵权必究

* 凡购买南大版图书，如有印装质量问题，请与所购
　图书销售部门联系调换

ISBN 978-7-305-07985-6

定价:150.00元